Friese
Kooperation als Wettbewerbsstrategie für Dienstleistungsunternehmen

GABLER EDITION WISSENSCHAFT
Focus Dienstleistungsmarketing

Herausgegeben von
Universitätsprofessor Dr. Michael Kleinaltenkamp,
Freie Universität Berlin (schriftführend)
Universitätsprofessor Dr. Dr. h.c. Werner Hans Engelhardt,
Ruhr-Universität Bochum,
Universitätsprofessor Dr. Anton Meyer,
Ludwig-Maximilians-Universität München,
Universitätsprofessor Dr. Hans Mühlbacher,
Leopold-Franzens-Universität Innsbruck und
Universitätsprofessor Dr. Bernd Stauss,
Katholische Universität Eichstätt

Der Wandel von der Industrie- zur Dienstleistungsgesellschaft ist de facto längst vollzogen, er stellt jedoch mehr denn je eine Herausforderung für Theorie und Praxis, speziell im Marketing, dar. Die Schriftenreihe will ein Forum bieten für wissenschaftliche Beiträge zu dem bedeutenden und immer wichtiger werdenden Bereich des Dienstleistungsmarketing. In ihr werden aktuelle Ergebnisse der betriebswirtschaftlichen Forschung in diesem Bereich des Marketing präsentiert und zur Diskussion gestellt.

Marion Friese

Kooperation als Wettbewerbsstrategie für Dienstleistungs- unternehmen

Mit einem Geleitwort
von Prof. Dr. Hans Hörschgen

DeutscherUniversitätsVerlag

Die Deutsche Bibliothek - CIP-Einheitsaufnahme

Friese, Marion:
Kooperation als Wettbewerbsstrategie für Dienstleistungsunternehmen
/ Marion Friese. Mit einem Geleitw. von Hans Hörschgen.
- Wiesbaden : Dt. Univ.-Verl. ; Wiesbaden : Gabler, 1998
   (Gabler Edition Wissenschaft : Focus Dienstleistungsmarketing)
   Zugl.: Hohenheim, Univ., Diss., 1998
   ISBN 3-8244-6741-0

D 100

Gabler Verlag, Deutscher Universitäts-Verlag, Wiesbaden
© Betriebswirtschaftlicher Verlag Dr. Th. Gabler GmbH, Wiesbaden, 1998
Der Deutsche Universitäts-Verlag und der Gabler Verlag sind Unternehmen der
Bertelsmann Fachinformation GmbH.

Lektorat: Ute Wrasmann / Albrecht Driesen
Druck und Buchbinder: Rosch-Buch, Scheßlitz
Printed in Germany

ISBN 3-8244-6741-0

Geleitwort

Obwohl dem **Dienstleistungssektor** in der Wirtschaftsrealität eine wichtige und ständig wichtiger werdende Rolle zukommt, finden sich in der einschlägigen Literatur erst vergleichsweise wenige Arbeiten, die sich diesem Gebiet aus einer eher grundlegenden, branchenübergreifenden Perspektive widmen. Das mag damit zusammenhängen, daß Dienstleistungen weit stärker noch als Investitionsgüter oder sogar Konsumgüter in so unterschiedlichen Erscheinungsformen auftreten, daß generelle Aussagen zu Dienstleistungen kaum möglich scheinen. Die wenigen existenten Studien zum Dienstleistungssektor konzentrieren sich deshalb auf einzelne Dienstleistungssegmente.

Dieser Mangel an empirisch fundierten Informationen über Dienstleistungen zeigt sich u.a. bei der Thematik **Kooperation**, die als strategische Option im sich verschärfenden Wettbewerb bislang ebenfalls vor allem für Konsum- und Investitionsgüter untersucht wurde und den tertiären Sektor fast völlig ausgespart hat, obwohl Dienstleistungsunternehmen zunehmend versuchen, die Sicherung ihrer Wettbewerbsposition über die Zusammenarbeit mit einem oder mehreren Partnerunternehmen zu gewährleisten.

Vor diesem Hintergrund ist die vorliegende Arbeit von Frau Friese über „Die Kooperation als Wettbewerbsstrategie für Dienstleistungsunternehmen" entstanden. Da die bislang vorliegenden Untersuchungen über Kooperationsstrategien investiver Dienstleister nicht ausreichen, um fundierte Aussagen zum Kooperationsverhalten von Dienstleistungen abzuleiten, lag es nahe, über eine **empirische Untersuchung** zu einer breiteren Informationsbasis zu gelangen. Das von der Verfasserin dabei verfolgte Ziel ist es zu überprüfen, ob, in welchem Ausmaß und in welchem situativen Kontext alternative Kooperationsformen für Dienstleistungen eine attraktive strategische Option darstellen.

Der Autorin gelingt es, die aus dem sehr breit angelegten empirischen Projekt resultierende, fast verwirrende Fülle an Einzelbefunden in äußerst anschaulicher Form zu präsentieren, wobei die klare Struktur der Darstellung, die bildhafte Sprache und optische Hilfen in Form von Abbildungen und Tabellen eine besondere Erwähnung verdienen. Mit ihren Informationen trägt die Arbeit der Verfasserin dazu bei, die Wissensbasis in den Bereichen Dienstleistungsmarketing und Kooperationsstrategien entscheidend zu verbessern; sie liefert zugleich eine Entscheidungshilfe für die Gestaltung von Kooperationen im Dienstleistungssegment und stellt eine wichtige Grundlage für zukünftige Forschungsprojekte dar.

Prof. Dr. Hans Hörschgen

Vorwort

Die vorliegende Arbeit wurde im Oktober 1997 von der Fakultät für Wirtschafts- und Sozialwissenschaften der Universität Hohenheim als Dissertation angenommen. Bei der Entstehung, Durchführung und Vollendung dieser Arbeit unterstützten mich in unterschiedlichster Weise und Intensität eine Reihe von Personen, denen ich an dieser Stelle meinen Dank aussprechen möchte.

Alle drei Phasen hat mein akademischer Lehrer Prof. Dr. Hans Hörschgen konstruktiv begleitet. Für die Förderung der Arbeit und den großen Freiraum bei der Gestaltung der Dissertation sowie die zügige Korrektur gilt ihm mein besonderer Dank. Danken möchte ich auch Prof. Dr. Michael Kutschker, der sich spontan bereit erklärt hat, die Zweitkorrektur der Arbeit zu übernehmen, obwohl er inzwischen Ordinarius an der Katholischen Universität Eichstätt ist. Durch seine unkomplizierte und rasche Übernahme des Korreferats hat er ebenso wie Prof. Dr. Johann Heinrich von Stein, der freundlicherweise der Aufgabe des mündlichen Prüfungsvorsitzes nachkam, den Abschluß der Arbeit begünstigt.

Ein herzlicher Dank gebührt Ulrike Pattberg-Voß, Ulrich Hanfeld und Angelo Mößlang, die mir vor allem in der Entstehungsphase der Dissertation mit Anregungen und Vorschlägen geholfen und während der gesamten Arbeit moralischen Support geleistet haben. Besonders hervorzuheben sind auch Andrea Hellwig-Beck, Angelika Hilger sowie Andreas Kaapke, die sich während der Promotionszeit nicht nur durch rege Diskussionen und wertvolle Beiträge als kompetente Gesprächspartner, sondern auch als verläßliche Freunde ausgezeichnet haben.

Danken möchte ich ferner Freunden und Kollegen, die durch das Korrekturlesen des Manuskripts und Hilfeleistung bei EDV-Problemen mir sehr viel Arbeit abgenommen haben. Bei Eva-Maria Bräuning bedanke ich mich darüber hinaus für die zahlreichen Tennis-Matches, die einen wunderbaren Ausgleich zur Schreibtischarbeit darstellten.

VIII

Entscheidenden Anteil am Gelingen der Arbeit trägt meine Schwester Jutta, die mir nicht nur unermüdlich bei der Erstellung der Vielzahl von Abbildungen und Tabellen geholfen hat, sondern mit mir sämtlichen Höhen und Tiefen der Promotionszeit durchlebt und - wenn es nötig war - Aufbauarbeit geleistet hat.

Mein größter Dank gilt meinen Eltern und Schwestern, die in allen Phasen meines bisherigen Werdegangs eine immerwährende Quelle des Rückhaltes, der Motivation und der Unterstützung waren und damit den erfolgreichen Abschluß der Arbeit erst ermöglicht haben. Ihnen ist diese Arbeit gewidmet.

Marion Friese

Inhaltsübersicht

Inhaltsverzeichnis

XIX

Abbildungsverzeichnis

Abkürzungsverzeichnis

AD	Außendienst
A.d.V.	Anmerkung des Verfassers
AMR	Academy of Management Review
ASEAN	Association of South Eastern Asian Nations
AStA	Allgemeines Statistisches Archiv
asw	Absatzwirtschaft
bez.	bezogen
Bez.	Beziehung
BDU	Bundesverband Deutscher Unternehmensberater e.V.
BFuP	Betriebswirtschaftliche Forschung und Praxis
BVL	Bundesvereinigung Logistik e.V.
BVM	Berufsverband Deutscher Markt- und Sozialforscher e.V.
CA	California
CO	Connecticut
CJoWB	Columbia Journal of World Business
CMR	California Management Review
DB	Der Betrieb
DBW	Die Betriebswirtschaft
DIW	Deutsches Institut für Wirtschaftsforschung
DL	Dienstleistung/Dienstleistungen
DTT	Deloitte Touche Tohmatsu
EDV	Elektronische Datenverarbeitung
EG	Europäische Gemeinschaft
EJoM	European Journal of Marketing
EU	Europäische Union
EIBA	European International Business Association
FAZ	Frankfurter Allgemeine Zeitung
form.	formal
F&E	Forschung und Entwicklung
GfK	Gesellschaft für Konsum-, Markt- und Absatzforschung
GmbH	Gesellschaft mit beschränkter Haftung
GWA	Gesamtverband Werbeagenturen
GWB	Gesetz gegen Wettbewerbsbeschränkungen

HBR	Harvard Business Review
HM	HARVARDmanager
HWB	Handwörterbuch der Betriebswirtschaft
HWFü	Handwörterbuch der Führung
HWInt	Handwörterbuch Export und Internationale Unternehmung
HWM	Handwörterbuch des Marketing
HWO	Handwörterbuch der Organisation
HWPlan	Handwörterbuch der Planung
HWProd	Handwörterbuch der Produktionswirtschaft
IJSIM	International Journal of Services Industry Management
IL	Illinois
IMR	International Marketing Review
INSEAD	Institut Européen d'Administration des Affaires
io	Industrielle Organisation
JAV	Jahrbuch der Absatz- und Verbrauchsforschung
JBR	Journal of Business Research
JBS	Journal of Business Strategy
JfB	Journal für Betriebswirtschaft
JiBS	Journal of International Business Studies
JoM	Journal of Marketing
JPSM	Journal of Professional Services Marketing
JV	Joint Venture/Joint Ventures
KMUs	Kleine und mittlere Unternehmen
KK	Kontingenzkoeffizient
KoK	Korrelationskoeffizient
KPMG	Kleynfield Peat Marwick Goerdeler
LRP	Long Range Planning
MA	Massachusetts
M&A	Mergers and Acquisitions
mir	Management International Review
mm	manager magazin
M&M	Marktforschung und Management
MN	Minnesota
MPIFG	Max-Planck-Institut für Gesellschaftsforschung
MV	Management-Vertrag
NC	North Carolina

NJ	New Jersey
NTT	Nippon Telegraph and Telephone
NY	New York
PA	Pennsylvania
PIMS	Profit Impact of Market Strategies
PLZ	Produktlebenszyklus
PR	Public Relations
RKW	Rationalisierungs-Kuratorium der Wirtschaft
R&D	Research and Development
RW	Rechnungswesen
SA	Strategische Allianz/Strategische Allianzen
SAS	Scandinavian Airlines System
SEP	Strategische Erfolgs-Positionen
SGE/SGEs	Strategische Geschäftseinheit/-en
SGF	Strategisches Geschäftsfeld
SIJ	Service Industries Journal
SMJ	Strategic Management Journal
SMR	Sloan Management Review
SN	Signifikanzniveau
SPI	Strategic Planning Institute
StZ	Stuttgarter Zeitung
TNCs	Transnational Corporations
U-Kulturen	Unternehmenskulturen
USA	United States of America
Westf.	Westfälische
WI	Wisconsin
WISU	Das Wirtschaftsstudium
WiSt	Wirtschaftswissenschaftliches Studium
Wiwo	Wirtschaftswoche
WP	Wirtschaftsprüfer
ZfB	Zeitschrift für Betriebswirtschaft
zfbf	Zeitschrift für betriebswirtschaftliche Forschung
zfo	Zeitschrift für Führung und Organisation
ZFP	Zeitschrift für Forschung und Praxis
zukft.	Zukünftig

Teil I: Einleitung

1. Problemstellung

Vergleicht man die Schwerpunkte wissenschaftlicher Forschung und Lehre mit Entwicklungstendenzen der Unternehmenspraxis, so stößt man häufig auf Themenkomplexe, für die eine Diskrepanz zwischen hoher Praxisrelevanz auf der einen Seite und geringem Ausmaß an theoretischer Durchdringung auf der anderen Seite festzustellen ist. Eine solche Diskrepanz existierte und existiert zum Teil immer noch für einzelne Themenbereiche des Dienstleistungs-Marketing.[1]

Bis vor einigen Jahren wurde das Thema 'Dienstleistung' von den Wissenschaftlern nur rudimentär behandelt. Erst in den achtziger Jahren erfolgte in der englischsprachigen Managementliteratur und zeitversetzt auch in der deutschsprachigen Literatur eine intensivere Auseinandersetzung mit den Fragen des Dienstleistungs-Marketing. Allerdings sind noch immer zahlreiche Defizite, insbesondere im Hinblick auf strategische und internationale Aspekte, beobachtbar.[2] Dies entspricht jedoch nicht der gesamtwirtschaftlichen Bedeutung, die Dienstleistungsunternehmen heute einnehmen,[3] denn nicht ohne Grund wird unsere Gesellschaft als Dienstleistungsgesellschaft charakterisiert.[4] Aktuelle Entwicklungstendenzen, wie z.B. die zunehmende Freizeit der Bevölkerung, die Privatisierung bislang staatlicher Dienstleistungsunternehmen oder das Phänomen des Lean-Management, das als eine Konsequenz das Outsourcing von Unternehmensteilbereichen mit sich

---

[1]   Vgl. MEFFERT/BRUHN (1997), S. 3.

[2]   So finden sich in der Literatur genügend Hinweise, die trotz der Fortschritte, die im Bereich der Dienstleistungsforschung zu verzeichnen sind, den immer noch defizitären Kenntnisstand anmahnen und die intensivere Auseinandersetzung mit dieser Thematik fordern. AHARONI stellt z.B. fest: „It is also clear that our knowledge of certain service firms is quite embryonic." AHARONI (1993b), S. 280. SAUVANT/MALLAMPALLY verlangen: „In brief, research on service TNCs [Transnational Corporations, A.d.V.] needs to catch up with that on industrial TNCs." SAUVANT/MALLAMPALLY (1993), S. 20.

[3]   Vgl. MEYER (1990), S. 173f.

[4]   Einige Autoren sprechen auch von postindustrieller Gesellschaft. Vgl. HUMMEL (1997), S. B1; o.V. (1996g), S. 9; FITZSIMMONS/FITZSIMMONS (1994), S. 8f.; COWELL (1991), S. 14f.

bringt, führen dazu, daß der Dienstleistungssektor weiterhin wächst bzw. neue Dienstleistungszweige entstehen.[5]

Diese neuen, aber auch die bereits bestehenden Dienstleistungsmärkte sind durch intensive Internationalisierungstendenzen,[6] verbesserte Transport- und Kommunikationssysteme[7] sowie technologischen Wandel[8] gekennzeichnet. Darüber hinaus sind auch die zunehmende Bedeutung der Zeit als strategischer Faktor,[9] steigende und komplexer werdende Konsumentenansprüche,[10] Verschiebungen in den Kostenstrukturen[11] von Dienstleistern verstärkt zu berücksichtigen. Aufgrund dieser dynamischen Umfeldentwicklungen sehen sich Dienstleistungsunternehmen mit immer höheren Anforderungen und wachsendem Wettbewerbsdruck konfrontiert, die ihnen gleichzeitig die Notwendigkeit eines verstärkten Ausbaus der eigenen Wettbewerbsposition verdeutlichen. Auf der anderen Seite zeigen sie ihnen aber auch die Grenzen ihrer strategischen Möglichkeiten auf.

Während in der Vergangenheit Unternehmen die relevanten Ressourcen und Fähigkeiten zum größten Teil im Alleingang oder durch Akquisition aufbrachten,[12] wird dies bei den komplexer werdenden Herausforderungen zunehmend schwieriger. Um diesen dennoch gerecht werden zu können, bietet sich als eine weitere Möglichkeit die **Strategie der Kooperation** an. Eine Stärkung der strategischen Wettbewerbsposition erscheint durch eine Zusammenarbeit mit einem oder mehreren Unternehmen durchsetzbar, ohne

---

[5]   Vgl. ENDERWICK (1989), S. 5; DUNNING (1993b), S. 97; o.V. (1997f), S. 24; VANDERMERWE (1987).

[6]   Vgl. MÖSSLANG (1995); KÖHLER (1991).

[7]   Vgl. TRONDSEN/EDFELT (1987), S. 54.

[8]   Vgl. KOSTECKI (1994), S. 6ff.; BACKHAUS/PLINKE (1990), S. 21ff.

[9]   Vgl. HÖRSCHGEN (1995a), Sp. 2465ff.; OHMAE (1985), S. 15ff.

[10] Vgl. PAYNE (1993) S. 5.

[11] Vgl. ANDREY (1992), S. 323.

[12] Vgl. CONTRACTOR/LORANGE (1988), S. 3.

die Nachteile des internen Wachstums oder von Akquisitionen in Kauf nehmen zu müssen.[13]

Das empirisch bemerkbare Anwachsen der Anzahl von Kooperationsvorhaben, an denen Dienstleistungsunternehmen beteiligt sind, bestätigt, daß die Kooperationsstrategie auch im Dienstleistungssektor als geeignete Vorgehensweise zur Erzielung von Wettbewerbsvorteilen angesehen wird. Daß immer mehr Dienstleister der Nutzung von Synergien, die sich durch die Zusammenarbeit mit einem oder mehreren Partnerunternehmen ergeben, hohe Bedeutung einräumen, wenn es darum geht, die eigene Wettbewerbsposition entscheidend zu verbessern, verdeutlicht das breite Spektrum unterschiedlicher Kooperationen in der Unternehmenspraxis. Beispielhaft seien die folgenden genannt (siehe Abb.1):

- TUI - L'tur
- American Airlines - MCI - Citibank
- Lufthansa - SAS - United Airlines - Thai - Air Canada
- Swissair - Austrian Airlines - Sabena - Delta Airlines
- Deutsche Telekom - Netscape Communications Corporation
- Deutsche Telekom - France Telecom - US Sprint
- Bertelsmann - Debis
- DHL International - Federal Express
- Dresdner Bank - Banque Nationale de Paris
- Citibank - Deutsche Bahn
- Deutsche Bahn - NS Cargo - CXS Corporation
- Sixt - Budget
- Schitag Ernst & Young Deutsche Allgemeine Treuhand - Ernst & Young International
- LHS Leasing- und Handelsgesellschaft - Arval Service Lease - Lex Vehicle Leasing
- Roland Berger - China International Economic Consultants
- Debis - Thonburi Automotive Assembly Plant Co., Ltd. - Australian Thai Consulting Co., Ltd.
- GfK - Infratest
- 'The Research Alliance': Kooperation mehrerer Marktforschungsinstitute

Abb. 1: Kooperationsbeispiele von Dienstleistungsunternehmen in der Unternehmenspraxis[14]

---

[13] Vgl. BLEICHER (1991b), S. 680f.; BRONDER/PRITZL (1992), S. 15ff. Anstelle des Begriffs des internen Wachstums wird häufig auch der Terminus des organischen Wachstums verwendet.

[14] Quelle: Eigene Darstellung. Die einzelnen Beispiele finden sich bei: o.V. (1994a), S. 11; o.V. (1994b), S. 17; o.V. (1994c), S. 16; o.V. (1994d), S. 10; o.V. (1995d), S. 9; o.V. (1995e), S. 7; o.V. (1996a), S. 11; o.V. (1996b), S. 15; o.V. (1996c), S. 11; o.V. (1996d), S. 14; o.V. (1996e), S. 11; o.V. (1996f), S. 11; o.V. (1997a), S. 13; o.V. (1997b), S. 18; o.V. (1997c), S. 26; o.V. (1997d), S. 11; o.V. (1997e), S. 16; SARRAZIN (1993), o.S.; HESKETT (1988), S. 149; SCHLUND (1994), S. 62; KUTSCHKER/MÖSSLANG (1996), S. 319f.

4

So bildet z.B. die Partnerschaft der Lufthansa mit United Airlines, Thai Airways, SAS und Air Canada eines der umfassendsten weltweiten Luftverkehrsnetze[15]. Durch ihre Zusammenarbeit kommen die Unternehmen Swissair, Austrian Airlines, Sabena und Delta Airlines gemeinsam auf den stark umkämpften Nordatlantikrouten auf einen Marktanteil von über 12%. Die Deutsche Telekom und France Télécom sind zusammen mit dem drittgrößten US-Fernsprechkonzern Sprint ein internationales Bündnis eingegangen, das noch durch wechselseitige Beteiligungen untermauert werden soll. Eine weitere Kooperation im Telekommunikationsmarkt stellt die Partnerschaft von Bertelsmann und Debis (Daimler-Benz Interservices) dar, die ein gemeinsames Angebot von Netzwerk-Dienstleistungen auf Basis der Internet-Technologie für Geschäftskunden vorsieht. Die Erschließung neuer Märkte, vor allem in Osteuropa, zählt zu den Zielen, die einem Kooperationsabkommen zwischen der Dresdner Bank und der Banque Nationale de Paris zugrundeliegen. Mit einem dichten Netz an Partnerinstituten arbeiten die führenden deutschen Marktforschungsinstitute GfK und Infratest weltweit zusammen. Internationalen Service für ihre weltweit tätigen Mandanten ermöglicht die Beteiligung nationaler Wirtschaftsprüfer an einer großen WP-Organisation, wie die der Schitag Schwäbische Treuhand bei der Ernst & Young International.[16]

Bei intensiverer Auseinandersetzung mit dem Phänomen der betrieblichen Zusammenarbeit fällt auf, daß in der Realität zwar unterschiedliche Kooperationen zwischen Dienstleistungsanbietern sowie zwischen Dienstleistungsunternehmen und Industrie- bzw. Handelsunternehmen existieren und auch die strategische Relevanz von Kooperationen für Dienstleister immer wieder betont wird,[17] die Literaturbasis zu dieser Thematik jedoch sehr dünn

---

[15]   Ab Oktober 1997 ist geplant, daß die brasilianische Fluggesellschaft Varig auch noch dieser Strategische Allianz beitritt. Vgl. o.V. (1997d), S. 11.

[16]   Die Schitag Schwäbische Treuhand firmiert seitdem unter dem Namen Schitag Ernst & Young Deutsche Allgemeine Treuhand. Vgl. zu den angeführten Beispielen KUTSCH-KER/MÖSSLANG (1996), S. 319f.; o.V. (1996a), S. 11; o.V. (1996b), S. 15; o.V. (1996c), S. 11; o.V. (1996d), S. 14; o.V. (1997a), S. 13.

[17]   Vgl. BERRY/PARASURAMAN (1992), S. 204; TRONDSEN/EDFELT (1987), S. 60f.; AHARONI (1993a), S. 135.

ist.[18] Zum Teil finden sich branchenspezifische Beiträge aus dem Dienstleistungssektor, bei denen jedoch der Transfer kooperationsspezifischer Aussagen auf andere Dienstleistungszweige nur bedingt möglich erscheint.[19] Auch die amtliche Statistik bietet nur mangelhafte bis gar keine Möglichkeiten, Erkenntnisse über Kooperationen von Dienstleistern zu gewinnen.

Ein erster Eindruck über die Bedeutung von Kooperationen im Dienstleistungssektor läßt sich jedoch aus den von MÜLLER-STEWENS/HILLIG untersuchten Transaktionsdaten der M&A Review Database gewinnen (siehe Abb. 2).

Branche (des initiierenden Unternehmens)	Joint Venture		wechselseitige Beteiligung	
	absolut	davon international	absolut	davon international
Energiewirtschaft/Bergbau	34	2		
Chem. Industrie/Mineralölverarbeitung	100	33	5	1
Pharmazeutika	11	6		
Eisen- und NE- Metallerzeugung	41	11	1	
Stahl-/Leichtmetall-/Maschinenbau	96	42	6	3
Fahrzeugbau/Fahrzeugteile	59	23	4	4
Luftfahrzeuge und Flugmotoren	10	2	1	1
Elekrotechnik/Elektronik/Feinmechanik	94	32	5	1
Holz-/Papier-/Druck-/Textilindustrie	47	13	2	1
Nahrungs- und Genußmittel	31	4	1	
Bauhauptgewerbe	44	5	1	
Handel	159	25	2	
Verkehr/Luftfahrt/Spedition/Lagerei	58	16	2	1
Kredit- u. sonstige Finanzinstitute	104	16	10	6
Versicherungen	56	11	6	1
Verlage u. sonstige Dienstleistungen	340	51	10	1
Summe	**1284**	**292**	**56**	**20**

Abb. 2:   Kooperationsaktivitäten in unterschiedlichen Wirtschaftssektoren[20]

---

[18]   Vgl. LOWENDAHL (1993), S. 161. Eine Ausnahme stellen das Kapitel 'Joint Ventures in Services Industries', in: HARRIGAN (1987), S. 187-222 dar; jedoch finden hier ausschließlich Joint Ventures Berücksichtigung, die nur eine unter mehreren möglichen Kooperationsformen darstellen, sowie der Beitrag von KUTSCHKER/MÖSSLANG (1996), die Kooperationen im Dienstleistungsbereich speziell unter Internationalisierungsgesichtspunkten beleuchten und Transaktions- und Koordinationskostenüberlegungen in den Mittelpunkt ihrer Betrachtung stellen. AHARONI (1993a) legt bei seinen Ausführungen zum Kooperationsverhalten von Dienstleistern den Schwerpunkt auf Professional Business Services.

[19]   Vgl. exemplarisch JÄCKEL (1991), der Kooperationen im Luftfahrtsektor untersuchte, und KLEER (1991), der die Zusammenarbeit zwischen Industrie- und Logistikunternehmen analysierte.

[20]   Quelle: In Anlehnung an MÜLLER-STEWENS/HILLIG (1992), S. 74f.

Dabei verfolgte die Untersuchung die Zielsetzung, Strategische Allianzen unter Beteiligung deutscher Unternehmen näher zu analysieren. Zu diesem Zweck wurden neben dem Kauf von Unternehmensanteilen auch Kooperationen in Form von Joint Ventures (Equity-Joint Ventures) und wechselseitigen Beteiligungen (Cross-sharing) erfaßt. Streng genommen sind die gewonnen Daten nicht repräsentativ, da sie hauptsächlich auf Expertengesprächen und Auswertungen von Sekundärquellen, wie z.B. Tageszeitungen, Fachzeitschriften und Veröffentlichungen von Verbänden, beruhen, und nicht sehr aktuell (die Daten beziehen sich auf einen Zeitraum von Januar 1989 bis einschließlich Juni 1991). Aber durch sie läßt sich illustrativ belegen, daß - im Gegensatz zur Meinung, daß Kooperationen vorwiegend in den Wirtschaftsbereichen Verarbeitendes Gewerbe und Handel anzutreffen sind[21] - die Branchen des tertiären Sektors im Vergleich zu Unternehmen des primären und sekundären Sektors vermutlich zu den kooperationsaktiveren Wirtschaftszweigen zählen.[22]

Aus Abbildung 2 geht hervor, daß über 43% der in der Studie erfaßten Joint Ventures dem Dienstleistungssektor zuzuschreiben sind. In der Rubrik Verlage und sonstige Dienstleistungen sind die stärksten Kooperationsaktivitäten festzustellen: 340 Joint Ventures von 1284 untersuchten Fällen gehören dieser Kategorie an. Dabei wurden nur solche Partnerschaften in die Analyse integriert, die zumindest ein deutsches Partnerunternehmen aufweisen konnten. Aus dem Datenmaterial wird ebenfalls ersichtlich, daß lediglich 15% der Joint Ventures in dieser Branche internationalen Charakter besitzen. Die meisten Kooperationen sind national geprägt.[23] MÜLLER-STEWENS/HILLIG führen die große Anzahl von Kooperationen im Bereich Verlage und sonstige Dienstleistungen auf die starke Fragmentierung dieser Branche zurück, in

---

[21]   Vgl. KAUFMANN/KOKALJ/MAY-STROBL (1990), S. 51.

[22]   Vgl. MÜLLER-STEWENS/HILLIG (1992), S. 68ff.

[23]   Um noch differenziertere Aussagen machen zu können, wäre es notwendig gewesen, die Anzahl der untersuchten Kooperationen mit der Anzahl der den entsprechenden Wirtschaftszweigen angehörigen Unternehmen in Beziehung zu setzen. Diese Angaben gehen leider aus der Quelle nicht hervor.

der viele kleinere Unternehmen und Beteiligungsgesellschaften zu finden sind.[24]

In diesem Zusammenhang ist anzumerken, daß die analysierten Transaktionsdaten nur eingeschränkt geeignet sind, die Zusammenarbeit von Dienstleistungsunternehmen näher zu charakterisieren, da Vergleichsmaßstäbe fehlen und nur Equity-Joint Ventures und Beteiligungen Berücksichtigung finden. Im weiteren Verlauf der Untersuchung von MÜLLER-STEWENS/HILLIG wird außerdem kein tiefergehender Bezug auf Dienstleistungen genommen.

Sowohl das Zahlenmaterial der M&A Review Database als auch die oben angeführten diversen Beispiele aus der Unternehmenspraxis vermitteln bereits einen ersten Eindruck darüber, welches Ausmaß das Kooperationsgeschehen im tertiären Sektor annimmt. Obwohl sich aus diesen Angaben Vermutungen über die Bedeutung der Kooperationsstrategie, über mögliche Motive und Ziele sowie erste Hinweise auf Kooperationsrichtung, -dauer, -intensität oder Kooperationsform ableiten lassen, ist es auf Basis derartiger Untersuchungen bzw. über die Aufzählung prominenter Praxisbeispiele nicht möglich, fundierte Aussagen zum Kooperationsverhalten von Dienstleistern zu entwickeln. Darüber hinaus fehlt in der gängigen Kooperationsliteratur in weiten Bereichen eine eigens für Dienstleistungsunternehmen 'maßgeschneiderte' Fassung bzw. eine die Besonderheiten von Dienstleistungen berücksichtigende Anpassung der wissenschaftlichen Erkenntnisse der 'Kooperationsforschung', die deshalb notwendig wäre, weil Dienstleistungen eine spezielle Art von Gütern darstellen, die eine Vielzahl von Charakteristika aufweisen, die sie von Sachgütern unterscheiden, und eine Anwendung des traditionellen Marketing-Know-how nur mit Einschränkung zuläßt.[25]

Angesichts der Tatsache, daß der Zusammenarbeit von Dienstleistern bislang zu geringe wissenschaftliche Aufmerksamkeit geschenkt worden ist und daß die komplexen und dynamischen Umfeldbedingungen einer Vielzahl von

---

24   Vgl. MÜLLER-STEWENS/HILLIG (1992), S. 73.

25   Vgl. z.B. BERRY (1980), S. 24ff.; MEYER (1994), S.17ff.; LANGEARD (1981), S. 233.

Dienstleistungsunternehmen die Notwendigkeit verdeutlichen, zur Sicherung und zum Ausbau ihrer Wettbewerbspostition mit einem oder mehreren Partnerunternehmen zusammenzuarbeiten, bietet es sich an, über eine empirische Untersuchung zu einer breiteren Informationsbasis über die Zusammenarbeit von Dienstleistungsunternehmen zu gelangen, um darauf aufbauend Empfehlungen für das Kooperationsmanagement abzuleiten.

2. Zielsetzung und Generierung des der Arbeit zugrundeliegenden Modellrahmens

Aufgrund des bislang geringen Kenntnisstands über **Kooperationen von Dienstleistungsunternehmen** erscheint es sinnvoll, sich zunächst mit **strategischen Aspekten** zu diesem Themenkomplex zu beschäftigen. Zum einen sind es die strategischen Entscheidungen, die für den Erfolg und Mißerfolg einer Kooperation verantwortlich sind, zum anderen stellen sie den Rahmen dar, innerhalb dessen die operative Umsetzung erfolgt. Zu den strategischen Entscheidungen, die eine Zusammenarbeit im wesentlichen determinieren, zählen vor allem die **kooperationsspezifischen Ziele**, die mit den zu verfolgenden Kooperationsstrategien in engem Zusammenhang stehen. Aufgrund der Besonderheiten von Dienstleistungen ist anzunehmen, daß sich im Hinblick auf die dienstleistungsspezifischen Kooperationsziele Unterschiede ergeben; insbesondere steht zu vermuten, daß die Relevanz einzelner Kooperationsziele im Dienstleistungsbereich deutlich von der in anderen Sektoren divergiert.[26] Darüber hinaus gehen innerhalb des Dienstleistungssektors möglicherweise einzelne Dienstleister-Typen aufgrund ganz unterschiedlich gelagerter Motive eine Partnerschaft ein. Schließlich besitzen nicht nur dienstleistungsspezifische Merkmale Einfluß auf die Kooperationszielentscheidung. Vielmehr ist zu erwarten, daß auch unternehmensspezifische Determinanten auf das Zielsystem einwirken.

Die **Konfiguration einer Kooperation**, die sich in der Ausgestaltung unterschiedlicher **Dimensionen** und in der Wahl der **Kooperationsform** niederschlägt, stellt ebenfalls eine Grundsatzentscheidung dar. Sie wird vermutlich in Abhängigkeit von den verfolgten Ziele getroffen. Außerdem verlangen möglicherweise die charakteristischen Dienstleistungsmerkmale eine beson-

---

[26] Diese Überlegung stützt sich auf die Tatsache, daß sich bereits auf der Ebene der Unternehmensziele offensichtliche Diskrepanzen hinsichtlich des Bedeutungsgehalts zwischen den Wirtschaftsbereichen ergeben. So besitzen im Dienstleistungs-Marketing außerökonomische Ziele insbesondere Image-, Kundenbindungs-, und Personalziele einen deutlich höheren Stellenwert. Siehe dazu z.B. MEFFERT/BRUHN (1997), S. 141ff.; STAFFELBACH (1988), S. 282; STAUSS/ SCHULZE (1990), S. 149ff.; SCHLESINGER/HESKETT (1991), S. 75f.; LEHMANN (1989), S. 47f.; GRÖNROOS (1990), S. 5.

dere Ausgestaltung der Kooperation, die sich bspw. in spezifischen Ausprägungen hinsichtlich Kooperationsdauer und -richtung äußert. Darüber hinaus ist zu erwarten, daß auch unternehmensspezifische Kriterien prägenden Einfluß auf die Konfiguration der Zusammenarbeit zwischen den Partnerunternehmen ausüben.

Interessante Aufschlüsse für das zukünftige Kooperationsverhalten ergeben sich möglicherweise, wenn man solche Faktoren betrachtet, die den **Erfolg** bzw. Mißerfolg einer Zusammenarbeit beeinflussen. Diese Erfolgsdeterminanten können zum einen kooperationsspezifischer Art sein, zum anderen aber durch die Art der Dienstleistung oder durch unternehmensspezifische Merkmale bedingt sein. Weiterhin stellt sich die Frage, ob Dienstleister besondere **Probleme** bei der Zusammenarbeit mit anderen Unternehmen haben, welche das im einzelnen sein könnten und welche Faktoren dafür verantwortlich zeichnen. Von unter Umständen auftretenden Schwierigkeiten sind Hinweise für eine Verbesserung der Kooperation zu erwarten. So lassen sich bei zukünftigen, aber auch bei bestehenden Partnerschaften potentielle Kooperationsschwierigkeiten antizipieren, minimieren oder gar vermeiden.

Um sämtliche Zusammenhänge zwischen den beschriebenen Sachverhalten im Rahmen einer empirischen Erhebung systematisch analysieren und überprüfen zu können, wurde der Versuch unternommen, diese in einen Gesamtkontext zu integrieren. Daher wurde ein **Modell** entwickelt, das die strategischen Aspekte einer Kooperation und deren mögliche Einflußfaktoren zueinander in Beziehung setzt, wie Abbildung 3 veranschaulicht.

Dieses Modell ist durch seinen modularen Aufbau gekennzeichnet. Das zentrale Modul umfaßt strategische kooperationsspezifische Aspekte, zwischen denen ein umfangreiches Beziehungsgeflecht zu vermuten ist. Darüber hinaus integriert das Modell unternehmensspezifische Einflußfaktoren, die das Kooperationsgeschehen beeinflussen können. Es beinhaltet außerdem dienstleistungsspezifische Kriterien, von denen das Kooperationsverhalten eines Dienstleisters möglicherweise ebenfalls determiniert wird.

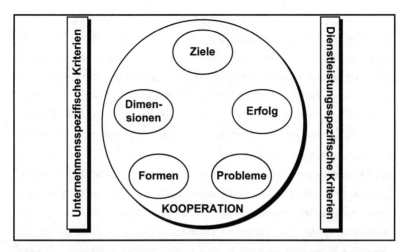

Abb. 3: Grobmodell zur Analyse des Kooperationsverhaltens von Dienstleistungsunternehmen.[27]

Um dieses Grobmodell für die Analyse der Zusammenarbeit von Dienstleistungsunternehmen näher spezifizieren zu können, ist es notwendig, sich
inhaltlich mit den einzelnen Modulen zu beschäftigen. Zu diesem Zweck
dient **Teil II** dieser Arbeit - nach der **problemorientierten Einführung** in **Teil
I** - der **Generierung eines konzeptionellen Bezugsrahmens**. Hier wird die
theoretische Basis für die empirische Auseinandersetzung mit dem Kooperationsverhalten von Dienstleistungsunternehmen, die in Teil III stattfindet,
gelegt.

Dabei ist das **erste Kapitel** dem ersten Modul, den **Dienstleistungen,**
gewidmet. Schwerpunktmäßig erfolgt hier eine Diskussion der **dienstleistungsspezifischen Besonderheiten**, die Dienstleistungsunternehmen von
Industrieunternehmen unterscheiden.

Vor dem Hintergrund der extrem heterogenen Leistungen, die sich unter
dem Begriff Dienstleistung subsumieren lassen, wird die Auseinandersetzung mit betriebswirtschaftlichen Fragestellungen im Dienstleistungsbereich
und die Ableitung geeigneter Maßnahmen zur Lösung dieser Probleme

---

[27] Quelle: Eigene Darstellung.

erschwert.[28] Dies hat zur Konsequenz, daß oftmals die Formulierung genereller Erkenntnisse, die für sämtliche Dienstleistungen Gültigkeit besitzen, entweder nicht möglich ist oder diese sich auf sehr hohem Abstraktionsniveau befinden. Um sowohl Einzelfallanalysen als auch pauschale Aussagen zu vermeiden, bietet es sich an, das weite Spektrum der Dienstleistungsunternehmen in homogene Gruppen zusammenzufassen, was eine differenzierte Betrachtung einzelner Dienstleistungsarten und damit eine spezifische und systematische Bearbeitung unterschiedlicher Problemstellungen erlaubt.[29] Die Bildung dieser homogenen Gruppen erfolgt unter Zuhilfenahme sogenannter Klassifikationsansätze oder Typologien.[30] Diese Thematik zählt ebenfalls zum Gegenstandsbereich des ersten Kapitels, da auch für die Untersuchung der Zusammenarbeit von Dienstleistern der Rückgriff auf **Klassifikationen** sinnvoll erscheint. Sie ermöglichen im späteren Verlauf der Arbeit differenzierte Aussagen zum Kooperationsverhalten von unterschiedlichen Dienstleistungstypen. Wegen der großen Heterogenität von Dienstleistungen konzentriert sich die Arbeit auf **investive Dienstleistungen**, deren Kennzeichnung das erste Kapitel abrundet.

Entsprechend dem Grobmodell dient das **zweite Kapitel** der Charakterisierung von **Kooperationen** zur Konkretisierung des zentralen Moduls. Dabei konzentrieren sich die Ausführungen hauptsächlich auf **strategische Aspekte der Zusammenarbeit** zwischen Unternehmen. Im Mittelpunkt der Betrachtung stehen neben Fragen des **Managements von Kooperationen** - darunter lassen sich Planung, Steuerung und Kontrolle von Kooperationen

---

[28]   Vgl. BENKENSTEIN/GÜTHOFF (1996), S. 1493.

[29]   „The tremendous heterogeneity, which characterizes the service sector, leads to widely differing international trade and investment patterns in the service sector ... . This poses a major challenge to researchers trying to study behavior of diverse firms such as, for example, software companies and advertising agencies, in one common conceptual framework. Some sort of a classification scheme to reduce this heterogeneity is almost imperative." ERRAMILLI/RAO (1990), S. 140. Wenngleich sich dieses Zitat auf die Internationalisierung von Dienstleistungsunternehmen bezieht, so läßt es sich doch auf andere Marketing-Probleme von Dienstleistungsanbietern übertragen. Ähnlich, wenn auch in anderem Kontext, argumentieren LOVELOCK (1980), S. 72; CORSTEN (1990), S. 23; MEFFERT (1994b), S. 521ff.; SHELP (1981).

[30]   Daß typologische Untersuchungen sich insbesondere in den Wirtschaftswissenschaften seit geraumer Zeit großer Beliebtheit erfreuen, belegen zahlreiche Quellen zu dieser Thematik. Siehe stellvertretend ENGELHARDT (1957); TIETZ (1960); BUDDEBERG (1954); KNOBLICH (1969b); LEITHERER (1965); LÖFFELHOLZ (1957).

subsumieren - vor allem die mit einer **Partnerschaft verbundenen Ziele**. Darüber hinaus liegt ein weiterer Schwerpunkt auf der **Konfiguration von Kooperationen**, d.h. der Ausgestaltung einer Zusammenarbeit hinsichtlich einzelner Dimensionen und Formen. Operative Gesichtspunkte finden in diesem Zusammenhang nur in dem Ausmaß Berücksichtigung, in dem sie für die Diskussion strategischer Sachverhalte notwendig sind.

Das dritte Element des Grobmodells umfaßt unternehmensspezifische Kriterien. Im einzelnen zählen dazu die Branche, in der die im Rahmen der empirischen Untersuchung erfaßten Dienstleister tätig sind, und die Unternehmensgröße, differenziert in kleine und mittlere Unternehmen (KMUs) sowie Großunternehmen. Hinzu kommt das geographische Tätigkeitsfeld der Dienstleistungsunternehmen, das in regionale, nationale bzw. internationale Aktivitäten unterschieden wird.

Im **dritten Kapitel** wird auf Grundlage der in den vorangegangenen Gliederungspunkten gemachten theoretischen Aussagen zu Dienstleistungen und Kooperationen das **Grobmodell präzisiert** und näher erläutert. Darüber hinaus dient dieser Abschnitt dazu, die mit der empirischen Befragung verbundenen **methodischen Aspekte** zu klären. Die **Charakterisierung der** in die **Stichprobe** gelangten Unternehmen anhand der dem Modell zugrundeliegenden unternehmensspezifischen und dienstleistungsspezifischen Kriterien komplettiert den konzeptionellen Bezugsrahmen.

Nachdem in Teil II die zur Analyse des Kooperationsverhaltens von Dienstleistungsunternehmen notwendigen theoretischen Grundlagen behandelt worden sind, befaßt sich **Teil III** der Arbeit mit den **Ergebnissen der empirischen Untersuchung**. Nach Vorgabe des generierten dienstleistungsspezifischen Kooperationsmodells konzentrieren sich die Ausführungen auf die **Analyse strategischer Aspekte unternehmerischer Zusammenarbeit im Dienstleistungssektor**, aufgezeigt an den Befunden und deren Interpretation. Im Zuge dessen ist zu überprüfen, inwieweit die bislang in der Literatur gemachten generellen Aussagen zum Kooperationsverhalten sich auf den Gegenstandsbereich der Dienstleistungsunternehmen übertragen lassen, mit welchen Modifikationen dies verbunden sein könnte und welche Empfehlungen sich daraus für das Kooperationsmanagement von Dienstleistungsunternehmen ableiten lassen. Vor dem Hintergrund der Heterogenität des Dienstleistungssektors spielt dabei die Identifizierung von spezifischen Kooperationsmustern, die für einzelnen Dienstleister-Cluster typisch sind, eine bedeutende Rolle.

Dabei beschäftigt sich das **erste Kapitel** mit der **Bedeutung der Kooperationsstrategie für Dienstleistungsunternehmen**. Anschließend werden im **zweiten Kapitel** sowohl die mit einer Partnerschaft verbundenen **Motive** als auch die aus der Kooperationsstrategie resultierenden **Konsequenzen** einer intensiveren Analyse unterzogen. Inhaltlich gesehen bedeutet das - aufgrund der engen Interdependenz der einzelnen Themenkomplexe - eine Auseinandersetzung mit den Zielen, dem Erfolg und den Problemen von Kooperationen im Dienstleistungssektor, die in Abhängigkeit von dienstleistungs- und unternehmensspezifischen Kriterien erfolgt.

Zu den strategischen Aspekten unternehmerischer Zusammenarbeit zählt auch die Konfiguration von Kooperationen. Dies impliziert Überlegungen zur Ausgestaltung einer Partnerschaft. Daher stehen im **dritten Kapitel** Aussagen zu den zentralen **Kooperationsdimensionen** unter Einbeziehung dienstleistungs- und unternehmensspezifischer Merkmale im Mittelpunkt des Interesses. Im Anschluß daran werden im **vierten Kapitel** unterschiedliche **Kooperationsformen** behandelt, deren detaillierte Analyse sowohl den einzelnen Kooperationsdimensionen als auch dienstleistungs- und unternehmensspezifischen Kriterien sowie kooperationsspezifischen Zielen Rechnung trägt.

Teil IV faßt die zentralen Ergebnisse der Arbeit zusammen und rundet sie mit einem Ausblick auf zukünftige Entwicklungstendenzen ab.

Teil II: Bezugsrahmen zur Analyse von Kooperationen im Dienstleistungssektor

1. Dienstleistungen als Tätigkeitsfeld unternehmerischen Handelns

1.1. Historische Entwicklung des Dienstleistungs-Marketing

In den letzten Jahrzehnten hat sich die Bundesrepublik Deutschland - ähnlich wie viele andere Industrienationen[1] - mehr und mehr zu einer **Dienstleistungsgesellschaft** entwickelt.[2] Deutlich erkennen läßt sich diese Tendenz, wenn man das Dienstleistungsverständnis[3] der amtlichen Statistik zugrunde legt.

Es zeigt sich, daß der Anteil der im tertiären Sektor **beschäftigten Personen** von 38,4% im Jahr 1960 auf 61% im Jahr 1994 gestiegen ist. Im Gegensatz dazu fand im primären und sekundären Sektor eine gegenläufige Entwicklung statt. Danach verringerte sich im primären Sektor der Anteil von 13,7% auf

---

[1] Vgl. HESKETT (1986), S. 1ff.; JOHNSON/SCHEUING/GAIDA (1986), S. 3; DANIELS (1993), S. 1ff.; ENDERWICK (1989), S. 4ff.

[2] Vgl. MEYER (1990), S. 174. Allerdings ist diese Entwicklung in anderen Staaten drastischer ausgefallen als in der Bundesrepublik Deutschland. Dies läßt sich dort sowohl durch gesamtwirtschaftliches Datenmaterial als auch über eine stärkere Dienstleistungsorientierung in den einzelnen Unternehmen belegen. Vgl. MEFFERT/BRUHN (1997), S. 14f.; OEHLER (1996), S. 15.

[3] Das Dienstleistungsverständnis der amtlichen Statistik beruht im wesentlichen auf der Drei-Sektoren-Theorie, die die Volkswirtschaft in einen primären, sekundären und tertiären Sektor untergliedert. Zum primären Sektor zählen Land- und Forstwirtschaft, Tierhaltung und Fischerei, zum sekundären Sektor Energiewirtschaft und Wasserversorgung, Bergbau, verarbeitendes Gewerbe sowie das Baugewerbe. Dem tertiären Sektor werden alle Wirtschaftszweige zugeordnet, die nicht der Urproduktion oder der Sachgüterproduktion zuzurechnen sind. Unternehmen, bei denen die Zuordnung schwer fällt, weil sie in mehreren Sektoren tätig sind, werden nach dem Maßgeblichkeitsprinzip dem Bereich zugeteilt, in dem der überwiegende Umsatz erzielt wird. Vgl. CORSTEN (1990), S. 1ff.; MEYER (1994), S. 6ff.; MÖSSLANG (1995), S. 7ff. Zur Drei-Sektoren-Theorie siehe auch FISHER (1939); CLARK (1940); FOURASTIÉ (1954); WOLFE (1955). Zu Unterschieden zwischen den einzelnen Ansätzen siehe z.B. CORSTEN (1990), S. 4; MEYER (1994), S. 8; ENTGELTER (1979), S. 16. Zur Kritik an den Konzepten der Drei-Sektoren-Theorie siehe z.B. BRESSAND (1986), S. 75ff.; CORSTEN (1985a), S. 231ff.; KENESSEY (1987), S. 359ff.; MALERI (1994), S. 10ff.; RASMUSSEN (1977), S. 21ff.; RIDDLE (1986), S. 3ff.

16

2,9%, während der sekundäre Sektor 1960 noch eine Quote von 48% aufwies, die aber bis 1994 auf 36,3% sank (siehe Abb. 4).[4]

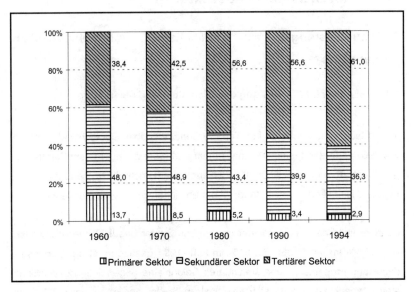

Abb. 4: Anteil der Erwerbstätigen in unterschiedlichen Wirtschaftsbereichen[5]

Auch im Hinblick auf die **Bruttowertschöpfung**[6] ist ein Bedeutungszuwachs des tertiären Sektors zu verzeichnen. Während 1960 noch der größte Teil der Bruttowertschöpfung im sekundären Sektor erzielt worden ist, hat sich dieses Verhältnis im Laufe der Jahre zugunsten des Dienstleistungssektors verscho-

---

[4] Für 1995 hat das Statistische Bundesamt für den Dienstleistungsbereich wieder einen Anteil der erwerbstätigen Personen von 61% bekannt gegeben. Vgl. o.V. (1996e), S. 11. Es zeigt sich, daß diese Entwicklungstendenz auch für Erwerbstätige mit unterschiedlichem Ausbildungsniveau Gültigkeit besitzt. In einer empirischen Untersuchung bei Hochschulabsolventen des Bereichs Wirtschaftswissenschaften konnte nachgewiesen werden, daß über 50% der Studenten eine Anstellung im tertiären Sektor gefunden haben. Vgl. HÖRSCHGEN U.A. (1993b), S. 31f.; FRIESE/CIERPKA (1996), S. 372.

[5] Quelle: Eigene Darstellung. Das Zahlenmaterial basiert auf der Statistik Nr. 13 des INSTITUTS DER DEUTSCHEN WIRTSCHAFT KÖLN (Hrsg.) (1995), o.S., und eigenen Berechnungen. Um eine bessere Vergleichbarkeit zu gewährleisten, beziehen sich die Daten nur auf die alten Bundesländer.

[6] Dabei versteht man unter Bruttowertschöpfung das „...Maß für den zusätzlichen Wert, der im Rahmen der Produktion von Waren und Dienstleistungen in einer Periode innerhalb der produzierenden Einheiten geschaffen wird. ... Berechnet wird die Bruttowertschöpfung ... als Differenz zwischen dem Produktionswert und den Vorleistungen ...." o.V. (1997g), S. 62.

ben. 1994 betrug der Anteil der Bruttowertschöpfung in diesem Bereich 63,3%, während er sich 1960 noch auf 40,9% belief (siehe Abb. 5).

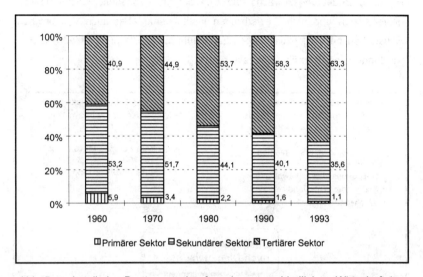

Abb. 5: Anteil der Bruttowertschöpfung in unterschiedlichen Wirtschaftsbereichen[7]

Allerdings spiegeln diese statistischen Angaben den großen volkswirtschaftlichen Stellenwert von Dienstleistungen nur unzureichend wieder. Aufgrund der zugrundeliegenden institutionellen Abgrenzung[8] finden sogenannte Sekundärdienstleistungen, die nicht von einem institutionellen Dienstleister, sondern von einem Sachgüterhersteller erbracht werden (z.b. wenn ein Automobilhersteller zusätzlich Beratungsleistungen anbietet), in der amtlichen Statistik keine Berücksichtigung. Da Dienstleistungen - im Sinne von produktbegleitenden, produktdifferenzierenden Dienstleistungen - heute in fast allen Bereichen des produzierenden Sektors einen erheblichen Bestandteil der angebotenen Problemlösung ausmachen,[9] ist demnach der Anteil der Dienstleistungen unter

---

[7] Quelle: Eigene Darstellung. Das Zahlenmaterial basiert auf der Statistik Nr. 23 des INSTITUTS DER DEUTSCHEN WIRTSCHAFT KÖLN (Hrsg.) (1995), o.S., und eigenen Berechnungen. Um eine bessere Vergleichbarkeit zu gewährleisten, beziehen sich die Daten nur auf die alten Bundesländer.

[8] Siehe auch die Ausführungen in Fußnote 412 zum Maßgeblichkeitsprinzip.

[9] Vgl. FRIESE (1996), S. 87f.; JUGEL/ZERR (1989), S. 163; NIESCHLAG/DICHTL/HÖRSCHGEN (1997), S. 4f.; MEFFERT/BRUHN (1997), S. 21; MEYER (1985), S. 99ff.

funktioneller Betrachtung noch größer.[10] So macht z.B. in der Computerindustrie der Anteil der Dienstleistungen am Gesamtangebot bereits 42% aus.[11] Der immense Bedeutungszuwachs läßt sich auf die gestiegene Nachfrage von gewerblichen und nicht gewerblichen Institutionen, aber auch von privaten Haushalten nach Dienstleistungen zurückführen, für die unterschiedliche Entwicklungen verantwortlich sind (siehe Abb. 6).

Abb. 6: Ursachen für die gestiegene Nachfrage nach Dienstleistungen[12]

---

[10] Immerhin 40% der Erwerbstätigen im produzierenden Gewerbe nahmen 1995 schwerpunktmäßig eine Dienstleistungsfunktion wahr. Damit beläuft sich der Anteil an erwerbstätigen Personen, die entweder als Beschäftigte eines Dienstleistungs- oder eines Industrieunternehmens Dienstleistungen erbringen, auf 70% in den alten und 69% in den neuen Bundesländern. Vgl. o.V. (1996e), S. 11.

[11] Vgl. STAUSS (1994b), S. 215; o.V. (1993), S. 415.

[12] Vgl. Quelle: Eigene Darstellung. Die einzelnen Argumente finden sich bei MEFFERT/BRUHN (1997), S. 8; COWELL (1991), S. 12ff.; HESKETT/SASSER/HART (1991), S. 293ff.; DANIELS (1993), S. 13ff.; DUNNING (1993a), S. 36; DUNNING (1993b), S. 97; ENDERWICK (1989), S. 5ff.; TRONDSEN/EDFELT (1989), S. 55ff.; MÖSSLANG (1995); KÖHLER (1991); SCHWENKER (1989), S. 20ff.; GRÖNROOS (1990a), S. 9.

Zum einen liegen die Ursachen für den Nachfrageanstieg nach Dienstleistungen in sozio-kulturellen Entwicklungen begründet, wie z.B. in der wachsenden Freizeit der Bevölkerung und in der Verschiebung der Alterspyramide.
Zum anderen gibt es eine Reihe von technologischen Rahmenbedingungen,
wie z.B. die Verbesserung der Informations- und Kommunikationstechnologien
oder die größere Anzahl und höhere Komplexität von Produkten, die eine deutlich größere Dienstleistungsnachfrage induzieren. Der Abbau von Handels-
hemmnissen, Internationalisierungs- und Globalisierungstendenzen, die Deregulierung bzw. Privatisierung bislang staatlicher Dienstleistungsmonopole
sowie der Trend zur Externalisierung von Unternehmensteilbereichen stellen
Veränderungen im rechtlichen und ökonomischen Umfeld dar, die dazu führen,
daß der Dienstleistungssektor weiterhin wächst bzw. neue Dienstleistungszweige entstehen.[13]

Obwohl FOURASTIÉ bereits 1954 den 'Marsch in die Dienstleistungsgesell'
schaft'[14] proklamierte, wurde der Dienstleistungsbereich zu diesem Zeitpunkt
von der Betriebswirtschaftslehre im allgemeinen und der Marketing-Wissen-
schaft im besonderen noch stark vernachlässigt. Eigentlich begann man sich
erst in den 70er Jahren langsam für die Fragen des **Dienstleistungs-Marketing** zu interessieren.[15] Denn im Kontext der 'Broadening'-Diskussion, bei der
es um die Ausweitung des institutionellen Gegenstandsbereichs des Marketing
geht, setzte sich sowohl in der Marketing-Praxis als auch in der -Wissenschaft
die Erkenntnis durch, daß das Marketing-Gedankengut geeignet ist, auch für
andere Institutionen als Industrieunternehmen einen fruchtbaren Orientierungs-
und Gestaltungsrahmen zu bieten.[16] Das von KOTLER entwickelte 'Generic
Concept of Marketing',[17] nach dem sich Marketing zur Steuerung sämtlicher
zwischenmenschlicher und gesellschaftlicher Austauschprozesse eignet und
demzufolge nicht nur den Austausch von materiellen Gütern, sondern auch den

---

[13]   Vgl. FRIESE (1996), S. 88.

[14]   Vgl. FOURASTIÉ (1954).

[15]   Vgl. MEFFERT (1994a), S. 664; PAYNE (1993), S. 26f.; TIETZ (1993), S. 154.

[16]   Vgl. RAFFEÉ/FRITZ/WIEDMANN (1994), S. 9; BRUHN/TILMES (1994), S. 17; KOTLER/LEVY
        (1969).

[17]   Vgl. KOTLER (1972).

von immateriellen Gütern, wie z.B. Dienstleistungen, Ideen, Werte, verbessern kann, begünstigte diese Entwicklung.[18]

Erst Ende der 70er, Anfang der 80er Jahre erfolgte in der englischsprachigen Fachliteratur und - etwas zeitversetzt - in der deutschen Literatur eine intensivere Auseinandersetzung mit Fragen und Problemen des Dienstleistungs-Marketing, was sich in ersten Veröffentlichungen zum institutionellen Dienstleistungs-Marketing niederschlug.[19] Die extreme Heterogenität des Dienstleistungssektors, dessen Spektrum von Architekten über Luftfahrtgesellschaften und Unternehmensberatern bis hin zu Zahnärzten reicht,[20] zeichnet dafür verantwortlich, daß in der wissenschaftlichen Auseinandersetzung branchenspezifische Analysen zum Dienstleistungs-Marketing dominieren. Es sind nur geringe Bemühungen feststellbar, allgemeingültige Aussagen im Sinne einer 'Theorie des Dienstleistungs-Marketing', die über die Grenzen einzelner Dienstleistungsbranchen hinweg Gültigkeit besitzen, zu entwickeln.[21]

Trotz dieser Defizite ist herauszustellen, daß inzwischen vom Dienstleistungs-Marketing auch bedeutende Impulse auf das Marketing von Hersteller- und Handelsunternehmen ausgehen. Dies gilt z.B. für Aspekte des Internen Marketing, des Relationship-Marketing und der stärkeren Prozeßorientierung, die im Zusammenhang mit Dienstleistungen schon seit längerem thematisiert werden.[22]

---

[18]   Vgl. NIESCHLAG/DICHTL/HÖRSCHGEN (1994), S. 25ff.; HEMPELMANN (1995), Sp. 743f.; HELLWIG-BECK (1996), S. 34.

[19]   Vgl. MEYER (1990), S. 173 und die dort angegebene Literatur.

[20]   Vgl. ENDERWICK (1989), S. 33; LANGEARD (1981), S. 233.

[21]   Vgl. MEFFERT/BRUHN (1997), S. 3.

[22]   Vgl. FRIESE (1996), S. 95.

1.2. Begriff, Besonderheiten und Systematisierung von Dienstleistungen

1.2.1. Begriffliche Abgrenzung

In der dienstleistungsspezifischen Literatur sind zahlreiche Definitionsversuche von Dienstleistungen mit unterschiedlichem Bedeutungsgehalt zu finden. Dabei lassen sich die Definitionsvorschläge folgenden Gruppen zuordnen:[23]

• Ansätze, die den Dienstleistungsbegriff über eine Aufzählung von Beispielen präzisieren, d.h. sogenannte **enumerative Definitionen**,

• Ansätze, die den Dienstleistungsbegriff über eine **Negativdefinition** von Sachgütern abgrenzen,

• Ansätze, die den Dienstleistungsbegriff mittels **konstitutiver Merkmale** definieren.

Die **enumerativen Definitionsversuche**[24] gelten als wenig geeignet, den Dienstleistungsbegriff zu fassen, denn ihr Nachteil liegt darin begründet, daß „... keine Kriterien angegeben werden, auf deren Grundlage dann entschieden werden kann, ob in einem konkreten Fall eine Dienstleistung vorliegt oder nicht. Damit wird bei dieser Definitionsgruppe unterstellt, daß es eine irgendwie geartete intuitive Vorstellung darüber gäbe, was eine Dienstleistung sei."[25] Einen ähnlich geringen Beitrag zur Klärung des Dienstleistungsbegriffs leisten die **Negativdefinitionen**,[26] bei denen Dienstleistungen als eine Art Residualgröße verstanden werden. Alles, was nicht eindeutig Sachgut ist, wird unter dem Begriff Dienstleistung subsumiert. Danach stellen Dienstleistungen ein Sammelbecken für solche Wirtschaftszweige dar, deren Gemeinsamkeit sich

---

[23]   Vgl. CORSTEN (1990), S. 17.

[24]   Zu den Vertretern dieses Ansatzes zählen z.B. LANGEARD (1981), S. 233; ASHER/WHICHARD (1987), S. 257.

[25]   CORSTEN (1990), S. 17f.

[26]   Zu den Vertretern dieses Ansatzes zählen z.B. ALTENBURGER (1980), S. 21f.; NUSBAUMER (1986), S. 83; RASMUSSEN (1977), S. 46.

darin konstituiert, nicht eindeutig dem Sachgüterbereich zugeordnet werden zu können.[27]

Um zu einer positiven Abgrenzung des Dienstleistungsbegriffs zu gelangen, bietet sich das abstraktere Vorgehen der dritten Gruppe an, bei der der Versuch unternommen wird, über die Herausarbeitung **konstitutiver Elemente** das Wesen aller Dienstleistungen zu begründen.[28] Dabei bilden die unterschiedlichen Phasen[29] der Dienstleistung (siehe Abb. 7) den Ausgangspunkt für die Bestimmung der konstitutiven Elemente, denn „das Wesen einer Dienstleistung läßt sich ... nur dann erfassen, wenn alle drei geschilderten Phasen [Potential-, Prozeß- und Ergebnisphase, A.d.V.] in die Definition durch jeweils ein gesondertes Merkmal eingehen."[30]

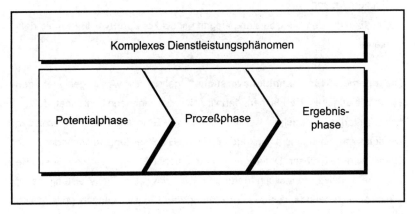

Abb. 7:   Phasen der Dienstleistung[31]

Die einzelnen Phasen der Dienstleistung lassen sich wie folgt charakterisieren:

---

[27]   Vgl. ZOLLNER (1995), S. 55.

[28]   Vgl. MEFFERT/BRUHN (1997), S. 23; BEZOLD (1996), S. 29.

[29]   Manchmal werden diese auch als Ebenen oder Dimensionen der Dienstleistung bezeichnet.

[30]   HILKE (1989), S. 10.

[31]   Quelle: In Anlehnung an MEYER (1990), S. 179.

- **Potential-Phase der Dienstleistung**

Der Potentialcharakter einer Dienstleistung kommt in der **Leistungsfähig-keit** und der **Leistungsbereitschaft** interner Potentialfaktorkombinationen, die ein Dienstleistungsanbieter zur Leistungserbringung offeriert, zum Ausdruck.[32] Als Absatzobjekt eines Dienstleisters fungiert also seine **Leistungsfähigkeit**, die entweder auf menschlichen und/oder maschinellen Fähigkeiten beruht.[33] Aus der Interpretation der Dienstleistung als Leistungsfähigkeit resultiert auch die häufig im Zusammenhang mit Dienstleistungen genannte Besonderheit der Immaterialität. Denn Leistungspotentiale sind stets nicht gegenständlicher Natur.[34] Sie stellen zum Zeitpunkt von Angebot und Nachfrage nach einer Dienstleistung lediglich ein Leistungsversprechen dar, welches sich erst in den darauffolgenden Phasen konkretisiert.[35] Für die Dienstleistungsanbieter bedeutet das, daß sie versuchen müssen, ihr immaterielles Leistungsangebot bzw. ihr Fähigkeitspotential zu materialisieren, um dem Kunden Anhaltspunkte zur Einschätzung der Dienstleistung zu geben. Dieser ist dann eher in der Lage, Art und Qualität der Dienstleistung zu beurteilen, so daß sich für ihn das 'Kaufrisiko' minimiert.[36]

Die **Leistungsbereitschaft** interner Potentialfaktorkombinationen äußert sich in der zeitlichen, räumlichen, quantitativen und qualitativen Verfügbarkeit bzw. Erreichbarkeit einer Dienstleistung. Sie bietet dem Dienstleistungsanbieter - neben der Positionierung über die Leistungsfähigkeit - eine essentielle Differenzierungsmöglichkeit gegenüber seinen Wettbewerbern, da die Verfügbarkeit einer Leistung für den Nachfrager ein zentrales Nutzen- und damit Kaufargument darstellt.[37]

---

[32] Vgl. MEYER (1990), S. 177; HILKE (1989), S. 11; CORSTEN (1990), S. 18.

[33] Vgl. CORSTEN (1989), S. 24; MEYER (1984), S. 198.

[34] Vgl. MEYER (1990), S. 183; MEFFERT/BRUHN (1997), S. 59. In der englischsprachigen Literatur wird dieser Sachverhalt mit dem Bergriff der 'intangibility' umschrieben. Siehe dazu auch BERRY (1980), S. 24; JOHNSON/SCHEUING/GAIDA (1986), S. 13; PALMER (1994), S. 3.

[35] Vgl. BEREKOVEN (1974), S. 29; CORSTEN (1990), S. 18; MEYER (1990), S. 183.

[36] Vgl. MEFFERT/BRUHN (1997), S. 61, MEYER (1990), S. 185f. Zur Qualitätsproblematik von Dienstleistungen siehe z.B. PARASURAMAN/ZEITHAML/BERRY (1985); GRÖNROOS (1983); BIRKELBACH (1993); HENTSCHEL (1992); BRUHN (1997); MEYER/MATTMÜLLER (1987).

[37] Vgl. MEYER (1990), S. 182.

- **Prozeß-Phase der Dienstleistung**

Die prozeßorientierte Sichtweise von Dienstleistungen rückt den Vorgang der **Dienstleistungserstellung**, der sich in der Überführung/Übertragung von immateriellen menschlichen Leistungsfähigkeiten auf externe Faktoren äußert, in den Mittelpunkt der Betrachtung.[38] Charakteristisch für den Dienstleistungserstellungsprozeß ist in diesem Zusammenhang die notwendige Integration eines externen Faktors,[39] der nicht der Verfügungsgewalt des Dienstleistungsanbieters unterliegt und vom Dienstleistungsnachfrager in den Produktionsprozeß eingebracht wird. Als externe Faktoren kommen dabei der Kunde selbst, in seinem Verfügungsbereich stehende Objekte, Tiere, Pflanzen sowie Nominalgüter oder Informationen in Frage.[40] Erst die Einbeziehung des externen Faktors ermöglicht die Erstellung der Dienstleistung, mit der Konsequenz, daß Produktion und Absatz einer Dienstleistung zeitlich simultan erfolgen.[41] Dienstleistungen stellen daher eine Art 'zeitraumbezogenes Produkt' dar, denn der Nutzen einer Dienstleistung ergibt sich für den Nachfrager aus der Teilnahme am Dienstleistungserstellungsprozeß,[42] der wiederum materieller oder immaterieller Art sein kann.[43]

- **Ergebnis-Phase der Dienstleistung**

Der **Output des Dienstleistungserstellungsprozesses** steht bei ergebnisorientierter Betrachtungsweise im Mittelpunkt des Interesses.[44] Dabei bezieht

---

[38]   Vgl. MEYER (1994), S. 68.

[39]   Vgl. ROSADA (1990), S. 15.

[40]   So erbringt z.B. ein Hausarzt eine Dienstleistung an dem Kunden selbst (Kunde ist der externe Faktor), ein Tierarzt an dem Hund des Kunden (Hund ist der externe Faktor), ein Gärtner an den Pflanzen im Garten des Kunden (Pflanzen sind der externe Faktor).

[41]   Vgl. CORSTEN (1990), S. 19; HILKE (1989), S. 12; RATHMELL (1974), S. 6; SCHEUCH (1994), S. 192. Die zeitgleiche Erstellung und Inanspruchnahme einer Dienstleistung wird auch mit dem Terminus 'uno-actu-Prinzip' bezeichnet. Vgl. CORSTEN (1990), S. 19; MEYER (1990), S. 180; MALERI (1994), S. 52. Da der externe Faktor auf der einen Seite einen aktivierbaren Produktionsfaktor im Rahmen der Dienstleistungserstellung darstellt und auf der anderen Seite Konsument der Dienstleistung ist, hat TOFFLER (1980) für den externen Faktor den Begriff des 'prosumer' geprägt (producer und consumer). Vgl. NORMAN (1987), S. 72.

[42]   Vgl. CORSTEN (1990), S. 19. Dadurch, daß der externe Faktor am Dienstleistungserstellungsprozeß partizipiert, besitzt die Leistungserstellung, die bei Industrieunternehmen i.d.R. unter Ausschluß der Öffentlichkeit vollbracht wird, bei Dienstleistungsunternehmen Marketing-Relevanz.

[43]   Vgl. BEREKOVEN (1974), S. 29.

[44]   Vgl. MEYER (1990), S. 178; CORSTEN (1990), S. 19; ZWEIFEL (1987), S. 4ff.

der Output zum einen auf das prozessuale Ergebnis, zum anderen auf die diesem nachgelagerte Wirkung der Dienstleistung.[45] Während das prozessuale Ergebnis sowohl materieller als auch immaterieller Art sein kann, liegen die Wirkungen auf immateriellem Niveau.[46] Sie entsprechen dem immateriellen Nutzen, den Dienstleistungen stiften sollen.[47]

Als konstitutive Elemente von Dienstleistungen lassen sich aus der Potential-Phase die **Leistungsfähigkeit eines Dienstleistungsanbieters**, aus der Prozeßphase die unabdingbare Notwendigkeit der **synchronen Integration eines externen Faktors** und aus der Potential- sowie Ergebnis-Phase die **Immaterialität** ableiten (siehe Abb. 8). Dabei ist von entscheidender Bedeutung, daß ein Merkmal alleine zur Bestimmung einer Dienstleistung nicht ausreicht; um von einer Dienstleistung sprechen zu können, müssen alle drei Elemente vorhanden sein.[48] Vor diesem Hintergrund lassen sich Dienstleistungen wie folgt definieren:

„**Dienstleistungen sind angebotene Leistungsfähigkeiten, die direkt an externen Faktoren (Menschen oder deren Objekte) mit dem Ziel erbracht werden, an ihnen gewollte Wirkungen (Veränderung oder Erhaltung bestehender Zustände) zu erreichen.**"[49]

---

[45]   Vgl. HILKE (1989), S. 10 u. 13ff.; CORSTEN (1985b), S. 85; MEYER/MATTMÜLLER (1987), S. 193f. In diesem Zusammenhang ist darauf hinzuweisen, daß die Trennung zwischen dem Prozeß und dem Ergebnis einer Dienstleistung häufig sehr problematisch ist, da Dienstleistungen oftmals zum Zeitpunkt ihrer Entstehung wieder 'vergehen'. Vgl. CORSTEN (1990), S. 19.

[46]   Vgl. HILKE (1989), S. 14; MEYER (1990), S. 178, die z.B. zwischen dem prozessualen Ergebnis eines Friseurbesuchs (gelocktes Haar nach Dauerwellenbehandlung) und der immateriellen Wirkung (besseres Aussehen, Attraktivität) unterscheiden. Ein Überblick über Dienstleistungen mit materiellem bzw. immateriellem Leistungsprozeß bzw. Leistungsergebnis findet sich bei MEYER (1994), S. 20.

[47]   Vgl. BEZOLD (1996), S. 33.

[48]   Vgl. MEYER (1990), S. 180. Zur kritischen Auseinandersetzung mit den konstitutiven Elementen siehe auch MEFFERT/BRUHN (1997), S. 25; ENGELHARDT/KLEINALTENKAMP/ RECKENFELDERBÄUMER (1992), S. 10ff.; RECKENFELDERBÄUMER (1996), S. 11f.; HENTSCHEL (1992), S. 19ff., SCHMITZ (1996), S. 11. Die Kritik von ENGELHARDT/KLEINALTENKAMP/ RECKENFELDERBÄUMER gipfelt in einem gänzlich neuen Ansatz, der keine Trennung von Dienstleistungen und Sachleistungen mehr vorsieht, sondern Leistungstypen in den Mittelpunkt seiner Überlegungen stellt. Siehe dazu auch ENGELHARDT/KLEINALTENKAMP/ RECKENFELDERBÄUMER (1993). Dieser Ansatz ist für die vorliegende Arbeit bzw. deren Zielsetzung nicht geeignet, weil er keine eindeutige Abgrenzung mehr zwischen Sach- und Dienstleistung ermöglicht.

[49]   MEYER (1990), S. 179.

26

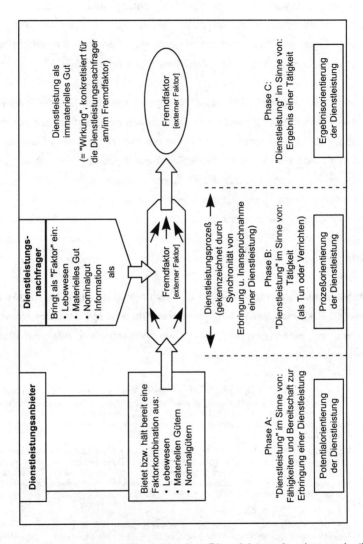

Abb. 8:   Die konstitutiven Elemente einer Dienstleistung im phasenorientier-
ten Zusammenhang[50]

---

[50]   Quelle: HILKE (1989), S. 15.

1.2.2. Analyse von Dienstleistungsspezifika

Basierend auf den konstitutiven Elementen, über die sich Dienstleistungen kennzeichnen und von anderen Gütern abgrenzen, lassen sich dienstleistungsspezifische Besonderheiten ableiten, die Gegenstand der folgenden Gliederungspunkte sind.[51] Sie sind von Bedeutung, weil sich aus ihnen in Kombination mit den konstitutiven Elementen Implikationen für das Marketing und Management von Dienstleistungsunternehmen ergeben.

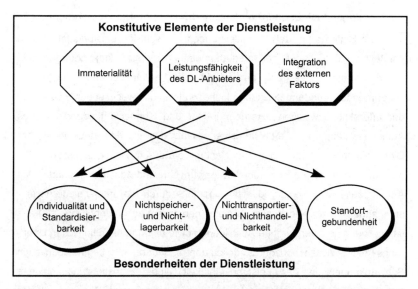

Abb. 9: Aus den konstitutiven Elementen ableitbare Besonderheiten der Dienstleistung[52]

Abbildung 9 verdeutlicht, daß aus den konstitutiven Elementen Leistungsfähigkeit des Dienstleistungsanbieters und Integration des externen Faktors Konsequenzen hinsichtlich der Individualität und Standardisierbarkeit von Dienstleistungen resultieren. Bedingt durch die Immaterialität von Dienstlei-

---

[51]   Welche Besonderheiten das im einzelnen sind, darüber herrscht in der marketingorientierten Dienstleistungsliteratur Unklarheit. Deshalb wurde für die folgenden Ausführungen auf diejenigen Rückgriff genommen, über die weitgehend Einigkeit herrscht.

[52]   Quelle: Eigene Darstellung.

stungen sind diese nicht speicher- und lagerbar, nicht transportier- und handelbar sowie durch eine hohe Standortgebundenheit gekennzeichnet.

Zu berücksichtigen ist allerdings, daß aufgrund der großen Heterogenität der Dienstleistungen die im folgenden beschriebenen dienstleistungsspezifischen Besonderheiten nicht bei allen Dienstleistungen in gleichem Ausmaß auftreten. Sie besitzen nicht den Status der Allgemeingültigkeit der konstitutiven Elemente und treffen auf bestimmte Dienstleistungen mehr oder weniger zu.

1.2.2.1. Individualität und Standardisierbarkeit von Dienstleistungen

Vor dem Hintergrund, daß Dienstleistungen menschliche Leistungsfähigkeiten darstellen und der simultanen Integration eines externen Faktors bedürfen, sind sie durch ein hohes Maß an **Individualität** gekennzeichnet.[53] Denn mit zunehmender Kundenbeteiligung, insbesondere mit wachsender Bedeutung der Interaktion zwischen externem Faktor und Kundenkontaktpersonal des Anbieters, steigt auch die Leistungsvariabilität.[54] Der individuelle Charakter der Dienstleistung wird von seiten des Nachfragers durch dessen objektive Individualität und durch dessen subjektiv gewünschte Individualität geprägt.[55] Auf Anbieterseite wird die Individualität einerseits durch die unterschiedliche Leistungsqualität von Anbieter zu Anbieter hervorgerufen (Interindividualität); sie ist u.a. auf eine divergierende Ausbildung sowie einen unterschiedlichen Erfahrungs- bzw. Wissenshorizont zurückzuführen. Andererseits begünstigen auch Schwankungen in der Leistungsfähigkeit eines Dienstleistungsanbieters (Intraindividualität) - hervorgerufen durch Tagesverfassung, Laune, Interaktionsfähigkeit mit dem Kunden - die Individualität von Dienstleistungen.[56] Die Dienstleistung fällt um so individueller und unterschiedlicher aus, je mehr Ent-

---

[53] Vgl. MEYER (1994), S. 23f. Dieser Sachverhalt wird in der englischen Literatur mit dem Begriff der 'heterogeneity' belegt. Vgl. JOHNSON/SCHEUING/GAIDA (1986), S. 17ff.; SHOSTACK (1987), S. 35; COWELL (1991), S. 25. Alternativ findet sich auch der Terminus der 'variability'. Vgl. PALMER (1994), S. 6.

[54] Vgl. STAUSS (1994b), S. 220.

[55] Vgl. MEYER (1990), S. 185, der diesen Sachverhalt am Beispiel der Friseurdienstleistung erklärt. Objektive Individualität meint in diesem Zusammenhang die unterschiedliche Kopfform, Haarstruktur, Haarfarbe etc. der Kunden, subjektiv gewünschte Individualität z.B. der gewünschte Haarschnitt.

[56] Vgl. JOHNSON/SCHEUING/GAIDA (1986), S. 17; MEYER (1990), S. 184.

scheidungsalternativen und Handlungsfreiheiten die an der Interaktion beteiligten Personen (Anbieter und Nachfrager) im Hinblick auf eine Beeinflussung von Dienstleistungsprozeß und -ergebnis besitzen.[57]

Für das Dienstleistungs-Marketing eines Anbieters ergibt sich daraus auf der einen Seite, daß dieser sein Leistungsangebot extrem variabel und flexibel gestaltet und die Individualität seiner Leistung herausstellt, auf der anderen Seite resultieren daraus Schwierigkeiten in bezug auf die Konstanz des gewünschten Qualitätsniveaus sowie der Qualitätssicherung und -kontrolle.[58]

Obwohl Dienstleistungen aufgrund ihres individuellen Charakters gemeinhin als schwer zu standardisieren gelten, finden sich trotzdem auch für Dienstleister Möglichkeiten, einzelne Aktivitäten und Prozesse zu vereinheitlichen. Dabei wird das **Standardisierungspotential** von Dienstleistungen im wesentlichen durch die Intensität des Einflusses des externen Faktors auf den Dienstleistungserstellungsprozeß bzw. auf die Dienstleistung selbst determiniert.[59] Als Anknüpfungspunkte zur Verwirklichung von Standardisierungspotentialen kommen grundsätzlich alle Phasen der Dienstleistung in Frage. Erfolgen die Vereinheitlichungsbemühungen bei der Leistungsfähigkeit bzw. der Leistungsbereitschaft, so kann von einer Potentialstandardisierung gesprochen werden. Bezieht sich die Standardisierung auf den Dienstleistungserstellungsprozeß bzw. auf den Output, dann liegt eine Prozeß- bzw. Ergebnisstandardisierung vor.[60] Zur Vereinheitlichung von Dienstleistungen weist CORSTEN auf folgende Möglichkeiten zur Realisierung von Standardisierungspotentialen hin:[61]

---

[57]   Vgl. STAUSS (1994b), S. 220.

[58]   Vgl. PALMER (1994), S. 6; STAUSS (1994b), S. 220; MEYER (1990), S. 184.

[59]   Vgl. MEFFERT/BRUHN (1997), S. 186.

[60]   Vgl. MEFFERT/BRUHN (1997), S. 187f.; STAUSS (1994c), S. 98. I.d.R. bauen diese drei Ebenen aufeinander auf, so daß eine Ergebnisstandardisierung nur über eine Potential- und Prozeßstandardisierung zu erreichen ist.

[61]   Vgl. CORSTEN (1990), S. 181ff.; CORSTEN (1995c), S. 29.

(1) Standardisierung der gesamten Dienstleistung

Diese Vorgehensweise kommt für solche Dienstleistungen in Frage, die bereits im voraus exakt determiniert sind und bei denen der externe Faktor trotz Integration keinen direkten Einfluß auf die Leistungserstellung nimmt.[62]

(2) Standardisierung von Teilkomponenten einer Dienstleistung

Für Dienstleistungen, bei denen der externe Faktor größeren Einfluß auf den Dienstleistungserstellungsprozeß hat, bietet sich eine Vereinheitlichung von Teilkomponenten an. Diese standardisierten Module können dann um individuelle Leistungen ergänzt werden.[63]

Versucht ein Dienstleister das Kundenverhalten zu standardisieren, so kann der individuelle Einfluß des externen Faktors auf die Dienstleistung minimiert werden, womit sowohl die Standardisierung von Teilkomponenten als auch die der Gesamtdienstleistung erleichtert würde.[64]

Neben den Vorteilen, die mit einer zunehmenden Standardisierung von Dienstleistungen verbunden sind (Effektivitäts- und Effizienzvorteile, gleichförmiger Leistungsoutput, bessere Konstanz der Dienstleistungsqualiät etc.), besteht die Gefahr, daß variierende Bedürfnisse und Kundenwünsche vernachlässigt werden und eine uniforme Dienstleistung aus Nachfragersicht mit einer Verschlechterung der Dienstleistungsqualität gleichgesetzt wird. Deshalb sollte die Intensität der Individualisierung bzw. Standardisierung, die der Dienstleister

---

[62] Als Beispiele für eine Standardisierung der gesamten Dienstleistung gelten ein Kinobesuch oder die Inanspruchnahme eines Linienbusses.

[63] Als Beispiele für eine teilstandardisierte Dienstleistung gelten ein Softwarehersteller, der einen Teil seiner Software unverändert allen Kunden anbietet, diese aber um Unterprogramme, die auf die spezifischen Bedürfnisse der Kunden zugeschnitten sind, ergänzt, oder eine Luftfahrtgesellschaft, die für alle Kunden zwar die gleiche Transportdienstleistung erstellt, diese aber um individuelle Zusatzleistungen hinsichtlich Service, Essen etc. erweitert.

[64] Als Beispiel dafür gilt die Teilnahme an einen Computerkurs, wobei Interessenten anhand ihrer Vorkenntnisse und Qualifikation ausgewählt bzw. eingestuft werden. Die Standardisierung des Kundenverhaltens wird zwar von CORSTEN als dritte Alternative zur Verwirklichung von Standardisierungspotentialen genannt, stellt im Grunde aber eine Voraussetzung dar, wenn entweder die ganze Dienstleistung oder Teile von ihr standardisiert werden.

für sein Angebot wählt, von der strategischen Zielsetzung, der Dienstleistung selber und dem externen Faktor abhängig gemacht werden.[65]

1.2.2.2. Nichtspeicher- und Nichtlagerbarkeit von Dienstleistungen

Zu den Besonderheiten, die aus der Immaterialität resultieren, zählt die mangelnde Speicher- und Lagerbarkeit von Dienstleistungen.[66] Die **Nichtlagerfähigkeit** impliziert, daß Dienstleistungen nur in dem Moment in Anspruch genommen werden können, in dem sie produziert werden.[67] Das bedeutet, daß sie nicht auf Vorrat erstellt und auf spontane Nachfrage vom Lager abzurufen sind.[68] Dies ist auch unter prozeßorientierter Betrachtung einleuchtend. Wenn sich für den Nachfrager einer Dienstleistung der Nutzen aus dem Dienstleistungsprozeß selbst ergibt, dann 'vergeht' die Dienstleistung mit ihrem Entstehen. Eine Lagerung der Dienstleistung ist nicht möglich.[69] Das hat für den Dienstleistungsanbieter zur Konsequenz, daß er, um Angebot und Nachfrage zu koordinieren, eine an Nachfrageschwankungen ausgerichtete Potentialeinsatz- und Prozeßplanung vorzunehmen sowie Maßnahmen zur Nivellierung von Über- bzw. Unternachfrage zu ergreifen hat.[70]

Obwohl Speicher- und Lagerbarkeit für Dienstleistungen ausgeschlossen werden, ist eine Haltung integrationsbereiter externer Faktoren auf Vorrat möglich,

---

[65] Da diese Problematik an dieser Stelle nicht umfassend behandelt werden kann, vgl. zu den Vor- und Nachteilen, die mit einer standardisierten bzw. individualisierten, differenzierten Vorgehensweise einhergehen, SEGLER (1986), S. 213; KLEINALTENKAMP (1995), Sp. 2357ff.; BOLZ (1992), S. 113ff.; KREUTZER (1989), S. 60f.; PORTER (1995), S. 62ff.; NIESCHLAG/DICHTL/HÖRSCHGEN (1997), S. 920f. und zu spezifischen Dienstleistungsaspekten stellvertretend LOVELOCK (1993); LEVITT (1976); LEVITT (1982); MAISTER/LOVELOCK (1982); SCHMENNER (1986); LOVELOCK/YOUNG (o.J.); SIMON/BUTSCHER (1997).

[66] Vgl. BEREKOVEN (1974), S. 61ff.; BHAGWATI (1984), S. 135; CAMPHAUSEN-BUSOLD (1981), S. 24ff.; MEFFERT/BRUHN (1997), S. 59; MEYER (1990), S. 189.

[67] Vgl. MEFFERT/BRUHN (1997), S. 59.

[68] Vgl. STAUSS (1994b), S. 220.

[69] Vgl. MÖSSLANG (1995), S. 17. In der englischsprachigen Literatur wird dieser Aspekt weniger unter dem Begriff der mangelnden Speicher- und Lagerbarkeit als vielmehr unter dem Schlagwort 'perishability' (Vergänglichkeit) diskutiert. Siehe dazu COWELL (1991), S. 25f.; PALMER (1994), S. 6; ZEITHAMEL/PARASURAMAN/BERRY (1985), S. 35; JOHNSON/SCHEUING/GAIDA (1986), S. 15.

[70] Vgl. STAUSS (1994b), S. 220; MEFFERT/BRUHN (1997), S. 61; COWELL (1991), S. 25ff.; MEYER (1990), S. 189. Ein entsprechender Maßnahmenkatalog findet sich bei CORSTEN (1984), S. 365ff. Im Extremfall sind sogar Demarketing-Maßnahmen anzuwenden, die auf eine Reduzierung der Nachfrage abzielen. Vgl. NIESCHLAG/DICHTL/HÖRSCHGEN (1997), S. 1040.

indem man z.B. den Kunden eine gewisse Wartezeit zumutet, bevor sie in den Dienstleistungserstellungsprozeß einbezogen werden, bzw. deren Objekte lagert.[71] Von der Nichtspeicherbarkeit/Nichtlagerbarkeit der Dienstleistungsfähigkeiten bzw. des -prozesses ist die Speicherung des Dienstleistungsergebnisses zu unterscheiden. Diese ist für den Fall denkbar, daß der Output eines Dienstleistungsprozesses in materialisierter Form auf Trägermedien gespeichert werden kann.[72]

1.2.2.3. Nichttransportier- und Nichthandelbarkeit von Dienstleistungen

Bedingt durch die Immaterialität, aber auch durch die Nichtlagerbarkeit gilt für Dienstleistungen, daß diese **nicht transportierbar** sind. Dienstleistungen werden i.d.R. am Ort ihrer Erstellung konsumiert.[73] In Abhängigkeit von der Mobilität der internen bzw. externen Faktoren und der zu erbringenden Dienstleistung kann dies entweder beim Dienstleistungsanbieter oder beim -nachfrager erfolgen.[74] Ausnahmen gelten dabei für Dienstleistungen, die aufgrund von informations- und kommunikationstechnologischen Innovationen medial erbracht werden,[75] weil dann der Ort der Erstellung und des Konsums auseinanderfallen können.[76] Auch für diese Dienstleistungen gilt weiterhin das 'uno-actu-Prinzip', das die Synchronität von Produktion und Konsum impliziert. Denn „Synchronität i.S. von 'Zeitgleichheit' besagt, daß der Dienstleistungsanbieter erst mit der Erstellung einer Dienstleistung beginnen kann, wenn der Dienstleistungsnachfrager - als prozeßauslösendes Element - einen Faktor in den Dienstleistungsprozeß einbringt."[77]

---

[71]   Vgl. MEYER (1990), S. 189. Zur Wartezeitproblematik von externen Faktoren siehe auch STAUSS (1991b); MAISTER (1985); VENKATESAN (1985).

[72]   Vgl. MALERI (1994), S. 92f. MEYER (1994), S. 119ff., spricht in diesem Zusammenhang auch von veredelten Dienstleistungen, die z.B. auf Papier, Diskette, CD gespeichert, gegebenenfalls multipliziert und vom Nachfrager mehrmals und zeitunabhängig vom Dienstleistungsanbieter genutzt werden können.

[73]   Vgl. MEFFERT/BRUHN (1997), S. 60.

[74]   Vgl. MEYER (1994), S. 30. Dieser gibt einen Überblick über Dienstleistungen, die am Ort des Anbieters erstellt werden (so daß der Nachfrager an den Ort des Angebots kommen muß) bzw. die am Ort der Nachfrage produziert werden (so daß der Anbieter an den Ort der Nachfrage kommen muß).

[75]   Z.B. telefonische Beratung, Informationsdienstleistung via Internet.

[76]   Vgl. MEFFERT/BRUHN (1997), S. 60.

[77]   HILKE (1989), S. 12.

Aufgrund der Immaterialität und den daraus resultierenden Konsequenzen sowie bedingt durch die simultane Dienstleistungserstellung und -abgabe ist ein **Handel**[78] **mit Dienstleistungen** ausgeschlossen. Schließlich liegt auch kein vom Ersteller einer Dienstleistung losgelöstes Zwischenangebot bzw. keine vom externen Faktor losgelöste Zwischennachfrage in Form eines eigenständigen Transferobjekts vor. Allerdings können Dienstleistungen sehr wohl vermittelt werden bzw. Rechte auf eine Dienstleistung[79] auch gehandelt werden.[80]

1.2.2.4. Standortgebundenheit von Dienstleistungen

Für Dienstleistungen, die einen räumlich unmittelbaren Kontakt im Sinne einer face-to-face-Interaktion zwischen Anbieter und Nachfrager verlangen, trifft das Kriterium der **Standortgebundenheit** zu.[81] Es besitzt insbesondere für solche Dienstleistungen Relevanz, bei denen der Anbieter, z.B. durch weitere interne Einsatzfaktoren, eine gewisse Immobilität aufweist.[82] In diesem Fall muß der Dienstleistungsnachfrager, um eine Dienstleistung in Anspruch zu nehmen, zum Dienstleistungsanbieter kommen. Für bestimmte Dienstleistungen ist der externe Faktor bereit, größere Mühen auf sich zu nehmen und weitere Entfernungen zurückzulegen. I.d.R. handelt es sich dabei um Dienstleistungen mit geringerer Bedarfshäufigkeit und/oder großer Wichtigkeit für den Nachfrager. Bei diesen besitzt eine größere räumliche Distanz zwischen Anbieter und Kunde kaum Einfluß auf die Nachfrage. Andere Dienstleister sollten wiederum innerhalb kürzester Zeit und relativ bequem zu erreichen sein. Dies gilt vor

---

[78] Unter Handel im funktionellen Sinn wird die "... wirtschaftliche Tätigkeit des An- und Verkaufs von Waren, wobei diese nicht oder kaum be- bzw. verarbeitet werden ..." verstanden. NIESCHLAG/DICHTL/HÖRSCHGEN (1997), S. 1047.

[79] Z.B. in Form einer Eintrittskarte, einer Fahrkarte oder eines Tickets.

[80] Vgl. MEYER (1990), S. 190f. Selbstverständlich können auch veredelte Dienstleistungen, die in materialisierter Form vorliegen und den Charakter von Waren haben, gehandelt werden.

[81] Vgl. STAUSS (1994b), S. 220.

[82] Z.B. ein Zahnarzt, der aufgrund der aufwendigen Apparaturen, die zu einer umfassenden Zahnbehandlung notwendig sind, seine Dienstleistung in seinen Praxisräumen erbringen muß.

allem für die sogenannten 'convenience services',[83] die daher eine große Distributionsdichte verlangen. Für sie bieten sich multiple Standorte in Form von Filialisierung und Franchising an.[84] Immaterialität, mangelnde Transportfähigkeit von Dienstleistungen und die Tatsache, daß indirekte Absatzwege für viele Dienstleistungsanbieter verschlossen bleiben, bedeuten hohe Priorität für Fragen der Standortwahl.

Besonderheiten von Dienstleistungen	Implikationen für das Dienstleistungs-Marketing
• Immaterialität	• Materialisierung von DL
	• Nachahmung von DL leicht möglich
⇨ Nichtspeicher- und Nichtlagerbarkeit	• Schlechte Schützbarkeit von DL
	• Intensive Koordination zwischen DL-Produktion und -nachfrage
⇨ Nichttransportier- und Nichthandelbarkeit	• Flexibilität bei der Planung von Kapazitäten
	• Management der kurzfristigen Nachfragesteuerung
	• Hohe Distributionsdichte für DL des täglichen Bedarfs
⇨ Standortgebundenheit	• Räumliche Distanz von Angebot und Nachfrage bei DL mit geringer Bedarfshäufigkeit
• Leistungsfähigkeit des Dienstleistungsanbieters	• DL sind Leistungsversprechen
	• Dokumentation spezifischer DL-Kompetenzen
	• Differenzierter Einsatz von Herstellungskomponenten
	• Materialisierung des Fähigkeitspotentials
⇨ Individualität und Standardisierbarkeit	• Probleme einer konstanten DL-Qualität
	• Probleme bei der Schützbarkeit von DL
• Integration des externen Faktors	• Direkter Kontakt zwischen Anbieter und Nachfrager
	• Berücksichtigung von Transport- und Lagerproblemen des externen Faktors
	• Standardisierungsprobleme
⇨ Individualität und Standardisierbarkeit	• Marketing-Orientierung im DL-Erstellungsprozeß
	• Probleme asymmetrischer Informationsverteilung
	• Demarketing bei verrichtungssimultanen DL

Abb. 10: Besonderheiten von Dienstleistungen und Implikationen für das Dienstleistungs-Marketing[85]

---

[83] Vgl. CORSTEN (1986), S. 22; MEYER (1990), S. 191; MEFFERT/BRUHN (1997), S. 61. Dienstleistungen lassen sich in Analogie zu der von COPELAND für Waren entwickelten Klassifikation in convenience, shopping und speciality services unterscheiden. Vgl. RATHMELL (1974), S. 12f.; BELL (1981), S. 209; NIESCHLAG/DICHTL/HÖRSCHGEN (1997), S. 154f.; COPELAND (1923).

[84] Hier gelten auch Überlegungen ähnlich denen für die Standortwahl von Handelsunternehmen.

[85] Quelle: In Anlehnung an MEFFERT/BRUHN (1997), S. 61; NOCH (1995), S. 59. Dabei erhebt die Abbildung keineswegs den Anspruch auf Vollständigkeit, umfaßt aber die wichtigsten Aspekte.

In Abbildung 10 sind die Besonderheiten von Dienstleistungen, d.h. die konstitutiven Elemente und die aus ihnen resultierenden Dienstleistungsspezifika, zusammengefaßt. Ihnen gegenübergestellt finden sich daraus ableitbare Implikationen, die für das Marketing eines Dienstleistungsanbieters eine substantielle Rolle spielen.

1.2.3. Klassifikation von Dienstleistungen

1.2.3.1. Notwendigkeit und Zweck einer Systematisierung von Dienstleistungen

Die bereits in der Einleitung angesprochene Vielfalt des Dienstleistungssektors begünstigt branchenspezifische Aussagen und erschwert betriebswirtschaftlich sinnvolle, generell gültige Überlegungen hinsichtlich des Managements von Dienstleistungsunternehmen.[86] Um dieses Dilemma zu überwinden, bietet sich der Rückgriff auf Systematisierungsansätze an. Diese reduzieren die aus der Heterogenität von Dienstleistungen resultierende Komplexität über die **Bildung von Klassen oder Typen**, die auf gemeinsamen Eigenschaften basieren, durch ihren ordnenden, beschreibenden und differenzierenden Charakter.[87]

Dabei verfolgen Systematisierungsansätze den Zweck, solche Dienstleistungscluster zu identifizieren, die in sich homogen, zu anderen Gruppierungen jedoch möglichst heterogen sind; mit der Konsequenz, daß Dienstleistungen unterschiedlicher Cluster einer differenzierten, die Dienstleistungen innerhalb eines Clusters einer einheitlichen Behandlung bedürfen. Ziel ist es, wirtschaftliche Phänomene innerhalb eines Clusters zu beobachten und zu analysieren, um darauf aufbauend gruppenspezifische Handlungs- oder Gestaltungsempfehlungen abzuleiten.[88] Eine ähnliche Argumentation im Hinblick auf Fragen des Dienstleistungs-Marketing findet sich bei LOVELOCK: „Development of greater sophistication in services marketing will be aided if we can find new ways to group services other than by current industry classifications. A more

---

[86]   Vgl. LOVELOCK (1983), S. 9.

[87]   Vgl. MÖSSLANG (1995), S. 116; MILLS/MARGULIES (1980), S. 255.

[88]   Vgl. MEFFERT/BRUHN (1997), S. 35; STAUSS (1994a), S. 11; WRIGHT (1993), S. 253.

useful approach may be to segment services into clusters that share certain relevant marketing characteristics ... and then to examine the implications for marketing action."[89] Diese Vorgehensweise bringt den Vorteil mit sich, daß Dienstleister über Branchengrenzen hinweg von Erfahrungen anderer Dienstleister, die mit ähnlichen Problemen wie sie konfrontiert sind und vergleichbare Charakteristika aufweisen, profitieren können.[90]

Welche Systematisierungskriterien im einzelnen zur Gruppenbildung herangezogen werden, ist in Abhängigkeit vom Untersuchungsgegenstand zu treffen. Bei der Auswahl von Systematisierungskriterien ist darauf zu achten, daß sie so gut wie möglich auf Dienstleistungen zugeschnitten sind und Dienstleistungsspezifika berücksichtigen. Sie sollten darüber hinaus in der Lage sein, relativ homogene Dienstleistungscluster zu bilden, die sich im Hinblick auf die zu untersuchenden Aspekte, die Grund für die Typenbildungen waren, deutlich unterscheiden.[91] Ein weiterer Vorteil von Systematisierungen liegt darin begründet, daß „ ... die als relevant erachteten Merkmale eines Begriffs nicht eindeutig bestimmt werden müssen, sondern als Kontinuum zwischen ihren Extremausprägungen dargestellt werden können."[92] Die konstitutiven Merkmale scheiden per definitionem als Kriterien aus, da alle Dienstleistungen durch sie gleichermaßen gekennzeichnet sind und sie daher nicht geeignet sind, Dienstleistungen in unterschiedliche Cluster einzuteilen.

1.2.3.2. Ausgewählte Systematisierungsansätze in der Literatur

Aufgrund der oben beschriebenen Vorteile wird bei der Analyse wirtschaftlicher Probleme im Dienstleistungsbereich häufig auf Systematisierungsansätze zurückgegriffen, so daß sich in der Literatur bereits eine Vielzahl unterschiedli-

---

[89] LOVELOCK (1983), S. 9. Auch in einer früheren Veröffentlichung zeigt LOVELOCK eine vergleichbare Haltung: „ ... researchers in marketing should focus their analyses on specific types of services, categorized not by industry but by marketing-relevant characteristics that transcend industry boundaries, and have implications both for consumer behavior and also for development and implementation of marketing strategy." LOVELOCK (1980), S. 72.

[90] Vgl. MEYER (1994), S. 38; LOVELOCK (1980), S. 72; LOVELOCK (1983), S. 9; PALMER (1994), S. 9; PAYNE (1993), S. 10.

[91] Vgl. MÖSSLANG (1995), S. 162.

[92] MEFFERT/BRUHN (1997), S. 30.

cher dienstleistungsspezifischer Ansätze findet. Während ein Teil der Systematisierungsansätze volkswirtschaftlichen Charakter aufweist, dominieren im Dienstleistungs-Marketing betriebswirtschaftliche Vorschläge.[93]

Dabei lassen sich die in der Betriebswirtschaftslehre verwendeten Systematisierungsansätze nach der Anzahl der zur Gruppierung verwendeten Kriterien differenzieren. Während **Klassifikationen** nur auf **einem Merkmal** beruhen (eindimensionale Ansätze), berücksichtigen **Typologien mehrere Kriterien** simultan zur Systematisierung (mehrdimensionale Ansätze).[94]

- **Eindimensionale Systematisierungsansätze**

Die Mehrzahl der entwickelten Ansätze ist eindimensionaler Art. Abbildung 11 gibt einen Überblick über auf Dienstleistungen zugeschnittene eindimensionale Systematisierungsansätze. Die im weiteren Verlauf der Arbeit zur Klassifikation von Dienstleistungen verwendeten Merkmale erscheinen zur besseren Übersichtlichkeit fett unterlegt und werden im Anschluß an diese Tabelle näher erläutert.

Merkmal	Erscheinungsform
Produktbeziehung	• Komplementäre Dienstleistungen • Substitutive Dienstleistungen
Produktverbindung	• Isolierte Dienstleistungen • Kombinierte Dienstleistungen
Leistungsverwertung (Mittelbarkeit zum Konsum)	• Direkte Dienstleistungen • Indirekte Dienstleistungen
Dauerhaftigkeit der Auswirkung	• Produktionsdienstleistungen • Investitionsdienstleistungen
Leistungssubstanz	• Dienstleistungen als Hauptleistung • Dienstleistungen als Nebenleistung
Verwendungsbereich (aus der Sicht des Dienstleistungsanbieters)	• Dienstleistungen, die zur unternehmensinternen Verwendung bestimmt sind • Dienstleistungen, die zum Absatz bestimmt sind
Rechtsstellung des Leistungsträgers	• Private Dienstleistungen • Öffentliche Dienstleistungen
Zeiterfordernis	• Dienstleistungen, die Zeit sparen • Dienstleistungen, die Zeit erfordern

[93] Vgl. CORSTEN (1990), S. 23.
[94] Vgl. KNOBLICH (1995), Sp. 840.

Zeitliche Wirkung der Nutzenstiftung	• Dauerhafte Dienstleistungen • Nicht dauerhafte Dienstleistungen
Verwendungsbezug	• Konsumtive Dienstleistungen • Investive Dienstleistungen
Ausprägung des Faktors Arbeit	• Körperliche Dienstleistungen • Geistige Dienstleistungen
Abhängigkeit des Dienstleistungswachstum	• Induzierte Dienstleistungen • Autonome Dienstleistungen
Physische Exklusion	• Individualdienstleistungen • Kollektivdienstleistungen
Art des externen Faktors (Einsatzfaktor)	• Personenbezogene Dienstleistungen • Objektbezogene Dienstleistungen
Integrationsgrad des externen Produktionsfaktors	• Dienstleistungen mit direkter Abhängigkeit • Dienstleistungen mit indirekter Abhängigkeit
Novitätsgrad der Dienstleistung	• Neue Dienstleistungen • Alte Dienstleistungen
Leistungsobjekt	• Materielle Objekte • Immaterielle Objekte
Kaufphasen	• Pre-sales services • After-sales services
Ökonomische Funktion	• Servicefunktion (bei Absatzbeziehungen mit Verbrauchern) • Managementfunktion (Leistungen werden an andere Unternehmungen oder an Subsysteme der Unternehmung abgegeben)
Elastizität - der Nachfrage - des Einkommens	• Dienstleistungen mit preiselastischer Nachfrage • Dienstleistungen mit preisunelastischer Nachfrage • Notwendige Dienstleistungen • Luxuriöse Dienstleistungen • Sachbezogene Dienstleistungen • Personenbezogene Dienstleistungen
Betriebswirtschaftliche Funktionsbereiche	• Dienstleistungen der Beschaffung • Dienstleistungen der Produktion • Dienstleistungen des Absatzes • Dienstleistungen der Finanzierung oder kaufmännischen Verwaltung
Teilmärkte	• Dienstleistungen am Beschaffungsmarkt • Dienstleistungen am Absatzmarkt • Dienstleistungen am Geldmarkt • Dienstleistungen am Arbeitsmarkt
Art der Nutzenstiftung	• Vermittlung des Nutzens von Produkten • Wert- und Funktionssteigerung oder Erhaltung von Produkten • Beseitigung von Nutzenbeeinträchtigungen an Produkten • Information, ästhetischer Genuß und Erbauung • Produktion immateriellen Kapitals • Dienstleistungen als Produktionsfaktor

Betriebswirtschaftliche Phasenbereiche	• Dienstleistungen der Planung • Dienstleistungen der Realisation • Dienstleistungen der Kontrolle
Haupteinsatzfaktor (Art des internen Faktors)	• Personendominante Dienstleistungen • Objektdominante Dienstleistungen
Art des Vertragsverhältnisses	• Einzelvertraglich erbrachte Dienstleistungen • Dauervertraglich erbrachte Dienstleistungen
Räumliche Identität von Anbieter und Nachfrager	• Mittelbare Dienstleistungen • Unmittelbare Dienstleistungen
Individualität	• Individuelle Dienstleistungen • Standardisierte Dienstleistungen
Interaktionsintensität	• Interaktionsintensive Dienstleistungen • Interaktionsarme Dienstleistungen

Abb. 11: Überblick über eindimensionale Systematisierungsansätze von Dienstleistungen[95]

Aufgrund der Vielzahl möglicher Klassifikationsansätze wird im folgenden nur auf diejenigen eingegangen, von denen vermutet wird, daß sie in engem Zusammenhang mit dem Untersuchungsgegenstand dieser Arbeit stehen.

(1) Eine Klassifikationsmöglichkeit basiert auf dem Kriterium **Verwendungsbezug**. Danach lassen sich **konsumtive** und **investive** Dienstleistungen differenzieren. Ihre ausführlichere Charakterisierung ist Gegenstand des Kapitels II.1.3., da die Arbeit auf investive Dienstleistungen konzentriert ist.

(2) Nach dem Kriterium des **Art des externen Faktors** (Einsatzfaktors) ist eine Unterscheidung in **objekt-** (sach-) und **personenbezogene Dienstleistungen** möglich. Von personenbezogenen Dienstleistungen wird dann gesprochen, wenn es sich bei dem externen Faktor um einen Menschen handelt, der in den

---

[95] Quelle: In Anlehnung an CORSTEN (1990), S. 24f. Die Abbildung erhebt keinen Anspruch auf Vollständigkeit. Teilweise werden unter verschiedenen Begriffen auch gleiche Inhalte verstanden. So können mit Hilfe des Kriteriums Leistungsverwertung direkte und indirekte Dienstleistungen unterschieden werden. Direkte Leistungen werden dabei direkt an den Verbraucher abgegeben, während indirekte Dienstleistungen Einsatzgüter für die nächste Produktionsstufe darstellen. Diese Differenzierung ist somit identisch zur Klassifikation von Dienstleistungen in consumer versus producer services bzw. investive versus konsumtive Dienstleistungen.

Erstellungsprozeß integriert wird. In Analogie dazu ist eine objektbezogene Dienstleistung auf ein Objekt des Dienstleistungsnachfragers gerichtet.[96]

(3) Betrachtet man den überwiegenden **Haupteinsatzfaktor** auf der Anbieterseite (**Art des internen Faktors**), so lassen sich **personendominante** und **objektdominante Dienstleistungen**[97] voneinander abgrenzen. Bei personendominanten Dienstleistungen wird die Dienstleistung überwiegend von Menschen erbracht, Betriebsmittel haben lediglich Hilfscharakter. Für Unternehmen, die hauptsächlich personendominante Dienstleistungen anbieten, stellt daher das Humankapital den entscheiden Erfolgsfaktor dar. Im Gegensatz dazu fungieren bei objektdominanten Dienstleistungen die Betriebsmittel als Haupteinsatzfaktor. Die Erstellung einer Dienstleistung wird im wesentlichen durch den Einsatz von Maschinen vollzogen. Die Aufgaben des Menschen bestehen in der Steuerung und Kontrolle des Dienstleistungsprozesses.[98]

(4) Nach dem Kriterium der **Individualität**[99] differenziert man **individuelle** und **standardisierte Dienstleistungen**. Während individuelle Dienstleistungen spezifisch auf die Wünsche und Bedürfnisse des Nachfragers zugeschnitten sind und der Erstellungsprozeß starke Beeinflussung durch den externen Faktor erfährt, sind standardisierte Dienstleistungen in großem Ausmaß vereinheitlicht.[100]

(5) Betrachtet man die **Interaktionsintensität** zwischen Dienstleistungsanbieter und -nachfrager, so läßt sich eine Dichotomie von **interaktionsintensiven** und **interaktionsarmen Dienstleistungen** konstatieren. Eine hohe Interaktionsintensität liegt dann vor, wenn der Anteil des zeitlichen Kontakts an der Gesamtzeit der Leistungserstellung hoch und ein häufiger Kundenkontakt er-

---

[96] Vgl. HILL (1977), S. 319ff.; MALERI (1994), S. 131; CORSTEN (1990), S. 26; MEYER (1994), S. 31; BEREKOVEN (1986), S. 27f.; PALMER (1994), S. 15.

[97] Manchmal werden diese auch als personal- bzw. maschinenintensive Dienstleistungen bezeichnet.

[98] Vgl. CORSTEN (1990), S. 26; MEYER (1994), S. 31; THOMAS (1978), S. 159ff.; BEREKOVEN (1986), S. 27f.

[99] Siehe auch die Ausführungen im Kapitel II.1.2.2.1.

[100] Vgl. CORSTEN (1990), S. 28; PALMER (1994), S. 12f.

forderlich ist, der externe Faktor sich aktiv unter körperlicher und/oder geistiger Mitwirkung in den Erstellungsprozeß einbringt und der Leistungserstellungsprozeß in großem Umfang mit persönlichen Kommunikationsprozessen einhergeht. Interaktionsarme Dienstleistungen sind dementsprechend durch einen eher seltenen, meist zeitlich begrenzten Kontakt zwischen Anbieter und Nachfrager, durch lediglich passive Integration in den Erstellungsprozeß und durch ein geringes Ausmaß an persönlicher Kommunikation gekennzeichnet.[101]

- **Mehrdimensionale Systematisierungsansätze**

Im Gegensatz zu den eindimensional ausgerichteten Klassifikationsansätzen basieren mehrdimensionale Typologien auf mindestens zwei Merkmalen. Dazu werden oftmals mehrere eindimensionale Ansätze miteinander kombiniert oder um weitere Kriterien ergänzt. Für die Analyse von Dienstleistungen ergibt sich daraus, daß die gebildeten Cluster intern einen höheren Homogenitätsgrad aufweisen und sich nach außen von den anderen Klassen noch stärker unterscheiden.[102] In der Literatur finden sich einige Typologien, die bei der Analyse unterschiedlichster Fragestellungen zur Anwendung kommen.[103]

Stellvertretend für die Vielzahl möglicher **zweidimensionaler Systematisierungsansätze** sei an dieser Stelle auf eine Typologie verwiesen, die die beiden Merkmale Haupteinsatzfaktor (Art des internen Faktors) und Art des externen Faktors (Einsatzfaktor) zueinander in Beziehung setzt. Es ergeben sich vier unterschiedliche Ausprägungen hinsichtlich der Art der Leistungsbeziehung zwischen internen und externen Faktoren, die in Form einer Matrix zur Darstellung kommen (siehe Abb. 12).

---

[101] Vgl. STAUSS (1994a), S. 11; SCHMENNER (1986), S. 21ff.; PALMER (1994), S. 11; MAISTER/LOVELOCK (1982), S. 28f.; KLAUS (1984), S. 467ff.

[102] Vgl. CORSTEN (1990), S. 27.

[103] Siehe z.B. die Typologien von LOVELOCK (1983), S. 12ff.; MILLS/MARGULIES (1980), S. 260ff.; LANGEARD (1981), S. 236; STAFFELBACH (1988), S. 280; CORSTEN (1990), S. 34ff.; MEYER (1994), S. 51ff.; SAMPSON/SNAPE (1985), S. 173; VANDERMERWE/CHADWICK (1989), S. 82.

	Art des externen Faktors	
Haupteinsatzfaktor	**Personenbezogene Dienstleistung**	**Objektbezogene Dienstleistung**
Personendominante Dienstleistung	• Dienstleister erbringt als Person eine Dienstleistung an der Person des Nachfragers (z.B. Unternehmensberatung)	• Dienstleister erbringt als Person eine Dienstleistung an einem Objekt des Nachfragers (z.B. Reparaturdienst)
Objektdominante Dienstleistung	• Dienstleister erbringt mit Hilfe von Objekten eine Dienstleistung an der Person des Nachfragers (z.B. Personentransport)	• Dienstleister erbringt mit Hilfe von Objekten eine Dienstleistung an einem Objekt des Nachfragers (z.B. Spedition, Paketdienst)

Abb. 12: Systematisierung von Dienstleistungen nach Art des internen und des externen Faktors[104]

Diese Typologie kann z.b. herangezogen werden, um Fragestellungen bezüglich der Integration des externen Faktors, der Interaktion zwischen internem und externem Faktor, des Standardisierungsgrads der Dienstleistung, einzelner Aspekte der Dienstleistungsqualität oder der Bedeutung des Dienstleistungserstellungsprozesses und des Ergebnisses für den Nachfrager zu analysieren.

Eine gänzlich andere Form mehrdimensionaler Systematisierungsansätze stellen **Eigenschaftsprofile** dar. Dabei wird aus bereits existierenden Kriterienkatalogen (wie ihn Abb. 11 repräsentiert) ein vergleichsweise vollständiges Set von Charaktermerkmalen der Dienstleistungen ausgewählt, die in ihrem Zusammenspiel eine umfassende Dienstleistungstypologie bilden. Die ausgewählten Kriterien sollten in der Lage sein, das Wesen einer Dienstleistung möglichst vollständig zu beschreiben. In formaler Hinsicht verkörpern die Kriterien mehrstufige bipolare Ratings, deren Extrempunkte durch gegensätzliche Eigenschaftspaare inhaltlich fixiert werden. Je nach Ausprägung bezüglich eines Kriteriums erfolgt die Zuordnung eines Ratingwertes für die zu analysierende Dienstleistung. Über die Verbindung der einzelnen Ratingwerte ergibt sich ein Kantenzug, der das charakteristische Profil der entsprechenden Dienstleistungen visualisiert. Abbildung 13 illustriert das Ergebnis der beschriebenen Vorge-

---

[104] Quelle: In Anlehnung an BEREKOVEN (1986), S. 27f.; LEHMANN (1993), S. 26f.; MEYER (1990), S. 201.

hensweise am Beispiel der Dienstleistungen Reinigung, Gaststättenwesen und Geld- und Kreditwesen.

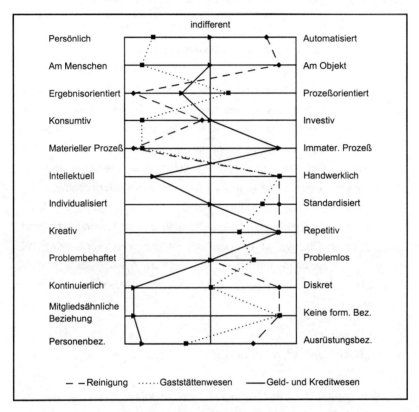

Abb. 13: Eigenschaftsprofile von Dienstleistungsunternehmen [105]

Auch diese Typologie vermag Anregungen hinsichtlich zu ergreifender Strategien und Maßnahmen zu vermitteln. Über den Vergleich der Profile lassen sich Ähnlichkeiten unterschiedlichster Dienstleistungen aufdecken, die zu interessanten Rückschlüssen hinsichtlich vergleichbarer Strategiekonzepte führen können: „... by recognizing which characteristics their own service shares with other services, often in seemingly unrelated industries, managers will learn to look beyond their immediate competitors for new ideas as to how to resolve

---

[105]   Quelle: MEFFERT/BRUHN (1997), S. 45.

44

marketing problems that they share in common with firms in other service industries. ... Innovation in marketing, after all, often reflects a manager's ability to seek out and learn from analogous situations in other contexts."[106]

1.3. Charakterisierung investiver Dienstleistungen

Durch die Heterogenität des Dienstleistungssektors erscheint bei der Bearbeitung betriebswirtschaftlicher Fragestellungen eine Einschränkung auf bestimmte Dienstleistungen sinnvoll - ohne dabei in das andere Extrem zu fallen, nur branchenspezifische Analysen durchzuführen. Aufgrund der volkswirtschaftlichen Bedeutung, aber auch aufgrund des Stellenwertes, der investiven Dienstleistern für eine effektive und effiziente Gestaltung wirtschaftlicher Prozesse zukommt, besteht berechtigtes Interesse daran, mehr über deren Management und Marketing herauszufinden. Die folgenden Ausführungen beschäftigen sich daher zunächst mit der begrifflichen Abgrenzung investiver Dienstleistungen, um diese dann - nach einer Kurzdarstellung des Marktes für investive Dienstleistungen - anhand der in Kapitel II.1.2.3. vorgestellten Kriterien zu systematisieren.

1.3.1. Begriff und Abgrenzung

In Anlehnung an die Unterscheidung in Investitionsgüter und Konsumgüter lassen sich **investive** und **konsumtive Dienstleistungen** differenzieren. Während konsumtive Dienstleistungen von privaten Haushalten in Anspruch genommen werden, sind investive Dienstleistungen dadurch gekennzeichnet, daß sie von Organisationen nachgefragt werden, die diese Dienstleistungen zur Erstellung von Sachleistungen oder weiteren Dienstleistungen für die Fremdbedarfsdeckung einsetzen (siehe Abb. 14).[107]

---

[106]   LOVELOCK (1983), S. 19.
[107]   Vgl. ENGELHARDT/SCHWAB (1982), S. 505; HILKE (1984), S. 3; BÜKER (1991), S. 6.

	Art der Leistung	
Art der Nutzung	Sachleistung	Dienstleistung
Konsumtive (Letzt-) Verwendung	• Konsumgüter (z.B. Lebensmittel, Kleidung, Möbel)	• Konsumtive Dienstleistungen (z.B. Theater, Arzt, Friseur)
Investive (Weiter-) Verwendung	• Investitionsgüter (z.B. Maschinen, Werkzeuge, Firmenfahrzeuge)	• Investive Dienstleistungen (z.B. Gebäudereinigung, Unternehmensberatung)

Abb. 14: Differenzierung investiver und konsumtiver Sach- und Dienstleistungen[108]

Für investive Dienstleistungen finden sich in der Literatur auch die Termini produzentenorientierte Dienstleistungen,[109] Produktivdienstleistungen,[110] 'producer services',[111] 'intermediate services'[112] und 'business services'.[113]

Abbildung 15 visualisiert das breite Spektrum investiver Dienstleistungen, ohne dabei jedoch den Anspruch auf Vollständigkeit zu erheben.

Investive Dienstleister		
• Abfall-/Müll-Entsorger	• Luftfahrtgesellschaften	• Software-Beratungen
• Architekten	• Marktforschungsinstitute	• Speditionen
• Beherbergung/Gastronomie	• Messegesellschaften	• Steuerberatungen
• Catering-Unternehmen	• Paket- und Kurierdienste	• Taxi-Unternehmen
• Copy-Shops/Druckereien	• Personalberatungen	• Techn. Prüfgesellschaften
• Direktmarketingagenturen	• Personenschutz	• Telekommunikations-
• Dolmetscher/Übersetzer	• Post	gesellschaften
• Eisenbahn-Unternehmen	• PR-Agenturen	• Unternehmensberatungen
• Gebäudereiniger	• Rechtsanwälte/Notare	• Wach- und Schließdienste
• Handwerksbetriebe	• Reparaturwerkstätten	• Wartungsunternehmen
• Ingenieurbüros	• Schiffahrt	• Werbeagenturen
• Logistikunternehmen	• Schulungsunternehmen	• Wirtschaftsprüfer

Abb. 15: Beispiele investiver Dienstleistungsunternehmen[114]

---

[108] Quelle: In Anlehnung an MEFFERT/BRUHN (1997), S. 39; ENGELHARDT/SCHWAB (1982), S. 505.

[109] Vgl. z.B. KÖHLER (1991), S. 32.

[110] Vgl. z.B. KAUFMANN (1977), S. 31.

[111] Vgl. z.B. STANBECK (1981), S. 16.

[112] Vgl. z.B. NOYELLE/DUTKA (1988), S. 26f.

[113] Vgl. z.B. KOTLER (1994), S. 465.

[114] Quelle: Eigene Darstellung.

Die Abgrenzung zwischen investiven und konsumtiven Dienstleistungen erweist sich als nicht immer trennscharf. So kann die gleiche Dienstleistung sowohl eine investive als auch eine konsumtive Dienstleistung darstellen, je nachdem, wer diese nachfragt.[115] Ähnlich wie sich das Marketing von Konsum- und Investitionsgütern unterscheidet, sind auch die Marketing-Programme für investive Dienstleistungen anders als die für konsumtive Dienstleistungen, da sich z.B. Unterschiede hinsichtlich des Nachfrage- bzw. Beschaffungsverhaltens ergeben.[116]

1.3.2. Der Markt für investive Dienstleistungen

• **Entwicklungen auf der Anbieterseite**

Bei intensiverer Analyse des bereits angesprochenen Bedeutungszuwachses des Dienstleistungssektors, der auf die gestiegene Nachfrage von privaten Haushalten und gewerblichen Kunden zurückzuführen ist, stellt sich heraus, daß insbesondere die investiven Dienstleistungen Träger der **Dienstleistungsexpansion** gewesen sind.[117] Denn gerade investive Dienstleistungen sind in der Gruppe derjenigen Unternehmen, deren Wachstum deutlich über dem Durchschnitt des Dienstleistungssektors liegt, tendenziell stärker vertreten. Obwohl die Expansion, gemessen an der Veränderung der Unternehmensanzahl sowie der Umsatzveränderung, für fast alle Unternehmen über die diversen investiven Dienstleistungsbranchen hinweg beobachtet werden kann, profitieren insbesondere Beratungsunternehmen, Werbeagenturen, Speditionen und Luftfahrtunternehmen von dieser Entwicklung.[118]

---

[115] Nimmt eine Familie die Dienstleistung einer Fluggesellschaft für eine Ferienreise in Anspruch, so handelt es sich um eine konsumtive Dienstleistung. Der Geschäftsreisende, der in derselben Maschine sitzt, erhält eine investive Dienstleistung. Die gleiche Zuordnungsproblematik existiert auch im Sachgüterkontext. Vgl. NIESCHLAG/DICHTL/HÖRSCHGEN (1997), S. 34. Analog zu der im Sachgüter-Marketing üblichen Differenzierung von Produktivgütern in Produktions- und Investitionsgüter nach dem Kriterium der Verwendungsdauer findet sich auch bei KAUFMANN (1977), S. 30ff., eine Aufsplittung von Produktivdienstleistungen in Produktions- und Investitionsdienstleistungen. Im Rahmen der folgenden Ausführungen wird diese Differenzierung nicht übernommen, da durch sie keine zusätzlichen Erkenntnisse im Hinblick auf das Kooperationsverhalten zu erwarten sind.

[116] Vgl. KOTLER/BLIEMEL (1995), S. 711.

[117] Vgl. BUTTLER/STEGNER (1990), S. 932.

[118] Vgl. SCHWENKER (1989), S. 17f.

Generell besteht im tertiären Sektor ein Trend zur **internationalen Verflechtung** durch international aktive Unternehmen. Für investive Dienstleister sind jedoch unterschiedliche Entwicklungen festzustellen. Zum einen existieren Dienstleistungsmärkte, die eher nationalen Charakter haben. Das gilt vor allem für jene Dienstleistungen, die vom Staat selbst oder von staatlich geschützten Monopolisten erbracht bzw. deren Märkte durch Eintrittsbarrieren blockiert werden (z.b. Abwasserentsorgung und Post). Sind die Dienstleistungen stark durch nationale Besonderheiten geprägt, dann sind diese Märkten für internationale Wettbewerber meistens uninteressant; internationale Konkurrenzunternehmen sind - wenn überhaupt - zahlenmäßig nur in geringem Ausmaß vertreten (z.b. Rechtsanwälte und Notare).[119] Andere Dienstleistungsbranchen sind dagegen durch intensiveren internationalen Wettbewerb gekennzeichnet. Stellvertretend lassen sich die Business Services-Branchen Wirtschaftsprüfung, Beratung und Werbung anführen. Auf Anbieterseite ist hier eine starke Polarisierung in zwei Gruppen festzustellen. Einerseits finden sich einige wenige relativ große, meist global tätige Unternehmen, andererseits stehen diesen eine Vielzahl von kleineren und mittleren Unternehmen gegenüber, deren Märkte eher nationalen Charakter besitzen.[120] In einigen Dienstleistungszweigen dominieren schließlich international aktive Unternehmen. Man denke z.b. an Nachrichten-, Informations- und Transportdienstleister sowie Telekommunikationsgesellschaften, die aufgrund ihrer grenzüberschreitenden Raumüberbrückungsdienstleistungen international tätig sind.[121]

---

[119] Vgl. MÖSSLANG (1995), S. 87.

[120] Vgl. MÖSSLANG (1995), S. 88. Daten für das Jahr 1991 zeigen, daß die 40 größten Unternehmensberatungen ca. 60% des Weltmarktes abdecken. Vgl. AHARONI (1994), S. 10. Eine ähnliche Entwicklung ist auch für die Wirtschaftsprüfungsgesellschaften nachzuvollziehen. Die sog. 'Big Six' (Arthur Andersen, KPMG, Ernst & Young, Coopers & Lybrand, DTT, Price Waterhouse) vereinigen 30% des Welthonoraraufkommens auf sich, in den USA werden 92% der Fortune 500 Unternehmen von diesen betreut, in der Bundesrepublik Deutschland sind es 54% der größten deutschen Unternehmen. Vgl. ELFRING (1993), S. 386; o.V. (1992), S. 22; MÖSSLANG (1995), S. 71.

[121] Vgl. MÖSSLANG (1995), S. 88. Insbesondere der Markt für Luftverkehrsdienstleistungen und Telekommunikation wird extrem durch eine Vielzahl von rechtlichen Rahmenbedingungen determiniert, die einen erheblichen Einfluß auf die Internationalisierung dieser Branchen ausüben. Es sei an dieser Stelle auf die entsprechende Spezialliteratur verwiesen, vgl. z.B. HÄNSEL (1984); KASPER (1989); STOETZER (1991); BROADMAN/BALASSA (1993); TARJANNE (1994); DOWLING/BOULTON/ELLIOT (1994); KAZUO (1993); DECLERCQ/VERBEKE (1994).

Die **Wettbewerbsstruktur** im investiven Dienstleistungssektor wird nicht nur durch die relativ große Anzahl neu gegründeter Unternehmen und die international tätigen Dienstleister beeinflußt.[122] Darüber hinaus ist ein verstärktes Engagement von Unternehmen des primären und des sekundären Sektors in Dienstleistungsbranchen festzustellen.[123] Bislang lediglich unternehmensintern genutzte Dienste werden externen Kunden angeboten, um z.b. überschüssige Kapazitäten auszunutzen. Auf der anderen Seite können auch Diversifikationsüberlegungen der Grund für diese Entwicklung sein.[124] Neben diesen intersektoriellen Aktivitäten spielen jedoch auch Diversifikationsbemühungen von seiten der Serviceunternehmen eine nicht zu vernachlässigende Rolle. Meistens diversifizieren diese aufgrund vermuteter Synergien in Dienstleistungszweige, die in enger Beziehung zu der ursprünglichen Kerndienstleistung stehen.[125] So bieten z.b. Wirtschaftsprüfungsgesellschaften Beratungsdienstleistungen an, oder Unternehmensberatungen entdecken den Bereich der Marktforschung als lukratives Zusatzgeschäft. Vor diesem Hintergrund lassen sich Kerndienstleistungen, die von einem institutionellen Dienstleister erbracht werden, von sogenannten Sekundärdienstleistungen abgrenzen. Sekundärdienstleistungen können sowohl von Industrie-, Handels- als auch von Dienstleistungsunternehmen erbracht werden, das heißt neben der eigentlichen Kernleistung des Unternehmens, die eine Ware oder Dienstleistung darstellen kann, wird eine zusätzliche Dienstleistung angeboten (siehe Abb. 16).

---

[122] In diesem Zusammenhang sei erwähnt, daß nicht nur die Rate der neu gegründeten Dienstleistungsunternehmen über dem Durchschnitt aller Sektoren liegt, sondern auch die Marktaustrittsrate deutlich höher ist. Insgesamt betrachtet überwiegt jedoch die Zahl der Neugründungen die der Schließungen bei weitem, so daß der Dienstleistungssektor immer noch ein größeres Wachstum als die übrigen Sektoren aufweist. Vgl. ELFRING (1993), S. 385.

[123] Vgl. AHARONI (1994), S. 5; DUNNING (1989), S. 144; TRONDSEN/EDFELT (1987), S. 59.

[124] Vgl. MÖSSLANG (1995), S. 90.

[125] Vgl. AHARONI (1994), S. 4; GERYBADZE (1991b), S. 27f.; TRONDSEN/EDFELT (1987), S. 59.

	Nachfrager der Dienstleistung	
Art der Dienstleistung	Endverbraucher	Gewerbliches Unternehmen
Kerndienstleistung des Unternehmens	• Konsumtive Kerndienstleistung	• Investive Kerndienstleistung
Zusatzleistung des Unternehmens	• Konsumtive Sekundärdienstleistung	• Investive Sekundärdienstleistung

Abb. 16   Abgrenzung von Kern- und Sekundärdienstleistungen [126]

Schließlich ist für viele investive Dienstleistungszweige das Phänomen kennzeichnend, das von PORTER mit der Bezeichnung zersplitterte oder **fragmentierte Branche** umschrieben wird. Als fragmentierte Branchen gelten solche,
bei denen einzelne Unternehmen weder signifikante Marktanteile besitzen noch
das Branchenergebnis wesentlich beeinflussen können. Die meisten Dienstleistungsanbieter sind als kleine oder mittlere Unternehmen einzustufen, wobei
die meisten als Eigentümerunternehmen geführt werden.[127] PORTER nennt eine
Vielzahl von Gründen, die für die Zersplitterung der Dienstleistungsbranche
verantwortlich zeichnen, wie z.B. hohe Transportkosten, niedrige Eintrittsbarrieren, Umsatzschwankungen, geringe Möglichkeiten, Größenvorteile zu realisieren, hohe Bedeutung eines lokalen Images und örtliche Kontakte. Diese Ursachen lassen sich zum Teil auf die bereits oben angesprochenen konstitutiven
Merkmale und den aus diesen resultierenden Dienstleistungsspezifika zurückführen.[128]

• **Entwicklungen auf der Nachfragerseite**
Eine Ausweitung investiver Dienstleistungen ist vor allem in hochentwickelten,
stark arbeitsteilig organisierten Wirtschaften festzustellen. Die Ursachen liegen
in der **gestiegene Komplexität wirtschaftlichen Handelns** im allgemeinen
und in der hohen Komplexität und Spezifität von Produkten und Maschinen im
besonderen begründet. Auch die Notwendigkeit, über Informationen, Risikovor-

---

[126] Quelle: In Anlehnung an MEFFERT/BRUHN (1997), S. 21.
[127] Vgl. PORTER (1995), S. 249; ELFRING (1993), S. 384.
[128] Vgl. zu den Ursachen, die zur Fragmentierung von Branchen führen, PORTER (1995), S. 250ff.

50

sorge und Problemlösungswissen in Form von kaufmännischem, technischem und juristischem Know-how zu verfügen, hat dazu geführt, daß die Nachfrage nach investiven Dienstleistungen zugenommen hat und in Zukunft noch weiter ansteigen wird.[129] Konsequenterweise verlangen die z.T. differenzierter gewordenen Bedürfnisse der gewerblichen Nachfrager auch differenziertere, komplexere und spezialisiertere Dienstleistungen, so daß auch gänzlich neue Dienstleistungsangebote entstehen.

Der Bedarfsanstieg äußert sich nicht zwingend in Form von Markttransaktionen, denn ein Teil der Leistungen ließe sich auch unternehmensintern erbringen. In dem Ausmaß jedoch, in dem Dienstleistungen extern bezogen werden, schlagen sie sich als Nachfrage auf dem Markt nieder. Abbildung 17 zeigt auf, welche Dienstleistungen in der Bundesrepublik Deutschland vom produzierenden Gewerbe in welchem Ausmaß bei externen Dienstleistern dazu gekauft wurden.

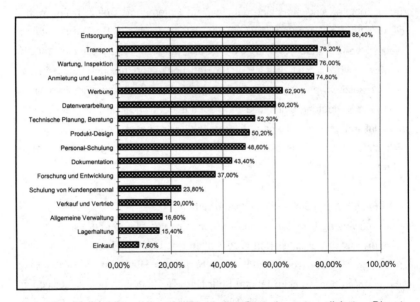

Abb. 17: Ausmaß der vom produzierenden Gewerbe externalisierten Dienstleistungen in der Bundesrepublik Deutschland[130]

---

[129] Vgl. KÖHLER (1991), S. 38ff.; MÖSSLANG (1995), S. 91.

[130] Quelle: o.V. (1990), S. 5. Die Daten beziehen sich auf das Jahr 1988 und sind von Statistischen Bundesamt herausgegeben worden.

51

So werden z.B. fast 90% der Entsorgungsleistungen, die deutsche Industrie-unternehmen zu erbringen haben, an externe Dienstleister vergeben. Auch Transportleistungen werden nur noch in geringem Ausmaß von den Unternehmen des sekundären Sektors selber erbracht. In mehr als drei Viertel aller Fälle wird ein Logistikdienstleister beauftragt.

Die Externalisierung von betrieblichen Aufgaben an unternehmensfremde Dienstleister stellt eine typische **'make or buy'-Entscheidung** dar, die in Zeiten zunehmender Marktspezialisierung und steigenden Wettbewerbsdrucks noch an Bedeutung gewinnt. Obwohl viele Argumente für ein stärkeres Outsourcing von Dienstleistungen sprechen, ist die Entscheidung zwischen Eigen- und Fremderstellung nicht immer einfach zu treffen. Tatsächlich ist diese in Abhängigkeit des situativen Kontextes zu sehen. Dabei spielen neben Kapazitäten und Kosten insbesondere die Art, Qualität und Verfügbarkeit der Dienstleistung sowie ihre strategische Bedeutung eine gewichtige Rolle.[131] Allerdings sind je nach Dienstleistungsbranche, Land und Unternehmensgröße beträchtliche Unterschiede hinsichtlich des externen Bezugs von Dienstleistungen zu konstatieren. Abbildung 18 zeigt dies exemplarisch für den Bereich der Business Services innerhalb der EU auf.

So werden insbesondere die Dienstleistungen 'Engineering & Related Services', 'Operational Services', 'Financial Review' und 'Operational Services' in einem relativ hohen Ausmaß externalisiert. Im Gegensatz dazu werden PR-Aufgaben zu fast 60% unternehmensintern wahrgenommen, was sicherlich auch auf die strategische Bedeutung der Public Relations zurückzuführen ist. Im Ländervergleich zeigt sich, daß französische und italienische Unternehmen Outsourcing-Maßnahmen intensiver in die Tat umsetzen als niederländische oder britische Firmen. Die deutschen Unternehmen bilden in bezug auf den Externalisierungsgrad das Schlußlicht. Sie bevorzugen die unternehmensinterne Bewältigung betrieblicher Aufgaben. Möglicherweise bewerten sie den Verlust an Kontrolle oder die Gefahr, daß Informationen oder Know-how außer

---

[131] Vgl. BEREKOVEN (1986), S. 32; BÜKER (1991), S. 3.GRUHLER (1993), S. 34ff. Vgl. zu weiteren Kriterien, die bei der Entscheidung zwischen Eigenerstellung und Fremdbezug von Dienstleistungen ins Kalkül gezogen werden können, GRUHLER (1990), S. 290ff.; ALBACH (1989), S. 401ff.; KNOLMAYER (1994); MCLINTOCK (1988), S. 10.

Haus gelangen, höher als die Vorteile, die mit einer Externalisierung einhergehen. Das Ausmaß, in dem die Unternehmen bereit sind, Aufgaben außer Haus zu vergeben, scheint auch mit der Unternehmensgröße zu korrelieren. Während mittelständische Unternehmen (51 - 500 Beschäftigte) am häufigsten externe Dienstleister in Anspruch nehmen, sind es bei kleinen, aber auch großen Unternehmen deutlich weniger.

	Anteil extern bezogener Dienstleistungen in %	Anteil intern bezogener Dienstleistungen in %	Kombination
nach Branchen in der EU			
Engineering & Related Services	55	14	29
Management Consultancy	36	36	25
Advertising	48	25	25
Public Relations	10	59	31
Computing Services	21	24	54
Research & Development	13	58	22
Financial Review	48	32	18
Operational Services	59	21	17
Legal Services	40	21	38
Total	40	31	27
nach Ländern			
Frankreich	57	31	12
Deutschland	32	47	21
Italien	48	35	16
Niederlande	39	18	43
Großbritannien	35	22	43
Total	40	31	27
nach Unternehmensgröße (Beschäftigtenanzahl)			
0-50	36	45	19
51-500	54	21	24
501-1000	39	30	31
1001-5000	39	35	26
>5000	36	33	31
Total	40	32	28

Abb. 18: Externalisierungsgrad von Business Services in der EU nach ausgewählten Branchen, Ländern und Unternehmensgröße in Prozent[132]

---

[132] Quelle: In Anlehnung an McLintock (1988), S. 6, 7, 8.

1.3.3. Systematisierung investiver Dienstleistungsunternehmen

Anhand der in Kapitel II.1.2.3. vorgestellten Systematisierungsansätze lassen sich investive Dienstleistungen einzelnen Gruppen zuordnen. Im folgenden steht die Gruppierung der in die empirische Untersuchung einbezogenen Dienstleistungsunternehmen (Unternehmensberater, Marktforschungsinstitut, Werbeagentur, Wirtschaftsprüfer, Luftfahrtgesellschaft, Logistikdienstleister) im Mittelpunkt des Interesses.[133] Dabei ist zu berücksichtigen, daß über ein Systematisierungskriterium ein Kontinuum zwischen zwei Extrempositionen aufgespannt wird, wobei die konkrete Einordnung auf diesem Kontinuum mit Schwierigkeiten verbunden sein kann. Probleme treten dann auf, wenn

(1) die zu klassifizierende Dienstleistung nicht durch eine extreme Ausprägung hinsichtlich des Systematisierungskriteriums gekennzeichnet ist, sondern eine Position zwischen den beiden Polen einnimmt,[134]

(2) sich die Operationalisierung des Klassifikationsmerkmals als diffizil erweist, so daß die Quantifizierung und damit die Positionierung auf dem Kontinuum nicht eindeutig möglich ist,[135]

(3) die zu klassifizierende Dienstleistung innerhalb einer Branche hinsichtlich des Systematisierungskriteriums großen Schwankungen unterliegt.

In solchen Fällen kann es vorkommen, daß die Klassifikation einer Dienstleistung aufgrund von Plausibilitätsüberlegungen vorgenommen wird bzw. sich nach der überwiegenden Mehrheit der Dienstleistungen innerhalb einer Branche richtet. Dann spiegelt die Zuordnung von Dienstleistungen streng genommen nur eine Tendenz wider, die nicht frei von subjektiven Einflüssen ist.

---

[133]   Zur Zusammensetzung der Stichprobe und Auswahl der Untersuchungseinheiten siehe Kapitel II.3.2.

[134]   So ist es z.B. relativ einfach, anhand des Kriteriums 'Ausprägung des Faktors Arbeit', nach dem in körperliche bzw. geistige Dienstleistungen differenziert wird, die Dienstleistung eines Psychiaters einzuordnen. Die Dienstleistung, die ein Chirurg erbringt und die sich auf dem Kontinuum zwischen den Extremen 'körperlich' und 'geistig' befindet, ist deutlich schwerer einzustufen.

[135]   Wie die Ausführungen in Kapitel II.1.2.3.2. gezeigt haben, stellt die Interaktionsintensität ein mehrdimensionales theoretisches Konstrukt dar, dessen Operationalisierung und damit Meßbarmachung sich als problematisch erweist.

Trotz dieser Kritikpunkte erfahren Systematisierungsansätze durch ihre Hilfe-stellung, Dienstleistungen in ein Gesamtspektrum einzuordnen, ihre Berechti-gung. Die Positionierung in eine Klasse ermöglicht einem Dienstleistungsan-bieter, Erkenntnisse aus anderen Dienstleistungsbereichen auf seine Situation zu transferieren und zu nutzen.[136] Diese Argumente besitzen auch Gültigkeit für die im folgenden zu systematisierenden Dienstleistungen, die im Rahmen der empirischen Untersuchung Berücksichtigung fanden.

• **Eindimensionale Systematisierung**

Vor dem Hintergrund dieser Vorüberlegungen lassen sich die im Teil III der Arbeit zu analysierenden investiven Dienstleister auf Basis der eindimensio-nalen Systematisierungskriterien **Art des externen Faktors**, **Haupteinsatz-faktor**, **Individualitätsgrad** und **Interaktionsintensität** folgendermaßen klas-sifizieren (siehe Abb. 19):

Kriterium	Ausprägung	Beispiel
Art des externen Faktors	Personenbezogene Dienstleistungen	Unternehmensberater Marktforschungsinstitut Werbeagentur Wirtschaftsprüfer Luftfahrtgesellschaft
	Objektbezogene Dienstleistungen	Logistikdienstleister
Haupteinsatzfaktor	Personendominante Dienstleistungen	Unternehmensberater Marktforschungsinstitut Werbeagentur Wirtschaftsprüfer
	Objektdominante Dienstleistungen	Luftfahrtgesellschaft Logistikdienstleister
Individualitätsgrad	Individuelle Dienstleistungen	Unternehmensberater Marktforschungsinstitut Werbeagentur
	Standardisierte Dienstleistungen	Wirtschaftsprüfer Luftfahrtgesellschaft Logistikdienstleister
Interaktionsintensität	Interaktionsintensive Dienstleistungen	Unternehmensberater Werbeagentur
	Interaktionsarme Dienstleistungen	Marktforschungsinstitut Wirtschaftsprüfer Luftfahrtgesellschaft Logistikdienstleister

Abb. 19: Eindimensionale Systematisierung investiver Dienstleistungsunter-nehmen anhand unterschiedlicher Kriterien[137]

---

[136]   Vgl. zu dieser Problematik auch LOVELOCK (1983), S. 19.

[137]   Quelle: Eigene Darstellung.

- **Mehrdimensionale Systematisierung**

Die simultane Betrachtungsweise mehrerer Systematisierungskriterien und die Fixierung einer konkreten Position auf dem Merkmalskontinuum visualisiert die in der empirischen Untersuchung berücksichtigten Dienstleistungsunternehmen in einem Eigenschaftsprofil. Dabei spiegelt die Einordnung lediglich eine Tendenzaussage wider, die nicht frei von subjektivem Einfluß ist. Trotzdem soll der Vollständigkeit halber nicht auf die Darstellung verzichtet werden (siehe Abb. 20).

Aufgrund der größeren Praktikabilität der dichotomisierenden Vorgehensweise eindimensionaler Systematisierungsansätze beziehen sich die folgenden Ausführungen auf die durch diese identifizierten Dienstleistungstypen.

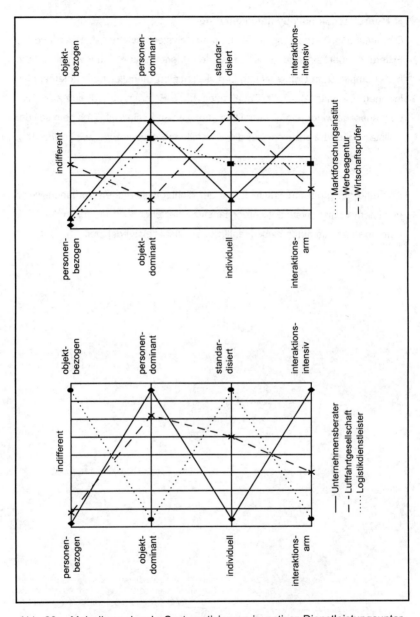

Abb. 20: Mehrdimensionale Systematisierung investiver Dienstleistungsunternehmen[138]

---

[138] Quelle: Eigene Darstellung.

2. Kooperation als strategische Option zur Erzielung von Wettbewerbsvorteilen

2.1. Kooperationen im Spannungsfeld zwischen Markt und Hierarchie

Zum besseren Verständnis der Arbeit wird in den folgenden Abschnitten eine begriffliche und inhaltliche Grundlegung für den Untersuchungsbereich der betrieblichen Zusammenarbeit vollzogen. Dazu erscheint es notwendig, sich einerseits mit dem Terminus der Kooperation und andererseits mit möglichen Erklärungsansätzen, über die sich die Existenz von Kooperationen begründen läßt, auseinanderzusetzen. Ausführungen über die Kooperation als Strategie komplettieren diesen Gliederungspunkt.

2.1.1. Terminologische Abgrenzung

2.1.1.1. Begriff der Kooperation

Der Terminus der '**Kooperation**' hat bis heute in Theorie und Praxis keine einheitliche Interpretation erfahren.[139] Dieser Umstand hat mehrere Ursachen. Zum einen gehört die Kooperation zu den Begriffen, die sowohl im allgemeinen Sprachgebrauch als auch in der Fachsprache Verwendung finden.[140] Zum anderen liegt eine weitere Ursache darin begründet, daß sich unterschiedliche Disziplinen mit dem Phänomen der Kooperation beschäftigen[141] und diese mit divergierendem Bedeutungsgehalt belegen.[142] Selbst innerhalb einzelner Fachrichtungen konnte sich kein einheitliches Kooperationsverständnis durchsetzen.[143]

---

[139] Vgl. SCHUBERT/KÜTING (1981), S. 118.

[140] KAUFMANN macht in diesem Zusammenhang darauf aufmerksam, daß die Kooperation im allgemeinen Sprachgebrauch einen Begriff darstellt, „... der durch seine häufige heterogene Nutzung zu einem Modewort mit einem großen Maß an Unschärfe geworden ist und kaum noch einen Aussagegehalt hat." KAUFMANN (1993), S. 23.

[141] Vgl. TRÖNDLE (1987), S. 13ff.

[142] Ein Überblick über das Kooperationsverständnis in unterschiedlichen wissenschaftlichen Disziplinen findet sich bei SANDELHOLZER (1990), S. 12-19.

[143] Vgl. ROTERING (1993), S. 6f.

58

Darüber hinaus existiert eine Vielzahl von deutsch- und englischsprachigen Termini, wie z.B. 'Strategische Allianz',[144] 'Joint Venture',[145] 'Netzwerk',[146] 'Global Strategic Partnership',[147] 'Koalition',[148] 'Collaborative Agreements',[149] die je nach Autor unterschiedlich definiert werden. Teilweise stehen sie synonym für den Begriff der 'Kooperation', zum Teil liegt ihnen ein engeres oder weiteres Begriffsverständnis zugrunde,[150] was das heterogene definitorische Spektrum noch erweitert.

Vor diesem Hintergrund scheint es sinnvoll, im Rahmen der Herleitung der dieser Arbeit zugrundeliegenden Kooperationsauffassung bei den etymologischen Wurzeln des Kooperationsbegriffs zu beginnen. Aus dem Lateinischen stammend läßt sich Kooperation mit 'Zusammenarbeit' oder 'gemeinschaftliche Erfüllung von Aufgaben' übersetzen.[151] Beschäftigt man sich eingehender mit unterschiedlichen Definitionen in der betriebswirtschaftlichen Literatur, so findet sich dieser Ursprung auch bei den im folgenden betrachteten Autoren wieder (vgl. Abb. 21). Allerdings zeigt nachstehende Übersicht auch deutlich den Facettenreichtum der verschiedenen Ansätze.

---

144 Vgl. u.a. IHRIG (1991), S. 29; LORANGE/ROOS (1992a), S. 3f.; LEWIS (1991), S. 14ff.; GAHL (1991), S. 9; BRONDER/PRITZL (1991b), S. 44; BADARACCO (1991), S. 18; BACKHAUS/PILTZ (1990), S. 2.

145 Vgl. u.a. HARRIGAN (1987), S. 5f.; OESTERLE (1993), S. 37ff.; HLADIK (1985), S. 18.

146 Vgl. u.a. SYDOW (1992a), S. 79ff.; JARILLO (1988), S. 31f.; BACKHAUS/MEYER (1993), S. 332.

147 Vgl. PERLMUTTER/HEENAN (1986), S. 136.

148 Vgl. PORTER/FULLER (1989), S. 364.

149 Vgl. MORRIS/HERGERT (1987), S. 16.

150 Vgl. KAUFMANN (1993), S. 23; ROTERING (1993), S. 6; BEA (1988), S. 2521 u. 2524. BEA spricht dabei „... von einer unübersehbaren Vielfalt ..." der „... Erscheinungsformen und Bezeichnungen solcher Verbindungen von Unternehmen, die ... mit dem Oberbegriff der „Kooperation" belegt sind." BEA (1988), S. 2524.

151 Vgl. ROTERING (1993), S. 6.

Verfasser	Definition von Kooperation
Bott (1967)	Ein auf einen gemeinsamen Zweck abgestelltes, kartellrechtlich erlaubtes Handeln bzw. Verhalten von mehreren voneinander unabhängigen Wirtschaftssubjekten, die direkt untereinander Verträge abschließen, wonach einzelne gleiche, sich ergänzende oder konträre Teilfunktionen aus dem unternehmerischen Gesamtbereich ausgegliedert werden, um sie koordiniert besser wahrnehmen zu können.
Bidlingmaier (1967)	Liegt immer dann vor, wenn zwei oder mehrere Unternehmungen aufgrund freiwilliger vertraglicher Abmachungen gewisse Aufgaben gemeinsam erfüllen in der Erwartung, hierdurch einen - gegenüber dem jeweils individuellen Vorgehen - höheren Grad der Zielerfüllung zu erreichen.
Knoblich (1969)	Auf freiwilligen, vertraglichen Vereinbarungen beruhende Zusammenarbeit mindestens zweier rechtlich und wirtschaftlich selbständig bleibender Unternehmungen in bestimmten unternehmerischen Teilbereichen.
Gerth (1971)	Zusammenwirken von Betriebswirtschaften, bei welchem durch einzelbetriebliche Ausgliederung und kollektive Ausübung von Aufgaben die wirtschaftliche Situation der kooperierenden Betriebe verbessert werden soll.
Grochla (1972)	Ausgegliederte und koordinierte Erfüllung von Teilaufgaben ökonomisch und rechtlich selbständiger Unternehmungen.
Benisch (1973)	Zusammenlegung einzelner Unternehmensfunktionen zu dem Zweck, die Leistung der beteiligten Unternehmen zu steigern und dadurch deren Wettbewerbsfähigkeit zu verbessern.
Blohm (1980)	Auf stillschweigenden oder vertraglichen Vereinbarungen beruhende Zusammenarbeit zwischen rechtlich selbständigen und in den nicht von der Kooperation betroffenen Bereichen auch wirtschaftlich nicht voneinander abhängigen Unternehmungen.
Müller/Goldberger (1986)	Besteht, wenn zwei oder mehr Partner in einzelnen Unternehmensfunktionen (Entwicklung, Beschaffung, Produktion, Vertrieb etc.) auf der Grundlage kollegialer Entscheidungen zusammenarbeiten, ohne dabei aber ihre wirtschaftliche Selbständigkeit im Verhältnis zueinander aufzugeben.
Pausenberger (1989)	Bei Zusammenschlüssen diesen Typs bleiben rechtliche und wirtschaftliche Selbständigkeit der Unternehmungen prinzipiell erhalten; lediglich auf Teilgebieten wird die wirtschaftliche Selbständigkeit eingeschränkt. Zur besseren Verfolgung gemeinsamer Ziele begeben sich die Unternehmungen freiwillig eines Teils ihrer Entscheidungsfreiheit und verpflichten sich zu koordiniertem Handeln.
Staudt u.a. (1992)	Funktionsorientierung oder -ausgliederung zwischen zwei oder mehren Unternehmen, die gemeinsam spezifische Innovationsengpässe überwinden wollen, wobei weder die rechtliche noch die wirtschaftliche Selbständigkeit verloren geht.
Rotering (1993)	Bewußte, explizit vereinbarte, jederzeit einseitig kündbare Zusammenarbeit zwischen Unternehmen.
Sell (1994)	Zwischenbetriebliche Zusammenarbeit zwischen mindestens zwei rechtlich und wirtschaftlich in den nicht von der Kooperation betroffenen Gebieten selbständigen Unternehmen zur gemeinsamen Durchführung von Aufgaben, die in der Regel auf mittlere bis längere Frist angelegt ist.

KUTSCHKER (1994)	Kooperationen entstehen, wenn zwei oder mehrere rechtlich selbständige Unternehmen davon überzeugt sind, angestrebte Unternehmensziele mit einem oder mehreren Partnern zusammen besser verwirklichen zu können als ohne Kooperation. Die kooperierenden Unternehmen geben dabei partiell ihre Unabhängigkeit zugunsten eines koordinierten Verhaltens auf.
ROSE/GLORIUS (1995)	Betriebsverbindungen, in denen bei grundsätzlich völliger (rechtlicher und wirtschaftlicher) Selbständigkeit der beteiligten Unternehmungen lediglich betriebliche *Teil*aufgaben (Hervorhebung so im Original, A.d.V.) zum gemeinsamen Nutzen der kooperierenden Unternehmungen koordiniert werden.
OLESCH (1995)	Auf freiwilliger Basis beruhende vertraglich geregelte Zusammenarbeit rechtlich und wirtschaftlich selbständiger Unternehmen zum Zwecke der Steigerung ihrer Leistungsfähigkeit.
RUPPRECHT-DÄULLARY (1995)	Freiwillige Zusammenarbeit von rechtlich selbständigen Unternehmen mit der Absicht, einen gegenüber dem jeweils individuellen Vorgehen höheren Grad der Zielerfüllung zu erreichen.
NIESCHLAG/DICHTL/ HÖRSCHGEN (1997)	Freiwillige, oft vertraglich geregelte Zusammenarbeit rechtlich und wirtschaftlich selbständiger Unternehmen zum Zwecke der Verbesserung ihrer Leistungsfähigkeit.

Abb. 21: Überblick über ausgewählte Kooperationsdefinitionen in der deutschsprachigen Literatur[152]

Hinsichtlich bestehender Gemeinsamkeiten und Differenzen der unterschiedlichen Kooperationsauffassungen lassen sich folgende Tendenzen konstatieren:

(1) Weitgehende Einigkeit besteht darüber, daß kooperierende Unternehmen sowohl in rechtlicher als auch wirtschaftlicher Hinsicht **unabhängig** voneinander sein sollten. Diese Aussage erfährt aber von jenen Autoren eine Einschränkung, die diese Unabhängigkeit nicht für alle Unternehmensteilbereiche fordern[153] bzw. explizit darauf hinweisen, daß die ökonomische Selbständigkeit partiell in den Segmenten, in denen die Unternehmen kooperieren, aufgegeben wird, und zwar zugunsten koordinierten Verhaltens.[154]

[152] Quelle: Eigene Darstellung. Zu den von den einzelnen Autoren verwendeten Definitionen, die wörtlich übernommen wurden, siehe BOTT (1967), S. 19; BIDLINGMAIER (1967), S. 353; KNOBLICH (1969a), S. 501; GERTH (1971), S. 17; GROCHLA (1972), S. 18; BENISCH (1973), S. 67; BLOHM (1980), Sp. 1112; MÜLLER/GOLDBERGER (1986), S. 43; PAUSENBERGER (1989), S. 623; STAUDT U.A. (1992), S. 3; ROTERING (1993), S. 13; SELL (1994), S. 3; KUTSCHKER (1994), S. 124; ROSE/GLORIUS (1995), S. 152; OLESCH (1995), Sp. 1274; RUPPRECHT-DÄULLARY (1995), S. 18; NIESCHLAG/DICHTL/HÖRSCHGEN (1997), S. 1054.

[153] Vgl. KNOBLICH (1969a), S. 501.

[154] Vgl. BLOHM (1980), Sp. 1112; PAUSENBERGER (1989), S. 623; KUTSCHKER (1994), S. 124. Auch ROTERING (1993) argumentiert ähnlich: „Die Selbständigkeit der beteiligten Unternehmen wird dann zum konstitutiven Begriffsmerkmal, wenn neben der rechtlichen Selbständigkeit als notwendige die wirtschaftliche Selbständigkeit als hinreichende Bedingung hinzukommt. Diese Forderung ist dann erfüllt, wenn jedes an der Kooperation

61

(2) Unterschiedliche Auffassungen findet man jedoch darüber, ob einer Kooperation zwingend ein **Kooperationsvertrag** zugrundeliegen sollte.[155] Die Mehrzahl der Autoren sieht eine vertragliche Vereinbarung nicht als zwingendes Kriterium an, das erfüllt sein muß, um von einer Kooperation zu sprechen.[156] Die Existenz von Kooperationen, die auf stillschweigenden oder nicht-vertraglichen Vereinbarungen beruhen, stützt diese Auffassung.

(3) Analysiert man die verschiedenen Ansätze nach dem generellen **Motiv**, das hinter einem Kooperationsvorhaben steht, so spricht bspw. BOTT (1967) sehr allgemein vom 'gemeinsamen Zweck', während GERTH (1971) von der Verbesserung der wirtschaftlichen Situation ausgeht.[157] Andere Begriffsauffassungen hingegen betonen die bessere Erfüllung der Unternehmensziele durch Kooperation als bei individuellem Vorgehen.[158] Damit in Einklang stehen NIESCHLAG/ DICHTL/HÖRSCHGEN (1997) und auch OLESCH (1995), die die Steigerung der Leistungsfähigkeit als Hauptgrund für das Eingehen einer Kooperation ansehen.[159] Ähnlich wird der Kooperationszweck auch bei BENISCH (1973) definiert, allerdings hebt er die wettbewerbsorientierte Dimension hervor. Für ihn dient die Zusammenarbeit dazu, die Wettbewerbsfähigkeit der kooperierenden Unternehmen zu verbessern.[160] Der Ansicht von STAUDT U.A. (1992), die die gemeinsame Überwindung von spezifischen Innovationsengpässen als konstitutives Merkmal einer Kooperation postulieren,[161] kann nicht zugestimmt werden, da in

---

beteiligte Unternehmen jederzeit die Möglichkeit hat, seine Mitarbeit einseitig zu kündigen." ROTERING (1993), S. 12.

[155] Zu den Vertretern dieser Auffassung zählen z.B. BOTT (1967), S. 19; BIDLINGMAIER (1967), S. 353; KNOBLICH (1969a), S. 501; OLESCH (1995), Sp. 1274.

[156] Siehe dazu auch stellvertretend die Definitionen von PAUSENBERGER (1989), S. 623; KUTSCHKER (1994), S. 124; NIESCHLAG/DICHTL/HÖRSCHGEN (1997), S. 1054.

[157] Vgl. BOTT (1967), S. 19; GERTH (1971), S. 17.

[158] Vgl. BIDLINGMAIER (1967), S. 353; PAUSENBERGER (1989), S. 623; KUTSCHKER (1994), S. 124; RUPPRECHT-DÄULLARY (1995), S. 18. GERYBADZE geht sogar soweit zu sagen, daß „The formulation of joint objectives is the major element of any cooperative strategy." GERYBADZE (1995), S. 15.

[159] Vgl. NIESCHLAG/DICHTL/HÖRSCHGEN (1997), S. 1054; OLESCH (1995), Sp. 1274.

[160] Vgl. BENISCH (1973), S. 67.

[161] Vgl. STAUDT U.A. (1992), S. 3.

der Unternehmenspraxis einer Vielzahl von Kooperationen existieren, denen gänzlich andere Motive zugrunde liegen.[162]

Zusammenfassend läßt sich feststellen, daß Kooperationen durch folgende Merkmale gekennzeichnet sind:

- rechtliche und partiell wirtschaftliche Unabhängigkeit der beteiligten Partner
- Koordination des Verhaltens
- bessere Zielerreichung als bei individuellem Vorgehen[163]

Vor dem Hintergrund, daß im Zuge der vorliegenden Arbeit auch auf Quellen englischer oder amerikanischer Autoren Rückgriff genommen wird, wäre noch zu überprüfen, ob sich diese Kooperationsauffassung auch zu dem in der angelsächsischen Literatur vorherrschenden Begriffsverständnis als kompatibel erweist. Problematisch gestaltet sich in diesem Zusammenhang zunächst die Tatsache, daß im Englischen die wörtliche Entsprechung von Kooperation ('cooperation' bzw. 'co-operation') wenig gebräuchlich zu sein scheint.[164] Deshalb finden sich in diesem Kontext auch eine Vielzahl inhaltlich ähnlicher Begrifflichkeiten. Abbildung 22 vermittelt einen Überblick über ausgewählte Ansätze der englischen und amerikanischen Literatur.

Obwohl der Überblick nur einen kleinen Ausschnitt aus der Fülle möglicher Definitionen wiedergibt, zeigt sich, daß insbesondere MORRIS/HERGERT (1987), BUCKLEY/CASSON (1988), HARRIGAN (1988), PORTER/FULLER (1989), JORDE/ TEECE (1990), LEWIS (1991) und MARITI/SMILEY (1994) im Einklang mit den oben festgestellten Kooperationsmerkmalen stehen, denn auch sie betonen die Zusammenarbeit zwischen zwei oder mehreren Unternehmen, die gemeinsam

---

[162] Siehe dazu auch die Kooperationsbeispiele in Kapitel I.1.

[163] Es wird deutlich, daß Kooperation auf eine Erweiterung des Handlungsspielraums für die beteiligten Unternehmen abzielt. Die wirtschaftliche Autonomie wird zugunsten koordinierten Verhaltens aufgegeben, was letztendlich eine Einschränkung des Handlungsspielraums bedeutet. BOETTCHER bezeichnet diesen Umstand als Paradoxon der Kooperation. Siehe BOETTCHER (1974), S. 42.

[164] Vgl. RUPPRECHT-DÄULLARY (1995), S. 11.

Autor	Bezeichnung	Definition
PERLMUTTER/ HEENAN (1986)	Global Strategic Part- nership	1. Two or more companies develop a common, long-term strategy aimed at world leadership as low-cost suppliers, differentiated marketers, or both, in an international arena. 2. The relationship is reciprocal. The partners possess specific strengths that they are prepa- red to share with their colleagues. 3. The partners' efforts are global, extending beyond a few developed countries to include nations of the newly industrializing, less deve- loped, and socialist world. 4. The relationship is organized along horizontal, not vertical, lines, technology exchanges, re- source pooling, and other „soft" forms of com- bination are the rule. 5. The participating companies retain their natio- nal and ideological identities while competing in those markets excluded from the partnership.
MORRIS/HERGERT (1987)	Collaborative Agree- ment	Linkage between companies to jointly pursue a common goal.
BUCKLEY/CASSON (1988)	Cooperation/ Coope- rative Venture	Coordination effected through mutual forbearance.
HARRIGAN (1988)	Strategic Alliances	Are partnerships among firms, that work together to attain some strategic objectiv.
PORTER/FULLER (1986)	Coalition	Coalitions are formal, long-term alliances between firms that link aspects of their businesses but fall short of merger.
JORDE/TEECE (1990)	Strategic Alliance	A bilateral or multilateral relationship characterized by the commitment of two or more partner firms to a common goal.
BADARACCO (1991)	Strategische Allianz	Organisatorische und betriebliche Vereinbarungen, durch die voneinander unabhängige Organi- sationen administrative Aufgaben teilen, soziale Verbindungen eingehen und die Verantwortung für den gemeinsamen Besitz übernehmen, und bei denen flexiblere vertragliche Vereinbarungen hochspezifische unabhängige Verträge ersetzen. ... Sind alle kooperativen Beziehungen zwischen Firmen und Konkurrenzunternehmen, Kunden, Lieferanten, Regierungsbehörden, Universitäten, Gewerkschaften und anderen Organisationen.
LEWIS (1991)	Strategische Allianz	In einer strategischen Allianz arbeiten Firmen aus wechselseitigem Bedürfnis zusammen und teilen die Risiken, um ein gemeinsames Ziel zu errei- chen.
MARITI/SMILEY (1994)	Co-operative Agree- ment	Any long term, explicit agreement among two or more firms.

Abb. 22: Überblick über ausgewählte Definitionsansätze von Kooperation in der angloamerikanischen Literatur[165]

---

[165] Quelle: Eigene Darstellung. Zu den von den einzelnen Autoren verwendeten Definitionsansätzen, die wörtlich übernommen wurden, siehe PERLMUTTER/HEENAN (1986), S. 137; MORRIS/HERGERT (1987), S. 16; BUCKLEY/CASSON (1988), S. 32; HARRIGAN (1988), S. 205; PORTER/FULLER (1989), S. 364; JORDE/TEECE (1990), S. 85; BADARACCO (1991), S. 17 u. 18; LEWIS (1991), S. 14; MARITI/SMILEY (1994), S. 38.

64

bessere Zielerreichung und die partielle Aufgabe der Unabhängigkeit zugunsten eines koordinierten Verhaltens.[166]

Die von PERLMUTTER/HEENAN (1986) proklamierte 'Globale Strategische Partnerschaft' läßt sich ebenfalls unter Kooperation subsumieren. Sie stellt lediglich eine besondere Form der Zusammenarbeit dar, bei der über die generellen oben erwähnten Kooperationsmerkmale hinaus noch weitere Kennzeichen erfüllt sein sollten, damit von einer solchen gesprochen werden kann.[167]

Zusammenfassend gilt für die weiteren Ausführungen folgendes Kooperationsverständnis:

Kooperation ist die freiwillige Zusammenarbeit von rechtlich selbständigen Unternehmen, die ihre wirtschaftliche Unabhängigkeit partiell zugunsten eines koordinierten Handelns aufgeben, um angestrebte Unternehmensziele im Vergleich zum individuellen Vorgehen besser erreichen zu können.

2.1.1.2. Abgrenzung und Einordnung der Kooperation

Im Rahmen der terminologischen Abgrenzung erscheint es sinnvoll, neben einer begrifflichen Konkretisierung auch eine **Einordnung der Kooperation** in einen größeren theoretischen Zusammenhang vorzunehmen. In der Literatur finden sich zwei unterschiedliche Sichtweisen.

(1) Zum einen läßt sich die Kooperation dem weiten Feld der **Unternehmenszusammenschlüsse** zuordnen.[168] Damit sind verschiedenartige Vorgänge und Formen der Verbindung von Unternehmen gemeint, die in Anlehnung an PAUSENBERGER über eine prozessuale und eine statische Dimension präzisiert werden können:

---

[166]   Vgl. MORRIS/HERGERT (1987), S. 16; BUCKLEY/CASSON (1988), S. 32; HARRIGAN (1988), S. 205; PORTER/FULLER (1986), S. 315; JORDE/TEECE (1990), S. 85; LEWIS (1991), S. 14; MARITI/SMILEY (1994), S. 38.

[167]   Vgl. PERLMUTTER/HEENAN (1986), S. 137.

[168]   Vgl. WÖHE (1996), S. 381.

- Unternehmenszusammenschluß als Prozeß: „Eine Unternehmung geht mit einer anderen eine Verbindung ein oder verstärkt diese mit der Wirkung, daß die wirtschaftliche Autonomie und/oder der Herrschaftsbereich mindestens einer Unternehmung dabei eingeschränkt oder beseitigt wird."[169]

- Unternehmenszusammenschluß als Zustand: „Eine Mehrheit von Unternehmungen oder rechtlich selbständigen Betrieben (Firmen) ist durch ein Beziehungsgeflecht so miteinander verknüpft, daß zumindest in Teilbereichen ein gemeinsames Handeln erreicht wird."[170]

Über das Kriterium der Selbständigkeit grenzt sich die Kooperation von anderen Formen des Unternehmenszusammenschlusses ab. Wie oben schon erwähnt, bleibt im Fall einer Kooperation die rechtliche und - eingeschränkt auch - die wirtschaftliche Unabhängigkeit der kooperierenden Unternehmen erhalten. Wird die ökonomische Selbständigkeit von mindestens einem beteiligten Unternehmen aufgegeben, so liegt eine Unternehmensvereinigung vor. Zu diesen zählen Konzerne, die dadurch gekennzeichnet sind, daß sie zwar aus zwei oder mehreren rechtlich unabhängigen Unternehmen bestehen, die aber wirtschaftlich vereinigt und unter einheitliche Leitung gestellt werden. Die wirtschaftliche Selbständigkeit wird aufgegeben. Kommt es neben der wirtschaftlichen auch zu einer rechtlichen Vereinigung, so daß nur noch eine rechtliche Einheit existiert, bezeichnet man dies als Fusion (Verschmelzung).[171]

Eine besondere Form der Unternehmenskooperation, auf die im Verlauf der Arbeit nicht näher eingegangen werden soll, stellen Kartelle dar.[172] Obwohl auch sie dadurch gekennzeichnet sind, daß die Unternehmen, die einem Kartell

---

[169] PAUSENBERGER (1989), S. 621.

[170] PAUSENBERGER (1989), S. 621.

[171] Vgl. PAUSENBERGER (1989), S. 624; SCHUBERT/KÜTING (1981), S. 239 u. 318; WÖHE (1996), S. 382. In der englischsprachigen Literatur findet sich in diesem Zusammenhang häufig der Begriff 'Mergers and Acquisitions', der i.d.R. mit dem der Unternehmensvereinigung gleichgesetzt wird.

[172] PLASSMANN weist in diesem Zusammenhang darauf hin, daß jedes Kartell "... aus ökonomischer Sicht auch eine Kooperation [ist (A.d.V.)]. Nicht jede Kooperation hingegen ist ein Kartell." PLASSMANN (1974), S. 20f. Aufgrund der Tatsache, daß Kartelle wettbewerbsbeschränkenden Charakter haben, werden sie in dieser Arbeit nicht weiter berücksichtigt.

angehören, rechtlich und wirtschaftlich unabhängig sind, lassen sie sich über das Kriterium der Wettbewerbswirkung abgrenzen. Aufgrund ihrer wettbewerbsbeschränkenden Wirkung sind Kartelle nach § 1 GWB grundsätzlich verboten, es sei denn, das Verbot wird durch Einzelvorschriften des GWB (§§ 2-8 und §§ 99-103) aufgehoben.[173]

(2) Eine gänzlich andere Art der Einordnung erhält man, legt man die Erkenntnisse der Institutionellen Ökonomie zugrunde. Sie betrachten Kooperationen als **eine zwischen Markt und Hierarchie angesiedelte, intermediäre Koordinationsform wirtschaftlicher Aktivitäten**, die von einigen Vertretern auch als hybride Organisationsform bezeichnet wird.[174]

Ein Markt stellt eine Organisationsform ökonomischer Aktivitäten dar, in der beliebige Marktteilnehmer eine genau spezifizierte Leistung austauschen, wobei als zentraler Koordinationsmechanismus der Preis fungiert. Dabei besitzen die auf dem Markt aktiven Wirtschaftssubjekte zu diesem freien Zugang und unbeschränkten Austritt. Ihr Verhalten ist dadurch geprägt, daß sie begrenzt rational und opportunistisch agieren und ihre Handlungen weitgehend autonom gestalten. Marktliche Beziehungen gelten als diskret, flüchtig und kompetitiv.[175]

(Unternehmens-) Hierarchie hingegen meint die Koordination wirtschaftlicher Aktivitäten mittels Verhaltensanweisung. Während Markttransaktionen über den Preis koordiniert werden, obliegt in diesem Fall die Koordination einer übergeordneten Institution und einheitlichen Leitung (Unternehmensleitung). Hierarchische Beziehungen basieren im Gegensatz zu marktlichen Transaktionen auf Stabilität und Kontinuität.[176]

---

[173] Vgl. WÖHE (1996), S. 390ff. Unter die Ausnahmen, die das GWB vorsieht, fallen sogenannte anmelde- und erlaubnispflichtige Kartelle sowie Bereichsausnahmen, die bestimmte Unternehmen der öffentlichen Hand bzw. ausgewählte Wirtschaftszweige betreffen.

[174] Vgl. BORYS/JEMISON (1989); BÜCHS (1991); POWELL (1987); SEMLINGER (1993); THORELLI (1986); WILLIAMSON (1985).

[175] Vgl. SYDOW (1992b), S. 246f.; SYDOW (1992a), S. 98.

[176] Vgl. WEDER (1989), S. 61; SYDOW (1992b), S. 246; SYDOW (1992a), S. 98.

Kooperationen als **hybride Organisationsformen** zwischen Markt und Hierarchie vereinen sowohl hierarchische als auch marktliche Elemente. Sie entstehen, indem Unternehmen ihre Zusammenarbeit intensivieren (Quasi-Internalisierung) oder einzelnen Funktionsbereiche ausgliedern (Quasi-Externalisierung).[177] Versucht man, diesen Sachverhalt zu visualisieren, so fungieren Markt und Hierarchie als Pole eines Kontinuums, zwischen denen ein breites Spektrum unterschiedlicher kooperativer Koordinationsformen zu positionieren ist, die entweder mehr marktliche oder mehr hierarchische Charakteristika aufweisen. WEDER hat versucht, diesen Sachverhalt anhand des 'Transaktionsformen-Typenband' komprimiert darzustellen (siehe Abb. 23).

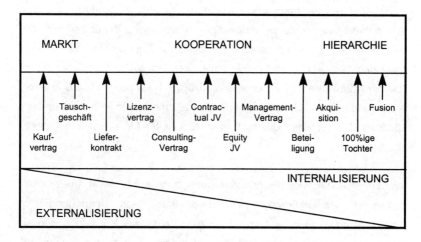

Abb. 23: Transaktionsformen-Typenband[178]

Die Transaktions- oder Koordinationsformen zeichnen sich dadurch aus, daß - ausgehend von der reinen Markttransaktion (Kaufvertrag) - das für das Zustandekommen einer Transaktion notwendige kooperative Element kontinuierlich an Bedeutung gewinnt und beim Equity Joint Venture[179] am ausgeprägtesten ist, um dann wieder zu sinken, je stärker man sich rein hierarchischen Organisationsformen annähert. Während der Externalisierungs-

---

[177]   Vgl. SYDOW (1992a), S. 105.

[178]   Quelle: In Anlehnung an WEDER (1989), S. 74.

[179]   Zum Equity Joint Venture siehe Kapitel II.2.4.2.4.

grad bei rein marktlichen Transaktionsformen am höchsten ist, ist der Internalisierungsgrad bei rein hierarchischen Transaktionsformen am stärksten ausgeprägt. Die diversen kooperativen Organisationsformen weisen unterschiedliche Externalisierungs- bzw. Internalisierungsgrade auf, je nachdem, ob sie mehr marktlichen oder hierarchischen Charakter besitzen.

2.1.2. Erklärungsansätze für das Entstehen von Kooperationen

2.1.2.1. Überblick über das Spektrum möglicher Erklärungsansätze

In der wirtschaftswissenschaftlichen Literatur existieren verschiedene theoretische Ansätze, die einen Erklärungsbeitrag für das Zustandekommen von Unternehmenskooperationen leisten. Dabei wird anhand dieser Theorien versucht, Hinweise für das Entstehen von Kooperationen abzuleiten bzw. eine Entscheidungshilfe bei der Wahl der verschiedenen Transaktionsformen zu bieten. Darüber hinaus liefern sie Erkenntnisse bezüglich Bedingungen und Erfolgsvoraussetzungen bei Gestaltung und Management von Kooperationen.[180] Abbildung 24 gibt einen Überblick über in der Literatur verwendete Theoriebausteine.

Bei der Entwicklung des theoretischen Bezugsrahmens für diese Arbeit stehen im folgenden **transaktionskosten- und spieltheoretische Überlegungen** im Mittelpunkt, da diese in der Lage sind, einen Großteil des Kooperationsverhaltens von Unternehmen zu erklären. Sie finden Ergänzung durch **managementorientierte Überlegungen**, die in der neueren Literatur diskutiert werden. Obwohl diese im Hinblick auf ihre theoretische Reife und empirische Stützung noch nicht mit den traditionellen Ansätzen vergleichbar sind, lassen sich dennoch interessante Rückschlüsse ziehen.[181]

---

[180]   Vgl. ROTERING (1993), S. 66; SCHWAMBORN (1994), S. 22; OESTERLE (1993), S. 126.

[181]   Vgl. OESTERLE (1993), S. 127. Zu diesen im Hinblick auf Kooperationen theoretisch noch nicht ausgereiften Ansätzen zählt OESTERLE insbesondere die soziobiologische Symbiose sowie rein betriebswirtschaftlich ausgerichtete Ansätze der Wettbewerbsstrategie und des organisationalen Lernens.

BEA (1988)	BÜCHS (1991)	FRANK (1994)
• Transaktionskosten-Ansatz • Umwelt-Strategie-Struktur-Ansatz	• Transaktionskostenansatz	• Theorie des Strategischen Managements • Transaktionskostenansatz • Anreiz-Beitrags-Theorie
HAMMES (1994)	**KRONEN (1994)**	**KUTSCHKER (1995)**
• Industrieökonomischer Ansatz • Transaktionskostenansatz • Spieltheoretischer Ansatz • Erklärungsbeitrag der 'Shareholder Value'-Konzeption	• Ressourcenbasierter Ansatz • Wertkettenkonzept • Netzwerkansatz • Entscheidungsorientierter Ansatz	• Transaktionskostentheorie • Managementorientierte Ansätze
MECKL (1993)	**OESTERLE (1993)**	**RÖSSL (1994)**
• Transaktionskostenansatz • Produktionskostentheoretische Überlegungen • Tauschtheoretische Überlegungen • Koalitionstheoretische Überlegungen • Spieltheoretische Überlegungen	• Transaktionskostentheorie • Spieltheorie	• Spieltheorie • Systemtheorie • Politisch-behavioristische Ansätze • Ansätze der ökonomischen Organisationstheorie
ROTERING (1993)	**SCHERTLER (1995b)**	**SCHWAMBORN (1994)**
• Gleichgewichtstheorie • Kontingenztheorie • Transaktionskostentheorie	• Strategisches Management	• Wettbewerbstheorie • Spieltheorie • Organisationstheorie • Interaktionstheorie • Transaktionskostentheorie • Wertkette • Netzwerkansatz
SEMLINGER (1993)	**WEDER (1989)**	**WURCHE (1994)**
• Transaktionskostenansatz	• Analysen von Karl Marx • Eugen Schmalenbachs Optik • Ansatz von R.H. Coase • Weiterentwicklungen von G.B. Richardson • Williamsons Vertiefung • Spezieller Markt für Wissen • Robert Axelrods spieltheoretischer Ansatz • Ergänzungen von Peter Buckley und Mark Casson	• Theorien interorganisationaler Beziehungen • Kooperationsspezifische Ansätze

Abb. 24: Überblick über in der Literatur verwendete Theorieansätze zur Erklärung von Kooperationen[182]

---

[182] Quelle: Eigene Darstellung. Zu den von den einzelnen Autoren verwendeten Theorieansätzen siehe BEA (1988); BÜCHS (1991); FRANK (1994); HAMMES (1994); KRONEN (1994); KUTSCHKER (1995); MECKL (1993); OESTERLE (1993); RÖSSL (1994); ROTERING (1993); SCHERTLER (1995b); SCHWAMBORN (1994); SEMLINGER (1993); WEDER (1989); WURCHE (1994). Bei der Auflistung der in der Literatur verwendeten Theoriebausteine wurde die Schreibweise der einzelnen Autoren übernommen.

2.1.2.2. Kooperationen unter transaktionskostentheoretischen Aspekten

Die auf COASE[183] zurückgehende und von RICHARDSON[184] sowie WILLIAMSON[185] weiterentwickelte Transaktionskostentheorie läßt sich dem Forschungsfeld der Neuen Institutionellen Ökonomie[186] zurechnen, die sich mit den Koordinationsmechanismen sozioökonomischer Austauschbeziehungen beschäftigt.[187]

Im Mittelpunkt des Untersuchungsinteresses steht dabei die **Transaktion**, d.h. die dem Güteraustausch logisch und zeitlich vorausgehende **Übertragung von Verfügungsrechten**,[188] von COMMONS als „... a unit of transfer of legal control..."[189] definiert. Sie umfaßt den Prozeß der Anbahnung, Vereinbarung, Kontrolle und Anpassung des Leistungsaustausches.[190] Die zentrale Grundannahme des Transaktionskostenansatzes besteht darin, daß die an dem Austauschprozeß beteiligten Individuen die Transaktionskosten alternativer Organisationsformen evaluieren und die wirtschaftliche Aktivität - bei gleichen Produktionskosten - schließlich so organisieren, daß die Transaktionskosten minimiert werden.[191] Es geht also darum, die **effizienteste Organisationsform**, die auf dem oben vorgestellten Kontinuum zwischen den Extrempunkten Markt und Hierarchie liegt, zu bestimmen. Dabei können die Transaktionskosten, die im wesentlichen Informations- und Kommunikationskosten darstellen,[192] nach ex ante- und ex post-Transaktionskosten differenziert werden, und zwar in solche, die vor bzw. nach Vertragsabschluß zustande kommen.[193] Zu den Transaktions-

---

[183] Vgl. COASE (1937/1970). COASE spricht allerdings noch nicht von Transaktionskosten, sondern verwendet den Begriff der 'marketing costs'.

[184] Vgl. RICHARDSON (1972).

[185] Vgl. WILLIAMSON (1975); WILLIAMSON (1985).

[186] Neben dem Transaktionskostenansatz können auch der Property-Rights- und der Principal-Agent-Ansatz der Neuen Institutionellen Ökonomie zugeordnet werden. Vgl. zu einem vergleichenden Überblick PICOT (1991), S. 145ff. sowie WILLIAMSON (1990a), S. 65ff.

[187] Vgl. PICOT/DIETL (1990), S. 178.

[188] Vgl. PICOT/DIETL (1990), S. 178.

[189] COMMONS (1934), S. 6.

[190] Vgl. SYDOW (1992b), S. 255. Zur Problematik der Operationalisierung des Begriffs Transaktion vgl. z.B. ROTERING (1993), S. 96f. und die dort angegebene Literatur.

[191] Vgl. SYDOW (1992b), S. 255f. In diesem Zusammenhang ist darauf hinzuweisen, daß auch die Operationalisierung des Transaktionskostenbegriffs noch nicht befriedigend gelöst ist. Vgl. SYDOW (1992b), S. 274f.

[192] Vgl. PICOT/DIETL (1990), S. 178.

[193] Vgl. WILLIAMSON (1985), S. 20f.

kosten, die bereits vor Vertragsabschluß zu berücksichtigen sind, zählen An-
bahnungs- und Vereinbarungskosten; ex post-Transaktionskosten stellen Kon-
troll- und Anpassungskosten dar. Abbildung 25 gibt einen Überblick über mögliche Transaktionskosten.

Transaktionskosten	
Anbahnungskosten	z.B. Informationssuche und -beschaffung über potentielle Trans-aktionspartner und deren Konditionen
Vereinbarungskosten	z.B. Intensität und zeitliche Ausdehnung von Verhandlungen, Ver-tragsformulierung und Einigung
Kontrollkosten	z.B. Sicherstellung der Einhaltung von Termin-, Qualitäts-, Mengen-, Preis- und evtl. Geheimhaltungsvereinbarungen
Anpassungskosten	z.B. Durchsetzung von Termin-, Qualitäts-, Mengen-, Preisänderungen aufgrund veränderter Bedingungen während der Laufzeit der Vereinbarung

Abb. 25: Überblick über mögliche Transaktionskosten[194]

Bei der Bestimmung der Transaktionskosten der verschiedenen Koordinationsformen Markt, Kooperation und Hierarchie sind Verhaltensannahmen über die
wirtschaftlichen Akteure sowie Annahmen über die Umwelt als Bedingungsfak-
toren zu berücksichtigen. Als Humanfaktoren unterstellt WILLIAMSON dabei den
Individuen beschränkte Rationalität (bounded rationality) sowie Opportunismus
(opportunism). Hinsichtlich relevanter Umweltfaktoren führt er Komplexität und
Unsicherheit (complexity/uncertainty) sowie die Anzahl der potentiellen Transaktionspartner (small numbers) an.[195] Darüber hinaus unterscheiden sich
Transaktionen hinsichtlich ihrer Häufigkeit (frequency) und dem Grad der Faktorspezifität (asset specifity), d.h. dem Grad der mit der Aufnahme von ökonomischen Aktivitäten notwendigen Investitionen in Wissen, Sach- und Humankapital.[196]

Vor diesem Hintergrund stellt sich die Frage, unter welchen Bedingungen die
Kooperation unter transaktionskostentheoretischen Gesichtspunkten als effizi-

---

[194] Quelle: PICOT (1982), S. 270. Siehe auch ALBACH (1988), S. 1160 zu einer detaillierteren
       Auflistung möglicher Transaktionskosten.

[195] Vgl. WILLIAMSON (1975), S. 21ff., z.T. in Anlehnung an SIMON (1961).

[196] Vgl. WILLIAMSON (1990b), S. 59ff.; BRAND (1990), S. 23f. Zur detaillierten Beschreibung
       dieser Bedingungsfaktoren siehe OESTERLE (1993), S. 142ff.

enteste Koordinationsform den Alternativen Markt bzw. Hierarchie vorzuziehen ist (siehe Abb. 26). Bei begrenzter Rationalität der Wirtschaftssubjekte in Verbindung mit hoher Komplexität und Unsicherheit, bei Opportunismus gepaart mit einer geringen Anzahl von zur Verfügung stehenden Transaktionspartnern sowie bei Informationsasymmetrie steigen die Transaktionskosten der marktlichen Koordination, was für eine Koordination über hierarchische Formen sprechen würde.[197] Mit zunehmender Spezifität der Investitionen bei gleichzeitiger Transaktionsunsicherheit kommt es ebenfalls zu Marktversagen. Dann würde die Entscheidung zugunsten von Hierarchie bzw. Kooperation ausfallen.

Die Hierarchie ist dann nicht mehr transaktionskosteneffizient, wenn es sich um sichere Transaktionen geringer Komplexität handelt und eine große Anzahl potentieller Transaktionspartner vorhanden ist.[198] Während marktliche bzw. hierarchische Koordinationsformen bei geringem bzw. hohem Grad der Faktorspezifität die Transaktionskosten minimieren, gilt die Kooperation insbesondere bei mittleren Spezifitätsgraden als vorteilhafteste Alternative. Abbildung 26 faßt das Bedingungsgefüge, unter denen die verschiedenen Koordinationsformen am effizientesten sind, zusammen.[199]

---

[197]   Vgl. WILLIAMSON (1975), S. 20ff.

[198]   Vgl. SYDOW (1992b), S. 258f.

[199]   Vgl. WILLIAMSON (1990b), S. 22ff.; KUTSCHKER (1992), S. 512; WEDER (1989), S. 114ff. In diesem Zusammenhang ist auf die Ausführungen von BÜCHS hinzuweisen, der anhand der vier Transaktionskostenphasen 'Vorbereitung', 'Entscheidung', 'Durchführung' und 'Beendigung' nachweist, daß die „...Kooperation in jeder Phase effizienter als die hierarchische Koordination ist." BÜCHS (1991), S. 17 sowie S. 17-22. Siehe auch SYDOW (1992b), S. 271, der die Transaktionskostenvorteile strategischer Netzwerke gegenüber marktlicher bzw. hierarchischer Organisationsform ökonomischer Aktivitäten auflistet. OESTERLE (1993), S. 159ff., weist nach, wann Joint Ventures (Kooperation) gegenüber den Markteintrittsstrategien Export (Markt) und Direktinvestitionen (Hierarchie) aus transaktionskostentheoretischer Sicht vorteilhaft erscheinen.

73

Als Koordinationsform ist vorzuziehen, ...			
wenn	**Markt**	**Kooperation**	**Hierarchie**
Begrenzte Rationalität	existent und	existent und	existent und
Unsicherheit/Komplexität	gering	mittel	hoch
Opportunismus	existent und	existent und	existent und
Anzahl der Transaktionspartner	hoch	gering	gering
Fähigkeitspotential	unterschiedlich	unterschiedlich	ähnlich
Faktorspezifität	gering und	mittel/hoch und	hoch und
Häufigkeit der Transaktion	hoch	gering	hoch
Informationsprobleme	gering	mittel	hoch

Abb. 26: Vorzugswürdigkeit alternativer Koordinationsformen aus transaktions-kostentheoretischer Sicht[200]

Insgesamt kann festgehalten werden, daß der Transaktionskostenansatz zwar nur eine Partialerklärung für das Entstehen von Kooperation darstellt, er aber trotz der ihm immanenten Defizite[201] über die von ihm abgedeckten Kriterien wichtige, da rentabilitätsorientierte Entscheidungstatbestandteile bei der Wahl der geeigneten Organisationsform aufzeigt. Die transaktionskostentheoretischen Determinanten stellen dabei feste Bezugsgrößen dar, die sinnvollerweise noch um weitere Faktoren Ergänzung erfahren sollten.[202]

2.1.2.3. Kooperationen unter spieltheoretischen Aspekten

Während der Transaktionskostenansatz die Kooperationsproblematik aus einer eher externen Perspektive analysiert, zielen spieltheoretische Überlegungen[203] auf eine effizientere interne Handhabung der Kooperation ab, das heißt **Interdependenz- und Interaktionsaspekte** zwischen den Unternehmen stehen im Vordergrund der Überlegungen.[204]

---

[200] Quelle: In Anlehnung an KUTSCHKER (1992), S. 512..

[201] Siehe zur kritischen Auseinandersetzung mit dem Transaktionskostenansatz stellvertretend GOETZ/TOEPFFER (1991), S. 28ff.; SYDOW (1992a), S. 145ff. und die dort zitierte Literatur.

[202] Vgl. OESTERLE (1993), S. 157.

[203] Die Spieltheorie wird der Entscheidungstheorie zugerechnet. Vgl. BAMBERG/COENENBERG (1994), S. 153ff.

[204] Vgl. SCHWAMBORN (1994), S. 31; OESTERLE (1993), S. 127.

74

Zentrales Anliegen der Spieltheorie ist es, für konfliktäre Verhandlungssituationen optimale Verhaltensstrategien aufzuzeigen. Dabei wird davon ausgegangen, daß die Verhandlungssituation durch bestimmte Rahmenbedingungen determiniert wird, wie z.B. voneinander unabhängige Interessen der Konfliktparteien oder Zielsetzung der Verlustminimierung.[205] In der Regel reduziert die Spieltheorie die Verhandlungssituation auf Zwei-Spieler/Zwei-Strategien-Spiele, indem entweder die Handlungen mehrerer Akteure zu denen von zweien zusammengefaßt werden oder aber die Einbettung der zwei ausgewählten Akteure in einen umfassenderen Handlungszusammenhang negiert wird.[206] Man unterscheidet dabei sogenannte Konstantsummen- und Variablensummenspiele.[207] Im Zusammenhang mit Kooperationen ist insbesondere auf die in der Spieltheorie als **'Gefangenen-Dilemma'**[208] bekannte Variante des Variablensummenspiels hinzuweisen.

Bei dieser Form haben die beiden Spieler jeweils die Wahl zwischen einer Wettbewerbs- und einer Kooperationsstrategie. Unter Berücksichtigung bestimmter Annahmen[209] liegt das Dilemma darin begründet, daß es für den einzelnen Akteur günstiger ist, die Wettbewerbsstrategie zu verfolgen, in der Hoffnung, der andere entscheidet sich für die Kooperationsstrategie. Beiderseitige Nicht-Kooperation ist für jeden Spieler jedoch ungünstiger als kooperati-

---

205   Vgl. KIESER/SEGLER (1981), S. 130.

206   Vgl. SCHARPF (1990), S. 5ff.; SYDOW (1992a), S. 169.

207   Vgl. KIRSCH (1988), S. 95. Bei Konstantsummenspielen lassen sich die Ergebnisse der Akteure stets zu einem konstanten Betrag addieren, so daß es sich um eine streng kompetitive Spielsituation handelt. Spiele mit variabler Summe existieren in Form von kooperativen Spielen und sogenannten 'mixed-motive games', die sowohl als kompetitiv als auch als kooperativ zu charakterisieren sind.

208   Das 'Gefangenen-Dilemma' beschreibt die Situation zweier des Bankraubs verdächtigter Personen in Untersuchungshaft. Beide werden unabhängig voneinander verhört, und sie haben die Möglichkeit, entweder zu schweigen oder die Tat zu gestehen. Für den Fall, daß keiner von beiden ein Geständnis ablegt (Kooperation), droht beiden eine relativ geringe Freiheitsstrafe (2 Jahre) wegen mangelnder Beweise. Wenn nur einer von beiden eine Aussage macht (Wettbewerb), kann dieser von der Kronzeugenregelung Gebrauch machen und hat nur eine geringe Strafe zu erwarten (1 Jahr), während der andere, der die Aussage verweigert, mit einer sehr harten Strafe (10 Jahre) rechnen muß. Sollten beide Gefangenen gestehen, dann erhalten beide eine harte Strafe (8 Jahre). Vgl. KIRSCH (1988), S. 96f.

209   Folgende Annahmen gelten:
1. Die mit der Wahl der Strategie verbundenen Auszahlungen sind den Spielern bekannt.
2. Die Wahl der Strategie durch die Spieler erfolgt gleichzeitig und voneinander unabhängig.
3. Das Spiel wird mehrmals durchgeführt.

ves Verhalten, wie die folgende Auszahlungsmatrix unter Zugrundelegung angenommener Nutzenwerte veranschaulicht (siehe Abb. 27):

		Akteur B	
		Kooperation	Nicht-Kooperation
Akteur A	Kooperation	3/3	0/5
	Nicht-Kooperation	5/0	1/1

Abb. 27: Iteratives Gefangenen-Dilemma[210]

Dieses Dilemma kann nach AXELROD am besten durch eine Vorgehensweise gelöst werden, die der TIT FOR TAT-Strategie entspricht.[211] Diese 'Wie Du mir, so ich Dir'-Strategie sieht vor, im ersten Schritt zu kooperieren und danach immer genau die Strategie zu wählen, die der andere Spieler gewählt hat. Daß durch dieses Vorgehen kooperatives Verhalten begünstigt wird, liegt daran, daß man zunächst mit gutem Beispiel vorangeht und kooperiert. Die unmittelbare Vergeltung von konkurrierendem Verhalten hat abschreckende Wirkung auf den Partner. Auf der anderen Seite reagiert man mit Kooperation, sollte der Partner sich von der Wettbewerbsstrategie ab- und der Kooperationsstrategie zuwenden. Er wird so zur Kooperation ermutigt.[212]

Durch die Überlegungen AXELRODS lassen sich insbesondere Erkenntnisse für das Management von Kooperationen gewinnen, denn das Gefangenen-Dilemma kann als die typische Problematik einer Kooperationssituation ange-

---

[210]   Quelle: In Anlehnung an AXELROD (1991), S. 8. Beide Akteure entscheiden sich gleichzeitig, aber unabhängig voneinander, ob sie kooperieren oder nicht. Sollten sie beide kooperieren, stehen sie relativ gut dar und erhalten jeweils 3 Nutzenwerte. Wenn einer sich für die Kooperation entscheidet, der andere aber nicht, so geht der kooperationswillige leer aus (0 Nutzenwerte), der andere bekommt 5. Kooperieren sowohl Akteur A als auch B nicht, so erhalten sie jeweils 1 Nutzenwert. Aus Sicht des Akteurs A, lohnt es sich nicht zu kooperieren, wenn er annimmt, Akteur B entscheidet sich für die Kooperation. Geht Akteur A davon aus, Akteur B kooperiert nicht, dann ist es für ihn ebenfalls lohnenswert, nicht zu kooperieren. Für Akteur A erscheint die Nicht-Kooperation also immer als die vorteilhaftere Alternative, unabhängig davon, was Akteur B macht. Dieselbe Logik besitzt aber auch für Akteur B ihre Gültigkeit. Darum sollte Akteur B nicht kooperieren, unabhängig davon, was er von Akteur A erwartet. Dann aber erhalten beide nur 1 Nutzenwert und stellen sich schlechter als wenn sie kooperieren würden, wodurch sich das Dilemma begründet. Vgl. AXELROD (1991), S. 7f.

[211]   Vgl. AXELROD (1984), S. 20.

[212]   Vgl. WEDER (1989), S. 103.

sehen werden.[213] Wie schon im Zusammenhang mit den transaktionskostentheoretischen Überlegungen gezeigt, sind die Handlungen der Wirtschaftssubjekte aufgrund von beschränkter Rationalität, Unsicherheit und Komplexität
schwer vorhersehbar und kaum kalkulierbar. Kommt noch opportunistisches
Verhalten hinzu, könnte leicht die von OLSON beschriebene Situation eintreten,
daß die Kooperationspartner minimalen Input in das Kooperationsprojekt
investieren, aber maximal am Output partizipieren wollen. Dieses free rider-
Verhalten hat Auswirkungen auf das Verhalten des Kooperationspartners und
kann im Extremfall zur Beendigung der Kooperation führen.[214] Die konsequente
Verfolgung der TIT FOR TAT-Strategie fördert kooperatives Interaktionsver-
halten, indem der Anreiz zum free rider-Verhalten minimiert, die Kooperationssituation stabilisiert und die Koordinationsintensität zwischen den Partnern
reduziert wird.

Zusammenfassend stellt sich die Spieltheorie als ein Ansatz dar, dessen Erklä-
rungsgehalt für die Evolution von Unternehmenskooperationen zunächst trivial
erscheint,[215] dem aber im Hinblick auf die Gestaltung des Interaktionsverhaltens
der Kooperationspartner hohe Bedeutung zugemessen wird,[216] insbesondere
vor dem Hintergrund, daß sich bei konsequenter Übertragung des spieltheore-
tischen Gedankenguts konkrete Handlungsempfehlungen ableiten lassen.[217]

2.1.2.4. Kooperationen unter managementorientierten Aspekten

Die Erläuterung des Transaktionskostenansatzes und die damit für Kooperationen verbundenen Implikationen haben deutlich gemacht, daß eine Entscheidung zugunsten der Kooperation von den **situativen Bedingungen** abhängt, in
der die Kooperation diejenige Alternative darstellt, die in der Lage ist, die Transaktionskosten zu minimieren. In der Literatur zum Strategischen Management
finden sich inzwischen jedoch Überlegungen, die die Kooperationsentschei-

---

[213]   Vgl. CICHON/HINTERHUBER (1989), S. 145.

[214]   Vgl. OESTERLE (1993), S. 207 u. OLSON (1968), S. 52ff.

[215]   Vgl. HAMMES (1994), S. 130; ähnlich auch SYDOW (1992a), S. 171.

[216]   Vgl. SCHWAMBORN (1994), S. 36.

[217]   Siehe ausführlicher zu den Konsequenzen, die sich aus der Spieltheorie für
        Kooperationen ziehen lassen, OESTERLE (1993), S. 222-234.

dung nicht unter kostenminimalen Aspekten, sondern vielmehr unter **nutzen-maximalen Gesichtspunkten** beurteilen.[218] Allerdings sind die Argumentationslinien beider Theorierichtungen nicht ganz überschneidungsfrei, zum Teil wird auf dieselben Argumente zurückgegriffen, jedoch mit unterschiedlicher Zielsetzung.[219]

KUTSCHKER führt als Beispiele für mögliche Nutzendimensionen, anhand derer ein Vergleich verschiedener Koordinationsformen vorgenommen werden kann, Skaleneffekte, Komplementäreffekte, Zeitersparnis, Wettbewerbsabwehr, Integrationsfähigkeit sowie Kontrollierbarkeit an (siehe Abb. 28).[220]

Evaluiert man beispielhaft die Alternativen Joint Venture (Kooperation) und 100%ige Tochter (Hierarchie) unter nutzenorientierten Gesichtspunkten, so weist das Joint Venture (JV) eine Reihe von Vorteilen gegenüber einer selbst gegründeten Tochter auf. Sie verleihen dem Joint Venture eine scheinbar viel höhere Attraktivität als ihm die Transaktionskostentheorie beimessen würde. Insbesondere im Hinblick auf die Realisierung von Skalen-, Komplementäreffekten und Zeitersparnis ist das Joint Venture der Gründung einer Tochter vorzuziehen. Unter wettbewerbsorientierten Aspekten bringt das Joint Venture dann Vorteile mit sich, wenn der Kooperationspartner zur Konkurrenz zählt, weil dadurch die Rivalität zwischen den beiden Unternehmen entschärft wird und Dritte möglicherweise von einer Übernahme abgehalten werden. Ist das Tochterunternehmen durch Akquisition entstanden, dann ist diese Alternative dem Joint Venture vorzuziehen. Gravierende Nachteile gegenüber Gründung und Akquisition weist das Joint Venture in bezug auf die Kriterien Integrationsmöglichkeit und Kontrollierbarkeit auf. Tochterunternehmen lassen sich i.d.R. leichter als Joint Venture steuern.[221]

---

[218] Vgl. KUTSCHKER (1992), S. 512. Siehe auch TEECE (1986), S. 34ff.

[219] Vgl. KOGUT (1988a), S. 322.

[220] Vgl. KUTSCHKER (1995), Sp. 1083.

[221] Vgl. KUTSCHKER (1995), Sp. 1083f.

Strategische Nutzendimensionen	Markteintrittsalternative		
	Joint Venture	100%ige Tochter Gründung	Akquisition
• Skaleneffekte	+	-	+
• Komplementäreffekte	+	-	+
• Zeitersparnis	+	-	+
• Wettbewerbsabwehr	+	-	+
• Integrationsmöglichkeit	-	+	+
• Kontrollierbarkeit	-	+	+

Abb. 28: Vorzugswürdigkeit alternativer Markteintrittsformen aus nutzenorientierter Sicht[222]

Aus Abbildung 28 geht hervor, daß sich das Joint Venture (als eine mögliche Kooperationsform) unter Berücksichtigung strategischer Nutzendimensionen als bessere Alternative gegenüber der Gründung eines Tochterunternehmens, nicht aber gegenüber einer Akquisition charakterisieren läßt. Legt man allerdings weitere Argumente wie Kapitaleinsatz und -risiko zugrunde, dann erweist sich das Joint Venture als vorteilhafter als die Akquisition, denn „...JVs werden häufig als das geeignetste Instrument angesehen, Risiken durch Teilung von Kosten und potentieller Verluste zu reduzieren."[223]

Den im Rahmen dieses Kapitels vorgestellten theoretischen Ansätzen ist gemeinsam, daß sie das Kooperationsphänomen allein nicht vollständig, sondern nur teilweise erklären können. Obwohl auch die Kombination mehrerer Theorien nach heutigem Erkenntnisstand lediglich eine Partiallösung liefert, bietet diese Vorgehensweise eine recht solide Informationsbasis, um die Zusammenarbeit von Unternehmen zu beleuchten. Die einzelnen Theoriebausteine stellen darüber hinaus Problemlösungshilfen für unterschiedlichste Fragen des Managements von Partnerschaften zur Verfügung.

---

[222] Quelle: KUTSCHKER (1995), Sp. 1083.

[223] KUTSCHKER (1992), S. 516.

2.1.3. Charakterisierung der Kooperationsstrategie

2.1.3.1. Strategiebegriff

Unter einer **Strategie** versteht man eine „...mittel- bis langfristig wirkende Grundsatzentscheidung mit Instrumentalcharakter. Ihr kommt die Aufgabe zu, einen Orientierungsrahmen für nachgeordnete Entscheidungen zu schaffen und damit den Einsatz unternehmerischer Aktivitäten auf die Erreichung der Ziele hin zu kanalisieren."[224] Den Ausgangspunkt für die Formulierung von Strategien stellen unternehmenseigene Stärken und Schwächen sowie Chancen und Risiken dar, die sich als Ergebnisse einer umfassenden Situationsanalyse herauskristallisiert haben. Die Strategiengenerierung erfolgt dabei im Einklang mit der Unternehmensvision bzw. dem Leitbild.[225]

Idealtypischerweise läßt sich der Prozeß der Strategiengenerierung in den Phasenablauf der strategischen Planung folgendermaßen integrieren (siehe Abb. 29).

Abb. 29: Phasenablauf der strategischen Planung[226]

---

[224] NIESCHLAG/DICHTL/HÖRSCHGEN (1997), S. 1078. Ähnlich auch RAFFÉE (1974), S. 188; BECKER (1993), S. 113. Zu den Wurzeln des Strategiebegriffs siehe KREIKEBAUM (1991), S. 24f. Ein Überblick über das breite Spektrum unterschiedlicher Strategiedefinitionen bis 1980 findet sich bei STEFFENHAGEN (1982), S. 36ff.

[225] Vgl. HINTERHUBER (1992), S. 52ff.; MEYER/MATTMÜLLER (1992), S. 16ff.; HÖRSCHGEN U.A. (1993a), S. 23ff.; PÜMPIN (1980), S. 20ff.

[226] Quelle: Eigene Darstellung. Basierend auf HÖRSCHGEN U.A. (1993a), S. 18f.

Nicht zwingend stellen die Ergebnisse der Situationsanalyse oder die Unternehmensziele den Ausgangspunkt der Strategienformulierung dar. Vielmehr herrscht zwischen den einzelnen Modulen ein interdependentes Verhältnis, so daß von jeder Phase ein Planungsanstoß ausgehen kann. Allerdings sollten dennoch alle - vor- bzw. nachgelagerten - Ebenen durchlaufen werden.[227]

Der Prozeß der Strategienplanung erfährt ein hohes Ausmaß an Komplexität dadurch, daß einem Unternehmen i.d.R. einige **strategische Optionen** zur Verfügung stehen, aus denen es eine oder möglicherweise auch mehrere auszuwählen gilt.[228] Meistens streben Unternehmen die Realisierung mehrerer Strategien oder ganzer Strategiebündel auf gleichen oder unterschiedlichen Ebenen an.[229] Obwohl sich inzwischen eine Vielzahl von Publikationen intensiv mit der Strategiethematik auseinandersetzt,[230] fehlt bis heute eine allgemein anerkannte und gültige **Strategie-Klassifikation** bzw. Typologie, die die unterschiedlichen Strategien und Strategiearten in einen sinnvollen Zusammenhang zueinander stellt. Die Ursache dafür liegt in der Tatsache begründet, daß der Schwerpunkt wissenschaftlicher Auseinandersetzung mit dem Thema Strategie stärker auf der inhaltlichen Analyse strategischer Optionen als auf der formal systematischen Ebene liegt.[231] Weitgehend Einigkeit besteht jedoch darüber, daß sich nach dem organisatorischen Geltungsbereich von Strategien folgende Arten unterscheiden lassen (siehe Abb. 30):

---

[227] Vgl. HÖRSCHGEN U.A. (1993a), S. 19f., die dieses Planungsverständnis auch als 'Orbit'-Vorgehensweise bezeichnen. Siehe insbesondere zum Verhältnis Ziele-Strategien GLUECK (1976), S. 30.

[228] Vgl. SCHERTLER (1995a), S. 103.

[229] Vgl. MEYER/MATTMÜLLER (1992), S. 20.

[230] Vgl. BECKER (1993), S. 111 u. die dort angegebene Literatur.

[231] Vgl. RAFFÉE/FRITZ/WIEDMANN (1994), S. 135; KAAPKE (1997), S. 150. Als mögliche Formen zur Systematisierung von Strategien finden sich in der Literatur u.a. sogenannte Partialansätze und Integrative Strategieansätze. Zu den ersteren zählen z.B. die Arbeiten und Überlegungen von ANSOFF (1966); HÖRSCHGEN U.A. (1993a); KOTLER (1994); PORTER (1995); GILBERT/STREBEL (1985), zu den letzteren z.B. die von BECKER (1993); BACKHAUS (1992); HAEDRICH/TOMCZAK (1990); MEFFERT (1994c); MÜLLER (1995); KAAPKE (1997).

Unternehmensgesamtstrategien 'Corporate Strategies'	Sie geben generelle Richtungen vor, in die sich das ganze Unternehmen entwickeln soll bzw. die bei der Ausgestaltung sämtlicher Unternehmensaktivitäten zu verfolgen sind.
Geschäftsbereichsstrategien 'Business Strategies'	Läßt sich das Leistungsangebot eines Unternehmens in SGEs[232] einteilen, stellen sie die konkrete Ausgestaltung der Vorgaben der Unternehmensgesamtstrategie für einzelne SGEs dar.
Funktionsbereichsstrategien 'Functional Area Strategies'	Sie ermöglichen die Integration und Koordination der Aktivitäten innerhalb der einzelnen Funktionsbereiche in dem durch die Geschäftsfeld- und Unternehmensstrategien vorgegebenen Rahmen.

Abb.30: Strategien differenziert nach ihrem organisatorischen Geltungsbereich[233]

2.1.3.2. Einordnung der Kooperationsstrategie als Wettbewerbsstrategie

Besondere Bedeutung erfahren seit Anfang der achtziger Jahre die sogenannten **Wettbewerbsstrategien**, auf die im folgenden eingegangen werden soll. Spätestens seit Ende der siebziger Jahre läßt sich aufgrund veränderter Marktstrukturen, insbesondere durch gesättigte bzw. stagnierende Märkte, eine Intensivierung des Wettbewerbs feststellen, die in der amerikanischen Management-Literatur und mit zeitlicher Verzögerung auch in der deutschen Literatur durch eine verstärkte Berücksichtigung aktueller und potentieller Konkurrenten im Rahmen der Unternehmensplanung ihren Niederschlag gefunden hat. PORTERS Veröffentlichung 'Competitive Strategy' hat diese Entwicklung maßebich forciert.[234] Ausgangspunkt für die Formulierung von Wettbewerbsstrate-

---

[232] Als Strategische Geschäftseinheit bezeichnet man die „...organisatorische Zusammenfassung von Tätigkeitsfeldern einer Unternehmung, die im Hinblick auf produkttechnische, marktbezogene, insb. wettbewerbsbezogene sowie umweltbezogene Merkmale eine Homogenität aufweisen, die eine gemeinsame strategische Betrachtung nahelegt." LÜCKING (1994), S. 1108.

[233] Vgl. HOFER/SCHENDEL (1978), S. 27ff.; KREIKEBAUM (1991), S. 50; SCHREYÖGG (1984), S.127; RAFFÉE/FRITZ/WIEDMANN (1994), S. 133f.; VANCIL/LORANGE (1990), S. 597ff.; Dabei wird die Wettbewerbsintensität in der Branche durch die fünf Wettbewerbskräfte, tatsächliche und potentielle Wettbewerber, Lieferanten, Kunden und Ersatzprodukte, determiniert (siehe Abb. 12).[233]MEFFERT (1994c), S. 24. MEFFERT wählt eine etwas differenziertere Einteilung, nämlich in Unternehmens-, Geschäftsfeld-, Marktteilnehmer- und Instrumentestrategien.

[234] Vgl. VOSS (1989), S. 9; BECKER (1993), S. 326; PORTER (1980).

82

gien ist für ihn die Analyse der Branche, in der das jeweilige Unternehmen bzw. seine einzelnen SGEs konkurrieren. Dabei wird die Wettbewerbsintensität in der Branche durch die fünf Wettbewerbskräfte, tatsächliche und potentielle Wettbewerber, Lieferanten, Kunden und Ersatzprodukte, determiniert (siehe Abb. 31).[235]

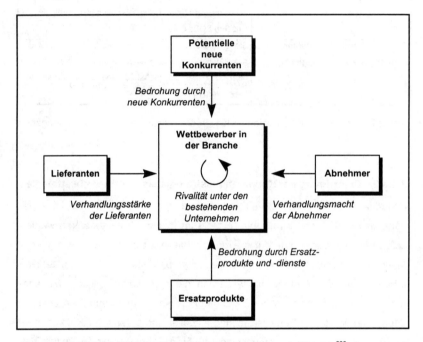

Abb. 31: Die Triebkräfte des Branchenwettbewerbs nach PORTER[236]

Vor diesem Hintergrund besteht der Zweck einer Wettbewerbsstrategie darin, dem Unternehmen eine Position zu verschaffen, in der es sich am besten gegen die Wettbewerbskräfte verteidigen bzw. sie zu seinen Gunsten beeinflussen kann.[237] Da eine solche Position für ein Unternehmen nur durch den Aufbau von **langfristigen Wettbewerbsvorteilen** zu realisieren ist, lassen sich

[235] Vgl. PORTER (1995), S. 25; HINTERHUBER (1982), S. 59 u. 82ff. identifiziert als weitere Wettbewerbskräfte die Verhandlungsstärke und das Verhalten der Arbeitnehmer und ihrer Organisationen sowie die Eingriffe des Staates.

[236] Quelle: PORTER (1995), S. 25.

[237] Vgl. PORTER (1995), S. 26, ähnlich S. 62.

Wettbewerbsstrategien als jene Strategien interpretieren, die die Schaffung bzw. die Verteidigung von Wettbewerbsvorteilen zum Ziel haben.[238]

Dabei versteht man unter einem Wettbewerbsvorteil eine in Relation zur Konkurrenz überlegene Leistung, die durch folgende Kriterien gekennzeichnet ist:

• Der Vorteil muß ein Merkmal betreffen, das für den Kunden von großer Bedeutung ist (Relevanz).

• Der Vorteil muß vom Kunden wahrgenommen werden (Transparenz).

• Der Vorteil muß eine gewisse Dauerhaftigkeit besitzen, das heißt er darf durch den Wettbewerb nicht so schnell aufzuholen sein (Dauerhaftigkeit).[239]

Allerdings kann ein Unternehmen auch über solche Wettbewerbsvorteile verfügen, die zunächst nicht unmittelbar für den Kunden nachvollziehbar sind (wie z.b. überdurchschnittliches Know-how, gute Beziehungen zu unterschiedlichen unternehmerischen Anspruchsgruppen), die langfristig gesehen sehr wohl Auswirkungen auf die vom Kunden wahrgenommene Leistung besitzen.[240]

Vor dem Hintergrund, daß sich Wettbewerbsstrategien über die Verbesserung der Wettbewerbsposition bzw. den Auf- und Ausbau von Wettbewerbsvorteilen definieren, fungiert auch die Kooperationsstrategie als Wettbewerbsstrategie,[241] denn sie trägt entscheidend zur Erzielung von Wettbewerbsvorteilen der kooperierenden Unternehmen bei.[242]

Allerdings bleibt noch zu klären, auf welcher Ebene des Unternehmens Wettbewerbsstrategien - und damit auch die Kooperationsstrategie - ihre Geltung

---

[238]   Vgl. HOMBURG/SIMON (1995), Sp. 2754; PORTER (1989), S. 31.

[239]   Vgl. SIMON (1988), S. 465; OLEMOTZ (1995), S. 35; COYNE (1988), S. 19; GHEMAWAT (1988), S. 31ff.; AAKER (1988), S. 37ff.

[240]   Vgl. VOSS (1989), S. 12; PÜMPIN (1983), S. 34; BIEKER (1989), S. 23.

[241]   Vgl. ABEL (1992), S. 84; HILLEKE-DANIEL (1994), S. 1334.

[242]   Vgl. BRONDER/PRITZL (1991a), S. 27; DEVLIN/BLEACKLEY (1988), S. 18; GUGLER (1992), S. 90f.; HARRIGAN (1987), S. 28; IHRIG (1991), S. 29; LEWIS (1991), S. 46; MENGELE (1994), S. 103; MÜLLER/GOLDBERGER (1986), S. 1; LORANGE/ROOS/SIMCIC BRONN (1992), S. 13; NIESCHLAG/DICHTL/HÖRSCHGEN (1997), S. 1054; STRITZIK (1988), S. 107; SYDOW (1992a), S. 82; TIMMERMANN (1985), S. 213.

entfalten. Die Abgrenzung zwischen Unternehmens- und Geschäftsfeldstrategie ist im Zusammenhang mit der Kooperationsstrategie nicht ganz eindeutig. Während zum Teil Wettbewerbsstrategien explizit mit Geschäftsfeldstrategien gleichgesetzt werden,[243] scheint diese Vorgehensweise insbesondere für kleine und nicht divisionalisierte Unternehmen wenig sinnvoll.

Außerdem stellen Geschäftsfeldstrategien, wie oben beschrieben, eine Konkretisierung der Unternehmensstrategie dar, so daß die wettbewerbsstrategische Stoßrichtung, d.h. die Entscheidung des Unternehmens hinsichtlich Konfrontation (Alleingang), Konzentration (Akquisition/Fusion) oder Kooperation, auf höchster strategischer Ebene festgelegt wird und deren Umsetzung auf den nachfolgenden Ebenen von den Geschäftsfeld- bis hin zu den Funktionsbereichsstrategien erfolgt.[244] Auch PORTER unterstreicht die strategische Bedeutung der Kooperationsentscheidung: „... any particular coalition can only be understood in the context of a firm's overall global strategy, which may involve multiple coalitions."[245] Darüber hinaus spricht gegen eine einseitige Einschränkung der Wettbewerbsstrategie auf die Geschäftsfeldebene, daß von vielen Kooperationen nicht nur eine SGE, sondern mehrere, im Extremfall das gesamte Unternehmen betroffen ist.

Je nachdem, über welche Wettbewerbsvorteile Unternehmen ihre Wettbewerbsposition zu stärken versuchen, verfolgen sie simultan zur Kooperationsstrategie weitere Strategien, wie z.B. Innovationsstrategien, Internationalisierungsstrategien, Strategie der Kostenführerschaft, Differenzierungsstrategie und/oder Timingstrategien.[246]

---

[243] Vgl. PORTER (1987a), S. 46; ZÖRGIEBEL (1983), S. 6.

[244] Vgl. RAFFÉE/FRITZ/WIEDMANN (1994), S. 146.

[245] PORTER/FULLER (1986), S. 316. Ähnlich sieht es auch SEGLER, der ebenfalls die gesamtunternehmerische Relevanz der Kooperationsstrategie betont. Vgl. SEGLER (1986), S. 26. An dieser Stelle sei erwähnt, daß es auch Autoren gibt, die die Kooperationsstrategie den Funktionsbereichsstrategien zuordnen. Vgl. z.B. ABEL (1992), S. 84. Dieser Sichtweise wird aufgrund der oben dargelegten Argumentation hier nicht gefolgt.

[246] Zu den Strategien, die im Rahmen der Kooperation verfolgt werden, siehe auch Kapitel II.2.2.1.2.

2.2. Management von Kooperationen

Aufgrund der strategischen Relevanz, die einer Zusammenarbeit zwischen Unternehmen vor dem Hintergrund herrschender Wettbewerbsbedingungen zukommt,[247] erscheint es sinnvoll, sich bei der Planung und Durchführung von Kooperationen von einer systematischen, ganzheitlichen, potentialorientierten und strategischen Vorgehensweise leiten zu lassen, ähnlich derjenigen, die das Strategische Management respektive Marketing[248] beinhaltet.[249] Bedeutet die Führung oder das Management[250] von Unternehmen Planung, Steuerung und Kontrolle,[251] so läßt sich - in Analogie dazu - auch das Management von Kooperationen unter Planungs-, Steuerungs- und Kontrollgesichtspunkten betrachten, was im Überblick in Abbildung 32 dargestellt ist.

Dabei handelt es sich bei den einzelnen Phasen nicht um isolierte Aufgabenkomplexe, die zwingend in dieser Abfolge zu durchlaufen sind. Vielmehr ist der **Managementprozeß von Kooperationen** als iterative Vorgehensweise zu verstehen, bei der Überlappungen, Rückkopplungen und Wiederholungen einzelner Phasen oder Teilprozesse vorkommen und sogar notwendig sind.[252]

---

[247] Siehe dazu Kapitel I.1.

[248] Vor dem Hintergrund, daß Strategisches Marketing im Sinne eines Unternehmensführungskonzepts verstanden werden kann, werden im folgenden die Begriffe Strategisches Management und Strategisches Marketing synonym verwendet. Vgl. NIESCHLAG/DICHTL/ HÖRSCHGEN (1997), S. 23ff.; MEFFERT (1994c), S. 4 und 21.

[249] Vgl. GAULHOFER/SYDOW (1991), S. 151, die das Eingehen einer Kooperation explizit als Aufgabe des Strategischen Managements bezeichnen.

[250] Vgl. MACHARZINA (1995), S. 34.

[251] Vgl. HAHN (1992a), S. 33f.

[252] Vgl. SCHWAMBORN (1994), S. 117f. sowie zu iterativen Prozessen KÖHLER (1993), S. 22; KREILKAMP (1987), S. 62; KREIKEBAUM (1991), S. 118.

Abb. 32: Phasen des Managements von Kooperationen im Überblick[253]

2.2.1. Planung von Kooperationen

2.2.1.1. Identifizierung des Kooperationsbedarfs

Ausgangspunkt bei der Planung eines Kooperationsvorhabens ist eine fundierte **Situationsanalyse**, bei der sowohl gegenwärtige Rahmenbedingungen als auch prognostizierbare, zukünftige Entwicklungen des eigenen Unternehmens, seiner Wettbewerber, des Marktes und der Marktpartner sowie des unternehmerischen Umfelds Berücksichtigung finden. Auf Grundlage dieser Informationen lassen sich die unternehmensindividuellen Stärken und Schwä-

---

[253] Quelle: Eigene Darstellung.

chen sowie Chancen und Risiken ableiten, die die strategische Position des Unternehmens determinieren.[254]

Wenn das Unternehmen feststellt, daß es zu einer Lücke zwischen den auf Basis der situativen Bedingungen formulierten strategischen und den de facto erreichbaren Zielen kommt, dann deutet dies einen Handlungsbedarf an. Allerdings muß genau überprüft werden, ob diese strategische Lücke durch eine Kooperation oder durch alternative strategische Optionen, wie z.B. internes oder externes Wachstum, geschlossen werden kann.[255] Das Unternehmen wird sich unter Kosten/Nutzen-Aspekten dann für gemeinsam durchzuführende Geschäftsaktivitäten entscheiden, wenn diese vorteilhafter als ein Alleingang bzw. eine Akquisition erscheinen und ein geeigneter Kooperationspartner vorhanden ist.[256] Abbildung 33 visualisiert die beschriebenen Zusammenhänge.

2.2.1.2. Bestimmung der strategischen Ausrichtung der Kooperation

Ist die Entscheidung zugunsten einer Zusammenarbeit gefallen, so legt man im nächsten Schritt die **strategische Ausrichtung der Kooperation** fest. Allerdings ist auf die unterschiedlichen strategischen Ebenen hinzuweisen, die in diesem Zusammenhang betroffen sind: Im Rahmen der Formulierung der strategischen Stoßrichtung des Unternehmens stellt die Kooperation eine wettbewerbsstrategische Handlungsalternative dar, die dazu dient, andere Strategien und damit die unternehmenspolitischen Zielsetzungen zu realisieren. Die nun in dieser Phase zu bestimmende strategische Stoßrichtung gibt den Hand-lungsrahmen für die Ausgestaltung einer konkret zu planenden Partnerschaft, d.h. für die möglichen Kooperationsaktivitäten und für die Auswahl des potentiellen Partnerunternehmens, vor. Sie umfaßt im einzelnen die Ziel- und Strategienplanung sowie die Konfiguration der Kooperation.[257]

---

[254] Vgl. BRONDER/PRITZEL (1992), S. 19; HLAVACEK/DOVEY/BIONDO (o.J.), S. 147, zur Situationsanalyse vgl. HÖRSCHGEN U.A. (1993a), S. 23ff.; DÜLFER (1981).

[255] Vgl. TYEBJEE (1988), S. 460; Devlin/Bleackley (1988), S. 20 sowie detaillierter zur Gap-Analyse BECKER (1993), S. 348; KREIKEBAUM (1973), S. 17ff.

[256] Vgl. BRONDER/PRITZL (1992), S. 22. Zur Vorteilhaftigkeit von Kooperationen gegenüber Alleingang und Akquisition siehe auch Kapitel II.2.1.2.

[257] Vgl. SCHWAMBORN (1994), S. 137f.

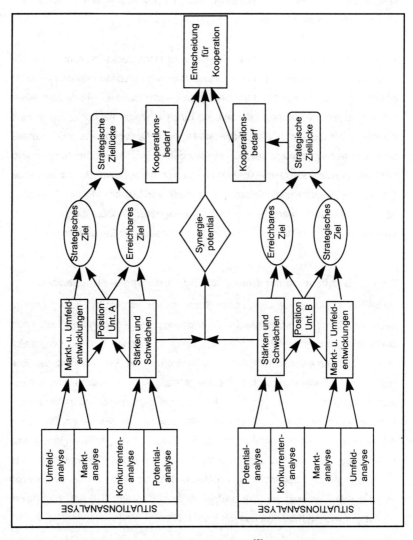

Abb. 33: Identifizierung des Kooperationsbedarfs[258]

Quelle: In Anlehnung an TYEBJEE (1988), S. 461.

- **Planung der Kooperationsziele**

Kooperationen dienen dazu, die angestrebten Unternehmensziele gemeinsam mit einem Partner besser zu erreichen als bei individuellem Vorgehen.[259] Konsequenterweise lassen sich daher die **Kooperationsziele** aus den übergeordneten Unternehmenszielen ableiten und stehen zu diesen in einer Mittel-Zweck-Beziehung.[260] Mit Hilfe einer Kooperation wird i.d.R. die Realisierung von Wettbewerbsvorteilen angestrebt.[261] Dies stellt das Oberziel der Kooperation dar und bedarf der Operationalisierung durch abzuleitende strategische Unterziele, die sich wiederum durch eher operative Unterziele konkretisieren lassen. Welche Unterziele im einzelnen abgeleitet werden, ist vom situativen Kontext des Unternehmens abhängig.[262] Ein allgemeingültiges Zielsystem für sämtliche Kooperationsfälle existiert daher nicht.[263]

Die Kooperationsziele sind gegebenenfalls später, sobald ein Kooperationspartner gefunden ist und die Verhandlungen mit ihm aufgenommen worden sind, zu modifizieren und mit dessen Zielen abzustimmen.[264] Da die Interessen der Kooperationspartner bezüglich der Kooperationsbelange divergieren können, sind indifferente oder gar konfliktäre Beziehungen zwischen den Zielen der an der Kooperation beteiligten Unternehmen nicht auszuschließen.[265] Erfolgreiche Kooperationen setzen jedoch zumindest partielle Zielkongruenz bzw. -kompatibilität voraus.[266] Bei identischen Zielen dürfte es keine Probleme geben, ein kollektives Zielsystem zu formulieren. Kooperationen mit überein-

---

[259] Siehe dazu Kapitel II.2.1.1.

[260] Vgl. TRÖNDLE (1987), S. 39. Siehe zur Zielplanung auch NIESCHLAG/DICHTL/HÖRSCHGEN (1997), S. 880ff. sowie MACHARZINA (1995), S. 175ff.

[261] Siehe Kapitel II.2.1.3. sowie TRÖNDLE (1987), S. 42ff.; NIESCHLAG/DICHTL/HÖRSCHGEN (1997), S. 1054.

[262] I.d.R. verfolgen Unternehmen mit Hilfe der Kooperationsstrategie nicht nur die Realisierung eines Ziels, sondern eines ganzen Zielbündels.

[263] Vgl. SCHWAMBORN (1994), S. 140. Kapitel II.2.3. beschäftigt sich auf inhaltlicher Ebene mit den Zielen kooperierender Unternehmen. Dort findet sich auch die Darstellung eines möglichen kooperationsspezifischen Zielsystems.

[264] Vgl. TRÖNDLE (1987), S. 39f.

[265] Vgl. ANDREAE (1976), S. 95f.; MEISSNER (1981), S. 131ff.

[266] Vgl. SEGLER (1986), S. 257; HERZ (1972), S. 64; SHAUGHNESSY (1995), S. 11; GOLDENBERG (1990), S. 45ff.

stimmenden Zielvorstellungen besitzen demnach auch die größten Erfolgsaussichten.[267]

- **Planung der Kooperationsstrategien**

Eng mit der vorausgegangenen Situationsanalyse und der Zielplanung ist die Bestimmung der **Kooperationsstrategie** i.e.S. verknüpft. Sie gibt die 'Marschroute' vor, die mit der Zusammenarbeit verfolgt wird.[268] Die Generierung der Kooperationsstrategie i.e.S. erfolgt im Einklang mit den bereits für die Unternehmens- bzw. Geschäftsfeldebene formulierten Strategien; zwischen ihnen herrscht ein interdependentes Verhältnis.[269]

- **Konfiguration der Kooperation**

In Abhängigkeit von den entwickelten Kooperationszielen und -strategien ist die konkrete Ausgestaltung der Kooperation zu planen. Diese wird im wesentlichen durch die Verflechtungsrichtung, die von der Kooperation betroffenen Geschäftsfelder und deren Funktionen bzw. Wertschöpfungsaktivitäten, den Zeithorizont, den geographischen Geltungsbereich und die Intensität der Zusammenarbeit determiniert.[270]

Analog zur Ziel- und Strategienplanung gilt für die Konfiguration der Kooperation, daß auf der einen Seite die Analyse dieser Bereiche Voraussetzung für die Partnersuche ist, andererseits eine endgültige Festlegung ohne Absprache mit dem Kooperationspartner nicht möglich ist.

---

[267]   Vgl. FONTANARI (1996), S. 159.

[268]   Vgl. SCHWAMBORN (1994), S. 143.

[269]   Plant ein Unternehmen mit Hilfe seines Kooperationspartners neue ausländische Märkte zu erschließen, so wird simultan zur Kooperationsstrategie auch eine Internationalisierungsstrategie verfolgt. Siehe dazu auch Kapitel II.2.1.3.2.

[270]   Vgl. BRONDER/PRITZL (1992), S. 30ff.; SCHWAMBORN (1994), S. 145ff.; TÖPFER (1992), S. 179ff. Siehe zu den Kooperationsdimensionen, die die Konfiguration determinieren, auch Kapitel II.2.4.1.

2.2.1.3. Ermittlung des Kooperationspartners

Die Ermittlung des richtigen Partners gilt als einer der zentralen Erfolgsfaktoren für eine gut funktionierende Kooperation.[271] Daher wird dieser Phase im Planungsprozeß der Kooperation ein ganz besonders hoher Stellenwert beigemessen, der eine systematische Vorgehensweise und die Berücksichtigung der Ergebnisse des vorangegangenen Planungsabschnitts verlangt. Dieser Schritt läßt sich in die Generierung eines **Partner-Anforderungsprofils, die Suche nach geeigneten Partnern,** die **Evaluierung der potentiellen Partner** und die **abschließende Partnerselektion** untergliedern.

- **Generierung eines Partner-Anforderungsprofils**

Mit Hilfe des Partner-Anforderungsprofils formuliert das suchende Unternehmen seine Idealvorstellung hinsichtlich des potentiellen Partners.[272] Diese gestaltet sich vor dem Hintergrund des situativen Kontexts von Kooperation zu Kooperation unterschiedlich. Neben generellen Merkmalen, wie z.B. Unternehmensgröße, Umsatz, relativer Marktanteil,[273] finden sich in dem Merkmalskatalog hauptsächlich solche Kriterien wieder, die sich zu den sogenannten 'three C's', nämlich **'capability', 'compatibility'** und **'commitment'**, zusammenfassen lassen,[274] d.h., neben der Kompetenz des auszuwählenden Partners sind dessen Kompatibilität zum eigenen Kooperationsvorhaben bzw. zum eigenen Unternehmen sowie sein Engagement für die Zusammenarbeit von Bedeutung.[275]

(1) Kompetenz des Kooperationspartners

Im allgemeinen suchen Unternehmen einen Kooperationspartner, der komplementäre Stärken und Ressourcen in die Partnerschaft miteinbringt. Mit ihnen

---

[271] Vgl. PORTER/FULLER (1989), S. 394; DEVLIN/BLEACKLEY (1988), S. 20; MERKLI (1988), S. 166; GERINGER (1988), S. 6; LEWIS/TURLEY (1990), S. 68; LEVINE/BYRNE (1986), S. 98ff.

[272] Vgl. BRONDER (1993), S. 84; SCHWAMBORN (1994), S. 150; BOTKIN/MATTHEWS (1992), S. 116.

[273] Vgl. BAUR (1975), S. 18ff. Zur Berücksichtigung von Finanzstärke und Unternehmensgröße bei der Partnersuche siehe auch SCHUH (1990), S. 146; KILLING (1983), S. 123ff.; KOGUT (1988a), S. 46f.; BLEEKE/ERNST (1991), S. 129f.; HLADIK (1988), S. 201; HARRIGAN (1988), S. 224f.; BLEICHER/HERMANN (1991), S. 22; MÜLLER/GOLDBERGER (1986), S. 161.

[274] Vgl. CAULEY DE LA SIERRA (1995), S. 12ff.

[275] Vgl. SCHWAMBORN (1994), S. 150; LEWIS (1991), S. 266ff.

sollen eigene Schwächen, die dafür verantwortlich sind, daß gesteckte Ziele im Alleingang nicht erreicht werden können, ausgeglichen werden.[276] Je nachdem, welche Ziele mit der Kooperation verfolgt werden, liegen die verlangten Fähigkeiten und Potentiale auf unterschiedlichen Gebieten. Die Anforderungen an das potentielle Partnerunternehmen können sich z.b. auf technologische Kompetenz,[277] Marktpotential und Markt-Know-how,[278] Wettbewerbspotential,[279] Management-Fähigkeiten,[280] Finanz-[281] oder Rationalisierungspotential[282] beziehen.

(2) Kompatibilität der Kooperationspartner

Neben der erforderlichen Kompetenz ist besonderes Augenmerk auf die Kompatibilität des potentiellen Partners zum eigenen Unternehmen - auch häufig als 'fit' bezeichnet - zu richten; denn auch der Umstand, ob die Kooperationspartner miteinander harmonieren, besitzt erhebliche Relevanz für eine erfolgreiche Zusammenarbeit.[283] Insbesondere dem strategischen bzw. unternehmungspolitischen und dem kulturellen 'fit' wird große Bedeutung beigemessen.[284] Ein strategischer 'fit' „... impliziert eine Harmonie der Ziele und der Strategien der Partner, also zeitlich und inhaltlich kompatible Potentialkongruenzen."[285] Dabei geht dieses Verständnis über miteinander vereinbarte Ziele und Strategien der Kooperation hinaus und beinhaltet eine wenigstens partielle Symmetrie der übergeordneten Unternehmensziele und -strategien. Sie trägt zu einer

---

276   Vgl. CAULEY DE LA SIERRA (1995), S. 20; CONTRACTOR/LORANGE (1988), S. 13; FAULKNER (1995), S. 34f.; BLEEKE/ERNST (1991), S. 130.

277   Vgl. DOZ (1988), S. 324; CONTRACTOR/LORANGE (1988), S. 13.

278   Vgl. LEWIS (1991), S. 140; RATH (1990), S. 230; ABEL (1992), S. 120; TÖPFER (1992), S. 196f.

279   Vgl. KUTSCHKER (1992), S. 515; PORTER/FULLER (1989), S. 387.

280   Vgl. BAUR (1975), S. 57f.

281   Vgl. RATH (1990), S. 233f.; KUMAR (1975), S. 258; PAUSENBERGER (1980), S. 209; MOOSMANN (1986), S. 239.

282   Vgl. MÜLLER/GOLDBERGER (1986), S. 7.

283   Vgl. HERMANN (1989), S. 62.

284   Vgl. BRONDER (1993), S. 84; HERMANN (1989), S. 64ff.; KRYSTEK/MINKE (1990), S. 30; LORANGE/ROOS (1992b), S. 353. BLEICHER (1992a) differenziert Strategie-, Struktur- und Kultur'fit'; BRONDER/PRITZL (1992), S. 36ff. unterscheiden in fundamentalen 'fit', strategischen 'fit' sowie kulturellen 'fit'.

285   HERMANN (1989), S. 65.

93

Minimierung des Konfliktpotentials zwischen den zusammenarbeitenden Unternehmen bei.[286]

Bei der Partnerwahl dürfen unternehmenskulturelle Faktoren ebenfalls nicht vernachlässigt werden,[287] denn „ ... Werte und Normen tragen das Verhalten der Mitglieder des sozialen Systems der Unternehmung. Sie helfen Informationen, Politik, Strukturen, Systeme und Träger auszuwählen und beeinflussen damit die Unternehmensentwicklung."[288] Von einem kulturellen 'fit' ist auszugehen, wenn die kooperationswilligen Unternehmen über ein kompatibles System gemeinsamer Werte, Normen und Stile verfügen.[289] Mit Kompatibilität ist dabei keinesfalls Identität oder Gleichheit der Unternehmenskulturen gefordert, vielmehr können auch von kulturellen Differenzen zwischen den Partnern positive Impulse und Effekte ausgehen.[290] Obwohl konstruktive Konflikte die Kooperation als labilen, evolutionären Prozeß[291] bereichern können, ist tendenziell eine Harmonie zwischen den Kulturen anzustreben.[292] Zusätzliche Brisanz erhält der Kulturaspekt bei internationalen Kooperationen, bei denen neben unternehmenskulturellen Differenzen noch Unterschiede durch verschiedene Kulturkreise hinzukommen.[293]

---

[286] Vgl. SCHWAMBORN (1994), S. 152; VOSS (1989), S. 261; LORANGE/ROOS (1991), S. 29.

[287] Vgl. BACKHAUS/PILTZ (1990), S. 8.

[288] BLEICHER (1991a), S. 147. Siehe zu Begriff sowie den Merkmalen und Funktionen der Unternehmenskultur MACHARZINA (1995), S. 204ff. und die dort angegebene Literatur.

[289] Vgl. BRONDER/PRITZL (1991a), S. 30. Selbst wenn die Bedeutung eines kulturellen 'fit' von dem partnersuchenden Unternehmen als essentiell erkannt wurde, erweist sich die Erfassung und Bewertung der Unternehmenskultur als problematisch. Siehe dazu z.B. HOFFMANN (1989a), S. 169ff.

[290] Vgl. FAULKNER (1995), S. 36; HAMEL/DOZ/PRAHALAD (o.J.), S. 40.

[291] Vgl. BLEICHER (1989a), S. 5.

[292] Vgl. LORANGE/ROOS (1992b), S. 353. Die Kooperationsfähigkeit wird je nach Kulturtyp begünstigt oder erschwert. Siehe zu den Dimensionen, die die einzelnen Kulturtypen prägen, HOFSTEDE (1992), S. 318-321. Durch das Zusammentreffen von Unternehmenskulturen bei Kooperationen sind unterschiedliche Formen der Kulturentwicklung denkbar. BUONO/BOWDITCH differenzieren in diesem Zusammenhang Kulturwiderstand, Kulturübernahme, Kulturpluralismus und Kulturharmonie. Siehe BUONO/BOWDITCH (1989), S. 143. Ähnliche Formen unterscheidet auch BLEICHER beim Transfer der Unternehmenskulturen in die Kooperation. Siehe BLEICHER (1992b), S. 317ff.

[293] Vgl. PERLMUTTER/HEENAN (1986), S. 146; VOSS (1989), S. 261; OHMAE (1989), S. 154; KAUFMANN (1993), S. 122ff.

(3) Engagement für die Kooperation

Neben der Kompetenz und der Kompatibilität des potentiellen Partners hat sich dessen Einsatz und Verpflichtung für die Kooperation als weiteres Kriterium für eine erfolgversprechende Zusammenarbeit herauskristallisiert. Von entscheidender Bedeutung ist, ob beide Unternehmen in gleichem Ausmaß Zeit, Energie und Ressourcen in das gemeinsame Projekt investieren.[294] Letztendlich sollte auch im Hinblick auf die Intensität, mit der die Partner ihren kooperativen Interessen nachgehen, ein 'fit' hergestellt werden, da sonst ein asymmetrisches Verhältnis in der Nutzung der kritischen strategischen Ressourcen wahrscheinlich ist, was zu Mißstimmungen, Vertrauensverlust und schließlich zum Scheitern des Vorhabens führen kann.[295] Problematisch erweist sich in diesem Zusammenhang, daß es bereits im Vorfeld der Kooperation das Ausmaß an 'commitment' des Partners zu ermitteln gilt. Valide Indikatoren dafür zu finden, ist mit Schwierigkeiten verbunden.[296] Wenn die Kooperation für den Partner jedoch von zentraler Bedeutung oder elementarer Bestandteil seiner Unternehmensstrategie ist, dann wird die Wahrscheinlichkeit eines mangelnden Einsatzes für die Belange der Kooperation minimiert. Ist die Kooperationsentscheidung aus Sicht des potentiellen Partners leicht bzw. kurzfristig revidierbar, steigt die Gefahr eines 'misfit' hinsichtlich des Engagements.[297] Deshalb können ein hoher Stellenwert der Kooperationsstrategie bzw. eine schwer rückgängig zu machende Kooperationsentscheidung zumindest als Ersatzindikatoren zur Abschätzung des 'commitment' fungieren.

Neben den bereits diskutierten sonstigen Anforderungen, denen ein potentieller Kooperationspartner gerecht werden sollte, stellt das **gegenseitige Vertrauen** auf die Integrität des Partners einen Faktor dar, der als generelle Vor-

---

[294] Vgl. CAULEY DE LA SIERRA (1995), S. 21; BUCKLEY/CASSON (1988), S. 39f.; DEVLIN/BLEACKLEY (1988), S. 21.

[295] Vgl. BLEICHER (1992b), S. 313.

[296] Vgl. SCHWAMBORN (1994), S. 153; FAULKNER (1995), S. 37.

[297] In diesem Zusammenhang sei noch einmal auf die Bedeutung des strategischen 'fit' hingewiesen. Vgl. CAULEY DE LA SIERRA (1995), S. 22f.; SCHWAMBORN (1994), S. 153f.; BUCKLEY/CASSON (1988), S. 40; WEDER (1990), S. 284.

aussetzung für eine erfolgreiche Zusammenarbeit gilt.[298] Erst dadurch ist ein Höchstmaß an Flexibilität, Funktionalität und Effektivität innerhalb der Kooperation realisierbar. Außerdem wächst mit steigender Wahrscheinlichkeit opportunistischen Verhaltens der Partner die Bedeutung bzw. das Ausmaß der Transaktionskosten, insbesondere die Höhe der Kontrollkosten, so daß eine Kooperationsbeziehung zwischen den Unternehmen ineffizient wird.[299] Kann ein Unternehmen kein Vertrauen zu seinem potentiellen Partner aufbauen, scheint eine Zusammenarbeit in strategisch wichtigen Bereichen ein untragbares Risiko zu sein. Problematisch an diesem Kriterium erweist sich auch, daß Vertrauen sich i.d.R. erst im Laufe der Zeit entwickelt und damit im Vorfeld schwer zu evaluieren ist. Dennoch existieren Möglichkeiten, mit deren Hilfe sich die Vertrauenswürdigkeit des Partners überprüfen und die eigene unter Beweis stellen läßt, wie z.B. die Kooperationsreputation[300] oder eine Art Pre-Projekt vor der eigentlichen Zusammenarbeit mit dem Ziel, sich besser kennenzulernen.[301]

Die ermittelten Kriterien sind im Partneranforderungsprofil zusammenzufassen und gegebenenfalls um solche zu ergänzen, die aus der spezifischen Unternehmenssituation resultieren und keiner der erwähnten Kategorien zugeordnet werden können.

- **Suche nach geeigneten Partnern**
Dem Suchvorgang nach einem potentiellen Partner kann entweder eine eher pragmatische, mehr oder weniger zufällige (1) oder eine systematische (2) Vorgehensweise zugrunde liegen.[302]

---

[298]   Vgl. LORANGE/ROOS (1992a), S. 19; LYNCH (1990a), S. 7; BERGQUIST/BETWEE/MEUEL (1995), S. 218ff.; FAULKNER (1995), S. 37; BLEICHER (1989a), S. 7; HARRIGAN (1984), S. 10.

[299]   Vgl. KAUFMANN (1993), S. 82; BÜCHS (1991), S. 23. Siehe dazu auch Kapitel II.2.1.2. Maßnahmen zum Schutz vor opportunistischem Verhalten finden sich z.B. bei GAHL (1991), S. 65.

[300]   Vgl. ROTERING (1993), S. 213. LYLES (1988), S. 314, bringt diesen Umstand deutlich zum Ausdruck: „... each firm has to have the reputation of being a good partner. The world is getting smaller, and the partner firms within an industry generally know each other. A firm has to have the reputation of being competent but also compassionate and trusted."

[301]   Vgl. PORTER/FULLER (1989), S. 395; LYNCH (1990b), S. 295; BRONDER (1992), S. 314f.; BINDER/HEINRICH (1997), S. 507f.

[302]   Vgl. WELGE (1993), S. 284.

(1) Pragmatische Vorgehensweise bei der Partnersuche

Diese ist dadurch gekennzeichnet, daß persönliche Beziehungen genutzt bzw. die Kooperationsabsichten in 'Insiderkreisen' propagiert werden. Man greift dann z.b. auf bestehende personelle Verflechtungen über Aufsichtsräte, geringfügige Beteiligungen und persönliche Freundschaften zwischen Vorstandsmitgliedern/Geschäftsführern zurück.[303] Oder das kooperationswillige Unternehmen zieht primär solche Partner in Betracht, zu denen es bereits Geschäftsverbindungen unterhält oder bei denen es sich um bekannte, über einen längeren Zeitraum sorgfältig beobachtete Konkurrenten handelt.[304] Vorteilhaft erweist sich diese Methode insofern, als über den potentiellen Partner i.d.R. schon gewisse Informationen vorliegen und eine Vertrauensbasis existiert. Nachteilig wirkt sich auf der anderen Seite die Gefahr aus, daß eine detaillierte Prüfung der im Partnerprofil gestellten Anforderungen unterbleibt und ein suboptimaler Partner den Vorzug erhält. Konflikte sind dann schon vorprogrammiert, da ein stabiles Gefüge gemeinsamer Interessen und sich ergänzender Stärken vermutlich fehlt.[305]

(2) Systematische Vorgehensweise bei der Partnersuche

Die systematische Suche nach einem Partner verlangt eine konsequente Ausrichtung an der geplanten strategischen Stoßrichtung der Kooperation sowie an den im Partneranforderungsprofil festgelegten Kriterien. Durch die Nacheinanderschaltung von mehreren Such- und Auswahlvorgängen wird der Suchprozeß nach einem Kooperationspartner so strukturiert, daß mehrere Analyseschleifen zu durchlaufen sind, die für eine stufenweise Reduktion der Anzahl potentieller Partnerunternehmen sorgen.[306]

Neben den Beziehungen, die ein Unternehmen zu Mitarbeitern, Kunden, Lieferanten, Absatzmittlern und Abatzhelfern unterhält und die zur Partnersuche

---

[303]   Vgl. RUMER (1994), S. 41; SCHWAMBORN (1994), S. 154.

[304]   Vgl. LEWIS (1991), S. 253; KAUFMANN (1993), S. 70f.

[305]   Vgl. WELGE (1993), S. 284.

[306]   Vgl. SCHWAMBORN (1994), S. 155. Um eine systematische Vorgehensweise zu gewährleisten, überträgt SCHWAMBORN (1994), S. 155ff. das Konzept der 'Strategischen Suchfeldanalyse', welches der Identifikation, Analyse, Bewertung sowie Auswahl neuer Geschäfte dient, auf den Suchprozeß nach einem Kooperationspartner. Siehe zur 'Strategischen Suchfeldanalyse' MÜLLER-STEWENS (1990).

herangezogen werden können, ergeben sich z.B. über internationale Koope-
rationsnetze, Datenbanken und Informationsbörsen, Kooperationsveranstal-
tungen, Inserate in Fachzeitschriften, Geschäfts- und Investmentbanken u.ä.
sowie spezialisierte Unternehmensberater weitere Möglichkeiten, potentielle
Partner zu finden.[307]

- **Partnerevaluierung und -selektion**

Als geeignete Entscheidungshilfe bei der Bewertung und Auswahl potentieller
Partnerunternehmen bieten sich z.b. Punktbewertungsverfahren, sogenannte
Scoring-Modelle, an.[308] In diesem Zusammenhang werden die im Partneranforderungsprofil zusammengefaßten Kriterien im Hinblick auf die mit der
Partnerschaft zu verfolgenden Ziele gewichtet. Mit Hilfe einer Bewertungsskala
geht es im nächsten Schritt darum, den möglichen Partnern je nach Erfüllung
des einzelnen Kriteriums einen Punktwert zuzuordnen. Durch Aufsummierung
der gewichteten Punktwerte für jedes Kriterium ergibt sich für jedes Unternehmen ein Gesamtwert, der eine Vergleichbarkeit und damit ein Ranking der einzelnen Kandidaten ermöglicht.[309] Das Unternehmen, das den höchsten Wert
erzielt, entspricht am besten dem Anforderungsprofil. An dieses sollte zuerst
das Angebot zu einer potentiellen Partnerschaft herangetragen werden.

Obwohl Punktbewertungsverfahren auf den ersten Blick durch ihre Flexibilität
und ihre Einfachheit vorteilhaft erscheinen, ist zu bedenken, daß die
Möglichkeit der rechnerischen Kompensation besteht. D.h. eine unzureichende
Erfüllung eines Kriteriums kann durch eine besonders gute Erfüllung eines
anderen Merkmals ausgeglichen werden. Durch diese kompensatorischen
Effekte kommt ein und derselbe Gesamtscore durch unterschiedliche
Kombinationen von Merkmalsausprägungen zustande.[310] In bezug auf die

---

[307] Vgl. RUMER (1994), S. 42ff.; WOLFMEYER (1990), S. 19ff.; LYNCH (1989), S. 46f. Eine
detaillierte Übersicht über Kontaktmöglichkeiten für kooperationsinteressierte Unternehmen findet sich bei ROTERING (1993), S. 253-256. Die meisten Kooperationen scheinen
jedoch durch bestehende Geschäftskontakte zustande zu kommen. Siehe z.B. KAUFMANN
(1993), S. 71.

[308] Vgl. SCHWAMBORN (1994), S. 158ff.

[309] Vgl. SCHNECK (1994), S. 606.

[310] Zur Funktion, Vorgehensweise und weiterer Kritik von Punktbewertungsverfahren siehe
DOMSCH/REINEKE (1989), Sp. 149f.; KÖHLER/HÜTTERMANN (1989), Sp. 1437; NIESCHLAG/
DICHTL/HÖRSCHGEN (1997), S. 269.

Partnerselektion kann dieser Umstand dahingehend relativiert werden, daß für besonders wichtige Anforderungskriterien Mindestvoraussetzungen definiert werden. Bei Nichterfüllung des Mindeststandards fungieren diese als K.o.-Kriterien und das zu analysierende, potentielle Partnerunternehmen kann keine weitere Berücksichtigung erfahren.

2.2.2. Steuerung von Kooperationen

Die Steuerung im Rahmen des Kooperationsmanagements dient der Umsetzung der Planung in die Durchführung - ihrer Realisation. Sie erfolgt durch detaillierte Festlegung und Veranlassung der geplanten und umzusetzenden Aktivitäten gegenüber unternehmensinternen und -externen Personen.[311] Für eine erfolgreiche Durchführung der Kooperation sind sowohl die Vereinbarungen, die im Rahmen von Verhandlungen mit dem Kooperationspartner getroffen werden,[312] als auch die organisatorische Umsetzung von zentraler Bedeutung.

2.2.2.1. Verhandlungen mit dem Kooperationspartner

Nachdem auf Basis des Partneranforderungsprofils ein geeignetes und auch kooperationswilliges Unternehmen ermittelt worden ist, sind **Verhandlungen** mit diesem zu führen, die dazu dienen, die Ausgestaltung der Kooperation zu konkretisieren. Das Ziel der Verhandlungen besteht in der Festlegung eines für diese Partnerschaft adäquaten Rechts-, Vertrags- und Koordinationsgefüges.[313]

Optimale Verhandlungsbedingungen erleichtern dabei den Einigungsprozeß zwischen den Partnern. Diese beziehen sich zum einen auf die Zusammensetzung der Verhandlungsdelegation, zum anderen auf das Gesprächsklima. Als optimal gilt ein quantitativ und qualitativ ausgeglichenes Verhand-

---

[311]   Vgl. HAHN (1989), S. 160.

[312]   Die Gesamtheit aller vertraglichen wie nicht-vertraglichen Vereinbarungen, die als Resultat aus den Verhandlungen zwischen den Kooperationspartnern hervorgehen, werden auch als Konzeption der Kooperation bezeichnet. Vgl. GAHL (1990), S. 32ff.

[313]   Vgl. BRONDER/PRITZL (1992), S. 42.

lungsteam, das aus unterschiedlichen Fachleuten und Funktionsträgern besteht
(Juristen, Finanzexperten, Ingenieure, Manager, die später die Geschäfte der
Kooperation leiten, etc.). Wenn diese Führungskräfte aus der Top-Manage-
ment-Ebene stammen, verleihen sie dem Projekt i.d.R. einen höheren Stellenwert, was für den weiteren Verlauf der Kooperation förderlich ist.[314] Damit
möglichst von Beginn an der Grundstein für eine vertrauensvolle Zusammenarbeit gelegt wird, ist von allen Beteiligten eine durch Transparenz und
Fairneß geprägte Gesprächsatmosphäre zu schaffen.[315]

Eine erfolgreiche Konzeption der Kooperation - und damit deren spätere
Durchführung - ist von verschiedenen Faktoren abhängig. Neben der Funktionalität in bezug auf die zu erreichenden Kooperationsziele[316] sollte sie eine
größtmögliche Flexibilität im Hinblick auf sich ändernde Umfeldbedingungen,
aber auch auf kooperationsinterne Veränderungen leisten.[317] Opportunistisches
Verhalten, bedingt z.B. durch Informationsasymmetrien oder ungleichgewich-
tige Abhängigkeitsstrukturen während der Verhandlungen oder später im Rahmen der eigentlichen Zusammenarbeit, führt häufig dazu, daß die anvisierten
Ziele nicht im geplanten Ausmaß erreicht werden bzw. daß die Ergebnisse der
Zusammenarbeit nicht im vereinbarten Umfang zwischen den Partnerunternehmen verteilt werden. Deshalb sind Vorkehrungen zu treffen, die opportuni-
stische Verhaltensweisen erschweren oder als nicht lohnend erscheinen lassen.[318] Trotz gegenseitigem Vertrauen und möglichen Schutzvorkehrungen vor
opportunistischem Verhalten haben sich Vereinbarungen, die dem einen Partner nur begrenzten Zugriff und dem anderen Unternehmen die Kontrolle über

---

[314] Vgl. BRONDER (1993), S. 99f.; DEVLIN/BLEAKLEY (1988), S. 21; CAULEY DE LA SIERRA
(1995), S. 54ff. Entscheidend ist jedoch, daß das Interesse des Top-Managements an der
Kooperation auch über die Vertragsverhandlungen hinaus erhalten bleibt. Untersuchungen haben gezeigt, daß sonst häufig schon bereits in der Anfangsphase Krisener-
scheinungen auftreten. Vgl. SCHRADER (1996), S. 66. Zur Organisation der
Vertragsverhandlungen im Detail siehe auch VORNHUSEN (1994), S. 133ff.

[315] Vgl. BLÜMLE (1992), S. 335; MERKLI (1988), S. 167. Eine durch Fairneß und Offenheit
geprägte Verhandlungssituation ermöglicht nicht nur bessere Verhandlungsergebnisse,
sondern trägt auch zu einer Reduktion der Transaktionskosten bei. Siehe SCHWAMBORN
(1994), S. 160f.

[316] Vgl. GAHL (1990), S. 42.

[317] Vgl. BACKHAUS (1992), S. 232; GAHL (1990), S. 42; BLEEKE/ERNST (1992), S. 122.

[318] Vgl. GAHL (1991), S. 36; WILLIAMSON (1990), S. 55 und 81ff. Siehe dazu auch Kapitel
II.2.1.2.

seine kritischen strategischen Ressourcen bzw. Kernkompetenzen erlauben, als sinnvoll für eine Zusammenarbeit erwiesen.[319] Legen die Kooperationspartner darüber hinaus noch Wert auf eine 'All win' Situation, d.h. auf ein funktionierendes Anreiz-Beitrags-Gleichgewicht, in der der von den Unternehmen einzubringende Input und die Verteilung des Outputs als ausgeglichen und gerecht empfunden werden, begünstigt dies ebenfalls eine erfolgreiche Partnerschaft.[320]

Auf inhaltlicher Ebene steht die **Einigung über die strategische Ausrichtung** der Kooperation im Mittelpunkt der Gespräche zwischen den Kooperationspartnern. Vor den Verhandlungen hatten die beteiligten Unternehmen unabhängig voneinander ihre Vorstellungen hinsichtlich Ziele, Strategien sowie Konfiguration der Kooperation entwickelt.[321] Jetzt gilt es, diese Vorgaben einander anzugleichen bzw. gemeinsame zu entwickeln. Denn die Vereinbarungen über die strategische Ausrichtung haben Rahmencharakter für eine Vielzahl sich anschließender Entscheidungen, die u.a. den Input der Partner, die Aufgabenverteilung, die Konflikthandhabung, die Verteilung des Outputs sowie das Trennungsprocedere betreffen.

• Input der Partner

Der Input, den die Partner zu leisten haben, umfaßt je nach Kooperationsziel sachliche Ressourcen (z.B. Gebäude, Maschinen, Vorräte), immaterielle Vermögensgegenstände (z.B. Schutzrechte, Lizenzen), finanzielle Mittel und/oder Humanressourcen. Neben Art und Umfang der Ressourcen ist festzulegen, welcher Partner welche Ressourcen in die Kooperation einbringt.[322] Damit eng verbunden ist eine Einigung über die Eigentumsverhältnisse der Produktionsfaktoren. Sie können entweder gemeinsames Eigentum der neu zu gründenden Kooperationseinheit werden oder weiterhin den einzelnen Partnerunternehmen

---

[319] Vgl. LORANGE/ROOS (1992a), S. 110ff.; CAULEY DE LA SIERRA (1995), S. 49f.; HAMEL/DOZ/PRAHALAD (o.J.), S. 43; BLEICHER (1989b), S. 420; CONTRACTOR/LORANGE (1988), S. 9.

[320] Vgl. BACKHAUS/PILTZ (1990), S. 9; PERLMUTTER/HEENAN (1986), S. 242; BRONDER (1993), S. 52; LYNCH (1989), S. 36.

[321] Siehe zur Konfiguration der Kooperation im Detail auch Kapitel II.2.4.

[322] Vgl. SCHWAMBORN (1994), S. 168f.; HERMANN (1989), S. 87.

gehören.[323] Den für das Kooperationsprojekt abgestellten Mitarbeitern kommt für den Erfolg der Zusammenarbeit zentrale Bedeutung zu. Ihrer Auswahl ist daher besondere Beachtung zu schenken.[324]

• **Aufgabenverteilung**

Die im Rahmen der strategischen Ausrichtung fixierte Gesamtaufgabe der Kooperation ist auf die Partnerunternehmen zu verteilen. Es muß bestimmt werden, welcher Partner welche Teilaufgaben zu erledigen hat.[325] Diese Entscheidung hat für die Partner eine weitere Verteilung der übernommenen Aufgaben innerhalb ihrer Organisation zur Konsequenz.[326] Für den Fall, daß eine eigene organisatorische Einheit für die Kooperation gegründet wird, ist ebenfalls eine Zuordnung von Teilaufgaben innerhalb der neuen Organisation vorzunehmen. Bedingt durch die Arbeitsteilung entsteht das Problem, daß die einzelnen Teilaktivitäten wieder im Hinblick auf das Gesamtziel zu koordinieren sind.[327] Die Regeln, die Arbeitsteilung und Koordination determinieren, sind Gegenstand der organisatorischen Umsetzung (siehe Kapitel II.2.2.2.2.).

• **Konfliktmanagement**

Kooperationen sind durch ein hohes Konfliktpotential gekennzeichnet, da zusätzlich zu intraorganisationalen Konflikten noch gegebenenfalls interorganisationale Probleme durch die Kooperationspartner entstehen und zu bewältigen sind.[328] Konflikte signalisieren dabei die Gegensätzlichkeit und Unvereinbarkeit bestimmter Verhaltensweisen, Erwartungen, Bedürfnisse, Werte, Gefühle, Entscheidungen oder Machtinteressen.[329] Frustrierte und gestreßte Mitarbeiter, Mißtrauen und Kommunikationsprobleme sowie im Extremfall die

---

323 Vgl. WELGE (1995), Sp. 2406; BLÜMLE (1992), S. 33.

324 Vgl. DEVLIN/BLEACKLEY (1988), S. 22; LYNCH (1990a), S. 8; LORANGE/ROOS (1992a), S.148ff.; BRONDER (1993), S. 62; LORANGE (1985), S. 5f., zitiert nach BLEICHER (1989a), S. 7.

325 Vgl. KIESER/KUBICEK (1992), S. 74.

326 Vgl. SCHWAMBORN (1994), S. 171.

327 Vgl. KIESER/KUBICEK (1992), S. 74.

328 'Misfits' auf strategischer und kultureller Ebene zeichnen vor allem für die interorganisationalen Konflikte verantwortlich.

329 Vgl. BRONDER (1993), S. 110; OECHSLER (1992), Sp. 1131; KRÜGER (1981), S. 912; KIESER (1983), S. 381; BECK/SCHWARZ (1995), S. 21f.; GLASL (1997), S. 14ff.

Beendigung der Kooperation können die Folge von Konflikten sein. Ein Konfliktmanagement, das typische Konfliktmuster bzw. -ursachen von Kooperationen
analysiert, Konflikte bereits auf einer niedrigen Eskalationsstufe identifiziert und
sowohl präventive als auch kurative Konflikthandhabungsmechanismen bereit-
hält, sollte Gegenstand der Vertragsverhandlungen sein.[330]

• **Verteilung des Outputs**

Damit insbesondere Verteilungskonflikte im Rahmen der Kooperation vermie-
den werden, zählt die Ergebnisverteilung zu den zentralen Verhandlungsthe-
men. Ihre Ausgestaltung hängt davon ab, ob die Erreichung der Wettbewerbsvorteile gemeinsam oder getrennt realisiert wird. Bei einer getrennten Erfolgsrealisation ergeben sich durch die Zusammenarbeit Wettbewerbsvorteile, die
außerhalb des Kooperationsbereichs jeweils bei den einzelnen Partnerunternehmen zu einer Verbesserung der Wettbewerbsposition und damit zu einer
Erhöhung des (langfristigen) Unternehmenserfolgs führen.[331] Bei einer gemeinsamen Nutzung der erzielten Wettbewerbsvorteile fällt der Erfolg der Kooperation in Form eines gemeinschaftlich erwirtschafteten Gewinns an; anhand
eines von den Partnern festgelegten Verteilungsschlüssels erfolgt die Division
des Gewinns.[332] Bei Kooperationen mit einer eigenen juristischen Einheit, wie
z.B. bei einem Joint Venture, entspricht der Gewinnverteilungsschlüssel i.d.R.
dem Beteiligungsverhältnis.[333]

• **Trennungsprocedere**

Auch bei zeitlich unbefristeten Kooperationen bietet es sich im Vorfeld der
Partnerschaft an, für den Fall, daß das Projekt beendet ist oder die Zusammenarbeit sich aufgrund geänderter Rahmenbedingungen nicht mehr aufrecht-

---

[330]   Vgl. BRONDER (1993), S. 102 u. 110ff.; TRÖNDLE (1987), S. 136ff. Zur Konflikthandhabung
siehe auch KÖNIGSWIESER (1987), Sp. 1242ff., STEINLE (1993), Sp. 2210ff., TITSCHER
(1995), Sp. 1339ff.; BECK/SCHWARZ (1995), S. 112ff.; GLASL (1994), S. 20f.

[331]   Dies ist z.B. dann der Fall, wenn die Partner ihre Produktion zusammenlegen und auf
diese Weise Kostensenkungspotentiale realisieren, die Vermarktung der aus dieser Produktion stammenden Güter jedoch getrennt erfolgt. Vgl. GAHL (1991), S. 35.

[332]   Vgl. GAHL (1991), S. 34ff.

[333]   Vgl. SCHWAMBORN (1994), S. 178.

erhalten läßt,[334] entsprechende Trennungs- oder Ausstiegsregelungen zu treffen.[335]

2.2.2.2. Organisatorische Umsetzung

Die Maßnahmen, die zur organisatorischen Umsetzung einer Partnerschaft ergriffen werden, dienen dazu, eine effiziente Erfüllung der Kooperationsaufgabe, die in zu koordinierende Teilaktivitäten aufgesplittet ist,[336] zu gewährleisten. GROCHLA unterscheidet dabei zwischen **dezentral und zentral determinierten Kooperationen**, je nachdem ob die Aufgabenausführung bei den einzelnen Partnerunternehmen verbleibt oder gemeinsam innerhalb eines eigenständigen Kooperationsbetriebs erledigt wird. Bei der ersten Alternative existiert eine Art Kooperationsmanagement, das die einheitliche Leitung der in den Partnerunternehmen zu erfüllenden Aufgaben innehat; innerhalb der Partnerunternehmen ist eine entsprechende Anzahl an Stellen zu schaffen, die durch den sachlichen und zeitlichen Umfang der Kooperationsaufgaben bestimmt wird. Bei einer zentralen Struktur ist für die Kooperationseinheit eine eigene Aufbaustruktur zu entwickeln und die Beziehung zu den Partnerunternehmen zu gestalten.[337]

Um den durch die Aufgabenteilung erzeugten **Koordinationsbedarf** zu reduzieren und zu decken, sind strukturelle, technokratische und personenbezogene Regelungen zu treffen, die die Ausrichtung der einzelnen Aktivitäten auf das Kooperationsziel ermöglichen. In bezug auf **strukturelle Koordinationsmechanismen** bieten sich vor allem innovationsfördernde, flexible, problemlösungsbezogene Formen an, die den spezifischen Rahmenbedingungen der Kooperationen Rechnung tragen. Dazu zählen z.B. Projekt-Organisationen,

---

[334] Zu möglichen Trennungsmotiven siehe HARRIGAN (1986), S. 181; LEWIS (1991), S. 178; TAUCHER (o.J.), S. 37.

[335] Vgl. DEVLIN/BLEACKLEY (1988), S. 21; BRONDER (1993), S. 103; BÜCHS (1991), S. 21; FAULKNER (1995), S. 87; CAULEY DE LA SIERRA (1995), S. 71f.; SHAUGHNESSY (1995), S. 15f.

[336] Die Literatur verwendet dafür den Begriff der Arbeitsteilung/Spezialisierung bzw. Differenzierung. Siehe KIESER/KUBICEK (1992), S. 74; MACHARZINA (1995), S. 387.

[337] Vgl. GROCHLA (1972), S. 6f.; SCHWAMBORN (1994), S. 180f.

104

aber auch teamorientierte Strukturmodelle.[338] Die Anwendung **technokrati-scher Koordinationsinstrumente** - darunter sind Pläne und Regeln zu subsu-mieren - hat zur Folge, daß durch sie das Verhalten der Kooperationsteil-nehmer standardisiert und damit leichter prognostizierbar wird, wodurch Unsicherheiten minimiert und Abstimmungsprozesse erleichtert werden.[339] Bei den **personalen Koordinationsmechanismen** sind insbesondere solche her-vorzuheben, die das Kooperationsklima und die Kooperationsfähigkeit der involvierten Mitarbeiter positiv beeinflussen.[340] Zwischen den strukturellen, tech-nokratischen und personenbezogenen Koordinationsinstrumenten herrschen Interdependenzen, so daß nur der kombinierte Einsatz, bei dem die einzelnen Instrumente im Sinne eines Koordinationsmix harmonisch aufeinander abge-stimmt sind, geeignet ist, den anfallenden Koordinationsbedarf zu decken.[341]

Bei der Stellenbesetzung ist besonders darauf zu achten, daß die Besetzung ausgewählter Führungspositionen mit Mitarbeitern aus den Partnerunterneh-men erfolgt. Dadurch wird sichergestellt, daß die Interessen des jeweiligen Partners adäquat vertreten werden. Es ist dann auch davon auszugehen, daß die Partner ihre Stärken und ihr Know-how mit in die Kooperation einbringen.[342]

---

[338] Vgl. zu innovationsorientierten und problemlösungsbezogenen Strukturmodellen MACHARZINA (1995), S. 399ff.; HOFFMANN (1980), S. 343; KATZENBACH/SMITH (1993), S. 18; PATZAK/RATTAY (1996), S. 16ff.; REISS (1996), Sp. 1656ff.; KRÜGER (1993), Sp. 3559ff.; FRESE (1995), S. 470ff.

[339] Vgl. TRÖNDLE (1987), S. 102.

[340] Zur Bedeutung der Kooperationsfähigkeit und des Kooperationsklimas siehe BRONDER (1993), S. 49ff.; OHMAE (1985), S. 137ff.; BLEICHER (1989a), S. 7; TRÖNDLE (1987), S. 107ff. Aufgrund des den Kooperationen immanenten hohen Konfliktpotentials sind für die Arbeit im Rahmen der Partnerschaft solche Mitarbeiter auszuwählen, die sich durch ein hohes Ausmaß an sozialer Kompetenz auszeichnen. Denn neben den fachlichen Anfor-derungen, die der Mitarbeiter zur Bewältigung der Kooperationsaufgabe mitbringen muß, sind es vor allem kommunikative Kompetenz, Konflikt-, Kooperations- und Koordinations-sowie Teamfähigkeit, die bei der Zusammenarbeit mit einem anderen Unternehmen bzw. dessen Vertretern gefragt sind. Siehe zur Sozialkompetenz FRÖBÖSE/HILGER/STEINBACH (1997), S. 380ff.; HILGER (1996), S. 118f.; HÖRSCHGEN (1995b), S. 116.

[341] Vgl. SCHWAMBORN (1994), S. 190; SEIWERT (1981), S. 74.

[342] Vgl. BÖRSIG/BAUMGARTEN (1997), S. 480

2.2.3. Kontrolle von Kooperationen

Obwohl ihr bislang in der wissenschaftlichen Literatur nur relativ geringe Beachtung geschenkt wird, kommt der Kontrolle im Rahmen des Managements von Kooperationen eine wichtige Rolle zu, denn sie dient der laufenden, systematischen Überprüfung und Beurteilung des gesamten Kooperationsprozesses.[343] Sie ermöglicht, die Kooperationsstrategie auf ihre Tragfähigkeit hin zu überprüfen, frühzeitig Fehlentwicklungen zu erkennen und damit rechtzeitig Maßnahmen zur Korrektur sowie zur Verbesserung zukünftiger unternehmerischer Entscheidungen zu ergreifen.[344] In diesem Zusammenhang wird deutlich, daß zwischen Kontrolle und Planung der Kooperationsstrategie ein enges, interdependentes Verhältnis herrscht.[345]

Dabei umfaßt Kontrolle neben **ergebnisorientierten Aspekten**, das heißt man überprüft und evaluiert die Resultate unternehmerischer Aktivitäten, auch **prozessuale Aspekte**. Im Rahmen prozessualer Kontrolle werden Entstehen und Ablauf unternehmerischen Handelns der Revision unterzogen.[346] Die Kontrolle von Kooperationen beinhaltet daher auf der einen Seite die Bewertung des Kooperationserfolgs und auf der anderen das Kooperations-Audit.

2.2.3.1. Erfolgsbewertung von Kooperationen

Wenn es um die Erfolgsbewertung unternehmerischen Handelns geht, erfolgt diese zumeist auf der Basis von **Soll-Ist-Vergleichen**, für die i.d.R. quantitative Größen als Beurteilungskriterien herangezogen werden. Inzwischen hat sich jedoch die Erkenntnis durchgesetzt, daß der Erfolg eines Unternehmens nicht

---

[343] Vgl. NIESCHLAG/DICHTL/HÖRSCHGEN (1997), S. 1053.

[344] Vgl. HAHN (1992b), S. 651; BÖCKER (1988), S. 40; NIESCHLAG/DICHTL/HÖRSCHGEN (1991), S. 913; HASSELBERG (1989), S. 55.

[345] Vgl. SCHREYÖGG/STEINMANN (1986), S. 48; KOTLER/BLIEMEL (1992), S. 1055; DELFMANN (1993), Sp. 3233.

[346] Vgl. NIESCHLAG/DICHTL/HÖRSCHGEN (1991), S. 914.

nur durch mengen- oder wertmäßige Größen zu operationalisieren ist, so daß auch qualitative Erfolgsdeterminanten Berücksichtigung erfahren.[347]

Im Hinblick auf die Kontrolle von Kooperationen ist festzustellen, daß eine einheitliche Auffassung darüber, was unter dem Erfolg einer Kooperation zu verstehen ist, noch nicht existiert. Eine valide Erfolgsmessung bzw. geeignete Maßgrößen zu finden, ist mit Schwierigkeiten verbunden.[348] Dabei reicht das Spektrum der bislang verwendeten Indikatoren von finanziellen Größen[349] über die Stabilität bis hin zur Lebensdauer der Kooperation.[350]

Die alleinige Verwendung ökonomischer Größen ist bei der Beurteilung des Kooperationserfolgs als kritisch anzusehen. Denn insbesondere Kooperationen, die langfristigen, strategischen Charakter haben, sind dadurch gekennzeichnet, daß in der Anfangsphase der Kooperation hohe Kosten anfallen und erst mit erheblicher zeitlicher Verzögerung Erträge erwirtschaftet werden.[351] Deshalb sind auch qualitative Größen hinzuzuziehen. Für eine **Integration qualitativer Aspekte** spricht auch die Tatsache, daß mit Kooperationen oftmals Ziele verbunden sind, wie z.B. Zugang zu Know-how oder Imagegewinne, die sich zumindest nicht direkt mit quantitativen Erfolgsgrößen erfassen lassen.

---

[347]   Vgl. HAHN (1992b), S. 651f.; KÖHLER (1993), S. 393; NIESCHLAG/DICHTL/HÖRSCHGEN (1991), S. 914; NIESCHLAG/DICHTL/HÖRSCHGEN (1997), S. 945; HOFFMANN (1980), S. 93; OESTERLE (1995), S. 989f. sowie die dort angegebene Literatur; für OESTERLE ist die Berücksichtigung qualitativer Größen in neueren Ansätzen auf die Erkenntnis zurückzuführen, daß es sich bei Unternehmen um interessenpluralistisch geprägte Institutionen handelt. Mehrere Elemente der erkannten Zielvielfalt fungieren daher als Bewertungsgrundlage. Je besser das Unternehmen in der Lage ist, den Zielen der unterschiedlichen Anspruchsgruppen zu genügen, desto größer der Erfolg. Inzwischen zeichnet sich jedoch eine Renaissance der klassischen, quantitativen Erfolgsgrößen ab, denen die Funktion eines übergeordneten, umfassenden Indikators zukommt, auf den die anderen Ziel- bzw. Erfolgsgrößen laden.

[348]   Eine Ursache für das Nichtvorhandensein einer allgemein anerkannten Definition von Kooperationserfolg mag in der Tatsache begründet liegen, daß das Spektrum möglicher Kooperationsformen sehr breit ist (Siehe dazu das Transaktionsformen-Typenband, Kapitel II.2.1.1.2.). Allerdings existiert z.B. auch für die in der Literatur intensiv behandelte Form des Joint Venture noch kein allgemein anerkannter Erfolgsbegriff. Vgl. DYMSZA (1988), S. 403; KOOT (1988), S. 364; SCHAAN (1987), S. 128; GERINGER/HEBERT (1989), S. 245f.; ANDERSON (1990), S. 19 u. 29; HERZ (1972), S. 13f. u. 112ff.; SEGLER (1986), S. 265.

[349]   Vgl. TOMLINSON (1970); GOOD (1972); BLEEKE/ERNST (1992).

[350]   Vgl. HARRIGAN (1988); KOGUT (1988b); FRANKO (1971); KILLING (1983); GERINGER/HEBERT (1991), S. 250; CHOWDHURY (1992), S. 121f.

[351]   Vgl. ANDERSON (1990), S. 21.

Stabilität bzw. Dauer einer Kooperation müssen ebenfalls als geeignete Kriterien hinterfragt werden. Vor dem Hintergrund, daß es Kooperationen gibt, die
bewußt kurzfristig angelegt sind und nur temporären, projektbezogenen Charakter besitzen, trotzdem aber das mit der Kooperation verfolgte Ziel erreicht
haben, wäre diesen ungerechtfertigter Weise der Erfolg abzusprechen.[352]

Die Erfolgsbewertung einer Kooperation wird zusätzlich erschwert, wenn für
diese keine eigene organisatorische Einheit besteht bzw. die Partner eine
getrennte Erfolgsrealisation vorsehen. Die Ergebnisse der Zusammenarbeit
fallen getrennt bei den Partnerunternehmen an und unterliegen einer separaten
Bewertung, die auch davon abhängt, ob es gelingt, die Beiträge der Kooperation zu isolieren und dieser eindeutig zuzurechnen.[353]

Bei einer gemeinsamen Erfolgsbeurteilung ist mit zusätzlicher Komplexität zu
rechnen, wenn die Kooperationspartner ein unterschiedliches Erfolgsverständ-
nis mitbringen. Mögliche Ursachen dafür finden sich in pluralistischen Interessen und der nicht zwingend deckungsgleichen Zielvielfalt der Partnerunternehmen, aber auch in kulturellen Differenzen, die sich in unterschiedlichen
Management- und damit auch Erfolgsauffassungen äußern können.[354]

Vor dem Hintergrund der geschilderten Probleme seien an dieser Stelle die
Konzepte von SCHAAN und ANDERSON erwähnt, die über eine Kombination von
Kriterien versuchen, einer objektiveren und valideren Beurteilung des Koope-
rationserfolgs Rechnung zu tragen. Diese Kriterienkataloge beinhalten sowohl

---

[352] Vgl. OESTERLE (1995), S. 992; BEAMISH/WANG (1989), S. 62; HARRIGAN (1988), S. 207, die
       auch darauf hinweist, daß manche Joint Ventures wegen hoher Austrittsbarrieren
       künstlich am Leben erhalten werden, was ebenfalls gegen die Lebensdauer als validen
       Erfolgsmaßstab sprechen würde.

[353] Vgl. SCHWAMBORN (1994), S. 206; GAHL (1991), S. 35; KÖHLER (1993), S. 395;
       NIESCHLAG/DICHTL/HÖRSCHGEN (1997), S. 962.

[354] Vgl. GERINGER/HEBERT (1991), S. 252f.; SCHWAMBORN (1994), S. 206; OESTERLE (1995),
       S. 990ff.

qualitative als auch quantitative Kriterien, die der Zielvielfalt der Partnerunternehmen entsprechen sollen.[355]

Das Konzept von SCHAAN (siehe Abb. 34) zur **Messung des Kooperationserfolgs** verlangt einen auf die Kooperationssituation spezifisch zugeschnittenen Kriterienkatalog, der die von den Partnerunternehmen verwendeten Erfolgskriterien (A,...,n) beinhaltet. Diese sind im Hinblick auf ihre unternehmensspezifische Relevanz (G_i) zu gewichten. Anschließend ist festzustellen, inwieweit die Kooperation den einzelnen Kriterien entsprochen hat (Z_i). Durch Multiplikation der gewichteten Kriterien mit ihrer Bewertung und anschließender Addition läßt sich ein Kooperationserfolgs-Index ermitteln ($G_i \times Z_i$).

Kriterien	Gewichte (G_i)	Kriterienbezogener Zielerreichungsgrad (Z_i)							$G_i \times Z_i$
		gering						hoch	
A	G_A	1	2	3	4	5	6	7	$G_A \times Z_A$
B	G_B	1	2	3	4	5	6	7	$G_B \times Z_B$
C	G_C	1	2	3	4	5	6	7	$G_C \times Z_C$
...									
n	G_n	1	2	3	4	5	6	7	$G_n \times Z_n$
	$\sum_{i=A}^{n} G_i = 100\%$								$\sum_{i=A}^{n} G_i \times Z_i$

Abb. 34: Elemente und Phasen der Indexkonstruktion zur Bewertung des Kooperationserfolgs nach SCHAAN[356]

Aufgrund der siebenstufigen Bewertungsskala ergibt sich, wenn alle Kriterien optimal erfüllt worden sind, ein Kooperationserfolgs-Index von sieben. Geht man von zwei Kooperationspartnern aus, so ergibt sich ein maximaler Wert des Gesamtindex von 14. Er läßt sich als bestmögliche Entsprechung der tatsäch-

---

[355] Vgl. SCHAAN (1987); ANDERSON (1990); OESTERLE (1995), S. 992ff. Die Konzepte von SCHAAN bzw. ANDERSON sind ursprünglich zur Messung des Joint Venture-Erfolgs entwickelt worden, können aber auch bei anderen Kooperationsformen angewendet werdet.

[356] Quelle: SCHAAN (1987), S. 142. Zur kritischen Auseinandersetzung mit dieser Vorgehensweise siehe OESTERLE (1995), S. 994f. u. 1000.

lichen Kooperationsaktivitäten mit den ursprünglichen Zielvorstellungen der Partner interpretieren.[357]

Anknüpfend an die Überlegungen, daß finanzwirtschaftliche Größen die Erfolgssituation einer Kooperation[358] nur bedingt widerspiegeln können, hat ANDERSON einen Katalog von Faktoren entwickelt, die sich entlang eines Kontinuums von reinen Input- (z.B. Harmonie zwischen den Kooperationspartnern, Arbeitszufriedenheit) zu reinen Output-Größen (z.B. Gewinn, Cash flow) positionieren lassen (siehe Abb. 35). Die Input-Größen stellen vorgelagerte Determinanten eines potentiellen Outputs dar und weisen somit eine längerfristige Erfolgsorientierung auf; die output-nahen Größen beinhalten eine eher kurzfristige Orientierung. Hinter dieser Vorgehensweise steckt folgende Überlegung: Die finanziellen Erfolgsgrößen sind zwar geeignet, die gegenwärtige Erfolgssituation abzubilden, können aber der tatsächlichen Entwicklung unter Umständen nicht gerecht werden, da die sie beeinflussenden Input-Größen noch nicht oder nicht mehr wirken. Eine realistische Bewertung sollte daher auf der Verwendung beider Größen basieren.[359]

Das von ANDERSON entwickelte Input-Output-Kontinuum bezieht sich zwar auf Joint Ventures, die dahinter stehenden Aussagen lassen sich aber auch auf andere Kooperationsformen übertragen.

Vgl. OESTERLE (1995), S. 994.

ANDERSON bezieht sich bei seinen Ausführungen allerdings auf Joint Ventures.

Bei alleiniger Berücksichtigung der Output-Größen kann eine Kooperation zwar momentan hervorragende finanzielle Erfolgsbilanz aufweisen; wenn jedoch mangelnde Harmonie zwischen den Kooperationspartnern den reibungslosen Ablauf der Zusammenarbeit stört, wird es zu einer Verschlechterung der Output-Größen kommen

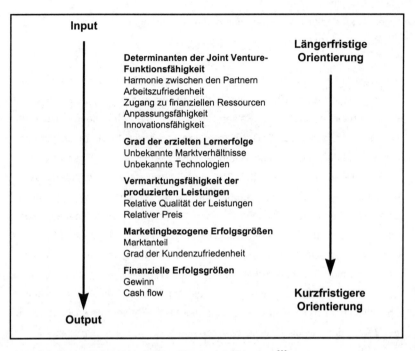

Input

Determinanten der Joint Venture-
Funktionsfähigkeit
Harmonie zwischen den Partnern
Arbeitszufriedenheit
Zugang zu finanziellen Ressourcen
Anpassungsfähigkeit
Innovationsfähigkeit

Grad der erzielten Lernerfolge
Unbekannte Marktverhältnisse
Unbekannte Technologien

**Vermarktungsfähigkeit der
produzierten Leistungen**
Relative Qualität der Leistungen
Relativer Preis

Marketingbezogene Erfolgsgrößen
Marktanteil
Grad der Kundenzufriedenheit

Finanzielle Erfolgsgrößen
Gewinn
Cash flow

Output

**Längerfristige
Orientierung**

**Kurzfristigere
Orientierung**

Abb. 35: Input-Output-Kontinuum für ein Joint Venture[360]

Um anhand dieser Kriterien auch tatsächlich den Erfolg einer Kooperation evaluieren zu können, hat ANDERSON in Anlehnung an das von OUCHI entwickelte Konzept des 'Organizational Control Mechanism' zwei Matrizen aufgestellt. Sie geben Aufschluß darüber, in welcher Intensität die Input- bzw. Output-Faktoren (1) in Abhängigkeit von der Kooperationssituation (2) zu gewichten sind.[361]

(1) Zunächst zeigt Abbildung 36 eine Matrix mit vier Quadranten, die eine unterschiedliche Gewichtung von input- bzw. outputorientierten Kriterien empfehlen, und zwar in Abhängigkeit von der Transparenz des Leistungserstellungsprozesses und dem Grad der Vollständigkeit und Genauigkeit, mit dem Output-Kriterien erfaßt werden können.

---

360   Quelle: ANDERSON (1990), S. 22.

361   Vgl. ANDERSON (1990), S. 24ff.; OUCHI (1979), S. 843f. Zur kritischen Auseinandersetzung
       mit dem Konzept von ANDERSON siehe OESTERLE (1995), S. 996ff.

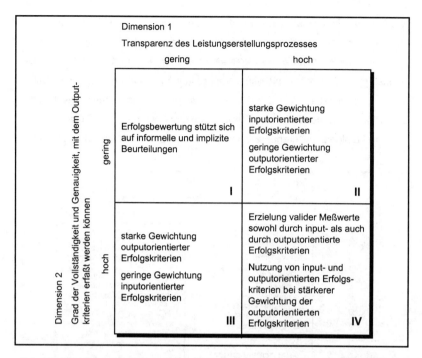

Abb. 36: Matrix zur Wahl und Gewichtung von Input- und Output-Kriterien[362]

Bei geringer Transparenz der Leistungserstellungsprozesses des Joint Venture und geringem Grad der Vollständigkeit und Genauigkeit, mit dem Outputkriterien erfaßt werden können (Quadrant I), findet nur selten eine Erfolgsbewertung statt, die sich, wenn sie durchgeführt wird, auf informelle und implizite Beurteilungen stützt. Falls eine Evaluation stattfindet, stellt sie höchstens eine schlechte Schätzung dar, die einen sehr geringen Aussagegehalt besitzt. Für den Fall, daß zwar der Grad der Vollständigkeit und Genauigkeit, mit dem Outputkriterien erfaßt werden können, gering ist, den Entscheidungspersonen im Unternehmen der Leistungserstellungsprozeß transparent ist (Quadrant II), dann sind zur Erfolgsbewertung des Joint Venture in stärkerem Ausmaß input- als outputorientierte Indikatoren heranzuziehen. Am häufigsten kommt es vor, daß der Transformationsprozeß von den Entscheidungsträgern nicht richtig verstanden wird, jedoch gute Informationen über den Output vorliegen (Quadrant III). Dann

---

[362] Quelle: in Anlehnung an ANDERSON (1990), S. 24.

greifen die Entscheidungsträger zur Erfolgsbeurteilung verstärkt auf output-orientierte Kriterien zurück. Als utopisches Szenario gilt Quadrant IV: die unternehmerischen Entscheidungsträger verfügen über genaue Kenntnisse über den Transformationsprozeß und sind darüber hinaus noch in der Lage, den Output richtig einzuschätzen. Zur Joint Venture-Evaluation können dann sowohl input- als auch outputorientierte Kriterien herangezogen werden. Meistens greift man dann auf diejenigen Kriterien zurück, die kostengünstiger zu beschaffen sind.[363]

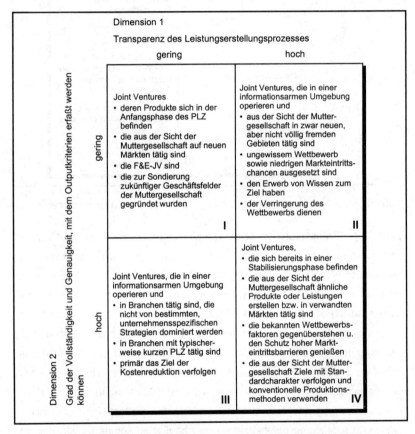

Abb. 37: Matrix zur kooperationssituationsspezifischen Wahl und Gewichtung von Input- und Output-Kriterien bei der Erfolgsbeurteilung von Joint Ventures[364]

---

[363] Vgl. ANDERSON (1990), S. 24f.

[364] Quelle: ANDERSON (1990), S. 26. Übersetzung von OESTERLE (1995), S. 999.

(2) Um die Praktikabilität seines Joint-Venture-Erfolgsbewertungsansatzes zu erhöhen, beschreibt ANDERSON für die einzelnen Quadranten typische Situationen der Joint Venture-Geschäftstätigkeit, die in Abbildung 37 zusammengefaßt sind. Sie bietet Hilfestellung herauszufinden, in welchen Situationen mit einer hohen bzw. geringen Transparenz des Leistungserstellungsprozesses zu rechnen ist und wann der Grad der Vollständigkeit und Genauigkeit, mit dem Outputkriterien erfaßt werden können, hoch bzw. gering ist.

Die Ausführungen haben gezeigt, daß sich das Auffinden von adäquaten Soll- und Ist-Größen zur Kontrolle von Joint Ventures als problematisch erweist. Überträgt man dieses Ergebnis auf Kooperationen allgemein, dann spiegelt eine eindimensionale oder rein an quantitativen Kriterien ausgerichtete Beurteilung der Kooperation den wirklichen Erfolg der Zusammenarbeit nur unzureichend wider. Eine Berücksichtigung längerfristig orientierter Erfolgsgrößen ist vor dem Hintergrund der situativen Besonderheiten, in denen Kooperationen zum Einsatz gelangen, notwendig.

Vor dem Hintergrund, daß die Entstehung von Kooperationen auf unterschiedlichste Motive zurückzuführen ist und sich deshalb auch keine einheitlichen Erfolgsgrößen bestimmen lassen,[365] scheint es sinnvoll zu sein, sich bei der Erfolgsbeurteilung an den Kooperationszielen der beteiligten Unternehmen zu orientieren und den Erfolg einer Zusammenarbeit anhand des Zielerreichungsgrads zu messen.[366]

2.2.3.2. Kooperations-Audit

Um zu gewährleisten, daß sich Kooperationen in optimaler Weise schnell an sich ändernde Umwelt- und Marktverhältnisse anpassen, reicht eine rein

---

[365] So kann der Erfolg einer Kooperation, die die Erschließung neuer Absatzmärkte zum Ziel hat, in Umsatz gemessen werden. Für eine Kooperation, deren Ziel die Realisierung von Kostensenkungspotentialen ist, ist diese Erfolgsgröße ungeeignet, ebenso wie für eine Erfolgsbeurteilung einer Zusammenarbeit, die mit dem Ziel, ein neues Produkt zu entwickeln, eingegangen worden ist.

[366] Der Forderung, daß sich der Kooperationserfolg nicht nur an der absoluten Zielerreichung, sondern auch am möglichen Erfolg anderer Handlungsalternativen, wie z.B. dem Alleingang, messen lassen muß, kann aus Praktikabilitätsgründen keine Rechnung getragen werden. Vgl. dazu GAHL (1991), S. 58; SEGLER (1986), S. 265.

ergebnisorientierte Kontrolle nicht aus. Denn oftmals stellen die durch sie auf-
gedeckten Probleme nur die 'Spitze eines Eisbergs' dar, die eine **tieferge-
hende Ursachenanalyse** hinsichtlich Rahmenbedingungen, Struktur und Pro-
zeßabläufen der Kooperation notwendig erscheinen lassen.[367] Um frühzeitig
Schwachstellen und Fehlentwicklungen zu erkennen, machen eine umfassende, systematische und regelmäßige Revision der der Kooperation zugrun-
degelegten Prämissen, Ziele und Strategien, Aktivitäten sowie Prozeßabläufe
und Organisationsstruktur den Gegenstandsbereich des Kooperations-Audit
aus.[368] Neben der Aufdeckung von Problembereichen gehört das Erkennen
ungenutzter Chancen ebenso wie die Erstellung eines Maßnahmenplans, der
auf eine Verbesserung der Kooperation abzielt, zu den Aufgaben des Kooperations-Audit.[369]

• **Prämissen-Audit**

Die gesamte Planung der Kooperationsstrategie basiert auf zahlreichen
Annahmen bezüglich Zustand und Entwicklung von unternehmensinternen
sowie Markt- und Umfeldbedingungen. Die Aufgabe des Prämissen-Audit
besteht darin, diese auf ihre Berechtigung und Gültigkeit hin zu überprüfen.[370]
Als kritisch sind vor allem solche Prämissen über das unternehmerische Umfeld
und die unternehmenseigenen Stärken und Schwächen anzusehen, die zum
Kooperationsbedarf geführt haben.[371] Stellt sich eine Diskrepanz zwischen den

---

[367]   Vgl. MEFFERT (1994c), S. 416.

[368]   Da keine Literatur zum Kooperations-Audit existiert, lehnen sich die folgenden Ausführungen an allgemein getroffene Aussagen zu Kontrolle und Audit an.

[369]   Vgl. NIESCHLAG/DICHTL/HÖRSCHGEN (1991), S. 931; KOTLER/GREGOR/RODGERS (1989), S.
50; KIENER (1980), S. 34; KOTLER/BLIEMEL (1995), S. 1170.

[370]   Vgl. KÜHN (1977), S. 204; KÖHLER (1993), S. 399; NIESCHLAG/DICHTL/HÖRSCHGEN (1991),
S. 932. In der englischen Literatur finden sich in diesem Zusammenhang auch die Begriffe
Environmental Audit bzw. Environment Audit, siehe KOTLER/GREGOR/RODGERS (1989);
NAYLOR/WOOD (1978); KLING (1985). Neben den traditionellen Analyse- und Pro-
gnosemethoden zählen vor allem Frühwarnsysteme und die Szenario-Technik zu den
wichtigsten Instrumenten zur Kontrolle von Prämissen. Vgl. HAHN (1992b), S. 655f.;
KRYSTEK/MÜLLER-STEWENS (1993); REIBNITZ (1987); GESCHKA/HAMMER (1992).

[371]   Auch aus ökonomischen und zeitlichen Gründen hat es sich als sinnvoll erwiesen, zwischen der Kontrolle von kritischen und unkritischen Prämissen zu differenzieren. Sie
unterliegen unterschiedlicher/m Kontrollintensität bzw. -rhythmus. Zu den kritischen
Prämissen zählen solche, die auf schwachen Prognosen beruhen, die dem unternehmerischen Einfluß weitgehend entzogen sind und die im strategischen Konzept einen besonders hohen Stellenwert besitzen. Vgl. HAHN (1992b), S. 655; SCHREYÖGG/STEINMANN
(1985), S. 401.

Planungsannahmen und den realen Gegebenheiten heraus, kann das eine Modifikation oder gar ein Ende der Kooperationsstrategie bedeuten. Darüber hinaus sind auch die Annahmen, die über die Ressourcen und Fähigkeiten des Partnerunternehmens, seine Kompatibilität sowie sein Engagement getroffen worden sind und die den Ausschlag für dessen Auswahl gegeben haben, zu analysieren.

- **Ziel- und Strategien-Audit**

Die Ziel- und Strategieentscheidungen, aber auch die Vereinbarungen über die Konfiguration der Kooperation weisen einen besonderen Stellenwert auf, denn sie determinieren die **strategische Ausrichtung der Kooperation**. Deshalb gehört es zu den zentralen Funktionen des Ziel- und Strategien-Audit, die festgelegten Ziele und Strategien mit der Unternehmenssituation abzugleichen. Erst dann kann beurteilt werden, ob die grundlegende Richtung der Kooperation noch stimmt oder ob es aufgrund stärkerer oder schwächerer Signale notwendig erscheint, die strategische Ausrichtung der Kooperation zu ändern.[372] Daneben darf auch die Überprüfung der Kompatibilität von Kooperationszielen/ -strategien mit den Unternehmenszielen/-strategien und den Zielen/Strategien der Partner nicht vernachlässigt werden. Ob die Konfiguration der Kooperation vor dem Hintergrund möglicherweise veränderter interner und externer Rahmenbedingungen, modifizierter Ziele und Strategien noch adäquat ist, vermag ebenfalls das Audit aufzuzeigen.

- **Aktivitäten-Audit**

Im Rahmen des Aktivitäten-Audit überprüft man, ob sich die geplanten bzw. ergriffenen Maßnahmen als angemessen erwiesen haben, die angestrebten Ziele zu realisieren und verfolgten Strategien umzusetzen. Zusätzlich ist es wichtig, diese Maßnahmen auch unter **Effizienzgesichtspunkten** zu beleuchten.[373] Darüber hinaus ist mit dem Aktivitäten-Audit auch die Absicht verbunden

---

[372] Vgl. NIESCHLAG/DICHTL/HÖRSCHGEN (1991), S. 932f.; LORANGE (1988), S. 380f., der in diesem Zusammenhang zwar nicht den Begriff des Audit verwendet, sondern von „Monitoring of critical assumptions underlying the objectives" spricht.

[373] Vgl. zum Unterschied zwischen Effizienz und Effektivität z.B. SCHOLZ (1992), Sp. 533ff.; FRITZ (1995a), S. 218.

zu kontrollieren, ob die Kooperationspartner die ihnen obliegenden Aufgaben wie vereinbart wahrgenommen haben.[374]

- **Prozeß- und Organisations-Audit**
  Generell dient das Prozeß- und Organisations-Audit dazu, die **Ordnungs-mäßigkeit und Zweckmäßigkeit der Planungs- und Kontrollprozesse sowie der getroffenen organisatorischen Regelungen** innerhalb der Kooperation zu überprüfen.[375] Insbesondere wenn das Kooperationsprojekt zur Bildung einer eigenen organisatorischen Einheit, wie z.b. einem Joint Venture, geführt hat, sind nicht nur die Überprüfung kooperationsinterner Kommunikationsstrukturen und Koordinationsregelungen, sondern auch die an der Schnittstelle zu den Partnerunternehmen und zwischen ihnen Gegenstand des Audit. Auch Personal- und Anreizsysteme, die zur Verbesserung der Kooperationsfähigkeit sowie des Kooperationsklimas und damit zum Kooperationserfolg beitragen können, sind in regelmäßigen Abständen im Hinblick auf ihre Eignung zu hinterfragen.[376]

In Abbildung 38 werden die einzelnen Elemente des Kooperations-Audit und die in den einzelnen Phasen anfallenden Aufgaben nochmals tabellarisch zusammengefaßt.

Den Abschluß des Kooperations-Audit bilden die Ableitung von Empfehlungen zur Korrektur der festgestellten Unstimmigkeiten und Mängel sowie Hinweise auf bis dato nicht erkannte Chancen. Sollten daraufhin gravierende Veränderungen notwendig werden, so bedürfen diese der Zustimmung beider Partnerunternehmen.

---

[374] Vgl. KÖHLER (1993), S. 399f.; NIESCHLAG/DICHTL/HÖRSCHGEN (1991), S. 933f.; LORANGE (1988), S. 381f.

[375] Vgl. NIESCHLAG/DICHTL/HÖRSCHGEN (1991), S. 934; ADAMOWSKY (1973), Sp. 1371; PEEMÖLLER (1984), S. 381; HORVÁTH (1992), Sp. 1602.

[376] Vgl. zur Bedeutung von Personal- und Anreizsystemen für den Kooperationserfolg BRONDER (1993), S. 60 ff.

Elemente des Kooperations-Audit	Aufgaben des Kooperations-Audit
Prämissen-Audit	Revision
	• der Annahmen über externe Rahmenbedingungen
	• der Annahmen über eigene Stärken und Schwächen
	• der Annahmen über das Partnerunternehmen hinsichtlich Kompetenz, Kompatibilität und Engagement
Ziel- und Strategien-Audit	Revision
	• der Kooperationsziele/-strategien im Hinblick auf die Kooperationssituation
	• der Kompatibilität der Kooperationsziele/-strategien mit den Unternehmenszielen/-strategien
	• der Kooperationsziele hinsichtlich Inhalt, Ausmaß, zeitlichem Bezug
	• der Kompatibilität der Ziele/Strategien der Kooperationspartner
	• der Vereinbarkeit von Kooperationszielen und Kooperationsstrategien
	• der Konfiguration der Kooperation
Aktivitäten-Audit	Revision
	• der Übereinstimmung von Kooperationsaktivitäten und Kooperationszielen/-strategien
	• der Mittel-Zweck-Angemessenheit
	• der Aufgabenerfüllung der Kooperationspartner
Prozeß- und Organisations-Audit	Revision
	• der Ordnungsmäßigkeit und Zweckmäßigkeit der Planungs- und Kontrollprozesse sowie der organisatorischen Regelungen innerhalb der Kooperation
	• der Informationsversorgung
	• der Kommunikationsstrukturen
	• der Koordinationsregelungen
	• der Schnittstellen zwischen Kooperation und Unternehmen
	• der Personal- und Anreizsysteme
	• der Konfliktregelungen

Abb. 38: Elemente und Aufgaben des Kooperations-Audit[377]

---

[377] Quelle: Eigene Darstellung.

Damit die Entscheidungträger, die eine Kooperation zu führen haben, sowohl von der ergebnis- als auch von der prozeßorientierten Kooperationskontrolle profitieren, sind gewisse Voraussetzungen zu erfüllen, um die Realisierung der Kontrolle selbst und der aus ihr resultierenden Konsequenzen zu gewährleisten. Neben einer entsprechenden Institutionalisierung der Kontrolle ist bei den an der Kooperation beteiligten Personen das Bewußtsein für den Zweck und Nutzen von Kooperations-Audit und -kontrolle zu schaffen.[378] Nur dann finden die Ergebnisse der Kontrolle ihren Niederschlag bei zukünftigen Kooperationsentscheidungen und können einen nutzenstiftenden Beitrag für den Erfolg einer Partnerschaft leisten.

Die vorangegangen Gliederungspunkte dienten dazu, einen Überblick über die vielfältigen Entscheidungstatbestände, die im Rahmen einer Zusammenarbeit von Unternehmen anfallen, zu geben und diese zu erläutern. Durch Zuordnung zu den Phasen Planung, Steuerung und Kontrolle wurden sie in einen Gesamtkontext integriert. Abbildung 39 faßt die einzelnen Schritte des Kooperationsmanagements noch einmal zusammen.

---

[378] Vgl. HILGER (1997), S. 61; HÖRSCHGEN (1992), S. 234.

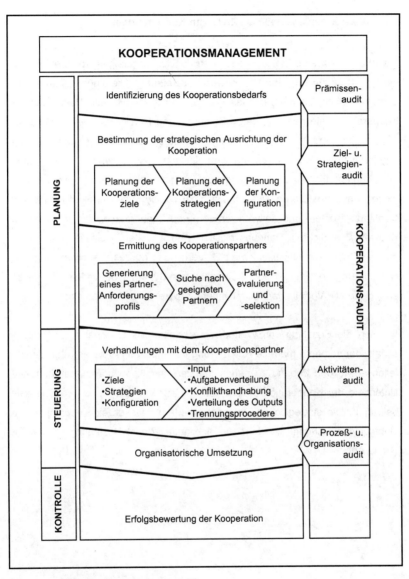

Abb. 39: Kooperationsmanagement[379]

---

[379] Quelle: Eigene Darstellung

2.3. Wettbewerbsvorteile als Ziele von Kooperationen

Als **übergeordnetes Ziel** einer jeden strategisch angelegten Kooperation fungiert die **Realisierung von Wettbewerbsvorteilen.**[380] Allerdings werden in der Literatur neben diesem zentralen Kooperationsziel noch eine Reihe weiterer Kooperationsziele genannt, deren Spektrum von Realisierung von Zeitersparnissen, Erzielung von Kostensenkungspotentialen, Erweiterung des Leistungsangebots über Nutzung von Marktkenntnissen und Nutzung von Geschäftsbeziehungen bis hin zu Erzielung von Imagevorteilen reicht. Versucht man diese zu systematisieren, so lassen sich ein Teil der Ziele zur Realisierung von Qualitäts,- Kosten- und Zeitvorteilen sowie zu Zugang zu neuen Märkten und Know-how verdichten. Daneben existieren noch weitere Ziele, die eher allgemeinen Charakter aufweisen, wie z.b. Verminderung des Wettbewerbsdrucks, Reduzierung des Risikos oder Ausnutzen von Synergiepotentialen. Sie stellen eher generelle Vorteile dar, die mit einer Kooperation verbunden sind.[381]

Fungiert die Erzielung von Wettbewerbsvorteilen als Oberziel einer Partnerschaft, dann könnte man die Realisierung von Qualitäts,- Kosten- und Zeitvorteilen sowie den Zugang zu neuen Märkten und Know-how als strategische Unterziele der Kooperation bezeichnen, die zur Verwirklichung des Oberziels beitragen. Die strategischen Unterziele wiederum lassen sich über operative Unterziele realisieren; sie stehen in einer Mittel-Zweck-Beziehung zueinander (siehe Abb. 40).

---

[380] Siehe dazu Kapitel II.2.2.1.2.

[381] Vgl. zur Vielzahl möglicher Kooperationsmotive exemplarisch TRÖNDLE (1987), S. 39ff.; HEMM/DIESCH (1992), S. 531ff.; ZENTES (1992), S. 12f.; RUPPRECHT-DÄULLARY (1994), S. 25ff; KAUFMANN/KOKALJ/MAY-STROBL (1990), 92; BRONDER (1993), S. 19ff.; ROTERING (1993), S. 32ff.; SCHWAMBORN (1994), S. 93ff.; LEWIS (1991), S. 46ff; CONTRACTOR/ LORANGE (1988), S. 9ff.; PERLITZ (1997), S. 443f.; HAUSSMANN (1997), S. 464ff.

121

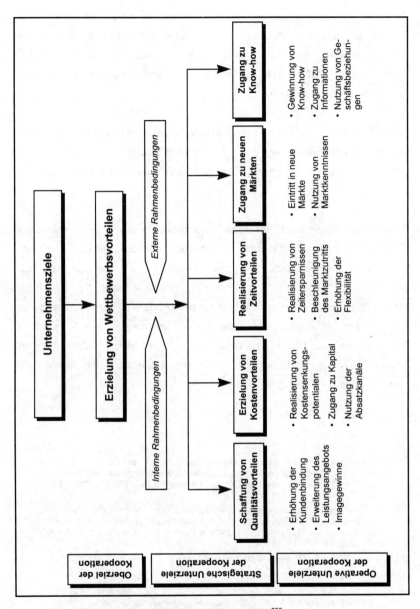

Abb. 40: Mögliches Zielsystem für eine Kooperation[382]

---

[382]   Quelle: Eigene Darstellung.

Im Hinblick auf das in Abbildung 40 dargestellte Zielsystem[383] ist anzumerken, daß einige operative Unterziele der Verwirklichung mehrerer strategischer Unterziele dienen; sie sind z.T. nicht überschneidungsfrei.[384] Um dennoch ein größtmögliches Maß an Transparenz zu gewährleisten, werden sie trotz Interdependenz isoliert dargestellt.

Je nach Umfang der Kooperation streben die zusammenarbeitenden Unternehmen die Verwirklichung eines oder mehrerer Ziele an. Meistens steht jedoch die Realisierung eines ganzen Zielbündels im Interesse der Kooperationspartner.[385]

Die Ziele der Kooperation, verstanden als angestrebte, zukünftige Zustände der Realität,[386] können sich dabei auf einzelne oder mehrere Elemente der Wertschöpfungskette beziehen, und zwar sowohl auf primäre als auch auf unterstützende Aktivitäten (siehe Abb. 41).[387] Denkbar wären z.b. eine reine Beschaffungskooperation oder eine ausschließliche Zusammenarbeit im Rahmen der Technologieentwicklung. Gehen Unternehmen eine Kooperation ein, um einen neuen Markt zu erschließen, so ist es möglich, daß im Rahmen dieser Zusammenarbeit sämtliche Primäraktivitäten von der Kooperation betroffen sind.

---

[383] Obwohl das Zielsystem die wichtigsten Kooperationsziele beinhaltet, wird kein Anspruch auf Vollständigkeit erhoben. Es sind durchaus weitere strategische, vor allem aber auch operative Unterziele denkbar, die Gegenstand einer Kooperationsvereinbarung sein können.

[384] So trägt z.B. die Nutzung der Absatzkanäle des Partners auf der einen Seite dazu bei, Kostenvorteile zu erzielen. Auf der anderen Seite lassen sich jedoch durch die Nutzung der Absatzkanäle des Partners Zeitvorteile realisieren, weil nicht erst eigene Absatzkanäle erschlossen werden müssen.

[385] In inhaltlicher Hinsicht wird auf die Kooperationsziele in Kapitel II.2.3. eingegangen.

[386] Vgl. HÖRSCHGEN (1992), S. 465.

[387] Vgl. PORTER/FULLER (1989), S. 372; LUTZ (1993), S. 22. Dabei kommen sowohl unterstützende als auch Primäraktivitäten als Kooperationsfeld in Frage. Eine empirische Untersuchung von GHEMAWAT/PORTER/RAWLINSON ergab, daß Kooperationen in Schwellenländern hauptsächlich vorgelagerte Wertaktivitäten betrafen, während sich die Zusammenarbeit von Unternehmen aus Industriestaaten auf nachgelagerte Aktivitäten, insbesondere Marketing, Verkauf und Kundendienst, konzentrierte. Vgl. GHEMAWAT/PORTER/RAWLINSON (1989), S. 416. Siehe zur Wertschöpfungskette im Detail PORTER (1989), S. 63ff.

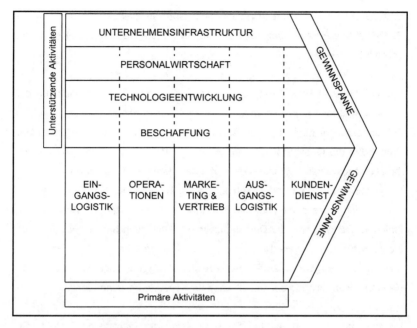

Abb. 41: Die Wertschöpfungskette[1]

2.3.1. Schaffung von Qualitätsvorteilen

Der **Qualität** wird seit geraumer Zeit (begünstigt auch durch die Arbeiten PORTERS) als Anknüpfungspunkt zur Gewinnung von Wettbewerbsvorteilen und damit zur Differenzierung der unternehmerischen Leistung gegenüber der Konkurrenz ein hoher Stellenwert beigemessen.[2] Zahlreiche empirische Untersuchungen stützen diese These. So konnte das Strategic Planning Institute (SPI) im Rahmen des PIMS-Projekts nachweisen, daß zwischen Qualität und Rentabilität ein positiver Zusammenhang existiert. Unternehmen mit einer hohen relativen Qualität ihrer Angebotsleistung erzielen sowohl einen deutlich höheren Return on Investment (ROI) als auch einen höheren Return on Sales (ROS) als

---

[1] Quelle: PORTER (1989), S. 62.

[2] Vgl. NIESCHLAG/DICHTL/HÖRSCHGEN (1997), S. 120; STEINBACH (1996), S. 53f.; KOPPELMANN (1994), S. 988. Zur Differenzierungsstrategie im PORTERSCHEN Sinne siehe PORTER (1995), S. 65ff.

Unternehmen mit einem relativ niedrigeren Qualitätsniveau.[390] Die Analyse der PIMS-Daten zeigt außerdem, daß eine relativ höhere Qualität mit relativ niedrigeren Kosten einhergeht.[391]

Die Befunde des PIMS-Projekts hinsichtlich der strategischen Bedeutung der Qualität erfahren durch eine von der Unternehmensberatung McKinsey bei 500 Führungskräften durchgeführten Studie Bestätigung. Sie ergab, daß 91% der Probanden die Qualität als absolut wichtige Erfolgsdeterminante einschätzen. Ihr deutliches Urteil begründen die Befragten damit, daß Qualität als primäres Kaufargument fungiert und Ansatzpunkte zur Kostenreduktion bietet. Darüber hinaus wirkt diese positiv auf die Erhöhung von Flexibilität und Anpassungsfähigkeit und reduziert die Durchlaufzeiten.[392] Daß auch auf Verbraucherseite die Qualität als zentrale Determinante der Kaufentscheidung gilt, und zwar noch vor dem Herstellernamen, dem Preis/Leistungsverhältnis u.a., war Ergebnis einer Untersuchung der Gesellschaft für Konsumforschung (GfK).[393]

Interessanterweise spielen bei der Beurteilung der Qualität einer Unternehmensleistung nicht nur objektiv erfaßbare Merkmale wie funktional-technische Adäquanz oder wirtschaftliche Leistungsfähigkeit eine Rolle, sondern das Qualitätsurteil kommt auch durch einen Abgleich der Bedürfnisse und Anforderungen der Kunden mit den tatsächlichen Eigenschaften der Leistung zustande.[394] Streben Unternehmen die Erzielung von Qualitätsvorteilen zur Stärkung ihrer Wettbewerbsposition an, so ergeben sich Ansatzpunkte zur Qualitätsverbesserung sowohl bei den eher objektiven Qualitätsdimensionen als auch bei darüber hinausgehenden Wettbewerbsparametern wie Kundenberatung und -betreuung, Serviceleistungen, Image usw. Über sie ist das Unternehmen in der

---

[390] Vgl. SEGHEZZI (1994), S. 1; MEYER (1988), S. 77f.; BUZZELL/GALE (1989), S. 93.

[391] Vgl. BUZZELL/GALE (1989), S. 94; MEYER (1992), S. 38. Siehe zu diesem Phänomen auch SOMMERLATTE/MOLLENHAUER (1992), S. 26ff.

[392] Vgl. PFEIFER (1996), S. 5.

[393] Vgl. FREHR (1993), S. 3; RUNGE (1994), S. 110.

[394] Dieses Qualitätsverständnis basiert auf dem teleologischen Qualitätsbegriff. Die Bedürfnisse und Anforderungen beinhalten danach sowohl kognitive als auch affektive Komponenten, d.h. ein Qualitätsurteil spiegelt neben dem objektiven Bezugsgegenstand auch dessen Erfassung sowie seine Bewertung hinsichtlich individueller Nutzenerwartungen wieder. Vgl. NIESCHLAG/DICHTL/HÖRSCHGEN (1997), S. 212f.; HANSEN/LEITHERER (1984), S. 35; KOPPELMANN (1994), S. 988.

Lage, den Kunden einen größeren Nutzen zu bieten, was die Kundenzufriedenheit erhöht und zu einer intensiveren Kundenbindung beiträgt.[395] Dies ist vor allem für solche Unternehmen von Relevanz, die in jenen Branchen tätig sind, die sich hinsichtlich ihrer Leistungen durch ein ohnehin schon sehr hohes technisch-funktionales Qualitätsniveau auszeichnen, so daß über dieses keine Profilierung beim Kunden mehr möglich ist.[396]

Kooperationen bieten vielfältige Möglichkeiten zur Realisierung von Qualitätsvorteilen. Ansatzpunkte ergeben sich im Bereich der Marktforschung, um Kundenbedürfnisse besser zu erkennen und in der Folge besser zu befriedigen.[397] Neue oder verbesserte Leistungen können auch aus einer Mischung von Attributen, Fähigkeiten oder Fertigkeiten der Partnerunternehmen resultieren, wenn komplementäres Know-how durch Kooperationen sowohl im Bereich F&E als auch in der Produktion zusammengeführt wird.[398] Die Attraktivität einer Unternehmensleistung läßt sich oftmals auch durch eine breitere und/oder tiefere Produktpalette steigern. Mit Hilfe des Partners entwickelte Leistungen oder durch die gemeinsame Vermarktung der eigenen Leistungen mit denen des Partners können Lücken im Angebot des Unternehmens geschlossen werden. Diese Maßnahmen haben neben Kosteneinsparungs- und Kapazitätsauslastungseffekten den weiteren Vorteil, daß sich darüber auch neue Kundenpotentiale erschließen lassen.[399] In einigen Branchen bedeutet auch die Kompatibilität der eigenen Produkte mit denen eines Partners einen höheren Kundennutzen.[400] Weitere Qualitätseffekte, die sich insbesondere auf den Zusatz-

---

[395] Vgl. LUCHS/NEUBAUER (1986), S. 55ff.; TÖPFER/MANN (1994), S. 3; SIMON (1988), S. 469. Zur Bedeutung der Kundenbindung siehe DILLER (1996); MEYER/OEVERMANN (1995) und die dort angegebene Literatur.

[396] Ähnlich - wenn auch noch nicht so weitreichend - gelagert ist auch die auf VERSHOFEN zurückgehende Differenzierung des Nutzens einer Leistung in Grund- und Zusatznutzen, wobei ersterer aus den wirtschaftlichen, technisch-funktionalen Eigenschaften einer Leistung resultiert, während zweiterer zur Befriedigung seelisch-geistiger Bedürfnisse dient. Vgl. NIESCHLAG/DICHTL/HÖRSCHGEN (1997), S. 8; DILLER (1994), S. 385.

[397] Vgl. RUPPRECHT-DÄULLARY (1994), S. 64.

[398] Vgl. CONTRACTOR/LORANGE (1988), S. 13; LEWIS (1991), S. 49. Siehe auch die von LEWIS in diesem Zusammenhang angeführten Beispiele aus der Pharma- und Automobilbranche.

[399] Vgl. LEWIS (1991), S. 51.

[400] Man denke zum Beispiel an Kompatibilität von Computern, Geräten der Büroautomation und Telefonschaltern oder an die verschiedenen Videosysteme. Vgl. LEWIS (1991), S. 52.

nutzen beziehen, lassen sich z.B. durch wertsteigernde Serviceleistungen erzielen.[401] Bearbeiten zwei Unternehmen gemeinsam denselben Markt, so können sie auch vom Image des jeweiligen Partners profitieren, wenn positive Ausstrahlungseffekte auftreten. Gemeinsame Werbung oder Public Relations haben in diesem Zusammenhang noch verstärkende Wirkung. Über einen bewußt herbeigeführten Imagetransfer läßt sich der Kundennutzen der angebotenen Unternehmensleistungen erheblich steigern.[402]

Nicht zu vernachlässigen sind die Auswirkungen einer verbesserten Prozeßqualität und die einer optimalen Beschaffungsqualität auf das Qualitätsniveau der Unternehmensleistung. Werden über eine Kooperation höherwertige Produktionsanlagen beschafft oder Fertigungs-Know-how transferiert, läßt sich eine Reduktion der Anzahl mängelbehafteter Produkte herbeiführen. Hersteller-Zulieferer-Kooperationen tragen dazu bei, daß die Anforderungen an Einsatzstoffe und Vorprodukte leichter erfüllt werden, wodurch der Hersteller in die Lage versetzt wird, sowohl die Prozeß- als auch die Produktqualität zu optimieren.[403]

Problematisch erweist sich die Zusammenarbeit von Unternehmen im Hinblick auf die Realisierung von Qualitätsvorteilen insbesondere dann, wenn sich die Qualitätsvorstellungen der Partner als nicht kompatibel herausstellen. Einigen sich die beteiligten Unternehmen auf einen Kompromiß in bezug auf die Qualität, kann das zur Verwässerung des Marken- oder Unternehmensimages führen.

2.3.2. Erzielung von Kostenvorteilen

Über eine deutlich günstigere **Kostenstruktur** als vergleichbare Konkurrenten läßt sich eine Stärkung der Wettbewerbsposition des eigenen Unternehmens

---

[401]   Vgl. LEWIS (1991), S. 50.

[402]   Vgl. SCHWAMBORN (1994), S. 97; LEWIS (1991), S. 53. Zum Phänomen des Images siehe FRIESE (1991) und die dort angegebene Literatur; zu den Chancen und Risiken des Imagetransfers siehe MAYER/MAYER (1987).

[403]   Vgl. RUPPRECHT-DÄULLARY (1994), S. 66.

erreichen. PORTER begründet dies damit, daß ein Unternehmen mit einem Kostenvorsprung selbst dann noch Gewinne erwirtschaftet, wenn die Wettbewerbskräfte in einer Branche sehr ausgeprägt sind und die Konkurrenten bereits keine Gewinne mehr erzielen. Aufgrund der besseren Kostenposition und des damit verbundenen Preis- und Verhandlungsspielraums ist das Unternehmen gleichzeitig noch gegen nachfragemächtige Kunden, einflußreiche Lieferanten und die Gefahr, daß die eigenen Leistungen durch Ersatzprodukte substituiert werden, geschützt.[404] Darüber hinaus stellen niedrigere Kosten eine wirkungsvolle Markteintrittsbarriere gegen potentielle Wettbewerber dar.[405]

Die **Kostenposition** wird determiniert durch mehrere Faktoren, wie z.B. betriebsgrößenbedingte Kostendegression, Lernkurveneffekte, Kapazitätsauslastungen und Verbundvorteile.[406] Im Zuge des technischen Fortschritts läßt sich bei insgesamt ansteigenden Kosten innerhalb des Kostenblocks eine Verlagerung von variablen zu fixen Kosten konstatieren,[407] so daß Unternehmen bestrebt sind, mit größerem Geschäftsvolumen Aktivitäten anders bzw. rationeller auszuführen oder die Kosten für immaterielle Werte über ein größeres Absatzvolumen zu amortisieren.[408] Diese 'economies of scale' kommen durch die Degression der Fixkosten pro Ausbringungseinheit bei steigendem Output zustande.[409] Lernkurveneffekte entstehen dadurch, daß die Kosten von Wertaktivitäten aufgrund produktivitätssteigernder Lernvorgänge im Laufe der Zeit sinken. Dabei spielen Übungseffekte der Mitarbeiter durch häufige Wiederholung der stets gleichen Arbeitsabläufe bei steigender Ausbringungsmenge eine zentrale Rolle. Von der obengenannten größenbedingten Kostendegres-

---

[404] Vgl. PORTER (1995), S. 63f.; HÖRSCHGEN U.A. (1993a), S. 150f. PORTER bezeichnet das Vorgehen eines Unternehmens, das sich durch primär kostenorientiertes Denken und Handeln auszeichnet, als Strategie der Kostenführerschaft.

[405] Vgl. BERG (1978), S. 283; MEFFERT/BOLZ (1994), S. 131f.; SIMON (1989b), Sp. 1448; YIP (1982), 17f.

[406] Vgl. PORTER (1989), S. 102; BACKHAUS/PLINKE (1990), S. 25.

[407] Vgl. ROTERING (1993), S. 33.

[408] Vgl. PORTER (1989), S. 103.

[409] Vgl. HÖRSCHGEN U.A. (1993a), S. 102; CHANDLER (1990), S. 17; GHOSHAL (1987), S. 434.

sion ist die Kapazitätsauslastung als weitere Maßnahme zur Kostenreduktion abzugrenzen. [410]

Schließlich sind noch die Verbundvorteile, die sogenannten 'economies of scope', zu nennen, die aus der Nutzung von Produktionsfaktoren für mehrere Produkte und aus der Diversifikation in unterschiedliche Märkte resultieren.[411] „It is based on the notion that the cost of the joint production of two or more products can be less than the cost of producing them separately. ... The strategic importance of scope economies arises from a diversified firm's ability to share investments and costs across the same or different value chains that competitors, not possessing such internal and external diversity, cannot. Such sharing can take place across segments, products or markets and may involve joint use of different kinds of assets."[412] Welche Ansatzpunkte zur Realisierung von Verbundvorteilen existieren, zeigt Abbildung 42.

| | Sources of Scope Economies | |
	Product Diversification	Market Diversification
Shared physical assets	Factory automation with flexibility to produce multiple products	Global brand name
Shared external relations	Using common distribution channel for multiple products	Servicing multi-national customers world wide
Shared learning	Sharing R&D	Pooling knowledge developed in different markets

Abb. 42: Ansatzpunkte zur Realisierung von 'economies of scope'[413]

---

[410]   Vgl. GHEMAWAT (1985), S. 143ff.; PORTER (1989), S. 106; HÖRSCHGEN U.A. (1993a), S. 102. „Eine steigende Kapazitätsauslastung verteilt die Fixkosten für bestehende Anlagen und Personal auf ein größeres Volumen, während die größenbedingte Kostendegression bedeutet, daß bei voller Kapazitätsauslastung durchgeführte Aktivität in einem größeren Betrieb rationeller ist." PORTER (1989), S. 103.

[411]   Manchmal findet sich für die 'economies of scope' auch der Begriff der Kostensynergieeffekte. Synergie wird zumeist definiert als „... combined performance that is greater than the sum of the parts." ANSOFF (1986), S. 72. Nach ANSOFF liegen die Hauptwirkungen von Synergien in der Erlössteigerung, Kostensenkung und Investitionssenkung. Eine detailliertere Unterscheidung findet sich bei GÄLWEILER, der absatzfördernde, technologische, investitionssparende, sonstige stückkostenmindernde und Führungs-Synergiepotentiale differenziert. Vgl. ANSOFF (1986), S. 72 ff.; GÄLWEILER (1990), S. 88ff.

[412]   GHOSHAL (1987), S. 434.

[413]   Quelle: In Anlehnung an GHOSHAL (1987), S. 435.

Werden im Rahmen einer Kooperation Wertkettenaktivitäten miteinander verknüpft, dann kann das zu entscheidenden Kostenvorteilen in Form von **grös-
senbedingter Kostendegression** und **Lernkurveneffekten** führen, bedingt
zum einen durch die gemeinsame Beschaffung, zum anderen durch die
gemeinsame Nutzung von Ressourcen.[414] Positive Skaleneffekte stellen sich
ebenfalls ein, wenn ein Unternehmen im Sinne einer Austauschkooperation auf
die Produktion einer Leistung verzichtet und diese an seinen Partner weitergibt,
der dadurch in der Lage ist, seine Gesamtproduktion zu erhöhen. Übli-
cherweise wird der Partner gewählt, der ohnehin schon kostengünstiger produzieren kann, bedingt durch überlegenere Anlagen, effizientere Organisation
oder sonstige Standortvorteile.[415]

Eine Verbesserung der **Kapazitätsauslastung** einer Aktivität läßt sich z.B.
über eine unterschiedliche zeitliche Nutzung durch die an der Kooperation
beteiligten Unternehmen herbeiführen. Eine gleichmäßigere Auslastung vor-
handener Kapazitäten in der Produktion wäre möglicherweise die Folge. Bei
flexiblen Fertigungsanlagen ließen sich so konjunkturelle oder saisonale
Schwankungen ausgleichen. Aber auch eine zeitverschobene Nutzung perso-
neller und materieller Ressourcen in anderen Bereichen, wie z.B. im Vertrieb,
wäre denkbar.[416]

Versucht man die Maßnahmen zur Erreichung von '**economies of scope**', die
für diversifizierte Unternehmen Geltung besitzen, auf Kooperationen zu übertragen, so stellt man fest, daß diese schon bei der Zusammenarbeit von zwei
Unternehmen zur Anwendung kommen. Die Zusammenführung komplementärer Fähigkeiten auf unterschiedlichen Wertkettenstufen, wie z.B. bereits ander-
weitig genutztes technologisches Know-how, für andere Leistungen des Partners eingesetzte Distributionskanäle, der Bekanntheitsgrad oder das Image
eines der kooperierenden Unternehmen auf einem bestimmten Markt, ermög-

---

[414] Vgl. BRONDER (1993), S. 31; KAUFMANN/KOKALJ/MAY-STROBL (1990), S. 94; ZENTES
(1992), S. 12; PORTER/FULLER (1989), S. 375; HERGERT/MORRIS (1988), S. 102.

[415] Vgl. CONTRACTOR/LORANGE (1988), S. 12; RUPPRECHT-DÄULLARY (1994), S. 37.

[416] Vgl. SCHWAMBORN (1994), S. 100; TRÖNDLE (1987), S. 45; KAUFMANN/KOKALJ/MAY-
STROBL (1990), S. 93.

licht die unternehmensübergreifende Realisierung von Verbundvorteilen.[417] Bei funktionsorientierter Betrachtungsweise zeigt sich, daß sich durch die Zusammenarbeit mit einem oder mehreren Kooperationspartnern vielfältige Anknüpfungspunkte ergeben, um in den einzelnen Funktionsbereichen Kostenvorteile zu erzielen (siehe Abb. 43).

Maßnahmen zur Realisierung von Kostenvorteilen	
Beschaffung	• Wechselseitige Übernahme von Beschaffungsaktivitäten
	• Austausch von Rohstoffen, Hilfs- und Betriebsstoffen, Vorprodukten, sonstigen Ressourcen
	• Aufbau einer gemeinsamen Beschaffungsorganisation
	• Erschließung kostengünstiger Beschaffungsquellen
	• Erreichen von größeren Rabatten und günstigeren Konditionen
	• Minimierung von Transportkosten, Materialkosten, Bestellkosten, sonstigen Kosten
F&E	• Wechselseitige Übernahme von Forschungsaktivitäten
	• Austausch der Forschungsergebnisse
	• Nutzung gemeinsamer Forschungsstätten und -einrichtungen
	• Erzielung von Synergieeffekten durch Zusammenführung von Know-how
	• Erhöhung der F&E- Effizienz durch Spezialisierung
Leistungs-erstellung	• Wechselseitige Übernahmen von Leistungserstellungsaktivitäten
	• Bessere Kapazitätsauslastung von Fertigungsanlagen
	• Betriebsgrößenbedingte Kostendegression durch Zusammenlegung von Leistungserstellungsaktivitäten
	• Lernkurveneffekte durch Spezialisierung
	• Nutzung der Kostenvorteile des Fertigungsstandorts des Partners (niedrigere Personalkosten, niedrigere Fertigungskosten,...)
	• Nutzung effizienterer Produktionsanlagen des Partners
Marketing	• Gemeinsame Marktforschung, Produkt-/Servicepolitik, Kommunikation (Werbung Verkaufsförderung, PR,..), Distribution (AD-Organisation, Lager, Transport,...)
	• Wechselseitige Übernahme von Marketing-Aktivitäten
	• Image- und Goodwill-Transfer
Sonstiges	• Gemeinsame Nutzung von Betriebsgebäuden, Grundstücken, ...
	• Gemeinsame Nutzung von Verwaltungseinrichtungen, EDV, ...

Abb. 43: Kostenvorteile durch Kooperation[418]

---

[417] Vgl. SCHWAMBORN (1994), S. 101; GUGLER (1990), S. 91.

[418] Quelle: Eigene Darstellung.

Die bisherigen Ausführungen dienten dazu zu erläutern, welche Möglichkeiten zur Realisierung von Kostenvorteile durch die Bündelung und wechselseitige Übernahme von Aktivitäten, die gemeinsame Nutzung von Maschinen etc. im Rahmen von Partnerschaften exisitieren. Zu berücksichtigen ist allerdings, daß Kooperationen nicht nur kostenminimierende Effekte mit sich bringen. Bedingt durch ein mögliches Ansteigen der Transaktionskosten, im Sinne von Anbahnungs-, Vereinbarungs-, Kontroll- und Anpassungskosten,[419] sind kostensteigernde Wirkungen möglich.

2.3.3. Realisierung von Zeitvorteilen

Die dynamischen und komplexen Entwicklungen im Unternehmensumfeld haben den Unternehmen in ihren Bemühungen um die Erzielung von Wettbewerbsvorteilen deutlich vor Augen geführt, daß es, um erfolgreich zu sein, nicht ausreicht, sich lediglich an einer der Dimensionen Qualität oder Kosten zu orientieren. Vielmehr verlangen die Rahmenbedingungen nach einer holistischen Vorgehensweise, die neben der Optimierung von Qualität und Kosten auch die Zeit berücksichtigt.[420] Die Zeit hat sich zu einem strategischen Erfolgs- oder Wettbewerbsfaktor entwickelt.[421]

Bei der Realisierung von **Zeitvorteilen** spielen unterschiedlich gelagerte Aspekte eine Rolle. Zum einen ist das Phänomen zu beobachten, daß Kunden der Zeitspanne, die Unternehmen zur Befriedigung ihrer Bedürfnisse benötigen, einen wachsenden Stellenwert beimessen. Über die schnellere Verfügbarkeit der angebotenen Leistung sind Unternehmen in der Lage, den Kunden einen Zusatznutzen zu offerieren und damit einen Wettbewerbsvorteil gegenüber der Konkurrenz zu erzielen. **Flexibilität** und **Schnelligkeit** bei Produktion und Distribution der Leistung, gepaart mit einer überdurchschnittlichen Kundenorientierung, gelten in diesem Zusammenhang als Voraussetzung für eine

---

[419] Vgl. PICOT (1982), S. 270. Siehe dazu auch Kapitel II.2.1.2.2. und II.2.1.2.3.

[420] Vgl. HÖRSCHGEN/STEINBACH (1995), S. 36ff.

[421] Vgl. SIMON (1989a), S. 71f.; STALK/HOUT (1990), S. 15; ISTVAN (1993), S. 563; STEINBACH (1997), S. 104 und S. 123; GEMÜNDEN (1993).

erfolgreiche Umsetzung der Kundenanforderungen in ein entsprechendes Produkt.[422]

Zum anderen gewinnt die Zeitdimension vor dem Hintergrund der Verkürzung der Produktlebenszyklen und dem steigenden Risiko, F&E-Aufwendungen nicht amortisieren zu können, an Bedeutung. Das richtige Timing bei Markteintritt und -austritt determiniert den Erfolg eines Produktes oder einer Dienstleistung.[423] Angestrebt wird häufig eine sogenannte **First to Market-Strategie.** Sie erlaubt es demjenigen Unternehmen, das als erstes mit einer marktfähigen Leistung in den Markt eintritt, eine zumindest vorübergehende Quasi-Monopolstellung einzunehmen. Das Unternehmen ist dann in der Lage, eine höhere Kapitalrendite zu erzielen, eine raschere Amortisation der angefallenen Kosten zu erreichen sowie Marktstandards zu setzen, die für die Wettbewerber eine zumindest temporäre Markteintrittsbarriere darstellen können.[424] Die Entscheidung über den Markteintrittszeitpunkt ist eng mit den Entwicklungszeiten für ein neues Produkt bzw. für eine neue Dienstleistung verknüpft. Verschiedene empirische Untersuchungen belegen, daß eine zeitliche Verschiebung des Markteintritts von sechs Monaten Gewinneinbußen von über 30% zur Folge haben kann.[425] Daß das richtige Timing des Markteintritts jedoch nicht zwingend mit einer Pionierstellung verbunden ist, verdeutlicht ABELL mit dem Begriff des 'Strategischen Fensters': „ ... there are only limited periods during which the 'fit' between the key requirements of a market and the particular competencies of a firm competing in that market is at optimum."[426] Gegebenenfalls verspricht auch die Strategie eines frühen oder späten Folgers erfolgreich zu sein, denn die Wahl des Eintrittszeitpunkts in einen Markt ist in Abhängigkeit vom situativen

---

[422]   Vgl. HÖRSCHGEN (1995a), Sp. 2466; STALK/HOUT (1990), S. 111ff.; STEINBACH (1997), S. 111ff.; HÖRSCHGEN U.A. (1993a); S. 94f.

[423]   Vgl. STEINBACH (1996), S. 69; BACKHAUS (1991), S. 11; GESCHKA (1993), S. 17f.; BACKHAUS/PLINKE (1990), S. 27.

[424]   Vgl. HÖRSCHGEN U.A. (1993a), S. 93; SOMMERLATTE (1991), S. 12ff.; BITZER (1991), S. 43. TÖPFER/MEHDORN (1995), S. 55, weisen in diesem Zusammenhang darauf hin, daß aus dem früheren Markteintritt neben Marktvorteilen auch erhebliche Imagevorteile resultieren.

[425]   So kann eine Verschiebung des Markteintrittszeitpunkts um 10% eine Ergebniseinbuße von 25-30% mit sich bringen. Vgl. TIBY (1988), S. 95. WARNECKE/HÜSER weisen darauf hin, daß es zu einem Gewinn-Defizit von 34% durch eine Verzögerung der Markteinführung um 6 Monate kommen kann. Dieses Daten beziehen sich auf eine in der Automobilindustrie durchgeführten Studie. Vgl. WARNECKE/HÜSER (1992), S. 5.

[426]   ABELL (1978), S. 21.

Kontext, der stark durch das Produkt, die Kunden, die Marktentwicklung sowie die Wettbewerbsposition determiniert wird, zu treffen.[427]

Zeiteffekte im Sinne von 'economies of speed' lassen sich durch eine Kooperation insofern erzielen, als durch die Aufteilung einer Gesamtaufgabe auf zwei Unternehmen eine zeitverkürzende Parallelisierung von Arbeitsgängen möglich wird. Denkbar sind in diesem Zusammenhang Kooperationen im Bereich F&E, um marktfähige Innovationen schneller zu entwickeln. Im Marketing lassen sich durch parallele Marktforschungsaktivitäten die Kundenwünsche schneller ermitteln oder durch Zusammenarbeit im Vertrieb die erbrachten Leistungen zügiger an den Nachfrager herantragen. Zeitverkürzende Wirkungen durch Spezialisierung können mit Hilfe von Austauschkooperationen realisiert werden, indem man bestimmte Aktivitäten an den Partner mit der diesbezüglich höchsten Kompetenz überträgt. Denn aufgrund seiner günstigeren Position auf der Erfahrungskurve sowie seiner spezialisierten Ausstattung lassen sich nicht nur Kosten einsparen, sondern auch eine schnellstmögliche Ausführung durchsetzen. Auf den Aufbau eigener Potentiale kann verzichtet werden, wenn über die Zusammenarbeit dem Unternehmen ein Zugang zu den Ressourcen und Kapazitäten des Partners ermöglicht wird, was ebenfalls Zeitvorteile bedeuten kann.[428]

Zwar haben diese Überlegungen verdeutlicht, daß sich durch die Zusammenarbeit von Unternehmen vielfältige Möglichkeiten zu Realisierung von Zeitvorteilen ergeben, dennoch ist zu berücksichtigen, daß diese Zeiteffekte auch ohne Kooperation zu erzielen sind. Sie gehen dann aber mit einer bedeutend größeren Ressourcenbindung einher. Des weiteren können von Kooperationen auch zeitverlängernde Effekte ausgehen. Zusätzliche Transportzeiten sowie Zeiten für Koordination und Abstimmung zwischen den Partnern wirken negativ auf die 'economies of speed'.

---

[427] Vgl. GERPOTT (1994), S. 62. Siehe zu den Strategiealternativen hinsichtlich des Markteintrittszeitpunkts REMMERBACH (1988), S. 51-74; BLIEMEL (1994), S. 718f.; HÖRSCHGEN U.A. (1993a), S. 92f.

[428] Vgl. RUPPRECHT-DÄULLARY (1994), S. 60f.; LEWIS (1991), S. 48.

2.3.4. Zugang zu neuen Märkten

Vor dem Hintergrund zunehmend gesättigter bzw. schrumpfender Märkte gewinnt die Erschließung neuer Wachstumsquellen für viele Unternehmen an Bedeutung. Als lukrativ gelten insbesondere solche Märkte, die durch hohe Wachstumsraten gekennzeichnet sind.[429] Beim Eintritt in einen neuen Markt tätigt ein Unternehmen Geschäfte auf einem produkt-, zielgruppenbezogenen und/oder geographischen Markt, der bis dato nicht von ihm bearbeitet worden ist.[430] Zur näheren Charakterisierung kann die Produkt-/Markt-Matrix von ANSOFF herangezogen werden, die vier, auch als Marktfeldstrategien[431] bezeichnete, Produkt-/Markt-Kombinationen unterscheidet (siehe Abb. 44).

Danach erfolgt ein **Markteintritt** - sieht man von einer Unternehmensneugründung ab - über die Strategie der Marktentwicklung bzw. der Diversifikation, von der die anderen Strategietypen, nämlich Marktdurchdringung bzw. Produktentwicklung abzugrenzen sind, da bei diesen das Unternehmen auf bereits von ihm erschlossenen Märkten operiert.

Im Rahmen der Marktdurchdringungsstrategie zielt das Unternehmen über eine Intensivierung seiner Marketing-Aktivitäten auf eine Steigerung des Absatzes mit bereits bestehenden Produkten auf gegenwärtigen Märkten ab. Dabei versucht das Unternehmen, diese Strategie durch Erhöhung der Verwendungsrate bei bereits bestehenden Kunden, Abwerbung von Kunden der Konkurrenz oder intensivere Ansprache bisheriger Nichtverwender des Produktes umzusetzen. Bei der Verfolgung einer Produktentwicklungsstrategie erweitert das Unternehmen sein Leistungsprogramm durch eine Produktinnovation, ohne daß damit eine neue Zielgruppe oder ein neuer Markt angesprochen wird.

[429] Vgl. HAMEL/PRAHALAD (1992), S. 44; YIP (1982), S. 2; MEFFERT (1994c), S. 227; HARRIGAN (1989), S. 23ff.; BEUTTEL (1985), S. 309; REMMERBACH (1988), S. 1f.; ROBERTS/BERRY (1985), S. 3.

[430] Vgl. TÖPFER (1994), S. 717. Dabei kann es sich um eine Unternehmensneugründung handeln, d.h. ein Unternehmen wird erstmalig mit einem Produkt oder Dienstleistung auf einem Markt tätig, oder um eine Diversifikation sowie um Unternehmen, die mit einem bestehenden Produkt neue Märkte erschließen.

[431] Vgl. BECKER (1993), S. 123-153.

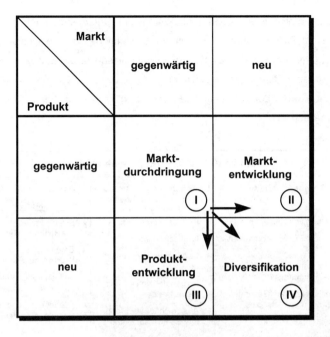

Abb. 44: Produkt-/Markt-Matrix nach ANSOFF[432]

Mit der Strategie der **Marktentwicklung** versucht das Unternehmen, für ein bereits existentes Leistungsangebot neue Märkte zu finden. Neben der Erschließung neuer Marktsegmente (new users) und das Eindringen in Zusatzmärkte durch gezielte Funktionserweiterung (new uses) zählt dazu vor allem die Gewinnung zusätzlicher Absatzpotentiale auf neuen regionalen, nationalen und internationalen Märkten.[433] Verlagert ein Unternehmen seine bisherige Schwerpunkttätigkeit auf einen angrenzenden oder völlig neuen Markt bei gleichzeitig neuem Leistungsangebot, so bezeichnet man dies als **Diversifikation**.[434]

---

[432]   Quelle: ANSOFF (1966), S.132.

[433]   Vgl. HÖRSCHGEN U.A. (1993a), S. 123f.; KOTLER/BLIEMEL (1995), S. 108 und 598f.; BECKER (1993), S. 125ff.

[434]   Vgl. NIESCHLAG/DICHTL/HÖRSCHGEN (1997), S. 281f.; JACOBS (1992), S. 7. Der Diversifikationsbegriff findet in der Literatur keine einheitliche Verwendung. Siehe zu einer weiteren Diversifikationsauffassung stellvertretend BÜHNER (1993), S. 23, der unter Diversifikation sowohl die Produkt- als auch die Marktentwicklung sowie die Diversifikation im ANSOFF'SCHEN Sinne zusammenfaßt. Zur Zeit diversifizieren die meisten Unternehmen mittels Akquisition oder Neugründung, allerdings verzeichnen Diversifikationen mit Hilfe

Mit einem Eintritt in einen neuen Markt verfolgen Unternehmen neben gewinn-
orientierten Zielen unternehmenssicherungsorientierte sowie wachstumsorien-
tierte Interessen (siehe Abb. 45). Angesichts dieser für die Existenz und den
langfristigen Fortbestands eines Unternehmens bedeutenden Ziele verwundert
es nicht, warum der Markteintrittsentscheidung ein extrem hoher Stellenwert
beigemessen wird.

Motive für den Eintritt in neue Märkte		
Gewinnorientierte Motive	Unternehmenssicherungs-orientierte Motive	Wachstumsorientierte Motive
• Erzielung von Kostenvorteilen • Abschöpfung von Konsumentenrenten • Realisierung höherer Gewinne als im Heimatmarkt • Stabilisierung des Gesamt-Unternehmensumsatzes • Steigerung der Rentabilität • Streben nach Macht- und Prestige • Realisierung von Synergieeffekten	• Kundennachfolgemotiv • Risikostreuung • Begegnung von Verlustgefahren • Folgen der Konkurrenz ins Ausland • Ausgleich für verlorene Marktanteile im Inland • Minderung des Wettbewerbsdrucks • Verbesserung der Wettbewerbsfähigkeit	• Erreichung von Wachstumszielen • Erschließung von Wachstumspotentialen • Teilnahme am Wachstum von Auslandsmärkten • Ausdehnung und Verlängerung der PLZ

Abb. 45: Motive für den Eintritt in neue Märkte[435]

Im Idealfall sollten Unternehmen ungehindert in Märkte eintreten können, die
aus ihrer Sicht attraktiv sind. Dies hätte intensiveren Wettbewerb, erhöhtes
Leistungsangebot, niedrigere Preise und eine Rentabilität in normaler Größenordnung zur Folge.[436] De facto existieren jedoch eine Vielzahl von Rahmenbedingungen, die es neuen Marktteilnehmern im Vergleich zu bereits im Markt
etablierten Unternehmen erschweren bzw. unmöglich machen, dort aktiv zu

eines Kooperationspartners Zuwächse. Vgl. PORTER (1987b), S. 31; HOFFMANN (1989b), S. 53.

[435] Quelle: Eigene Darstellung. Die Abbildung stützt sich im wesentlichen auf die in der Literatur gemachten Aussagen zu Diversifikations- und Internationalisierungsmotiven. Vgl. zu den Diversifikationsmotiven ZANGER (1995), Sp. 520; JACOBS (1992), S. 13ff.; ANSOFF (1957), S. 113; GORT (1962), S. 33ff.; YIP (1984), S. 46. Vgl. zu den Internationalisierungsmotiven MEFFERT/BOLZ (1994), S. 93f.; KEBSCHULL (1989), Sp. 978ff.; MACHARZINA (1995), S. 720f.

[436] Vgl. KOTLER/BLIEMEL (1995), S. 364.

werden. Diese Nachteile werden auch als Markteintrittsbarrieren bezeichnet. Einen Überblick über das Spektrum möglicher Markteintrittsbarrieren vermittelt Abbildung 46.

Markteintrittsbarrieren			
Institutionelle Markteintrittsbarrieren		**Verhaltensbedingte Markteintrittsbarrieren**	
Tarifäre Barrieren	Nicht-tarifäre Barrieren	Marktseitige Barrieren	Unternehmensseitige Barrieren
• Mengenzoll • Wertzoll	• Importquoten • Eingriffe in Vertragsfreiheit • Verbot von Unternehmensgründungen im Ausland • Vorschriften zu Beteiligungsverhältnissen • Mindest-/Höchstpreise • Devisen-/Kapitalverkehrsbeschränkungen • Local Content-Vorschriften • Normen + Standards • Schutzvorschriften • Verfahrensvorschriften • Praktiken zur Bevorzugung inländischer Ware • Boykott-Aufrufe • Kontingente • Selbstbeschränkungen	• faktisches Nachfrageverhalten • faktisches Verhalten von Geschäftsleuten • Geschäftspraktiken • Kostenvorteile der etablierten Unternehmen • Goodwill + Image-Vorteile der etablierten Unternehmen • Sprache • Distributionssysteme • Administrative Hemmnisse	• Informationsverfügbarkeit • psychische Barrieren des Managements

Abb. 46: Markteintrittsbarrieren[437]

Obwohl es beim Markteintritt durchaus auch Hindernisse gibt, die von Unternehmen nicht zu überwinden sind (z.B. Einfuhrverbot in Verbindung mit Direktinvestitionsverbot), induziert die Vielfalt tatsächlicher Markteintrittsbarrieren ein fast ebenso breites Spektrum potentieller Strategien und Maßnahmen zur

---

[437] Quelle: In Anlehnung an MEFFERT/BOLZ (1994), S. 133. Einige Punkte basieren auf SIMON (1989b), Sp. 1443ff.; QUAMBUSCH (1989), Sp. 786ff.; BAIN (1971), S. 15f. Es ist darauf hinzuweisen, daß Markteintrittsbarrieren nicht nur bei internationalem Markteintritt, sondern auch bei dem Versuch, nationale Märkte zu erschließen, auftreten. Vgl. SIMON (1989b), Sp. 1441.

Überwindung derselben. Neben Mega-Marketing[438] und kostenorientierten Strategien stellen vor allem Kooperationen eine wirkungsvolle Vorgehensweise dar, um sich den Eintritt in neue Märkten zu erleichtern oder zu ermöglichen.[439]

Insbesondere bei staatlich bedingten Markteintrittsbarrieren (siehe dazu die tarifären und nicht-tarifären Barrieren in Abbildung 46), die i.d.R. aus protektionistischen Gründen entstanden sind, stellen Formen kooperativer Zusammenarbeit mit einem Partner vor Ort häufig den einzigen Weg dar, diese Eintrittsbarrieren zu überwinden.[440]

Auch marktseitige Hindernisse, wie z.b. fehlende Kenntnisse der Sprache und Geschäftspraktiken, können mit Hilfe eines lokalen Partners umgangen werden. Sollte das Kundenverhalten darauf schließen lassen, daß die Abnehmer eine negative Einstellung gegenüber neuen, insbesondere ausländischen Unternehmen haben, kann über eine Kooperation der Bekanntheitsgrad und der Goodwill des Partners genutzt werden, um ähnlich wie ein etablierter Marktteilnehmer aufzutreten zu können.[441] Mit dem richtigen Partner erreicht ein Unternehmen oftmals Marktsegmente, die ihm sonst verschlossen geblieben wären. In diesem Zusammenhang stellt die Nutzung des Vertriebssystems des Kooperationspartners eine wertvolle Hilfestellung dar.[442] Ist ein Markteintritt nur über hohe Investitionen möglich oder sind die Produktpreise der bereits auf diesem Markt tätigen Unternehmen bspw. aufgrund von Kostendegressionseffekten sehr niedrig, erscheint die Kooperationsstrategie ebenfalls als ein probates Mittel, um diese Nachteile auszugleichen.[443]

---

438 Zur Überwindung von Markteintrittsbarrieren äußert sich Kotler (1986), S. 117, folgendermaßen: „Marketing characterized by high entry barriers can be called blocked or protected markets. In addition to the four Ps of marketing strategy - product, price, place, and promotion - executives must add two more - power and public relations. I call such thinking *megamarketing* [Hervorgehoben im Original, A.d.V.]."

439 Vgl. SIMON (1989b), Sp. 1447ff.; BENEDETTI (1988), S. 178f.; BRONDER (1993), S. 28; LEWIS (1991), S. 63; HOFMANN (1988), S. 18; HAASE (1990), S. 30; BLEEKE/ERNST (1992), S. 119.

440 Vgl. KUTSCHKER (1994), S. 142; KUTSCHKER (1997), S. 65f. CONTRACTOR/LORANGE (1988), S. 14; JAMES (1991), S. 66.

441 Vgl. SIMON (1989b), Sp. 1451.

442 Vgl. LEWIS (1991), S. 56; KAUFMANN/KOKALJ/MAY-STROBL (1990), S. 92.

443 Siehe auch die Ausführungen im Kapitel II.2.3.2.

Neben den marktseitigen Barrieren stehen der Erschließung neuer Absatzpotentiale häufig auch Restriktionen im eigenen Unternehmen entgegen; insbesondere Informationsdefizite spielen eine große Rolle. Durch einen Kooperationspartner ist das Unternehmen in der Lage, von dessen Marktkenntnissen zu profitieren.[444] Eine entsprechende Informationsgrundlage hilft u.U. auch, psychische und affektive Barrieren, die das Management aus Angst vor einem Markteintritt aufgebaut hat, zu verkleinern. Auch das Argument, daß mit einer Kooperation eine Reduzierung des Risikos einhergeht, z.B. durch eine Aufteilung des Ressourceneinsatzes, schnelleren Markteintritt, Kostenvorteile, aber auch durch eine Verminderung des Wettbewerbsdrucks, kann Vorbehalte des Managements abbauen helfen.[445]

In Abhängigkeit von den jeweiligen Marktstrukturen und -barrieren, der Art der Unternehmensleistung und den zur Verfügung stehenden Ressourcen treffen die Unternehmen die Entscheidung über die Kooperationsform, also ob der Markteintritt z.B. in Form von Lizensierung, Franchising oder Joint Venture vollzogen wird.[446] Zu berücksichtigen ist allerdings, daß i.d.R. mit einer Markteintrittsstrategie auch das Ziel einer gewissen Marktpräsenz verknüpft ist, das heißt, daß auch die Kunden in der Lage sind, die erbrachte Unternehmensleistung mit einem der Partnerunternehmen oder dem Kooperationsunternehmen zu assoziieren. Gelingt es dem neu in den Markt eingetreten Unternehmen nicht, daß die angebotene Leistung mit ihm in Verbindung gebracht wird, sondern nur mit dem Partner, so deutet das auf eine geringe Marktpräsenz hin. Im Falle einer Beendigung des Kooperationsverhältnisses profitiert dann nur noch das Partnerunternehmen von den getätigten Marktinvestitionen. Wenngleich alle Kooperationsformen vergleichsweise gut qualifiziert sind, den Eintritt in einen bisher nicht bearbeiteten Markt zu ermöglichen, ergeben sich hinsichtlich der Marktpräsenz deutliche Unterschiede. Während die Lizensierung weniger auf die Erringung von Marktpräsenz ausgerichtet ist, sind Franchise-Systeme in

---

[444] Vgl. KAUFMANN/KOKALJ/MAY-STROBL (1990), S. 92.

[445] Vgl. CONTRACTOR/LORANGE (1988), S. 11ff.; PORTER/FULLER (1989), S. 375f.; ZENTES (1992), S. 12; KAUFMANN/KOKALJ/MAY-STROBL (1990), S. 94.

[446] Vgl. KUTSCHKER (1994), S. 142. Zu den einzelnen Kooperationsformen siehe Kapitel II.2.4.2.

diesem Zusammenhang auch Joint Ventures deutlich überlegen, um eine langanhaltende Marktpräsenz zu erreichen.[447]

In den meisten Fällen arbeiten Unternehmen zusammen, um mit Hilfe eines Partners unterschiedlichste Markteintrittsbarrieren zu überwinden. Allerdings kommt es auch vor, daß Partnerschaften mit der Absicht eingegangen werden, potentiellen Wettbewerbern den Marktzugang zu verwehren.[448] Über die gemeinsame Realisierung von Kosten-, Qualitäts- und Zeit-, aber auch Know-how-Vorteilen lassen sich Markteintrittsbarrieren aufbauen, die anderen Unternehmen eine erfolgreiche Marktteilnahme erschweren.

2.3.5. Zugang zu Know-how

Bedingt durch die zunehmende Globalisierung und Internationalisierung, die rapide Beschleunigung von Produktlebenszyklen sowie den rasanten technologischen Wandel sehen sich Unternehmen mit extrem komplexen und dynamischen Herausforderungen konfrontiert, denen vor allem solche Unternehmen erfolgreich begegnen können, die „... an der Entwicklung, Verbesserung, Bewahrung und Erneuerung des vorhandenen Wissens arbeiten und es dann, ohne zu zögern, in Form eines rasch fließenden und laufend verbesserten Produkt- und Dienstleistungsflusses auf den Markt bringen."[449] Know-how entwickelt sich zu einem zentralen Wettbewerbsfaktor, über den Wettbewerbsvorteile erzielt werden können.[450] Problematisch erweist sich in diesem Zusammenhang, daß das Know-how, das ein Unternehmen zur nachhaltigen Realisierung von Wettbewerbsvorteilen benötigen würde, zwar generell vorhanden ist, jedoch oftmals bei einem anderen Unternehmen, im Extremfall sogar bei einem Wettbewerber. Ob ein Unternehmen erfolgreich am Markt bestehen kann, hängt nun davon ab, in welcher Geschwindigkeit und

---

[447] Vgl. KUTSCHKER (1994), S. 143. Zur Dauerhaftigkeit und Aufrechterhaltung von Wettbewerbsvorteilen siehe auch WILLIAMS (1992).

[448] Vgl. BLEICHER (1989a), S. 4; ROTERING (1993), S. 47ff.; CONTRACTOR/LORANGE (1988), S. 14.

[449] BADARACCO (1991), S. 13.

Intensität sowie in welchem Umfang es den Zugang zu diesem Know-how und dessen Transfer zu bewerkstelligen kann.[451]

Know-how in Form von Wissen ist danach zu differenzieren, ob es in expliziter oder impliziter Form vorliegt.[452] Explizites Wissen läßt sich relativ leicht z.B. durch Veröffentlichungen, Dokumente, Patente über Markttransaktionen transferieren. Im Gegensatz dazu erweist sich die Übertragung von sogenanntem impliziten Wissen als deutlich schwieriger, da dieses i.d.R. an die Erfahrungshintergründe der Wissensträger gebunden ist. Häufig handelt es sich dabei um gemeinsam geteiltes Wissen von mehreren Organisationsmitgliedern, die zusammen an einem Problemfeld arbeiten. Das Abwerben einer Schlüsselperson als Form des Wissenstransfers erscheint daher sinnlos.[453] Hinzu kommt, daß dieses Wissen den Beteiligten oftmals gar nicht bewußt ist - obwohl es ihr Verhalten determiniert - und auch deshalb nur bedingt verbalisierungsfähig ist. Es manifestiert sich in speziellen Beziehungen zwischen Einzelpersonen und Gruppen sowie in Einstellungen, Informationsflüssen und Entscheidungsprozessen.[454] Die Unternehmen eignen sich wettbewerbsrelevantes Wissen somit nicht nur über individuelle Lernprozesse an, sondern vor allem über organisationale Lernprozesse, die bedeutend schwieriger und zeitintensiver als individuelle Lernprozesse sind.[455] Daraus folgt, daß dieses 'tacit knowledge'[456] nicht frei übertragbar ist.[457]

---

[450] Vgl. BOEGLIN (1992), S. 86; PRAHALAD/HAMEL (1991), S. 68f.; NONAKA (1992), S. 95; NONAKA/TAKEUCHI (1995), S. 6.

[451] Vgl. MÜLLER-STEWENS/OSTERLOH (1996), S. 18.

[452] Vgl. NONAKA (1991), S. 96f.; MÜLLER-STEWENS/OSTERLOH (1996), S. 18. BADARACCO (1991), S. 47 u. 95, wählt eine andere Terminologie, er unterscheidet wanderndes und verankertes Wissen. EISELE (1995), S. 24, spricht von kodifizierten und nicht kodifizierten Kompetenzen.

[453] In der Unternehmenspraxis sind aus diesem Grund nicht nur einzelne Schlüsselpersonen, sondern ganze Teams bzw. Abteilungen abgeworben worden.

[454] Vgl. MÜLLER-STEWENS/OSTERLOH (1996), S. 18; BADARACCO (1991), S. 95ff.

[455] Zum organisationalen Lernen und den Unterschieden zum individuellen Lernen siehe ARGYRIS/SCHÖN (1978) und PROBST/BÜCHEL (1994) sowie die dort angegebene Literatur.

[456] Der Begriff des 'tacit knowledge' geht auf POLANYI (1967) zurück. Vgl. KOGUT (1988a), S. 323, und ist mit implizitem Wissen gleichzusetzen.

[457] Vgl. BADARACCO (1991), S. 47ff.; KOGUT/ZANDER (1990), S. 3ff.; HAMEL (1991), S. 83.

Vor diesem Hintergrund stellen Kooperationen eine geeignete Möglichkeit des Transfers von Know-how dar.[458] Obwohl Know-how in Form von explizitem Wissen auch über Markttransaktionen von einem Unternehmen erworben werden kann, das diesbezügliche Defizite festgestellt hat, ermöglicht die Zusammenarbeit mit einem Partner i.d.R. einen schnelleren und kostengünstigeren Zugang zu dem gewünschten Know-how. Zusätzlich zu der Chance, über den Partner neue Informationen und Fähigkeiten zu erwerben, führt die Bündelung von Kenntnissen und Fertigkeiten im Rahmen von Kooperationen dazu, daß das Kreativitätspotential der Mitarbeiter gesteigert wird und sich den Partnern neue Perspektiven eröffnen, was die Erneuerung und Weiterentwicklung bereits vorhandenen Wissens und damit die Schaffung von Wettbewerbsvorteilen begünstigt.[459]

Der Transfer von implizitem Wissen läßt sich in erster Linie über gemeinsames Handeln vollziehen, denn es geht darum, den Erfahrungshintergrund der eigenen Mitarbeiter mit dem Kontextwissen des Partners zu verschmelzen, um so neues Wissen zu generieren.[460] Das bedeutet, daß dieses Wissen zunächst vom Partner erlernt und internalisiert werden muß, bevor es seinen Niederschlag in der Erzielung von Wettbewerbsvorteilen finden kann.[461] Für KOGUT stellen in diesem Zusammenhang Kooperationen die einzige in Frage kommende Alternative zur Übertragung von Wissen dar: „Other forms of transfer ... are ruled out - not because of market failure or high transaction costs ... , but rather because the very knowledge being transferred is organizationally embedded."[462] Allerdings sind nicht alle Kooperationsformen gleichermaßen

---

[458] Vgl. CONTRACTOR/LORANGE (1988), S. 14ff.; GERYBADZE (1991a), S. 158; RASCHE (1994), S. 231; BRONDER (1993), S. 26 u. 34; PORTER/FULLER (1989), S. 375; KOGUT (1988a), S. 323; BLEICHER (1989a), S. 4. Zur Begründung, warum Akquisitionen für einen Wissenstransfer weniger geeignet scheinen als Kooperationen, siehe MÜLLER-STEWENS/OSTERLOH (1996), S. 19; RASCHE (1994), S. 237ff. u. 246f. sowie die dort angegebene Literatur.

[459] Vgl. LEWIS (1991), S. 60f.; BRONDER (1993), S. 26. Durch die Verbindung von geistigen Prozessen von Individuen aus unterschiedlichen Unternehmen werden unter Umständen Leistungen erzielt, die ohne eine Teambildung nicht möglich gewesen wären. KAUFMANN (1993), S. 108, bezeichnet dieses Phänomen als 'economies of team'.

[460] Vgl. MÜLLER-STEWENS/OSTERLOH (1996), S. 19.

[461] Vgl. HAMEL (1991), S. 84. Siehe auch DOZ (1992), S. 7, zu den einzelnen Schritten, in denen sich die vollständige Aneignung und Internalisierung von Kompetenzen vollzieht.

[462] KOGUT (1988a), S. 323. Ähnlich auch TEECE, der ebenfalls Kooperationen geeigneter als andere Organisationsformen hält, wenn es um den Transfer von Know-how geht. Vgl. TEECE (1992), S. 23.

geeignet, da sich die Internalisierung komplementärer Kompetenzen nicht über eine lose Zusammenarbeit ('arm's length-contract') realisieren läßt und es bei diesen i.d.R. an intensiven Kontakt- und Austauschmöglichkeiten mangelt.[463]

Steht bei Kooperationen der Zugang zu Know-how im Mittelpunkt der Zusammenarbeit, dann beginnt für die partizipierenden Unternehmen eine schmale Gratwanderung. Auf der einen Seite wollen beide Partner voneinander lernen.[464] Das bedeutet, daß sie sich jeweils dem Partner öffnen und Austauschprozesse zulassen müssen. Auf der anderen Seite sind die Unternehmen vor dem Hintergrund der Sicherung der eigenen Wettbewerbspositionen gut beraten, den Abfluß von Know-how zu steuern, zu kontrollieren und zu schützen.[465]

---

[463] Vgl. RASCHE (1994), S. 247. Zu berücksichtigen ist allerdings, daß die wenigsten Kooperationen von Beginn an durch eine optimale Intensität der Zusammenarbeit, die für die Lernprozesse zwischen den Partnern notwendig wäre, gekennzeichnet sind. „The intensitiy of cooperation which is feasible in an alliance early on - given information asymmetry, uncertainty, lack of trust, tentative institutional and personal commitments - is unlikely to be sufficient for the alliance to succeed. Yet, the level of cooperation needed to succeed would probably not be acceptable at the start; partners would shy away from such intense cooperation. To succeed, alliances thus have to go through a series of transitions as they move from one learning, reevaluation and readjustment cycle to the next." DOZ (1996), S. 78.

[464] Organisationales Lernen wird von Unternehmen in unterschiedlichem Ausmaß beherrscht. Einige Wissenschaftler betrachten inzwischen die Fähigkeit zu lernen als entscheidende Voraussetzung, um auf Dauer wettbewerbsfähig zu sein. Japanische Unternehmen beherrschen diese Fähigkeit anscheinend bedeutend besser als westliche Unternehmen. Vgl. LEVINTHAL/MARCH (1993), S. 96; NONAKA (1992), S. 95; HAMEL/DOZ/PRAHALAD (o.J.), S. 40ff.

[465] Vgl. HAMEL/DOZ/PRAHALAD (o.J.), S. 40. HAMEL unterscheidet drei Alternativen, wie die Wettbewerbsposition des Kooperationspartners im Hinblick auf Erwerb von Kernkompetenzen geschwächt werden kann: „ ... (1) by *internalizing its partner's distinctive skills*, one partner neutralizes the competitive advantage of the other; (2) by *capturing investment initiative* in a particular value-creating activity, one partner enhances its own capabilities while the skills of the other partner erode or atrophy; and (3) by *calibrating the strength and the weaknesses of its partner*, a firm is able to reduce competitive risk in future battles with that partner." HAMEL (1990), S. 21. Siehe zu dieser Problematik auch BRUCK (1996), S. 211ff.; FRITSCH (1996), S. 29.

144

2.4. Konfiguration von Kooperationen

Die vorangegangenen Ausführungen haben bereits angedeutet, daß unterschiedlichste Formen unternehmerischer Zusammenarbeit existieren. Je nach situativem Kontext und den daraus für ein Kooperationsvorhaben abgeleiteten Zielen und Strategien ist die Kooperation entsprechend zu konfigurieren. Aufgrund der Vielzahl möglicher Gestaltungsoptionen[466] erscheint es wenig sinnvoll, sämtliche Möglichkeiten aufzuzählen und zu charakterisieren. Statt dessen werden die wichtigsten Dimensionen, die die Konfiguration einer Kooperation determinieren, und ihre entsprechenden Ausprägungen dargestellt.[467] Anschließend erfolgt ein kurze Charakterisierung einiger aktueller und in der Unternehmenspraxis häufig gewählter Kooperationsformen.[468]

2.4.1. Dimensionen zur Beschreibung der Kooperationsform

Zu den gebräuchlichsten Dimensionen, anhand derer Kooperationen näher beschrieben und klassifiziert werden können, zählen **Zeitdauer, Intensität, Anzahl der Bindungen, geographischer Geltungsbereich, Richtung** der Kooperation sowie **Unternehmensfunktionen** bzw. die **Wertschöpfungsaktivitäten**, auf die sich die Zusammenarbeit der Unternehmen erstreckt.[469]

2.4.1.1. Zeitdauer

Die Dauer einer kooperativen Beziehung zwischen Unternehmen ist zum einen in Abhängigkeit von der Zeit, die zum Aufbau des geplanten Wettbewerbsvorteils benötigt wird, zum anderen von der gewünschten Nutzungsdauer der

---

[466] Siehe zur Vielzahl möglicher Gestaltungsoptionen das Transaktionsformen-Typenband im Kapitel II.2.1.1.2. sowie die Aufzählung bei WURCHE (1994), S. 127 und die dort angegebene Literatur.

[467] Siehe dazu auch die Ausführungen im Kapitel II.2.1.2.2.

[468] Die hohe Bedeutung dieser Kooperationsformen unterstreichen z.B. HAMMES (1994), S.1; TIETZ (1994), S. 337; WEDER (1989), S. 1; RATH (1990), S. 20ff.

[469] Eine andere, z.T. detailliertere Auflistung möglicher Kooperationsdimensionen findet sich z.B. bei WURCHE (1994), S. 133; STAUDT/KRIEGESMANN/BEHRENDT (1996), Sp. 925f.; KRONEN (1994), S. 35; ABEL (1992), S. 110; DÜTTMANN (1989), S. 103.

Kooperation, die wiederum selbst von internen und externen Rahmenbedingungen bestimmt wird, zu gestalten. Darüber hinaus spielen die zeitliche Limi-
tierung der eigenen Verpflichtungen und Risiken eine Rolle.[470]

Hinsichtlich der Zeitdauer lassen sich **befristete** Kooperationen und **unbefristete**, die auf Dauer angelegt sind, unterscheiden.[471] Befristete Kooperationsverhältnisse sind i.d.R. dadurch gekennzeichnet, daß die zusammenarbeitenden Unternehmen ein Ziel verfolgen, nach dessen Erreichung die Kooperation
endet.[472] Je nach Länge des Zeitintervalls läßt sich die Zusammenarbeit in
kurz-, mittel- und langfristige Kooperation unterteilen.[473]

2.4.1.2. Intensität

Nach der Bindungsintensität können **formlose** oder **vertraglich geregelte**
Kooperationen unterschieden werden. Wünschen die Partner für ihre Zusammenarbeit eine kodifizierte Grundlage, dann schließen sie eine verbindliche
Vereinbarung, d.h. einen Vertrag. Obwohl auch mündliche Verträge denkbar
sind, überwiegt die schriftliche Form des Kooperationsvertrags.[474] Die
Bindungsintensität zwischen den kooperierenden Unternehmen steigt, wenn
zusätzlich zu der vertraglichen Bindung eine Kapitalbeteiligung vorgesehen
ist.[475]

---

[470] Vgl. WURCHE (1994), S. 140.

[471] Vgl. ABEL (1992), S. 91; EISELE (1995), S. 18.

[472] Vgl. BAUR (1975), S. 43.

[473] Es ist allerdings darauf hinzuweisen, daß keine allgemeingültigen Zeitintervalle zur Konkretisierung, was unter kurz-, mittel- und langfristiger Kooperation zu verstehen ist, existieren. Vgl. ABEL (1992), S. 91.

[474] Vgl. RUPPRECHT-DÄULLARY (1994), S. 23.

[475] Vgl. BAUR (1975), S. 46f. IHRIG bezeichnet in diesem Zusammenhang Joint Ventures als
intensivste Form der Zusammenarbeit. Vgl. IHRIG (1991), S. 29. Zu berücksichtigen ist,
daß mit zunehmender Intensität und Vielfalt der Kooperationsaktivitäten auch die Anzahl
und die Komplexität der von den beteiligten Unternehmen zu treffenden Entscheidungen
zunimmt. Dies hat zur Folge, daß Zielkonflikte häufiger auftreten und der Koordinationsbedarf ansteigt, was auf eine negative Korrelation zwischen der Anzahl der Koopera-
tionsmitglieder und der Intensität der Zusammenarbeit schließen läßt. Kooperationen mit
einem großen Funktionsumfang sind deshalb i.d.R. nur bei kleiner Mitgliederzahl stabil.
Vgl. KNOBLICH (1969a), S. 509f.; ABEL (1992), S. 93f.

Losen Formen der Kooperationen fehlt es an vertraglichen Grundlagen und an finanziellen Verflechtungen. Sie beruhen auf mündlichen Absprachen. Die Basis für diese Formen der Zusammenarbeit kann in geteilten Werten und Normen, in einem vertraglich nicht fixierten gemeinsamen Interesse oder einer generellen Koorientierung liegen.[476] Sie sind dann ausreichend, wenn das Risiko der einzelnen Partner relativ gering ist, da z.b. keine Notwendigkeit für größere Investitionen im Hinblick auf das Kooperationsziel besteht und gegebenenfalls leicht ein anderer Partner gefunden werden kann.[477] Für eine formlose Vereinbarung entscheiden sich die kooperierenden Unternehmen auch dann, wenn keine rechtlichen Ansprüche und Verpflichtungen gegenüber dem Kooperationspartner entstehen oder wenn gesetzliche Regelungen umgangen werden sollen.[478]

2.4.1.3. Anzahl der Bindungen

Eine weitere Dimension zur Klassifizierung von Kooperationen ergibt sich aus der Anzahl der Kooperationspartner und der daraus resultierenden Beziehungen. Danach lassen sich **bilaterale und trilaterale Beziehungen** sowie **einfache und komplexe Netzwerke** differenzieren (siehe Abb. 47).[479] Kennzeichen bilateraler Beziehungen ist, daß sich beide Partner direkt koordinieren und unmittelbar auf das Verhalten des anderen reagieren. Mit Hinzunahme eines weiteren Aktors kommt es zu einer Änderung der Beziehungsqualität. Aus einer Beziehung zwischen zwei Partnern werden nun drei Verbindungen zwischen drei Aktoren, die Koalitionen und indirekte Beziehungen ebenso ermöglichen wie asymmetrische Informations- und Machtbeziehungen.[480]

---

[476] Vgl. KUTSCHKER (1994), S. 125.

[477] Vgl. SELL (1994), S. 15.

[478] Vgl. BOEHME (1986), S. 35; RUPPRECHT-DÄULLARY (1994), S. 23, die darauf hinweist, daß das Gesetz gegen Wettbewerbsbeschränkungen ausdrücklich jede Zusammenarbeit, die wettbewerbsbeschränkenden Charakter hat, untersagt. Jedoch ist 'stillschweigend abgestimmtes Verhalten' oft nicht nachweisbar und damit nicht überprüf- und sanktionierbar.

[479] Vgl. KUTSCHKER (1994), S. 126.

[480] Vgl. KUTSCHKER (1994), S. 127.

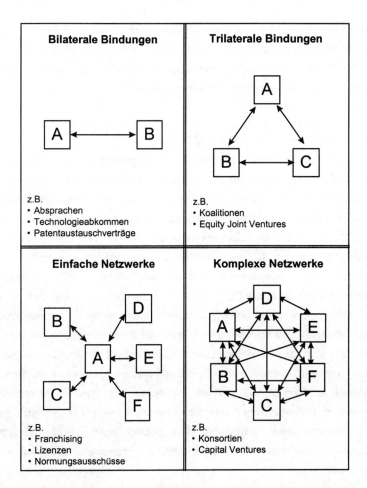

Abb. 47: Klassifikation unterschiedlicher Kooperationen nach der Anzahl der Bindungen[481]

Streng genommen gelten schon bi- und trilaterale Kooperationen als einfache Netzwerke, denn bilaterale Beziehungen und komplexe Netzwerke fungieren als Extrempunkte eines Kontinuums, wobei simple sowie komplexe Strukturen aus Knoten (Aktoren, Unternehmen) und Kanten (Beziehungen) existieren. Einfache Netzwerke kommen oftmals dadurch zustande, daß ein zentrales Unternehmen mehrere gleichartige bi- und/oder trilaterale Beziehungen entwickelt

---

[481] Quelle: Eigene Darstellung. Die Beispiele finden sich bei KUTSCHKER (1994), S. 126.

148

und das Verhalten der Kooperationspartner zentral koordiniert.[482] Erst wenn die
Anzahl der Aktoren und die daraus resultierenden Beziehungen vergleichsweise groß und das Verhältnis von manifesten zu latenten Beziehungen hoch ist,
können Netzwerke als komplex bezeichnet werden.[483]

2.4.1.4. Geographischer Geltungsbereich

Betrachtet man Kooperationen bezüglich ihres geographischen Geltungsbereichs, so finden sich **regionale**, **nationale** und **internationale** Formen der
Zusammenarbeit.[484] Während sich bei der regionalen Kooperation die Zusammenarbeit auf einen bestimmten abgegrenzten geographischen Raum erstreckt
(z.B. Stadt, Landkreis oder Bundesland), bezieht sich eine nationale
Kooperation auf das Gebiet eines Staates, innerhalb dessen Grenzen zwei
oder mehrere Unternehmen zusammenarbeiten.[485] Strebt ein Unternehmen in
Zusammenarbeit mit einem Partner die Realisierung von Wettbewerbsvorteilen
über die Staatsgrenzen hinweg, so spricht man von einer internationalen
Kooperation.[486] Diese Form der zwischenbetrieblichen Zusammenarbeit hat vor
dem Hintergrund zunehmender Internationalisierungs- und Globalisierungsten-
denzen vor allem in den letzten Jahren einen Bedeutungszuwachs erfahren.[487]
Zusätzlich zu den Schwierigkeiten, mit denen sich zusammenarbeitende
Unternehmen ohnehin schon konfrontiert sehen, kommen bei internationalen
Kooperationen oftmals noch Probleme bedingt durch große räumliche
Distanzen sowie kulturelle und sprachliche Unterschiede zwischen den
Partnern hinzu.

---

[482]   Vgl. KUTSCHKER (1994), S. 128.

[483]   Vgl. KUTSCHKER (1994), S. 128, wobei KUTSCHKER keinerlei Angaben über die absolute
        Zahl der Aktoren und Beziehungen macht. Siehe zu Netzwerken allgemein JARILLO
        (1988); SYDOW (1992a). Zur Analysemethodik von Netzwerken siehe SCHENK (1984) so-
        wie zu Anwendungsmöglichkeiten der Netzwerktheorie SCHEUCH (1993).

[484]   Vgl. ABEL (1992), S. 104ff.; BAUR (1975), S. 37ff.

[485]   Vgl. RÜHLE VON LILIENSTERN (1975), S. 1967; BAUR (1975), S. 37ff.

[486]   Vgl. MENGELE (1994), S. 31.

[487]   Vgl. MORRIS/HERGERT (1987), S. 15; FAULKNER (1995), S. 1; MENGELE (1994), S. 2;
        KUTSCHKER (1994), S. 123.

Von dem geographischen Geltungsbereich ist die Herkunft des Kooperationspartners abzugrenzen. In bezug auf dieses Merkmal können regionale,
nationale und internationale Formen der Zusammenarbeit differenziert werden.
Stammen die kooperierenden Unternehmen aus derselben Region bzw.
demselben Staat, so liegt eine regionale bzw. nationale Partnerschaft vor. Um
von einer internationalen Kooperation sprechen zu können, müssen die
beteiligten Unternehmen aus verschiedenen Ländern stammen.[488]

Kooperieren zwei aus der gleichen Region stammende Unternehmen miteinander und erstreckt sich ihre Zusammenarbeit auf einen oder mehrere internationale Märkte, würde man ebenso von einer internationalen Kooperation sprechen, wie wenn Unternehmen unterschiedlicher Nationalität auf lediglich einem
begrenzten regionalen Markt agieren.

2.4.1.5. Richtung

Die Richtung der Kooperation gibt Aufschluß darüber, welchen Wirtschaftsstufen und -zweigen die zusammenarbeitenden Unternehmen angehören; es
sind mehrere Alternativen denkbar. Die **horizontale Kooperation** stellt eine
Verbindung von Unternehmen dar, die zu der gleichen Branche und Wirtschaftsstufe zählen.[489] Im Extremfall besteht die Möglichkeit, daß zueinander in
unmittelbarem Wettbewerb stehende Unternehmen zusammenarbeiten.[490] Die
Kooperation konkurrierender Unternehmen eröffnet vor allem kleineren Unternehmen die Gelegenheit, ein Gegengewicht zu noch mächtigeren Wettbewerbern zu bilden und ihre Marktchancen damit zu erhöhen.[491] Solche Verbindungen bergen jedoch auch das Risiko in sich, daß bei mangelndem Schutz
der eigenen Kernkompetenzen mittel- und langfristig nur das Partnerunter-

[488] Vgl. RUPPRECHT-DÄULLARY (1994), S. 24.

[489] Vgl. PAUSENBERGER (1989), S. 622; STAUDT/KRIEGESMANN/BEHRENDT (1996), Sp. 927. Als
Beispiel für eine horizontale Kooperation kann die Zusammenarbeit von zwei Automobil-
herstellern herangezogen werden.

[490] Vgl. BACKHAUS/PILTZ (1990), S. 3; GAHL (1991), S. 12; SCHUH (1990), S. 145.

[491] Vgl. BIRCHER (1990), S. 17.

nehmen von der Zusammenarbeit profitiert und die Kooperation dann zu einer Verschlechterung der eigenen Wettbewerbsposition führen kann.[492]

Eine **vertikale Kooperation** liegt dann vor, wenn sich Unternehmen zusammenfinden, die aufeinanderfolgenden Wirtschaftsstufen angehören.[493] Von der horizontalen und der vertikalen Kooperation sind Formen der **lateralen Kooperation**[494] abzugrenzen. Bei letzteren gehören die kooperierenden Unternehmen weder der gleichen Wirtschaftsstufe an, noch stammen sie aus zwei im Wirtschaftsprozeß benachbarten Stufen. Meistens steht das Betätigungsfeld des einen Partners in keinem unmittelbaren Zusammenhang zu dem des anderen.[495]

2.4.1.6. Unternehmensfunktion

Je nachdem, welche Wettbewerbsvorteile von den Kooperationspartnern angestrebt werden, können unterschiedliche Unternehmensfunktionen bzw. Wertschöpfungsaktivitäten von der Zusammenarbeit betroffen sein.[496] So treten Kooperationen im Bereich **Beschaffung, Personal, F&E, Produktion/ Leistungserstellung, Marketing** oder Verwaltung auf.[497]

---

[492]   Siehe dazu auch die Ausführungen im Kapitel II.2.3.5.

[493]   Vgl. PAUSENBERGER (1989),S. 622. ABEL (1992), S. 99, weist berechtigterweise in diesem Zusammenhang darauf hin, daß normale Geschäftsbeziehungen, die z.B. zwischen Abnehmern und Lieferanten herrschen, nicht unter einer vertikalen Kooperation zu subsumieren sind. Aber ein gemeinsames Forschungsprojekt zwischen einem Zulieferunternehmen und einem Automobilunternehmen gilt als vertikale Kooperation.

[494]   Synonym werden auch die Bezeichnungen diagonale respektive konglomerate Kooperation verwendet. Allerdings ist die Verwendung dieser Begriffe nicht einheitlich. So bezeichnet z.B. WEDER (1989), S. 53, Kooperationen von Unternehmen, die auf derselben Wirtschaftsstufe tätig sind, aber keine Konkurrenten darstellen, als diagonale Kooperation. Vor dem Hintergrund der wenig einheitlich verwendeten Begrifflichkeiten liegt im folgenden dieser Arbeit ein Begriffsverständnis von Kooperationen in Analogie zur üblichen Klassifizierung von Diversifikationen zugrunde. Siehe zur Einteilung von Diversifikationen in horizontale, vertikale und laterale Formen NIESCHLAG/DICHTL/HÖRSCHGEN (1997), S. 282f. Danach entspricht eine Partnerschaft zwischen einer Bank und einer Eisenbahngesellschaft einer lateralen Kooperation.

[495]   Vgl. ABEL (1992), S. 99.

[496]   Siehe dazu auch Kapitel II.2.4.

[497]   Vgl. PORTER/FULLER (1989), S. 372; ABEL (1992), S. 108; RUPPRECHT-DÄULLARY (1994), S. 18f.; RÜHLE VON LILIENSTERN (1979), Sp. 931ff.

Nicht immer ist ausschließlich **eine Funktion** von der Zusammenarbeit betroffen. Denkbar sind auch solche Kooperationsformen, bei denen eine **funktionsübergreifende Zusammenarbeit** vereinbart ist oder bei denen die Partner lediglich im Rahmen einer **Teilfunktion** gemeinsam handeln.[498]

Abbildung 48 faßt die einzelnen Dimensionen und die möglichen Ausprägungen in Form eines morphologischen Kastens nochmals zusammen.

Dimensionen	Ausprägungen			
Zeitdauer	Befristet		Unbefristet	
	Kurzfristig	Mittelfristig	Langfristig	
Intensität	Formlose Vereinbarung	Vertragliche Vereinbarung		
		Ohne Kapitalverflechtung	Mit Kapitalverflechtung	
Anzahl der Bindungen	Bilaterale Bindungen	Trilaterale Bindungen	Einfache Netzwerke	Komplexe Netzwerke
Geographischer Geltungsbereich	Regional	National	International	
Richtung	Horizontal	Vertikal	Lateral	
Unternehmens-funktion	Teilfunktionsbezogen	Funktionsbezogen	Funktionsübergreifend	
	Beschaffung / F&E / Personal	Produktion / Marketing	Finanzen / EDV	

Abb. 48: Dimensionen zur Beschreibung der Kooperationsform[499]

2.4.2. Charakterisierung ausgewählter Kooperationsformen

Die im folgenden näher zu charakterisierenden Arten unternehmerischer Zusammenarbeit - Lizensierung, Franchising, Management-Vertrag, Joint Venture und Strategische Allianz - zählen zu den von den Unternehmen häufig gewählten Kooperationsformen. Sie lassen sich als konkrete Ausgestaltung einer Kooperation hinsichtlich einer bestimmten Kombination der o.a. Dimensionen verstehen.[500]

---

[498] Vgl. PAUSENBERGER (1989), S. 622. Nur eine Teilfunktion des Unternehmens wäre von einer Zusammenarbeit betroffen, wenn sich mehrere Unternehmen ausschließlich auf den gemeinsamen Vertrieb ihrer Unternehmensleistungen verständigen würden.

[499] Quelle: Eigene Darstellung.

[500] Allen im folgenden beschriebenen Kooperationsformen ist gemeinsam, daß für sie die in Kapitel II.2.1.1.1. im Zusammenhang mit der Kooperationsdefinition genannten konstitutiven Merkmale Gültigkeit besitzen. Deshalb wird an dieser Stelle der Schwerpunkt auf

2.4.2.1. Lizensierung

Lizenzen gehören mit zu den beliebtesten Formen unternehmerischer Zusammenarbeit.[501] Als Basis einer Lizenz fungiert ein **gesetzliches Schutzrecht** für bestimmte Fähigkeiten, Kenntnisse oder namentliche Bezeichnungen von Produkten/Dienstleistungen (Patent, Gebrauchsmuster, Geschmacksmuster oder Warenzeichen) oder eine **faktische Vorzugsstellung** (technisches Wissen, Know-how).[502] Mit einer Lizenz räumt der **Lizenzgeber** die aus den Schutzrechten oder aus der Vorzugsstellung resultierenden, wirtschaftlich verwertbaren Teilrechte dem **Lizenznehmer** ein,[503] d.h. der Lizenzvertrag erlaubt dem Lizenznehmer, gewerbliche Schutzrechte und/oder geschütztes Wissen eines anderen zu nutzen, um damit Produkte oder sonstige Leistungen zu erstellen, zu vertreiben oder zu gebrauchen.[504] Im Gegenzug erhält der Lizenzgeber vom Lizenznehmer je nach vertraglicher Ausgestaltung

- Güter aus der Lizenzproduktion,
- Nutzungsrechte an Patenten bzw. ungeschütztem Know-how,[505]
- Anteile am Unternehmenskapital des Lizenznehmers,
- eine laufende, i.d.R. an den Umsatz oder Gewinn gekoppelte Lizenzgebühr,[506]
- eine Pauschalgebühr, die entweder einmalig oder periodisch zu entrichten ist.[507]

---

jene Charakteristika gelegt, die für die einzelne Kooperationsform besonders sind und über die sie sich von anderen Kooperationsformen abgrenzen lassen.

[501] Dies wird deutlich, wenn man sich vor Augen führt, daß die Deutsche Bundesbank für die Bundesrepublik Deutschland Gesamteinnahmen bzw. -ausgaben für Patente und Lizenzen in Höhe von 3,3 Mrd. DM bzw. 7,3 Mrd. DM für 1993 ausweist. (Diese Daten beziehen sich auf den Patent- und Lizenzverkehr mit dem Ausland. Innerdeutsche Lizensierung ist ebenfalls möglich. Allerdings sind keine genauen Daten verfügbar.) Vgl. o.V. (1995a), S. 61.

[502] Vgl. RATH (1990), S. 41; KRIEPENDORF (1989a), Sp. 1323.

[503] Vgl. KRIEPENDORF (1989a), Sp. 1323; HÖNER (1995), S. 1204; HÜNERBERG (1994), S. 126.

[504] Vgl. MARTIN/GRÜTZMACHER/LEMKE (1977), S. 11; GRÜTZMACHER/SCHMIDT-COTTA/LAIER (1985), S. 11.

[505] In diesem Fall spricht man auch von 'cross licensing', das sich als ein Tausch von Lizenzen zwischen Lizenzgeber und -nehmer definieren läßt. Vgl. WALLDORF (1990), S. 44.

[506] Diese laufenden Gebühren werden auch als 'royalties' bezeichnet. Vgl. SPECHT (1994), S. 622.

[507] Vgl. BEREKOVEN (1985), S. 45; RATH (1990), S. 42 und die dort verwendete Literatur.

153

Die Gesetzgebung eröffnet Lizenzgebern und Lizenznehmern einen relativ weiten Spielraum bei der Ausgestaltung ihrer Kooperation.[508] Deshalb finden sich in der Unternehmenspraxis diverse Variationen, die in Abbildung 49 im Überblick dargestellt sind.

Unterscheidungs-kriterium	Lizenzarten		
Bezugsgegenstand	Produktlizenz		Verfahrenslizenz
Verwertbarkeit	Herstellungslizenz	Vertriebslizenz	Gebrauchslizenz
Nutzer der Rechte	Exklusivlizenz	alleinige Lizenz	einfache Lizenz
Inhaltlicher Umfang	reine Lizenzen		gemischte Lizenzen

Abb. 49: Überblick über unterschiedliche Lizenzarten[509]

Aus Sicht der Lizenznehmer liegen die Motive, die für eine Kooperation sprechen, in der Beseitigung eines erkannten Defizits begründet,[510] das auf Zeit-, Qualitäts-, Finanz- und Know-how-Lücken sowie auf Kapazitätsengpässen beruht.[511] Für den Lizenzgeber stehen wettbewerbspolitische und marktliche Ziele im Sinne eines schnellen Markteintritts und einer effektiveren Marktpenetration im Mittelpunkt des Interesses. Aber auch finanzpolitische Überlegungen können ausschlaggebend für den Abschluß eines Lizenzvertrags sein.[512] Abbildung 50 faßt Chancen und Risiken, die mit der Lizensierung verbunden sein können, zusammen.

---

[508] Siehe zu einem Überblick über unterschiedliche nationale Gesetzesvorschriften GRÜTZMACHER/SCHMIDT-COTTA/LAIER (1985).

[509] Quelle: Eigene Darstellung. Zu den einzelnen Lizenzarten siehe RATH (1990), S. 43; KRIEPENDORF (1989a), Sp. 1333; HÖNER (1995), Sp. 1206f.

[510] Vgl. KRIEPENDORF (1989a), Sp. 1328.

[511] Vgl. RÜBIG (1995), S. 42f.

[512] Vgl. MORDHORST (1994), S. 77ff. Bei MORDHORST findet sich eine detaillierte und systematische Zusammenstellung der mit einer Lizensierung verbundenen Ziele sowie der mit ihr einhergehenden Nachteile differenziert nach Lizenznehmer und -geber. Siehe MORDHORST (1994), S. 64-89.

Chancen	Risiken
• Umgehung von tarifären und nicht tarifären Markteintrittsbarrieren • schneller, kostengünstiger, wenig personalintensiver Markteintritt • geringeres Marktrisiko als bei anderen Formen • Unabhängigkeit von politischen und Währungsrisiken • Möglichkeit der Erweiterung des eigenen Leistungsangebots durch 'cross licensing'	• Steuerungs- und Kontrollprobleme • negativer Imagetransfer von Lizenznehmer auf Lizenzgeber • potentielle Förderung des Lizenznehmers als Konkurrent auf Zielmarkt und auf Drittmärkten • Gefahr von Know-how-Abfluß bei unberechtigter Lizenzweitergabe durch Lizenznehmer • Verzicht auf Renditemaximierung bei festgelegter Lizenzgebühr

Abb. 50: Chancen und Risiken der Lizensierung[513]

2.4.2.2. Franchising

Eine der Lizensierung ähnliche Kooperationsform stellt das Franchising dar, wenngleich die Partnerbeziehung zwischen den kooperierenden Unternehmen wesentlich komplexer ist und das Nutzungsrecht an bestehenden Schutzrechten nur ein Teil des gesamten Leistungspakets ist.[514] Obwohl sich das Franchising in den letzten Jahrzehnten zu einer der attraktivsten Formen der Absatzmittlung zwischen Herstellern von Produkten bzw. Anbietern von Dienstleistungen und Nachfragern entwickelt hat, fehlte lange Zeit eine einheitliche Auffassung, was unter Franchising zu verstehen ist.[515] Deshalb sei an dieser Stelle auf die vom DEUTSCHEN FRANCHISE-VERBAND empfohlene und von KAUB entwickelte Definition verwiesen:

---

[513] Quelle: Eigene Darstellung. Die einzelnen Argumente finden sich bei HÜNERBERG (1994), S. 127; TERPSTRA/SARATHY (1994), S. 392f.; WALLDORF (1992), S. 454; PAUSENBERGER (1992), S. 207.

[514] Vgl. RATH (1990), S. 45; TIETZ (1987), S. 27; CZINKOTA/RONKAINEN (1988), S. 302.

[515] Vgl. KRIEPENDORF (1989b), Sp. 711; KUNKEL (1994), S. 10. Siehe zu einem Überblick über mögliche Definitionsversuche in der wissenschaftlichen Literatur CLEMENS (1988), S. 1ff. Ein Abriß über die geschichtliche Entwicklung und den Bedeutungszuwachs des Franchising findet sich bei TIETZ (1987), S. 63-108; MARTINEK (1987), S. 33-74; HANRIEDER (1976), S. 51-67; SKAUPY (1995), S. 1-5; SHERMAN (1991), S. xi-xvi; FRIEDLANDER/GURNEY (1990), S. 1-9; KNIGGE (1993), S. 295-313. In Zahlen betrachtet spiegelt sich der Stellenwert des Franchising in weltweit über 5700 Franchise-Systemen mit ca. 800.000 Läden und einem geschätzten Umsatz der Franchise-Nehmer von 1.174 Mrd. DM wieder. Diese Zahlen basieren auf Angaben der European Franchise Association, Brüssel und der International Franchise Association, Washington. Vgl. PAULI (1992), S. 15.

„Franchising ist ein vertikal-kooperativ organisiertes Absatzsystem rechtlich selbständiger Unternehmen auf der Basis eines vertraglichen Dauerschuldverhältnisses. Das System tritt am Markt einheitlich auf und wird geprägt durch das arbeitsteilige Leistungsprogramm der Systempartner sowie durch ein Weisungs- und Kontrollsystem zur Sicherung eines systemkonformen Verhaltens. Das Leistungsprogramm des Franchise-Gebers ist das Franchise-Paket; es besteht aus einem Beschaffungs-, Absatz- und Organisationskonzept, der Gewährung von Schutzrechten, der Ausbildung des Franchise-Nehmers und der Verpflichtung des Franchise-Gebers, den Franchise-Nehmer aktiv und laufend zu unterstützen und das Konzept ständig weiterzuentwickeln. Der Franchise-Nehmer ist im eigenen Namen und für eigene Rechnung tätig; er hat das Recht und die Pflicht, das Franchise-Paket gegen Entgelt zu nutzen. Als Leistungsbeitrag liefert er Arbeit, Kapital und Informationen."[516]

Wie aus der Definition deutlich wird, stellt der **Franchise-Geber** dem **Franchise-Nehmer** neben Schutzrechten und Know-how auch noch eine Vielzahl anderer Management- und Marketing-Leistungen zur Verfügung.[517] Als Gegenleistung zahlt der Franchise-Nehmer i.d.R. eine fixe Eintrittsgebühr sowie umsatzabhängige Franchise-Gebühren (unter Umständen kommen Miet- und Pachtgebühren, Gewinnbeteiligung, Lizenzgebühren hinzu). Darüber hinaus sichert der Fanchise-Nehmer zu, den Weisungen des Franchise-Gebers hinsichtlich Unternehmenspolitik und Marktauftritt, im Sinne eines einheitlichen Erscheinungsbilds (Corporate Design) und Kommunikationsverhaltens (Corporate Communications) sowie abgestimmter Geschäftsmethoden (Corporate Behavior), Folge zu leisten.[518]

---

[516] KAUB (1992), S. 162.

[517] Inzwischen liegt den meisten Franchise-Systemen ein umfassendes Geschäftssystem zugrunde, das die wichtigsten marktgerichteten und internen Abläufe steuert. Zwischen Franchise-Geber und -nehmer ist eine solche Form der Arbeitsteilung gefunden worden, die einen Großteil der Wertschöpfung im Franchise-Nehmer-Betrieb erzielt. Deshalb erscheint es nicht mehr gerechtfertigt, Franchising nur als reines Vertriebssystem zu verstehen, sondern vielmehr als netzwerkartige Organisationsform. Vgl. SYDOW (1995); MEFFERT/MEURER (1995), S. 3.

[518] Vgl. RATH (1990), S. 45; KUNKEL (1994), S. 10; SKAUPY (1995), S. 62ff.; NIESCHLAG/ DICHTL/HÖRSCHGEN (1997), S. 482; KOTLER/BLIEMEL (1995), S. 864; SYDOW (1994), S. 96.

156

In der Unternehmenspraxis haben sich unterschiedliche Typen von Franchise-Systemen herausgebildet, die Abbildung 51 zu entnehmen sind.

Unterscheidungs-kriterium	Franchise-Arten		
Objekt des franchisierten Systems	Produktfranchising/ industrielles Franchising	Dienstleistungs-franchising	Vertriebsfranchising
Umfang u. Reichweite der Rechte	Vollfranchising	Abteilungsfranchising/ Mini-Franchising	
Finanzieller Einsatz	Franchising	Groß-Franchising/ Investitionsfranchising	
Standort	mobiles Franchising	stationäres Franchising	
Stellung des Franchise-Nehmers	direktes Franchising	indirektes Franchising	
Besitzverhältnisse	Eigentümerfranchising	Pächterfranchising	
Wirtschaftliche Bedeutung	Individualfranchising	Masterfranchising	

Abb. 51: Überblick über unterschiedliche Franchise-Arten[519]

Wie bei anderen Kooperationen auch führt das Franchising zwei oder mehrere Unternehmen zusammen, die ohne Hilfe des Partners ihre wirtschaftlichen Ziele nicht oder nicht ausreichend erreichen können. Damit ein Franchise-Vertrag zustande kommt, muß ein Franchise-System beiden Partnern Vorteile bringen und damit die Realisierung ihrer Ziele ermöglichen. Allerdings gehen mit einer solchen Form der Zusammenarbeit auch immer gewisse Nachteile einher, so daß sich ein Unternehmen vor dem Hintergrund seines situativen Kontextes für oder gegen diese Kooperationsform entscheiden muß. Abbildung 52 zeigt potentielle Chancen und Risiken, die das Franchising sowohl für Franchise-Geber als auch Franchise-Nehmer birgt, auf.

---

[519] Quelle: Eigene Darstellung. Zu den einzelnen Franchisearten siehe SKAUPY (1995), S. 30ff.; KRIEPENDORF (1989b), Sp. 714ff.; KNIGGE (1995), Sp. 703.

	Chancen	Risiken
Franchise-Geber	• Schnelle Expansion • Geringer Kapitalbedarf bei starker Intensität des Engagements • Geringes Markteintrittsrisiko aufgrund wirtschaftlicher Selbständigkeit des Franchise-Nehmers • Starke Einflußnahme auf Franchise-Nehmer • Durchsetzung eigener Marketing/ Unternehmenskonzeption • Dezentralisierung von Personalproblemen • Einsatzmöglichkeit von lokaler Expertise des Franchise-Nehmers • Ausweitung des Bekanntheitsgrads • Hoher Distributionsgrad • Geringes Absatzrisiko	• Aufwendige Steuerungs- u. Kontrollmechanismen notwendig • Hohe Koordinationskosten • Geringe Flexibilität • Gefahr des Know-how-Abflusses • Änderung der Selbstwertbetrachtung des Franchise-Nehmers • Auflösung von Franchise-Verhältnissen • Selektion geeigneter Franchise-Nehmer
Franchise-Nehmer	• Risikominimierung durch Übernahme eines erfolgreichen Konzepts • Finanzierungshilfen • Unterstützung/Beratung durch Franchise-Geber • Weitgehende Selbständigkeit innerhalb des Vertrags • Vorteile durch Image des Franchise-Gebers	• Einschränkung der Selbständigkeit durch zu enge Kooperation • Schwere Einschätzbarkeit der Qualität des angebotenen Franchise-Systems • Mögliche Erfolglosigkeit der Politik des Franchise-Gebers • Absatzrisiko • Zwang zur Standardisierung

Abb. 52: Chancen und Risiken des Franchising[520]

2.4.2.3. Management-Vertrag

Der hohe Stellenwert, den der Transfer von Know-how bei der Zusammenarbeit von Unternehmen einnimmt, spiegelt sich besonders deutlich in sogenannten Management-Verträgen[521] wider.[522] Gegenstand dieser vertraglichen Kooperationsform, die hauptsächlich bei internationaler Marktbearbeitung zur Anwen-

---

[520] Quelle: Eigene Darstellung. Zu den einzelnen Argumenten siehe SKAUPY (1995), S. 52-68; HÜNERBERG (1994), S. 128; KRIEPENDORF (1989b), Sp. 719ff.; KNIGGE (1995), Sp. 708f.

[521] Synonym findet sich auch die Bezeichnung 'management contracting'.

[522] Vgl. RATH (1990), S. 46.

dung kommt, ist die **Bereitstellung von unternehmerischem und/oder technischem Know-how**. Dabei stellt ein Unternehmen als sogenannte '**contracting firm**'[523] sein Management-Know-how zur Verfügung - gegebenenfalls mit
der erforderlichen personellen Basis -, während das Partnerunternehmen
('**managed firm**') die notwendigen finanziellen Investitionen tätigt.[524] Das bera-
tende Unternehmen übernimmt i.d.R. zeitlich begrenzt für ein Projekt, für einzelne Unternehmensfunktionen oder für das gesamte Partnerunternehmen die
kaufmännische und/oder technische Führung und erhält dafür eine entsprechende finanzielle Gegenleistung.[525] Die Trennung von Management und Kapital schützt die 'managed firm' vor Überfremdung, denn sie kommt durch den
Management-Vertrag zwar in den Genuß von Wissen und Know-how, bleibt
aber alleiniger Eigentümer des Unternehmens.[526] Auf der anderen Seite obliegt
ihr aber das volle unternehmerische Risiko, da die 'contracting firm' lediglich
führungsmäßige Mitverantwortung trägt.[527]

Obwohl durchaus Parallelen zwischen Lizenz- und Management-Vertrag exi-
stieren, sind auch gravierende Unterschiede vorhanden. Während in einem
Lizenzvertrag lediglich Nutzungsrechte gewährt werden, hat der Management-
Vertrag die Übertragung genereller unternehmerischer Fähigkeiten zum Inhalt.
Lizenznehmer wenden im Gegensatz zur 'managed firm' das auf sie transfe-
rierte Wissen selbst an, beim Management-Vertrag übt die 'contracting firm' ihr
Wissen und ihre Kenntnisse im Partnerunternehmen aus.[528]

Diese Kooperationsform bietet sich vor allem für Entwicklungs- und Schwellen-
länder an, die zwar Kapital und Arbeitskräfte, aber kein entsprechendes Know-
how vorweisen können.[529] Meistens geht es dann um neugegründete Unter-

---

[523] Für den Terminus 'contracting firm' wird auch der Begriff 'beratendes Unternehmen'
       verwandt.

[524] Vgl. WALLDORF (1992), S. 454; BEREKOVEN (1985), S. 46.

[525] Vgl. RATH (1990), S. 47; BEREKOVEN (1985), S. 46.

[526] Vgl. ELLISON (1976), S. 21f.; GABRIEL (1967), S. 20; BEREKOVEN (1985), S. 46.

[527] Vgl. WEDER (1989), S. 48.

[528] Vgl. ELLISON (1976), S. 21; GABRIEL (1967), S. 11; ZEIGER (1984), S. 33.

[529] Vgl. BEREKOVEN (1985), S. 46; SHARMA (1980), S. 73.

nehmen oder um die Planungsphase eines größeren Investitionsprojekts.[530] Geeignet sind insbesondere solche Wirtschaftszweige und Branchen, denen nur eine geringe bis gar keine regionale Marktbedeutung zukommt. Die Management-Probleme, zu deren Lösung die 'contracting firm' herangezogen wird, sollten sich durch einen geringen Komplexitätsgrad und große Standardisierbarkeit auszeichnen. Administrative Aufgaben und solche mit Kontrollcharakter sind für Management-Verträge besonders vorteilhaft.[531]

In Abbildung 53 sind Vor- und Nachteile, die mit einem Management-Vertrag verbunden sind, aufgeführt.

Chancen	Risiken
• Kein Marktrisiko	• Kein echter Markteintritt
• Sofortige Erträge ohne Vorinvestitionen	• Kein Aufbau von Marktpräsenz möglich
• Erwerb von Markt-Know-how	• Abfluß von Management-Know-how
• Kennenlernen der 'managed firm' für andere Kooperationsprojekte/Akquisition	• Beschränkte Partizipation am Markterfolg

Abb. 53: Chancen und Risiken von Management-Verträgen[532]

2.4.2.4. Joint Venture

Zu den wissenschaftlich sehr intensiv analysierten Kooperationsformen zählt das Joint Venture. Trotzdem existiert bislang keine inhaltlich eindeutige Begriffsbestimmung. „There is, however, no statutuory or other legal definition of a joint venture which is generally accepted, and individual definitions differ quite substantially."[533] Im folgenden soll unter einem Joint Venture eine Kooperation verstanden werden, bei der sich die Kooperationspartner in einem gemeinsamen Vorhaben Führung und Kontrolle sowie das finanzielle Risiko teilen und das sich in Form eines **gemeinschaftlich gegründeten Unterneh-**

---

[530] Vgl. POLLAK (1982), S. 40; BUCKLEY (1983), S. 204.

[531] Vgl. WALLDORF (1992), S. 454; WALLDORF (1987), S. 46f.

[532] Quelle: Eigene Darstellung. Die einzelnen Argumente finden sich bei HÜNERBERG (1994), S. 128; WALLDORF (1987), S. 46ff.

[533] HERZFELD (1983), S. 1. Obwohl diese Aussage bereits vor 14 Jahren getätigt wurde, hat sie nichts von ihrer Aktualität verloren. Vgl. auch WEDER (1989), S. 33.

mens institutionalisiert.[534] Aufgrund der kapitalmäßigen Beteiligung wird diese Form der Zusammenarbeit auch mit dem Begriff des Equity Joint Venture bezeichnet.[535]

Die Eigenkapitalanteile, mit denen die Kooperationspartner an dem Gemeinschaftsunternehmen beteiligt sind, spiegeln i.d.R. deren Eigentums- und Kontrollrechte wieder. Entsprechend läßt sich zwischen **paritätischen** (jeder Partner hält 50% an dem zu gründenden Unternehmen) und **mehrheitlich geführten Joint Ventures** differenzieren.[536] Empirische Untersuchungen haben in diesem Zusammenhang gezeigt, daß Joint Ventures mit ausgewogenen Beteiligungsverhältnissen erfolgreicher sind als solche, in denen einer der Partner dominiert. Entgegen der Meinung, bei einem 50:50 Joint Venture würden sich die Partner möglicherweise bei der Entscheidungsfindung blockieren, hat sich herausgetellt, daß es zum einen wahrscheinlicher ist, daß ein Joint Venture als selbständige Einheit mit einem starken Management entsteht, und zum anderen, daß beide Partner dem gemeinsamen Erfolg höhere Bedeutung beimessen. Gibt es einen Mehrheitspartner, dann neigt dieser möglicherweise dazu, die Entscheidungsfindung zu seinen Gunsten zu gestalten und damit seine Interessen über die des Joint Venture und/oder seines Partners zu stellen.[537]

---

[534] Vgl. WEDER (1989), S. 33f.; KUTSCHKER (1992), S. 500; ENDRES (1987), S. 374; EISELE (1995), S. 10.

[535] Davon zu unterscheiden sind sogenannte Non-equity Joint Ventures oder Contractual Joint Ventures, die keine Gründung eines Gemeinschaftsunternehmens vorsehen, d.h. es kommt zu keiner kapitalmäßigen Verflechtung. Sie stellen deshalb kein JV im oben beschriebenen Sinn dar. Lizensierung, Franchising oder Management-Verträge, die oben als eigenständige Kooperationsformen dargestellt worden sind, fungieren in der Literatur als Beispiel für Contractual Joint Ventures. Vgl. KUTSCHKER (1992), S. 501; HELLWIG (1989), Sp. 1064; RATH (1990), S. 58 und die dort zitierte Literatur. Zur Abgrenzung des Joint Venture zu anderen Kooperationsformen siehe WEDER (1989), S. 46ff.

[536] Vgl. KUTSCHKER (1995), Sp. 1080; KUMAR (1975), S. 260; ROTHER (1991), S. 88; BUCKLEY/CASSON weisen allerdings darauf hin, daß die Existenz eines 50:50 JV nur auf eine paritätische Verteilung des direkten JV-Gewinns hindeutet, dies aber noch nichts über den de facto-Einfluß eines einzelnen Partners aussagt. Man könne auch nicht darauf schließen, daß beide Partner insgesamt denselben Gewinn aus dem JV ziehen. „The fact that the JV is 50:50 owned implies only that residual income is divided equally between the partners; it does not guarantee that total income is divided equally." BUCKLEY/CASSON (1988), S. 44.

[537] Vgl. BLEEKE/ERNST (1992), S. 124. In älteren Veröffentlichungen wird bisweilen noch eine andere Auffassung vertreten. Vgl. KILLING (1982), S. 121ff.

Obwohl für zahlreiche Autoren nur dann ein Joint Venture vorliegt, wenn mindestens ein inländischer und ein ausländischer Partner an dem Gemeinschaftsunternehmen beteiligt sind,[538] wird hier bewußt darauf verzichtet, die Internationalität als begriffskonstituierendes Element aufzunehmen.[539] Denn in der Unternehmenspraxis kommen zahlreiche Fälle vor, bei denen Gemeinschaftsunternehmen und Partnerunternehmen aus demselben Land stammen bzw. ihren Sitz innerhalb einer Volkswirtschaft haben.[540] Vor diesem Hintergrund lassen sich zwei Arten von Joint Ventures unterscheiden. Bei den 'domestic' Joint Ventures gründen zwei oder mehr Partner einer Nationalität ein Joint Venture mit Standort im selben Land. Davon abzugrenzen sind 'international' Joint Ventures, die dadurch gekennzeichnet sind, daß die Herkunft mindestens eines Partners nicht mit dem Standort des Joint Venture identisch ist.[541] Ein Joint Venture kann demnach als international gelten,

- wenn Partner gleicher Herkunft in einem anderen Land ein Gemeinschaftsunternehmen gründen,
- wenn Partner aus zwei unterschiedlichen Ländern ein Gemeinschaftsunternehmen gründen, dessen Standort mit der Herkunft eines Partners identisch ist,
- wenn Partner aus zwei unterschiedlichen Ländern in einem Drittland ein Gemeinschaftsunternehmen gründen.[542]

Welche Chancen und Risiken mit einem Joint Venture verbunden sind, ergibt sich aus Abbildung 54.

---

[538] Siehe stellvertretend NIESCHLAG/DICHTL/HÖRSCHGEN (1997), S. 99; SEIBERT (1981), S. 22; BEREKOVEN (1985), S. 48; MEFFERT/BOLZ (1994), S. 123.

[539] Ähnlich siehe EISELE (1995), S. 11; WEDER (1989), S. 35ff.; KUTSCHKER (1995), Sp. 1080.

[540] Vgl. ZIMMERMANN (1991), S. 74.

[541] Vgl. HARRIGAN (1985), S. 1-18; DIERKS (1991), S. 149; HALL (1984), S. 19f.; KOGUT (1988b), S. 40.

[542] Vgl. WEDER (1989), S. 51; HÜNERBERG (1994), S. 130.

Chancen	Risiken
• Umgehung von Markteintrittsbarrieren • Vermeidung von fremdheitsbedingten Nachteilen • Risikoreduktion • bessere Akzeptanz bei Öffentlichkeit, Regierung u. sonstigen Interessengruppen • größere Gewinne als bei Franchising und Lizensierung • Einstufung als inländisches Unternehmen ermöglicht Zugang zu Investitionshilfen, staatlichen Aufträgen etc.	• Leitungskonflikte • unvollständige Kontrolle • divergierende Interessen • Konflikte zwischen JV und Parentalunternehmen

Abb. 54: Chancen und Risiken von Joint Ventures[543]

2.4.2.5. Strategische Allianz

In jüngerer Zeit wird einer Kooperationsform besondere Aufmerksamkeit geschenkt: der Strategischen Allianz.[544] Allerdings ist auch hier das Phänomen zu beobachten, daß der Begriff der Strategischen Allianz in Theorie und Praxis sehr unterschiedliche Interpretationen erfährt. Während einige Autoren den Begriff überhaupt nicht definieren, verwenden andere ihn auch als Oberbegriff für andere Kooperationsformen wie Joint Ventures, Lizenzvergabe etc. oder setzen ihn mit Kooperation gleich. Nur wenige bemühen sich um eine eindeutige Klärung des Sachverhalts.[545]

Strategische Allianzen sind zum einen durch eine **langfristige Ausrichtung** der Zusammenarbeit gekennzeichnet. Zum anderen impliziert das Attribut 'strategisch' auch eine **hohe Wertigkeit** der Kooperation für die beteiligten Un-

---

[543] Quelle: Eigene Darstellung. Die einzelnen Argumente finden sich bei PAUSENBERGER (1994), S. 21ff.; ROTHER (1991), S. 88; BENNETT (1995), S. 76; TERPSTRA/SARATHY (1994), S. 396; CZINKOTA/RONKAINEN (1988), S. 384ff.; ENDRES (1987), S. 375.

[544] Dies spiegelt sich in wissenschaftlicher Hinsicht in den zahlreichen Veröffentlichungen zu diesem Thema wieder. In praktischer Hinsicht äußert sich das in der zunehmenden Bedeutung Strategischer Allianzen. So hat sich die Anzahl der von Unternehmen eingegangenen Strategischen Allianzen in einem Zeitraum von 1982 bis 1992 mehr als vervierfacht. Vgl. BACKHAUS/VOETH (1995), S. 63.

[545] Vgl. HAMMES (1994), S. 26; SCHWAMBORN (1994), S. 3ff.; BÜCHS (1991), S. 5 sowie die von den Autoren angeführten Literaturbeispiele.

ternehmen.[546] Ein weiteres Kriterium, über das sich Strategische Allianzen von anderen Kooperationsformen abgrenzen lassen, stellt die **Ausrichtung** der Kooperation **auf ein Strategisches Geschäftsfeld** dar.[547] Da diese Geschäftsfeldbezogenheit für sämtliche an der Kooperation beteiligten Unternehmen gilt, ergibt sich daraus, daß die Kooperationsrichtung auf die **horizontale Ebene** beschränkt ist. Es handelt sich bei einer Strategischen Allianz um die Zusammenarbeit zwischen aktuellen bzw. potentiellen Wettbewerbern.[548]

Da die Ausrichtung der Strategischen Allianz geschäftsfeldbezogen ist, führt das häufig dazu, daß Unternehmen einer Branche in einzelnen Geschäftsfeldern als Partner, in anderen wiederum als Konkurrenten auftreten. Vor dem Hintergrund, daß bedingt durch ökonomische, rechtliche und technologische Rahmenbedingungen Strategische Allianzen für viele Unternehmen als ideale Wettbewerbsstrategie gelten, sind umfassende Allianznetzwerke entstanden, die einen erheblichen Einfluß auf die Wettbewerbsstrukturen einer Branche ausüben können. Je größer sie sind, desto mehr indirekte Wettbewerbsbeziehungen entstehen, die das Wettbewerbsverhalten nachhaltig verändern können.[549] Allerdings sind mit dem Eingehen einer strategischen Allianz nicht nur Chancen, sondern auch Risiken verbunden, die aus Abbildung 55 ersichtlich werden.

---

[546] Vgl. SCHWAMBORN (1994), S. 7; IHRIG (1991), S. 29; DEVLIN/BLEACKLEY (1988), S. 18; VIZJAK (1990), S. 1; JAIN (1987), S. 104; FAULKNER (1995), S. 7.

[547] Vgl. BACKHAUS/PILTZ (1990), S. 2; GAHL (1991), S. 11.

[548] Vgl. BACKHAUS/PILTZ (1990), S. 3; GAHL (1991), S. 11; MICHEL (1996), S. 23; BACKHAUS/MEYER (1993), S. 332. Vor diesem Hintergrund kann eine Kooperation zwischen Zulieferer und Abnehmer nicht als Strategische Allianz gelten, da sich die Zielsetzungen im Fall einer vertikalen Kooperation auf unterschiedliche Geschäftsfelder beziehen. BACKHAUS/PILTZ (1990), S. 3; GAHL (1991), S. 11; SCHWAMBORN (1994), S. 10.

[549] Vgl. BACKHAUS/PILTZ (1990), S. 4; MEFFERT/BOLZ (1994), S. 125.

164

Chancen	Risiken
• Große Ähnlichkeit der Produkte, Technologien, Marketing- u. Verfahrensressourcen • Flexibilität, Funktionalität, Effektivität, Anpassungsfähigkeit • Marktzugang	• Wissens- und Know-how-Abfluß • Untergrabung der Wettbewerbsposition • Übernahme durch Partner

Abb. 55: Chancen und Risiken von Strategischen Allianzen[550]

2.4.3. Beziehungen zwischen den Kooperationsformen

In den vorangegangenen Abschnitten wurden unterschiedliche Formen unternehmerischer Zusammenarbeit, zwischen denen zum Teil graduelle, zum Teil aber auch substantielle Differenzen existieren, isoliert voneinander behandelt. Die Unternehmensrealität zeigt aber, daß unabhängig vom Grad ihrer Unterschiedlichkeit Beziehungen zwischen den einzelnen Kooperationsformen herrschen, und zwar dergestalt, daß innerhalb einer Kooperation zwischen zusammenarbeitenden Unternehmen (1) Kooperationsformen kombiniert auftreten oder daß (2) Kooperationsformen zeitlich aufeinander folgen.[551]

(1) CONTRACTOR weist bspw. darauf hin, daß häufig zusätzliche Kooperationsverträge an die Gründung eines Joint Ventures gekoppelt werden. So beinhaltet eine große Anzahl von Lizenzverträgen gleichzeitig eine kapitalmäßige Verflechtung in Form eines Joint Ventures.[552] Zu einem ähnlichen Schluß kommt AHN, der bei 70 untersuchten Joint Ventures festgestellt hat, daß 24 mit Management-Verträgen, 18 mit Lizenzen, 33 mit Technische-Hilfe-Verträgen und 23 mit speziellen Marketing-Vereinbarungen einhergingen.[553]

[550] Quelle: Eigene Darstellung. Die einzelnen Argumente finden sich bei LEWIS (1991), S. 93ff.; BACKHAUS/PILTZ (1990), S. 2; PORTER/FULLER (1989), S. 375ff.; IHRING (1991), S. 30; MICHEL (1992), S. 5f.
[551] Vgl. RATH (1990), S. 60.
[552] Vgl. CONTRACTOR (1985), S. 23.
[553] Vgl. AHN (1981), S. 168ff.

Lizenzverträge, die gleichzeitig mit einem Management-Vertrag verbunden sind, stellen ebenfalls keine Seltenheit dar. Ein reiner Lizenzvertrag ist dann nicht ausreichend, wenn der Lizenznehmer über größere kaufmännische oder technologische Defizite verfügt. Dann kann es sinnvoll sein, z.b. eine Produktionslizenz mit einem zusätzlichen Management-Vertrag zu koppeln, um sicherzustellen, daß die in Lizenz vergebenen Produkte in entsprechender Qualität hergestellt und vermarktet werden.[554]

(2) Ein zeitlicher Zusammenhang zwischen unterschiedlichen Kooperationen herrscht insofern, als Formen mit schwächerer Bindungsintensität und geringerer strategischer Bedeutung als Vorstufe zu solchen mit intensiverer Verflechtung und größerer strategischer Relevanz eingegangen werden. Zu beobachten ist, daß insbesondere Joint Ventures ein Lizenz- und/oder Management-Vertrag vorausgeht.[555] Vor dem Hintergrund, daß die Wahl des richtigen Partners als zentraler Faktor für den Erfolg oder Mißerfolg eines Kooperationsvorhabens angesehen wird, bietet eine strategisch weniger bedeutsame Kooperation eine gute Gelegenheit, den Partner im Hinblick auf weitere Kooperationsprojekte besser kennenzulernen und Vertrauen zu diesem aufzubauen. Gleichzeitig können seine Kompetenzen analysiert und die Kompatibilität in strategischer und kultureller Hinsicht überprüft werden.[556]

---

[554]   Vgl. BROOKE (1985), S. 97.

[555]   Vgl. RATH (1990), S. 64.

[556]   Siehe dazu auch die Ausführungen des Kapitels II.2.2.1.3.

3. Konkretisierung des dienstleistungsspezifischen Kooperationsmodells und Darstellung des Untersuchungsdesigns

3.1. Generierung des dienstleistungsspezifischen Kooperationsmodells

Die bisherigen Ausführungen dienten dazu, die einzelnen Module des zu Beginn der Arbeit vorgestellten Grobmodells inhaltlich zu konkretisieren und damit einen Bezugsrahmen für die Analyse von Kooperationen im Dienstleistungssektor zu schaffen. Zur Erklärung des **Dienstleistungsmoduls** war die Kennzeichnung und Systematisierung von Dienstleistungen notwendig (Kapitel II.1.) In diesem Zusammenhang wurden auch die dienstleistungsspezifischen Kriterien Art des externen Faktors, Haupteinsatzfaktor, Individualitätsgrad und Interaktionsintensität näher erläutert, anhand derer die einzelnen Dienstleistungsunternehmen zur besseren Analyse ihres Kooperationsverhaltens zu unterschiedlichen Clustern zusammengefaßt wurden.

Um das **Kooperationsmodul**, das strategische Aspekte unternehmerischer Zusammenarbeit beinhaltet, zu präzisieren, konzentrierten sich die Ausführungen des Kapitels II.2. auf jene Tatbestandsmerkmale, die - aus strategischer Perspektive - bei der Kooperation von Unternehmen von großer Bedeutung sind. Insbesondere sind hier die mit einer Partnerschaft verbundenen Ziele und die Konfiguration der Zusammenarbeit im Hinblick auf unterschiedliche Kooperationsdimensionen und Kooperationsformen zu nennen. Für ein erfolgreiches Management von Kooperationen ist nicht nur das Wissen über strategische Entscheidungstatbestände von besonderer Relevanz, sondern es interessieren auch jene tatsächlichen und potentiellen Problemfelder, die die Existenz einer Zusammenarbeit bedrohen, sowie jene Faktoren, die für Erfolg und Mißerfolg einer Partnerschaft verantwortlich sein können. Deshalb wurden auch der Erfolg unternehmerischer Zusammenarbeit und Kooperationsprobleme diskutiert.

Das **Unternehmensmodul** umfaßt - wie in der Einleitung bereits geschildert - als unternehmensspezifische Kriterien die Branche des Dienstleistungsunternehmen, seine Größe und das geographische Tätigkeitsfeld (siehe Abb. 56).

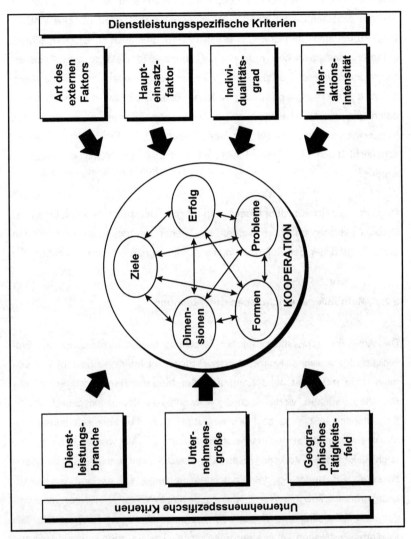

Abb. 56: Modell zur Analyse des Kooperationsverhaltens von Dienstleistungsunternehmen.[557]

---

[557] Vgl. Quelle: Eigene Darstellung.

Das dienstleistungsspezifische Kooperationsmodell visualisiert, daß zwischen den drei Modulen gemäß den Vorüberlegungen des Kapitels I.2. eine Vielzahl von Beziehungen herrschen. Dabei gilt es zu untersuchen, welchen Einfluß unternehmensspezifische Kriterien auf kooperative Belange von Dienstleistungsunternehmen ausüben und inwiefern die kooperativen Tatbestände durch dienstleistungsspezifische Kriterien determiniert werden (symbolisiert durch die dicken Pfeile). Auch zwischen den Elementen innerhalb des Kooperationsmoduls existiert ein umfangreiches Beziehungsgeflecht (veranschaulicht durch die dünnen Pfeile), die ebenfalls einer Analyse unterzogen werden.

Obgleich sämtliche in dem Modell aufgezeigten Beziehungen im Rahmen der Datenauswertung analysiert worden sind, gehen die folgenden Ausführungen lediglich auf diejenigen Befunde ein, die sich als signifikant erwiesen haben.[558]

3.2. Methodik der empirischen Untersuchung

Das Anliegen realwissenschaftlicher Forschung basiert nicht nur auf der Entwicklung theoretischer Konzepte oder Modelle. Ihr Interesse besteht vielmehr darin, eine möglichst hohe Kongruenz der theoretischen Aussagen mit der Realität zu suchen, woraus sich die Notwendigkeit der empirischen Überprüfung ableiten läßt.[559] Je nach Kenntnisstand über den interessierenden Problemkreis können dazu unterschiedliche Ansätze gewählt werden. Während bei noch lückenhaften Vorkenntnissen zum Zwecke einer ersten Aufhellung und besseren Strukturierung des Forschungsproblems auf explorative Untersuchungen zurückgegriffen wird, dienen deskriptive Analysen einer möglichst genauen Erfassung und Beschreibung problemrelevanter Sachverhalte. Bei fundierterem Wissen ist es dann möglich, explikative oder kausale Analysen durchzuführen, um hinsichtlich der zu untersuchenden Phänomene zu verläßli-

---

[558] Signifikante Ergebnisse lassen sich je nach Ausmaß noch danach differenzieren, ob sie hochsignifikant, signifikant oder tendenziell signifikant sind. Zur Signifikanzproblematik siehe auch Kapitel II.3.2.

[559] Vgl. ALLAIS (1988), S. 119; GADENNE (1984), S. 17 u. 166; FRITZ (1995a), S. 93.

chen Erklärungen zu gelangen, die auch Ursache-Wirkungs-Zusammenhänge beinhalten.[560]

Aus den Erläuterungen zum oben dargestellten Kooperationsmodell geht bereits implizit hervor, daß der Schwerpunkt der empirischen Untersuchung auf der **Analyse kausaler Zusammenhänge** zwischen unternehmens-, dienstleistungs- und kooperationsspezifischen Variablen liegt.[561] Dazu kann es erforderlich sein, einzelne Aspekte auf eher deskriptiver Ebene zu untersuchen, um die für eine Kausalanalyse notwendigen Voraussetzungen zu schaffen. Die für die Untersuchung des Kooperationsverhaltens von investiven Dienstleistern notwendigen Daten wurden im Rahmen einer Primärerhebung mit Unterstützung der Forschungsstelle für Angewandtes Marketing (FORAM) der Universität Hohenheim erhoben. Über die Primärerhebung lassen sich folgende Angaben machen:

- **Grundgesamtheit und Stichprobe**
Bei der Definition der Grundgesamtheit und der Bestimmung der in die Untersuchung einzubeziehenden Auswahleinheiten erwies es sich als problematisch, daß kein geeignetes statistisches Datenmaterial über den investiven Dienstleistungssektor verfügbar ist, auf dessen Basis eine genaue Definition und Abgrenzung sowie Charakterisierung der Grundgesamtheit hätte vorgenommen werden können. Diese Angaben wären notwendig gewesen, um mit Hilfe von Verfahren der bewußten Auswahl oder zufallsgesteuerten Auswahlverfahren zu einer repräsentativen Stichprobe zu gelangen.[562] Die geringe Informationsbasis läßt sich durch die extreme Heterogenität des Dienstleistungssektors und damit auch durch die Vielfalt investiver Dienstleister begründen. Erschwerend kommt hinzu, daß aufgrund einer fehlenden einheitlichen Abgrenzung und Definition

---

560   Vgl. NIESCHLAG/DICHTL/HÖRSCHGEN (1997), S. 675; BÖHLER (1992), S. 30ff.

561   Es sei darauf hingewiesen, daß sich kausale Beziehungen mit empirischen Daten i.d.R. nicht schlüssig beweisen lassen. Die statistisch nachgewiesenen Relationen erlauben es jedoch, gewisse Schlußfolgerungen zu ziehen, die aber streng genommen einem Fehlbarkeitsrisiko unterworfen sind. Um kausale Beziehungen zwischen Variablen nachzuweisen, kommen als Methoden insbesondere die Pfadanalyse sowie LISREL in Betracht. Vgl. NIESCHLAG/DICHTL/HÖRSCHGEN (1997), S. 677.

562   Siehe zu den Voraussetzungen der zufallsgesteuerten bzw. bewußten Auswahl z.B. BEREKOVEN/ECKERT/ELLENRIEDER (1996), S. 51 u. 54; NIESCHLAG/DICHTL/HÖRSCHGEN (1997), S. 726 u. 728.

des Dienstleistungsbegriffs die statistische Erfassung von Dienstleistungen mit Schwierigkeiten behaftet ist.[563] Da es unter Berücksichtigung methodischer, finanzieller und zeitlicher Restriktionen unmöglich erschien, eine für den gesamten investiven Dienstleistungssektor repräsentative Untersuchung durchzuführen,[564] es aber beabsichtigt war, allgemeingültige Aussagen über das Kooperationsverhalten von Dienstleistungsunternehmen zu erzielen, wurde unter Abwägung pragmatischer, forschungsökonomischer Aspekte und wissenschaftlichem Anspruchsniveau versucht, diesem Problem unter Berücksichtigung ausgewählter Dienstleistungszweige über die Bildung von Dienstleistungsclustern gerecht zu werden.[565] So läßt sich die aus der Heterogenität und Fragmentierung von Dienstleistungen resultierende Komplexität bei der Untersuchung betriebswirtschaftlicher Fragestellungen reduzieren.[566]

Im Hinblick auf die Festlegung der Stichprobe sind Entscheidungen über (1) die Erhebungseinheiten, d.h. die auszuwählenden Dienstleistungszweige, (2) die Auswahlbasis sowie (3) den Stichprobenumfang und das Auswahlprinzip zu treffen.

(1) Es wurden **sechs Dienstleistungsbranchen** ausgewählt, die über die Zuordnung zu den diversen Dienstleistungsclustern stellvertretend auch für andere Dienstleistungszweige stehen. Zu den in der Untersuchung berücksichtigten Dienstleistungsunternehmen zählen: **Unternehmensberatungen, Marktforschungsinstitute, Werbeagenturen, Wirtschaftsprüfungsgesellschaften, Luftfahrtunternehmen** und **Logistikdienstleister** (Speditionen, Paket- und Kurierdienste).

---

[563] Vgl. MEFFERT/BRUHN (1997), S. 23. Auch STAFFELBACH (1988) weist explizit auf die Schwierigkeiten hin, die mit empirischen Untersuchungen im Dienstleistungsbereich verbunden sind. Siehe zu dieser Problematik auch Kapitel II.1.

[564] Dieser Umstand scheint letztendlich mit dafür verantwortlich zu sein, daß im Dienstleistungs-Marketing branchenspezifische Analysen dominieren. Vgl. MEFFERT/BRUHN (1997), S. 3.

[565] So weisen NIESCHLAG/DICHTL/HÖRSCHGEN (1997), S. 672, auf das Dilemma der Gratwanderung zwischen pragmatischer Vorgehensweise und theoretischen Ansprüchen im Rahmen der empirischen Forschung hin.

[566] Siehe zur Klassifikationsproblematik im Detail und zur wissenschaftlichen Legitimation dieser Vorgehensweise Kapitel II.1.2.3. und die dort zitierte Literatur.

Dabei wurde die Wahl für diese sechs Dienstleistungsbranchen von pragmatischen Gesichtspunkten determiniert. Es war beabsichtigt, solche Dienstleister in die Stichprobe aufzunehmen, die sich durch einen relativ hohen Professionalisierungsgrad auszeichnen. Bei diesen Dienstleistern ist davon auszugehen, daß betriebswirtschaftliches Wissen vorhanden ist, und sie daher auch in der Lage sind, Fragen zur unternehmensübergreifenden Zusammenarbeit zu beantworten. Weiterhin sollten sie eine relativ hohe gesamtwirtschaftliche Bedeutung aufweisen, die das Interesse, mehr über ihre Kooperationen herauszufinden, rechtfertigt. Da im Rahmen der Arbeit die Analyse des Kooperationsverhaltens auf Basis von Dienstleistungsclustern erfolgt, mußte über die Selektion der Dienstleistungszweige auch gewährleistet sein, daß sich nach der Zuordnung in jeder Dienstleistungsgruppe genügend Unternehmen wiederfinden würden, um eine gesicherte Auswertung vornehmen zu können. [567]

(2) Die Bestimmung der **Auswahlbasis** erwies sich ebenfalls als problematisch, da für die ausgewählten Branchen keine Informationen darüber existieren, wieviele und welche Unternehmen im einzelnen dem entsprechenden Dienstleistungszweig angehören. Eine Ausnahme stellen die Wirtschaftsprüfungsgesellschaften dar; sie sind ohne Ausnahme der Wirtschaftsprüfungskammer angeschlossen. Daher liegt ein vollständiges Verzeichnis sämtlicher Wirtschaftsprüfer vor. Für die Unternehmensberater, Marktforschungsinstitute, Werbeagenturen und Logistikdienstleister wurde Rückgriff auf Mitgliederverzeichnisse von führenden und anerkannten Verbänden und sonstigen Organisationen genommen, denen ein Teil, aber nicht alle Unternehmen des entsprechenden Dienstleistungszweigs, als freiwilliges Mitglied angehört. Über ein Nachschlagewerk für Touristikunternehmen konnte eine nahezu umfassende Auflistung der Luftfahrtunternehmen erstellt werden, die ihren Sitz oder zumindest ein Büro in der Bundesrepublik Deutschland haben. [568]

---

[567] Zur Zuordnung der einzelnen Dienstleistungsunternehmen zu Dienstleistungstypen siehe Kapitel II.1.3.3.

[568] Dabei wurde unter Praktikabilitätsgesichtspunkten in Kauf genommen, daß die Erhebungsgesamtheit nicht deckungsgleich mit der dieser Untersuchung zugrundeliegenden Grundgesamtheit ist. So sind z.B. nicht alle Unternehmensberater Mitglied im BDU und auch nicht alle Marktforschungsinstitute Mitglied im BVM. Siehe zu dieser Problematik auch BÖHLER (1992), S. 129. Die Alternative, sich repräsentative Adressen von einem Adreßverlag gegen Entgelt zu beschaffen, wurde sowohl aus finanziellen Überlegungen

(3) Aufgrund der eingeschränkten Informationen hinsichtlich Größe und Struktur der ausgewählten Dienstleistungszweige war es auch auf dieser Ebene nicht möglich, eine Stichprobe zu konstruieren, in der die Unternehmen proportional zu ihrem Verhältnis in der Grundgesamtheit vertreten sind. Deshalb wurden alle Dienstleistungszweige - ungeachtet ihrer tatsächlichen Anzahl in der Grundgesamtheit - in gleichem Ausmaß in der Stichprobe berücksichtigt. Damit konnte auch der oben formulierten Forderung, daß sich - aus auswertungstechnischen Gründen - eine ausreichend große Anzahl von Dienstleistungsunternehmen den einzelnen Clustern zuordnen lassen sollte, am besten Rechnung getragen werden. Mit Hilfe einer **systematischen Zufallsauswahl**[569] wurde eine **Stichprobe** mit einem **Umfang** von 600 Unternehmen gezogen, in der jeder Dienstleistungsbranche zu gleichen Teilen (je 100 Unternehmen) vertreten war. Bei dem Sample ist davon auszugehen, daß es sich bei den ausgewählten Unternehmen zumindest um eine für ihren Dienstleistungszweig typische Auswahl handelt. Abbildung 57 faßt die für die Stichprobe relevanten Informationen nochmals zusammen.

Dienstleistungsbranche	Auswahlbasis	Anzahl	Anzahl in Stichprobe
Unternehmensberater	Bundesverband Deutscher Unternehmensberater e.V. (BDU)	370	100
Marktforschungsinstitut	Berufsverband Deutscher Markt- und Sozialforscher e.V. (BVM)	450	100
Werbeagentur	Gesamtverband Werbeagenturen GWA	180	100
Wirtschaftsprüfer	Wirtschaftsprüfungskammer	13000	100
Luftfahrtunternehmen	TID Touristik-Kontakt	200	100
Logistikdienstleister	Bundesvereinigung Logistik e.V. (BVL)	2900	100

Abb. 57: Informationen zur Stichprobe der Untersuchung[570]

---

als auch unter Repräsentativitätsgesichtspunkten verworfen. Zur mangelnden Qualität des Datenmaterials über Adreßverlage vgl. z.B. TRAUTMANN (1993), S. 191.

[569] Zur Zufallsauswahl siehe z.B. BEREKOVEN/ECKERT/ELLENRIEDER (1996), S. 51ff.; BAUSCH (1990), S. 45ff.; BÖHLER (1992), S. 135ff.

[570] Quelle: Eigene Darstellung. Zu den Verzeichnissen, die als Auswahlbasis fungierten, siehe o.V. (1994f); o.V. (1995b); o.V. (1994e); o.V. (1994g); o.V. (1995f); o.V. (1995c).

Vor dem Hintergrund, daß der Untersuchungsgegenstand dem Kontext der Unternehmensführung zuzuordnen ist, wurden als Zielpersonen der Befragung Mitglieder der Unternehmensleitung festgelegt, weil nur von diesen gesicherte Angaben zum Kooperationsphänomen zu erwarten waren.

• **Erhebungsinstrumentarium und -zeitraum**

Als Erhebungsinstrumentarium bot sich unter Berücksichtigung des Stichprobenumfangs und der zur Verfügung stehenden Zeit eine schriftliche Befragung mit Hilfe eines postalisch zugestellten Fragebogens an.[571] Dieser bestand im wesentlichen aus geschlossenen Fragen; auf offene Frageformulierungen wurde weitestgehend verzichtet, um für die Befragten die Zeit, die für das Ausfüllen des Fragebogens notwendig ist, so kurz wie möglich zu halten und damit den Rücklauf zu erhöhen sowie die Auswertung des Datenmaterials zu erleichtern.[572]

Den Zielpersonen ging zusammen mit dem Fragebogen ein personalisiertes Anschreiben sowie ein adressierter Rückumschlag zu.[573] Die Akzeptanz und Verständlichkeit des Erhebungsinstrumentariums wurde mittels eines Pre⁻tests[574] bei 40 ausgewählten Unternehmen im November 1995 überprüft, was zu vereinzelten Verbesserungen des Fragebogens geführt hat. Die eigentliche Befragung fand im Dezember 1995 statt.

• **Response und Repräsentativität**

Von den 600 versandten Fragebögen konnten 12 nicht zugestellt werden. 17 Unternehmen schickten den Fragebogen zwar zurück, sahen sich aber aus

---

[571] Zu den Vor- und Nachteilen der schriftlichen Befragung im Vergleich zu anderen Erhebungsmethoden siehe auch BEREKOVEN/ECKERT/ELLENRIEDER (1996), S. 113ff.; NIESCHLAG/DICHTL/HÖRSCHGEN (1997), S. 744f.

[572] Der Fragebogen findet sich im Anhang 2. Die Gestaltung des Fragebogens und die Formulierung der Fragen wurde unter Berücksichtigung der Empfehlungen der Methodenforschung vorgenommen. Siehe dazu z.B. SCHNELL/HILL/ESSER (1989), S. 306 ff.

[573] Das Anschreiben findet sich im Anhang 1. Da auch dem Anschreiben ein hoher Einfluß auf die Rücklaufquote zukommt, wurde im Hinblick auf seine formale und inhaltliche Gestaltung den Anregungen der wissenschaftlichen Literatur Rechnung getragen. Siehe dazu z.B. BEREKOVEN/ECKERT/ELLENRIEDER (1996), S. 115; FRITZ (1995a), S. 97.

[574] Von den 40 (abzüglich 2, bei denen eine falsche Adresse vorlag) versandten Fragebögen kamen 15 ausgefüllt zurück, was einer Rücklaufquote von 39,4% entspricht.

174

unterschiedlichsten Gründen nicht in der Lage, an der Untersuchung teilzu-nehmen. Für die weitere Datenauswertung waren 185 Fragebögen brauchbar. Die effektiv erzielte Rücklaufquote von 30,83% kann für eine schriftliche Befra-gung bei Top-Managern als überaus zufriedenstellend angesehen werden.[575]

Im Hinblick auf die Verallgemeinerungsfähigkeit der Stichprobenergebnisse[576] ist zu berücksichtigen, daß die Befunde aufgrund der bereits in dem Abschnitt über Grundgesamtheit und Stichprobe angesprochenen Problematik zwar als typisch und damit vermutlich als repräsentativ für die ausgewählten Dienstlei-stungsbranchen angesehen werden können, sie aufgrund des heterogenen Spektrums der Dienstleistungen wahrscheinlich nur eingeschränkte Gültigkeit für den gesamten investiven Dienstleistungssektor besitzen. Obwohl die Ergebnisse also streng genommen als nicht repräsentativ für sämtliche Dienst-leistungen gelten, lassen sie sich jedoch bei vorsichtiger Interpretation durch die Cluster-Bildung auf Basis unternehmens- und dienstleistungsspezifischer Kriterien auch auf andere Dienstleistungsunternehmen als die der berücksich-tigten Branchen übertragen.

- **Auswertung der Daten**

Nach Rücksendung der Fragebögen wurden die Daten codiert und in den PC eingegeben. Die Auswertung der Daten erfolgte mit Hilfe des Statistik-Soft-wareprogramms SPSS (Statistical Package of Social Science, Version 7.5 for Windows).

Der erste Auswertungsschritt diente zunächst der Berechnung von absoluten oder relativen Häufigkeiten. In Abhängigkeit vom Datenmaterial kamen noch bi-

---

[575] Auf eine Nachfaßaktion, die sicherlich noch zu einer Erhöhung der Rücklaufquote geführt hätte, wurde aufgrund finanzieller Restriktionen verzichtet.

[576] Stichprobenergebnisse gelten dann als repräsentativ, wenn die Verteilung wichtiger Merk-male in der Stichprobe der in der Grundgesamtheit entspricht, d.h. die Stichprobe sollte ein verkleinertes Abbild der Grundgesamtheit darstellen. Die Prüfung der Stichproben-qualität wird über einen Abgleich zentraler Merkmale in Grundgesamtheit und Stichprobe vorgenommen. Vgl. NIESCHLAG/DICHTL/ HÖRSCHGEN (1997), S. 1073; BAUSCH (1990), S. 32; NOELLE (1963), S. 110; FRITZ (1995a), S. 106. Da es im konkreten Fall nicht möglich war, die Verteilung wichtiger Parameter in der Grundgesamtheit zu bestimmen, kann auch kein Vergleich zwischen Grundgesamtheit und Stichprobe hinsichtlich dieser Kriterien erfolgen. Damit kann auch keine Aussage zur Stichprobenqualität gemacht werden.

und multivariate Verfahren zur Anwendung.[577]

Da das Datenmaterial überwiegend nominalen bzw. ordinalen Charakter aufweist, wurden hauptsächlich Kreuztabellen eingesetzt, um mögliche Zusammenhänge zwischen den zu analysierenden Variablen zu ermitteln. Als Signifikanztest zur Überprüfung der Zufälligkeit des Ergebnisses diente dabei der Chi-Quadrat-Test (χ^2-Test). In dieser Untersuchung wurden die Signifikanzgrenzen folgendermaßen festgelegt: Der Zusammenhang zwischen zwei Variablen gilt als hochsignifikant, wenn die Irrtumswahrscheinlichkeit unter 1% liegt (a < 0,01). Bewegt sich die Irrtumswahrscheinlichkeit zwischen 1% und 5% (0,01 < a < 0,05), werden Beziehungen als signifikant angesehen. Bei einer Irrtumswahrscheinlichkeit zwischen 5% und 10% (0,05 < a < 0,1) sind die Ergebnisse nur noch tendenziell signifikant.[578]

3.3. Strukturmerkmale der analysierten Unternehmen

Anliegen dieses Abschnitts ist es, die Unternehmen, die sich an der empirischen Untersuchung beteiligt haben und deren Antworten als Basis für die Analyse des Kooperationsverhaltens von Dienstleistungsunternehmen fungieren, einer kurzen Beschreibung zu unterziehen, die anhand unternehmensspezifischer Kriterien sowie dienstleistungsspezifischer Kriterien, auf deren Basis die Zuordnung der untersuchten Dienstleistungsunternehmen zu den einzelnen Clustern erfolgt, vorgenommen wird. Die Charakterisierung ermöglicht einen Überblick über die Größenordnung der Cluster, anhand derer in den folgenden Kapiteln überprüft wird, ob sich Hinblick auf strategische Aspekte unternehmerischer Zusammenarbeit für die jeweiligen Unternehmens- und Dienstleistungstypen Unterschiede ergeben.

---

[577] Vgl. zu den uni-, bi- und multivariaten Verfahren z.B. NIESCHLAG/DICHTL/HÖRSCHGEN (1997), S. 766ff.; BÖHLER (1992), S. 161ff.; BEREKOVEN/ECKERT/ELLENRIEDER (1996), S. 194; BACKHAUS U.A. (1996).

[578] Vgl. zu dieser Einteilung HÖRSCHGEN/GAISER/STROBEL (1981), S. 4 sowie HÖRSCHGEN U.A. (1993b), S. 124. Im Rahmen dieser Arbeit wurde auf die Nennung zufälliger Befunde verzichtet. Die Darstellung der signifikanten Ergebnisse erfolgt unter Angabe des entsprechenden Signifikanzniveaus (SN).

3.3.1. Charakterisierung anhand unternehmensspezifischer Kriterien

- **Dienstleistungsbranche**

Von den untersuchten Dienstleistungsunternehmen gehören die meisten der Gruppe der Marktforschungsunternehmen an. Sie machen einen Anteil von 23,2% aus. Im Gegensatz dazu stellen die Luftfahrtunternehmen die kleinste Gruppe dar; sie sind nur zu 13% vertreten. Unternehmensberater, Werbeagenturen, Wirtschaftsprüfer und Logistikdienstleister sind fast im gleichen Verhältnis repräsentiert. Bei ihnen variiert der Anteil zwischen 15,1% und 17,8% (siehe Abb. 58).

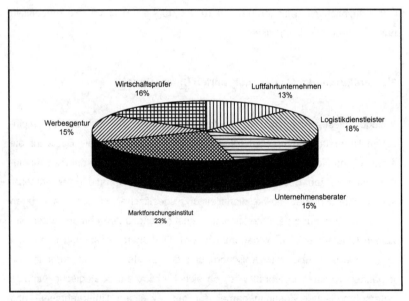

Abb. 58: Branchenverteilung der analysierten Unternehmen[579]

Die Tatsache, daß sich Marktforschungsunternehmen in stärkerem Ausmaß als andere Dienstleister an der empirischen Untersuchung beteiligt haben, läßt sich möglicherweise damit begründen, daß die Durchführung von Primärerhebungen zu den Leistungen zählt, die Marktforschungsinstitute normalerweise selbst

---

[579]   Quelle: Eigene Darstellung basierend auf eigenen Berechnungen.

offerieren und sie deshalb eine größere Affinität zum Ausfüllen von Fragebögen aufweisen. Auch sind sie darauf angewiesen, daß möglichst viele Probanden an ihren Untersuchungen teilnehmen; dies könnte ihre Bereitschaft, den Fragebogen zu beantworten und zurückzusenden, positiv beeinflußt haben.

• **Unternehmensgröße**

Rückschlüsse auf die Unternehmensgröße sind über die Anzahl der in den Unternehmen beschäftigten Personen und über die erzielten Umsätze möglich. Abbildung 59 zeigt die Verteilung dieser Merkmale in der Stichprobe.

Untersuchungsmerkmal	Anzahl	Anteil in %
Anzahl der Beschäftigten:		
1 bis 25	82	44,8
über 25 bis 50	31	16,9
über 50 bis 100	9	4,9
über 100 bis 500	26	14,2
über 500 bis 1000	5	2,7
über 1000 bis 2000	10	5,5
über 2000 bis 5000	8	4,4
über 5000	12	6,6
Summe	183	100
Bruttoumsatz:		
1 TDM bis 500 TDM	18	10,2
über 500 TDM bis 1 Mio DM	19	10,7
über 1 Mio DM bis 2 Mio DM	22	12,4
über 2 Mio DM bis 5 Mio DM	19	16,4
über 5 Mio DM bis 10 Mio DM	15	8,5
über 10 Mio DM bis 25 Mio DM	13	7,3
über 25 Mio DM bis 100 Mio DM	25	14,1
über 100 Mio DM	36	20,3
Summe	177	100

Abb. 59: Beschäftigtenzahl und Umsatzverteilung der analysierten Unternehmen [580]

---

[580] Quelle: Eigene Darstellung basierend auf eigenen Berechnungen. In die Auswertung wurden 185 Fragebögen einbezogen, obwohl einige Probanden nicht alle Fragen beantwortet haben. So lassen sich auch die unterschiedlichen absoluten Summenwerte bei der Anzahl der Beschäftigten und beim Bruttoumsatz erklären. Dieses Phänomen kann auch im weiteren Verlauf der Arbeit bei der Auswertung anderer Fragen auftauchen.

Vor dem Hintergrund dieser sehr detaillierten Datenmenge erscheint es sinnvoll, die Unternehmen noch weiter zusammenzufassen, um somit zu einer
Komprimierung der Datenfülle zu gelangen. Dabei bietet sich in diesem Zusammenhang eine Dichotomisierung in Klein- und Mittelbetriebe (KMUs) sowie
Großunternehmen an.[581] Als Beurteilungsmaßstab, welche Unternehmen als
klein/mittel bzw. groß zu klassifizieren sind, wird im folgenden die Beschäftig-
tenanzahl herangezogen.[582] Diese Form der quantitativen Abgrenzung ist
jedoch in Abhängigkeit vom Wirtschaftszweig zu treffen, da z.b. ein Industrieunternehmen mit einer Mitarbeiterzahl von 200 noch als Kleinbetrieb gilt, während ein Dienstleistungsunternehmen mit vergleichbarer Beschäftigtenzahl
bereits als 'groß' einzustufen ist. Daher schlägt das Institut für Mittelstandsfor-
schung hinsichtlich des Kriteriums Beschäftigtenzahl folgende Einteilung für
KMUs vor.

• Industrie		bis	499	Beschäftigte
• Großhandel		bis	199	Beschäftigte
• Einzelhandel		bis	99	Beschäftigte
• Dienstleistungen		bis	49	Beschäftigte

Abb. 60: Abgrenzung von KMUs nach der Beschäftigtenzahl in unterschiedlichen Wirtschaftsbereichen[583]

Entsprechend dieser Einteilung lassen sich die in der empirischen Untersuchung berücksichtigen Unternehmen über eine Zusammenfassung der ersten
beiden Beschäftigtenkategorien (1 bis 50 Beschäftigte) zu kleinen und mittleren

---

[581] Obwohl der Erforschung von KMUs im Rahmen der Betriebswirtschaftslehre ein zunehmend breiterer Stellenwert eingeräumt wird, fehlt bis heute eine überzeugende Abgrenzung dieses Forschungsobjekts. Prinzipiell kann die Differenzierung in Klein- und Mittelbetriebe einerseits und Großbetriebe andererseits anhand eines Kriteriums oder mehrerer
Kriterien vorgenommen werden, wobei aus wissenschaftlicher Sicht der letzeren Möglichkeit der Vorzug zu geben ist. Allerdings läßt sie sich in der Praxis nicht immer realisieren. Die Abgrenzungskriterien können quantitativer (Umsatz, Beschäftigtenzahl, Bilanz-
summe) oder qualitativer Art (Rechtsform, Art der Unternehmensführung, Unternehmenskultur, ...) sein. Vgl. zu dieser Thematik HOFFMANN (1990), S. 41ff.; KLAILE (1984), S.
56ff.; PFOHL/KELLERWESSEL (1982), S. 29ff.

[582] Um permanente Anpassungen der Größenklassen an Preisänderungen zu vermeiden,
was bei der Heranziehung des Umsatzes als Bezugsgröße u.U. notwendig wäre, wird bei
der Einstufung der Unternehmen in Klein- und Mittelbetriebe bzw. Großunternehmen die
Beschäftigtenzahl bevorzugt. Vgl. HRUSCHKA (1976), S. 4.

[583] Vgl. KLAILE (1984), S. 57.

179

Dienstleistern gruppieren, Firmen mit über 50 Mitarbeitern werden als große Dienstleistungsunternehmen bezeichnet. Danach zählen 62% der Unternehmen in der Stichprobe zu den KMUs und 38% zu den Großunternehmen.

- **Geographisches Tätigkeitsfeld**

Im Hinblick auf das geographische Tätigkeitsfeld dominieren bei den untersuchten Unternehmen in Deutschland tätige Dienstleister, denn 46,2% stuften ihren Aktionsradius eher national ein. Auf eher regional zu nennenden Märkten sind 17,4% der Dienstleister aktiv, während mehr als ein Drittel der Unternehmen (36,4%) über internationale Erfahrung verfügt (siehe Abb. 61).

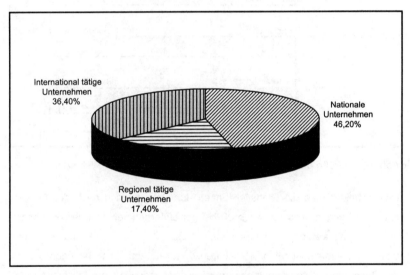

Abb. 61: Geographisches Tätigkeitsfeld der Unternehmen[584]

3.3.2. Charakterisierung anhand dienstleistungsspezifischer Kriterien

Basierend auf den Überlegungen der Kapitel II.1.2.3. und II.1.3.3. lassen sich die analysierten Dienstleister im Hinblick auf die Kriterien Art des externen Faktors, Haupteinsatzfaktor, Individualitätsgrad sowie Interaktionsintensität diffe-

584 Quelle: Eigene Darstellung basierend auf eigenen Berechnungen.

renzieren, wobei jedes Kriterium durch zwei Merkmalsausprägungen gekennzeichnet ist. Gemäß der bereits oben vorgenommenen Zuordnung der diversen
Dienstleistungsbranchen zu einzelnen Dienstleistungsclustern zeigt Abbildung
62 deren prozentuale Verteilung in der Stichprobe.

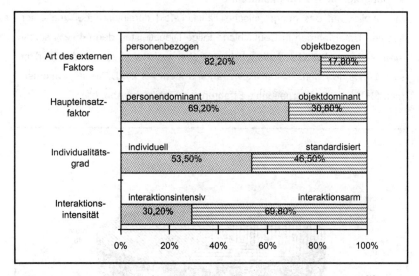

Abb. 62: Größe der einzelnen Dienstleistungscluster in der Stichprobe[585]

Unterscheidet man die Dienstleistungen der Unternehmen nach der Art des
externen Faktors, sind demnach 82,2% der Unternehmen den personenbezogenen Dienstleistungen zuzurechnen, 17,8% gelten als objektbezogen. Fungiert der Haupteinsatzfaktor als Abgrenzungskriterium, dann befinden sich in
der Stichprobe 69,2% Unternehmen mit personendominanten Leistungen und
30,8% mit objektdominanten Leistungen. Bezüglich des Individualitätsgrads
setzen sich die Unternehmen zu 53,5% aus Firmen zusammen, die eher individuelle Dienstleistungen offerieren, und zu 46,5% aus Firmen, die ihren Kunden
ein eher standardisiertes Leistungsprogramm anbieten. Nach der Interaktionsintensität differenziert, zählen 30,2% der Unternehmen zu den interaktionsintensiven Dienstleistern, während 69,8% als interaktionsarm klassifiziert
werden.

---

[585] Quelle: Eigene Darstellung basierend auf eigenen Berechnungen.

Teil III: Empirische Analyse strategischer Aspekte unternehmerischer Zusammenarbeit im Dienstleistungssektor

1. Stellenwert der Kooperationsstrategie für Dienstleistungsunternehmen

Die bisherigen Ausführungen dienten dazu, Dienstleistungen zu charakterisieren und einen tieferen Einblick in das Wesen und Management von Kooperationen zu ermöglichen. Dazu wurden beide Phänomene aus Gründen der Übersichtlichkeit relativ isoliert voneinander dargestellt. Im Rahmen dieses Kapitels stehen Kooperationen, die von investiven Dienstleistern mit anderen Unternehmen des Dienstleistungssektors, aber auch mit Industrie- bzw. Handelsunternehmen oder Non-Business-Organisationen eingegangen wurden, im Mittelpunkt des Interesses. Ziel der folgenden Überlegungen ist es, den Stellenwert, den die Kooperation als strategische Option bei investiven Dienstleistungsunternehmen einnimmt, sowohl unter quantitativen als auch unter qualitativen Aspekten zu analysieren.

1.1. Quantitative Bedeutung

Die quantitative Bedeutung, die der Kooperationsstrategie im Dienstleistungsbereich zukommt, läßt sich zum einen über den Anteil der Unternehmen nachweisen, die mit einem anderen Unternehmen zusammenarbeiten bzw. in der Vergangenheit schon einmal kooperiert haben und somit bereits Kooperationserfahrung gesammelt haben. Zum anderen kann auch die Anzahl der pro Unternehmen eingegangenen Partnerschaften Aufschluß über den Stellenwert von Kooperationen geben.

• Kooperationserfahrung der untersuchten Dienstleister

Von den in der empirischen Analyse berücksichtigten Unternehmen waren zum Zeitpunkt der Befragung 107 Dienstleister in ein Kooperationsprojekt involviert, was einem Anteil von 57,8% entspricht. 42,2% der Unternehmen versuchten, ohne einen Kooperationspartner ihre unternehmenspolitischen Ziele zu erreichen. Unabhängig vom aktuellen Kooperationsprojekt waren 55,7% der Unternehmen in der Vergangenheit schon einmal an einer Partnerschaft beteiligt, 44,3% der Dienstleister verneinten die Frage nach einer Zusammenarbeit mit einem anderen Unternehmen.

Über eine Kombination dieser Sachverhalte läßt sich auch ermitteln, welche Unternehmen überhaupt schon Kooperationserfahrungen sammeln konnten. Fast zwei Drittel aller Firmen (63,6%) verfügen durch Partnerschaften in Gegenwart und Vergangenheit bereits über Kooperationserfahrung. Lediglich 36,4% der Dienstleister haben ihre unternehmerischen Aufgaben bislang gänzlich ohne eine Zusammenarbeit mit anderen Unternehmen gelöst, was sich aus Abbildung 63 ablesen läßt.

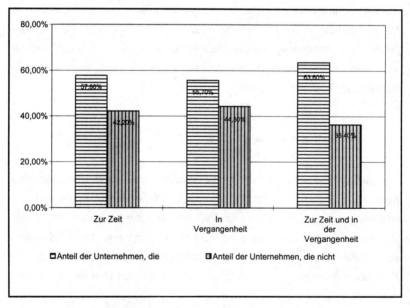

Abb. 63:   Kooperationserfahrung von Dienstleistern[1]

---

[1]   Quelle: Eigene Darstellung basierend auf eigenen Berechnungen.

- **Anzahl der zum Zeitpunkt der Befragung verfolgten Kooperationsprojekte**

Auch aus der Anzahl der Kooperationsprojekte, an denen ein Unternehmen partizipiert, lassen sich Rückschlüsse auf die Bedeutung der Kooperationsstrategie ziehen. Zwar waren die meisten Unternehmen, daß heißt 32,7%, zum Zeitpunkt der Befragung lediglich an einem Kooperationsprojekt beteiligt, während 22,4% bzw. 21,4% der Dienstleister zwei bzw. drei Partnerschaften eingegangen waren. 6,1% der Befragten verfolgten vier Vorhaben simultan, 10,2% immerhin fünf Projekte. Darüber hinaus gibt es noch einige wenige Unternehmen (7%), die sich durch eine extrem hohe Kooperationsfreude auszeichnen: Sie kommen auf sechs und mehr Bündnisse. Ein Unternehmen kann nach eigenen Angaben 250 Kooperationen vorweisen (siehe Abb. 64). Aus der Abbildung geht ebenfalls hervor, daß von den kooperierenden Dienstleistern mehr als zwei Drittel (67,3%) zeitgleich an zwei oder mehr Kooperationsprojekten beteiligt waren.

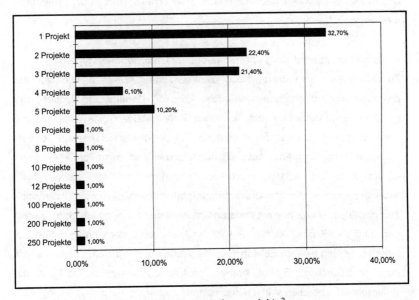

Abb. 64:   Anzahl der verfolgten Kooperationsprojekte[2]

- Anzahl der in der Vergangenheit verfolgten Kooperationsprojekte

Untersucht man die Unternehmen näher, die zwar zum Zeitpunkt der Untersuchung nicht mit anderen Firmen kooperierten, aber in der Vergangenheit schon
an Kooperationsprojekten beteiligt waren, so scheint auch für diese die Kooperation eine wichtige strategische Option darzustellen, denn nur 18,7% der
Dienstleister führten bislang lediglich eine Kooperation durch. 15,4% kooperierten zweimal, 17,6% drei- und 8,8% viermal. In fünf bzw. sechs verschiedene
Projekte waren 11% bzw. 4,4% der Dienstleister eingebunden. Mehr als acht
Kooperationen wurden von 24,2% der Unternehmen realisiert.[3]

Die Tatsache, daß der größte Teil der Unternehmen über einschlägige Kooperationserfahrung verfügt, spiegelt zwar auf der einen Seite den allgemein hohen
Stellenwert der Kooperationsstrategie im Dienstleistungssektor wider. Auf der
anderen Seite wäre es aber auch von Interesse herauszufinden, ob die Kooperation für alle Unternehmen gleichermaßen hohe Relevanz besitzt oder ob sich
Unterschiede zwischen kooperierenden und nicht-kooperierenden Unternehmen ermitteln lassen.

- **Kooperationserfahrung unterschiedlicher Unternehmenstypen**

Zu diesem Zweck wurde die Kooperationserfahrung in Abhängigkeit von der
Dienstleistungsbranche analysiert (siehe Abb. 65). Dabei wurde deutlich, daß
es Dienstleistungszweige gibt, in denen Kooperationen eine bedeutendere
Rolle zu spielen scheinen als in anderen. Die **Unternehmensberater** gehören
demnach zu den kooperationsfreudigsten Unternehmen, denn 78,6% von ihnen
zählen zu den Dienstleistern mit Kooperationserfahrung. Vergleichsweise hohe
Relevanz messen die **Marktforschungsinstitute** und die **Logistikdienstleister** der Zusammenarbeit mit anderen Unternehmen zu, denn bei ihnen beträgt
der Anteil 72,1% bzw. 69,7%. Obwohl der Anteil von Unternehmen mit Kooperationserfahrung bei den **Luftfahrtgesellschaften** und **Werbeagenturen** schon
unter dem Durchschnitt liegt, sind es immerhin doch mehr als die Hälfte der
Unternehmen in diesen Wirtschaftszweigen, die bereits kooperiert haben. Eine
Ausnahme stellen jedoch die **Wirtschaftsprüfer** dar. Sie bilden den Dienstlei-

---

[3]   Ein Logistikdienstleister gab sogar an, bereits an 750 Vorhaben beteiligt gewesen zu sein.

stungszweig mit der geringsten Kooperationserfahrung. Nur 44,8% können überhaupt Kooperationserfahrung aufweisen.

Dienstleistungsbranche	Dienstleister mit Kooperationserfahrung	Dienstleister ohne Kooperationserfahrung	Summe
Unternehmensberater	78,6%	21,4%	100%
Marktforschungsinstitut	72,1%	27,9%	100%
Werbeagentur	53,6%	46,4%	100%
Wirtschaftsprüfer	44,8%	55,2%	100%
Luftfahrtgesellschaft	62,5%	37,5%	100%
Logistikdienstleister	69,7%	30,3%	100%
Summe	63,3%	36,4%	100%

Abb. 65: Kooperationserfahrung in Abhängigkeit von der Dienstleistungsbranche[4]

Setzt man die Kooperationserfahrung mit der Unternehmensgröße in Beziehung, so ergeben sich keine signifikanten Unterschiede für KMUs und große Dienstleistungsunternehmen. Die Kooperationsstrategie scheint für kleine und große Unternehmen gleichermaßen geeignet, Wettbewerbsvorteile zu erzielen und damit die Wettbewerbsposition des Unternehmens zu verbessern.

Allerdings existieren Unterschiede bezüglich der Kooperationserfahrung, je nachdem, ob das geographische Tätigkeitsfeld des Dienstleisters stärker regional, national oder international geprägt ist (siehe Abb. 66).

---

[4] Quelle: Eigene Darstellung basierend auf eigenen Berechnungen. SN: 0,068; KK: 0,229. Zu den wichtigsten Verfahren zur Überprüfung eines bestehenden Zusammenhangs zwischen zwei Variablen zählen die Kreuztabelle und Korrelationsanalyse (für den Fall nominalskalierter Daten bezeichnet man diese auch als Kontingenzanalyse). Ist anhand einer Kreuztabelle ein Zusammenhang festgestellt worden, dann stellt sich die Frage, ob die Beziehung signifikant ist und wie stark der Zusammenhang zwischen den Variablen ist. Der Kontingenzkoeffizient (KK), der Werte zwischen 0 und 1 annehmen kann, ist das adäquate Zusammenhangsmaß für zwei nominalskalierte Merkmale. Dabei nimmt der Kontingenzkoeffizient genau dann den Wert 0 an, wenn die beiden Merkmale unabhängig sind; der Extremfall K = 1 wird genau dann erreicht, wenn die beiden Merkmale in dem Sinne vollständig abhängig sind, daß aus der Kenntnis der Ausprägung eines Merkmals absolut sicher auf die Ausprägung des anderen Merkmals geschlossen werden kann. Vgl. dazu BACKHAUS U.A. (1996), S. 166ff.; BÖHLER (1992), S. 182ff.; BAMBERG/BAUR (1993), S. 40f.; HARTUNG (1985), S. 451.

Geographisches Tätigkeitsfeld	Dienstleister mit Kooperationserfahrung	Dienstleister ohne Kooperationserfahrung	Summe
eher regional	56,3%	43,7%	100%
eher national	57,6%	42,4%	100%
eher international	76,1%	23,9%	100%
Summe	63,6%	36,4%	100%

Abb. 66: Kooperationserfahrung in Abhängigkeit vom geographischen Tätigkeitsfeld[5]

Das Zahlenmaterial belegt, daß mit Ausweitung des Tätigkeitsfelds die Kooperationserfahrung der Dienstleister steigt. Während **regionale Unternehmen** nur zu 56,3% über Kooperationserfahrung verfügen, sind es bei **national tätigen Dienstleistern** 57,6% und bei den **internationalen Dienstleistungsunternehmen** sogar 76,1%. Vor dem Hintergrund, daß die Wettbewerbsbedingungen, mit denen sich international operierende Dienstleister konfrontiert sehen, erheblich härter sind als die der lediglich auf regionalen oder nationalen Märkten tätigen Unternehmen, geht die Internationalisierung häufig mit der Zusammenarbeit von Unternehmen einher. Dabei besteht bei den international tätigen Unternehmen nicht nur der Wunsch, das durch höhere Komplexität und Unsicherheit hervorgerufene unternehmerische Risiko mit einem Partner zu teilen. Oftmals ist die Überwindung von Markteintrittsbarrieren ohne einen Partner vor Ort gar nicht möglich, so daß erst die Kooperation den Marktzugang garantiert.[6] Daher scheint es auch nicht verwunderlich, daß die Kooperation bei international tätigen Unternehmen einen höheren Stellenwert einnimmt.

- **Kooperationserfahrung unterschiedlicher Dienstleistungstypen**

Untersucht man die Kooperationserfahrung danach, ob diese hinsichtlich einzelner Dienstleistungstypen unterschiedlich ausgeprägt ist, so lassen sich keine signifikanten Unterschiede ermitteln. Das heißt, unabhängig davon, ob die Dienstleistung eines Unternehmens als personen- oder objektdominant, personen- oder objektbezogen, individuell oder standardisiert, interaktionsintensiv oder interaktionsarm gilt, besitzt die Art der Dienstleistung keinen Einfluß darauf, ob ein Unternehmen schon über Kooperationserfahrung verfügt. Dies

---

[5] Quelle: Eigene Darstellung basierend auf eigenen Berechnungen. SN: 0,037; KK: 0,186.

[6] Siehe zur Kooperation als Markteintrittsstrategie auch Kapitel II.2.3.4.

187

impliziert, daß die Kooperationsstrategie generell für die untersuchten Dienstleistungstypen gleichermaßen als strategische Alternative geeignet ist. Allerdings
ergeben sich für die Dienstleistungstypen durchaus Unterschiede im Hinblick
auf die Ausgestaltung der Kooperation, wie in den folgenden Kapiteln zu zeigen
sein wird.

• **Geplante Kooperationen**

Wie oben angedeutet, verfügen lediglich 36,4% der befragten Unternehmen
über keine Kooperationserfahrung. Diese Dienstleister wurden danach befragt,
ob sie schon einmal eine Kooperation geplant hatten. 61,3% der Probanden
verneinten diese Frage; sie hatten noch nie eine Partnerschaft ins Auge gefaßt.
Als Begründung gaben die meisten Firmen (71,4%) an, daß sie bei ihrem
unternehmerischen Vorgehen überhaupt keine Ansatzpunkte für Kooperationen
sehen würden. Andere Motive spielten nur eine untergeordnete Rolle (siehe
Abb. 67).

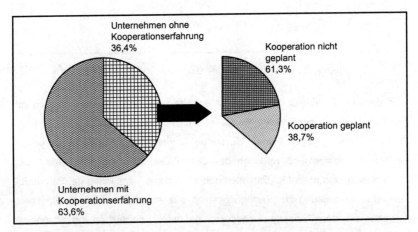

Abb. 67: Pläne für eine Zusammenarbeit bei Unternehmen ohne Kooperationserfahrung[7]

Allerdings stehen 38,7% der Unternehmen ohne Kooperationserfahrung der
Kooperationsstrategie nicht völlig negativ gegenüber. Sie wären an sich gerne
eine Partnerschaft eingegangen (siehe Abb. 67). Die Zusammenarbeit mit

---

[7]   Quelle: Eigene Darstellung basierend auf eigenen Berechnungen.

einem anderen Unternehmen hatten sie bereits ernsthaft geplant; aus unter-schiedlichsten Gründen ist die Kooperation aber nicht zustande gekommen (siehe Abb. 68):

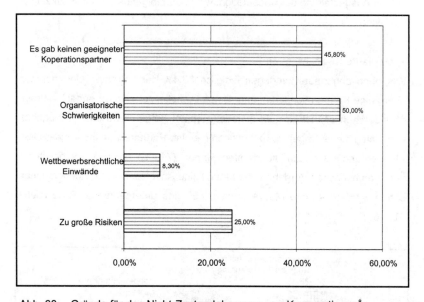

Abb. 68:   Gründe für das Nicht-Zustandekommen von Kooperationen[8]

Ein zentraler Faktor für das vorzeitige **Scheitern der Kooperationspläne** liegt im **Fehlen eines geeigneten Kooperationspartners** begründet.[9] Die Schwie-rigkeiten, den richtigen Partner zu finden, können unterschiedliche Ursachen haben. Möglicherweise wird von den Dienstleistungsunternehmen nicht das gesamte Spektrum an Möglichkeiten und Institutionen, das ihnen bei Partnersu-che und -vermittlung zur Verfügung steht, ausgeschöpft.[10] Ist ein potentieller Partner aus dem Dienstleistungssektor gefunden, werden an ihn oft höhere Anforderungen als an Partner aus dem sekundären Sektor gestellt. Sie hängen mit den dienstleistungsspezifischen Besonderheiten zusammen. Dadurch, daß

---

[8]   Quelle: Eigene Darstellung basierend auf eigenen Berechnungen. Da Mehrfachnennun-gen zugelassen waren, addieren sich die Prozentangaben auf über 100%.

[9]   Siehe zum Stellenwert des richtigen Kooperationspartners und zur Vorgehensweise bei der Partnersuche auch die Ausführungen in Kapitel II.2.2.1.3.

[10]   Auf dieses Problem wird nochmals in Kapitel III.2.3.1. eingegangen.

der externe Faktor in den Dienstleistungserstellungsprozeß integriert wird, muß der potentielle Partner nicht nur kompatibel zum eigenen Unternehmen sein, sondern auch noch zum externen Faktor passen. Soll der Kooperationspartner bei der eigentlichen Dienstleistungserstellung mitarbeiten, kann dieser engen Kontakt zum externen Faktor aufbauen und diesen nach Beendigung der Kooperation für sich gewinnen.[11] Die mangelnde Schützbarkeit von Dienstleistungen verlangt eine besonders gute Vertrauensbasis zwischen den kooperierenden Unternehmen.

Aber auch **organisatorische Schwierigkeiten** werden für das Nicht-Zustandekommen der Kooperation verantwortlich gemacht. Ein Teil dieser Probleme läßt sich vermutlich ebenfalls auf Dienstleistungsspezifika zurückführen. Durch die Immaterialität, die notwendige Integration eines externen Faktors und die Simultanität von Dienstleistungserstellung und Absatz der Dienstleistung, zeichnen sich Dienstleistungen durch eine höhere Grundkomplexität als Sachgüter aus.[12] Dadurch ist die Koordination und Steuerung gemeinsamer Aktivitäten schwieriger und aufwendiger. Hohe Koordinations- und Transaktionskosten sind die Folge.[13] Auch ein umfassendes Kooperationsmanagement kann dazu beitragen, organisatorische Schwierigkeiten zu minimieren.[14]

Einige Unternehmen konnten aus **wettbewerbsrechtlichen Gründen** ihr Kooperationsprojekt nicht verwirklichen. Möglicherweise wäre durch die Kooperation ein marktbeherrschende Stellung entstanden oder noch verstärkt worden, so daß die Zusammenarbeit zu Wettbewerbsbeschränkungen geführt hätte.[15]

---

[11] Dieses Problem wird nicht nur bei Kooperationen virulent, sondern ist auch vorhanden, wenn Mitarbeiter das Dienstleistungsunternehmen verlassen, sei es, um sich selbständig zu machen oder um zu einem Wettbewerber zu wechseln. Sehr häufig folgen die Kunden, zu denen der Mitarbeiter während seiner Tätigkeit im Unternehmen intensiven Kontakt hatte, dem Mitarbeiter an seine neue Wirkungsstätte.

[12] Vgl. MEYER (1990), S. 185.

[13] Vgl. zu dieser Problematik auch KUTSCHKER/MÖSSLANG (1996), S. 329ff.

[14] Zum ganzheitlichen Kooperationsmanagement, bei dem die Phasen Planung, Steuerung und Kontrolle aufeinander abgestimmt sind, siehe Kapitel II.2.2. Zu Ansatzpunkten, wie sich Schwierigkeiten bei der eigentlichen Kooperationsdurchführung reduzieren lassen, siehe speziell Kapitel II.2.2.2.

[15] Ab welcher Größenordnung Unternehmen als marktbeherrschend angesehen werden, regelt § 22 Abs. 3 GWB. Das Bundeskartellamt darf eine Kooperation untersagen, wenn

Für ein Viertel von ihnen ging die Kooperation mit zu **großen Risiken** einher. Die Gefahr, durch eine Zusammenarbeit Kernkompetenzen an den oder die Partner abzugeben und damit langfristig die Wettbewerbsposition zu schwächen anstatt zu stärken, überwiegt aus ihrer Sicht die mit einer Kooperation verbundenen Vorteile.

1.2. Qualitative Bedeutung

Welche **Einstellung** die befragten Unternehmen der Kooperationsstrategie gegenüber im allgemeinen, aber auch im Vergleich zu alternativen Strategien, wie z.b. der Akquisition, besitzen, kann als qualitativer Indikator für den Stellenwert von Kooperationen bei Dienstleistungsanbietern gelten. Auch die Antworten der Unternehmen ohne Kooperationserfahrung auf die Frage, ob die Kooperationsstrategie eine Option für **zukünftiges Vorgehen** darstellt, spiegelt in qualitativer Hinsicht die Bedeutung der Kooperation wider.

- **Einstellung zur Kooperationsstrategie**

Insgesamt gesehen spiegeln die Ergebnisse eine sehr positive Einstellung der Befragten - berücksichtigt wurden sowohl Unternehmen mit als auch ohne Kooperationserfahrung - zur Kooperation wider. Über 90% kommen zu dem Schluß, daß die Kooperation **hohe strategische Relevanz** besitzt. Lediglich 9,9% der Unternehmen können dieser Aussage so nicht zustimmen. Dabei glauben fast 93% der Dienstleister, daß in **Zukunft** die Zusammenarbeit mit anderen Unternehmen noch an Gewicht gewinnen wird. Dies kann mit den sich verschärfenden Wettbewerbsbedingungen zusammenhängen, denn ca. 90% schätzen Kooperationen als geeignetes Instrument zur **Sicherung der eigenen Wettbewerbsfähigkeit** ein. Obwohl 73,1% der Befragten den **Steuerungs- und Koordinationsbedarf** bei Kooperationen höher als bei den strategischen Alternativen Akquisition und Fusion einschätzen, sind sie dennoch davon über-

---

zu erwarten ist, daß durch sie eine marktbeherrschende Stellung entsteht oder verstärkt wird und die kooperierenden Unternehmen nicht nachweisen können, daß die Verbesserung der Wettbewerbsbedingungen die Nachteile der Marktbeherrschung überwiegt. Vgl. zu dieser Thematik auch WÖHE (1996), S. 391.

zeugt, daß das unternehmerische **Risiko** einer Kooperation geringer sein dürfte als bei Akquisitionen und Fusionen.

In Einklang damit steht die Meinung von 51,8% der Dienstleister, die selbst Kooperationen im Bereich der **Kernkompetenzen** befürworten. Diese sind insbesondere bei Dienstleistungsunternehmen sehr risikoreich, weil die Immaterialität der Dienstleistung die Realisierung eines schnellen 'Dienstleistungs-' Entwicklungs- und Einführungsprozesses begünstigt.[16] Für Wettbewerber, aber auch für Kooperationspartner ergibt sich dadurch die Möglichkeit einer schnellen Nachahmung der angebotenen Dienstleistung. „Service innovations are more easily copied by competitors."[17] Dies ist vor allem darauf zurückzuführen, daß für die Entwicklung und Imitation insbesondere von personalintensiven Dienstleistungen häufig kein hohes technisches Know-how notwendig ist. Oftmals sind im Vergleich zu materiellen Leistungen noch nicht einmal kapitalintensive Investitionen gefordert, was die nachhaltige Schützbarkeit von Dienstleistungen erschwert. Die Dienstleistung als immaterielles Gut kann i.d.R. nicht patentiert werden.[18] Der Aufbau von Markteintrittsbarrieren, um Wettbewerbern den Marktzugang zu verwehren, erweist sich deshalb im Dienstleistungsbereich als schwieriger. Die Unternehmen sollten Vorsichtsmaßnahmen ergreifen, mit denen sich die Gefahren, die aus einer Zusammenarbeit im Bereich der Kernkompetenzen resultieren, minimieren lassen.

Um die Einstellung zur Kooperationsstrategie besser visualisieren zu können, wurden die Antworten der Probanden zu den einzelnen Statements über Mittelwertberechnung zu einem Einstellungsprofil verdichtet (siehe Abb. 69).

Betrachtet man die Einstellung der befragten Unternehmen genauer, so fällt auf, daß die Meinung bezüglich einzelner Statements je nachdem, ob ein Unternehmen bereits über Kooperationserfahrung verfügt oder nicht, unterschiedlich ausfällt. Insgesamt betrachtet ist die Einstellung der Unternehmen mit Kooperationserfahrung leicht positiver als die der Firmen, die noch nicht mit

---

[16]   Vgl. BRENTANI (1991), S. 36ff.; EASINGWOOD (1986), S. 274; MARTIN/HORNE (1992), S. 33. Ihre Erkenntnisse basieren auf den Ergebnissen empirischer Untersuchungen.

[17]   MARTIN/HORNE (1992), S. 25.

[18]   Vgl. NOCH (1995), S. 54; MEYER (1994), S. 96; HILKE (1989), S. 16.

einem Partnerunternehmen zusammengearbeitet haben. Insbesondere die Aussagen hinsichtlich der strategischen und zukünftigen Bedeutung der Kooperationsstrategie werden von ersteren besser beurteilt.

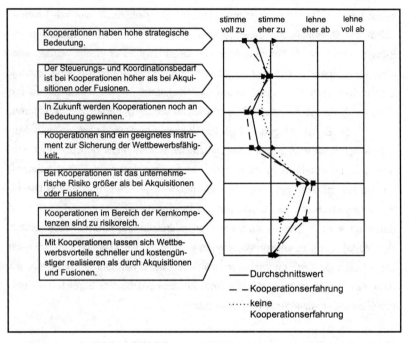

Abb. 69:   Einstellung zur Kooperationsstrategie[19]

Aufgrund dieser Ergebnisse stellt sich die Frage, ob die Unternehmen über eine positivere Einstellung zu Kooperationen verfügen, weil sie schon mit einem anderen Unternehmen zusammengearbeitet haben und mit der Kooperation zufrieden waren, oder ob sie aufgrund ihrer positiveren Einstellung Kooperationen offener gegenüberstehen und deshalb kooperiert haben. Vermutlich beeinflussen sich diese beiden Sachverhalte gegenseitig, so daß nicht von einem Abhängigkeitsverhältnis, sondern von einem Interdependenzverhältnis ausgegangen werden muß.

---

[19]   Quelle: Eigene Darstellung basierend auf eigenen Berechnungen.

- **Kooperation als zukünftige Option**

Die Unternehmen, die bislang keine Kooperationserfahrung besitzen, wurden gefragt, ob die Kooperationsstrategie für sie eine strategische Alternative für zukünftiges Vorgehen darstellt. 67,7% bejahten diese Frage, 32,3% antworteten mit nein. Diese Zahlen lassen den Schluß zu, daß auch ein Großteil der Unternehmen, für die eine Zusammenarbeit mit anderen Unternehmen bislang nicht in Frage kam, einer Kooperation aufgeschlossen gegenüber eingestellt ist. In der Zukunft, so scheinen die meisten Unternehmen zu glauben, sind viele Unternehmensziele nicht mehr ohne einen Partner zu realisieren. Bezogen auf alle befragten Unternehmen machen daher diejenigen Firmen, die bislang nicht kooperiert haben und auch in Zukunft eine Kooperation für ihr Unternehmen ausschließen, einen relativ kleinen Anteil von 10,7% aus.

1.3. Fazit

Zusammenfassend läßt sich festhalten, daß zum Zeitpunkt der Befragung fast 60% der Unternehmen in ein Kooperationsprojekt eingebunden waren. Von diesen sind sogar mehr als zwei Drittel an zwei oder mehr Vorhaben gleichzeitig beteiligt. Insgesamt gesehen, besitzen fast 64% der Dienstleister bereits einschlägige Erfahrungen in der Zusammenarbeit mit anderen Unternehmen oder Organisationen.

Im Hinblick auf **unternehmensspezifische Kriterien** ist festzustellen, daß sich die Kooperationsstrategie bei Unternehmensberatern, Marktforschungsinstituten und Logistikdienstleistern größerer Beliebtheit als in den übrigen Dienstleistungszweigen zu erfreuen scheint, wenn man die Kooperationserfahrung als Beurteilungskriterium zugrunde legt. Klassifiziert man die Dienstleister nach ihrem geographischen Tätigkeitsfeld, dann messen internationale Dienstleister dieser strategischen Option einen etwas höheren Stellenwert als national bzw. regional agierende Firmen bei. In bezug auf die Unternehmensgröße konnten keine signifikanten Unterschiede zwischen großen und kleinen Dienstleistern festgestellt werden.

Faßt man die diversen Dienstleistungsunternehmen auf Basis der **dienstlei-stungsspezifischen Kriterien** zu einzelnen Clustern zusammen und überprüft deren Kooperationserfahrung, dann kristallisieren sich zwischen den Dienstleistungstypen keine Unterschiede heraus: personendominante Dienstleister weisen dieselbe Kooperationserfahrung auf wie objektdominante Dienstleister, personenbezogene dieselbe wie objektbezogene, individuelle dieselbe wie standardisierte und interaktionsintensive dieselbe wie interaktionsarme. Dies kann als weiterer Beleg für das breite Einsatzspektrum der Kooperation im Dienstleistungssektor gewertet werden.

Diese Ergebnisse bestätigen den hohen Stellenwert, den Kooperationen bereits heute bei Dienstleistungsanbietern einnehmen. Berücksichtigt man die Chancen und Risiken, mit denen sich investive Dienstleister in zunehmenden Maße konfrontiert sehen, dann steht zu vermuten, daß die quantitative Bedeutung der Kooperationsstrategie in Zukunft noch ansteigen wird.

Diese Entwicklungsprognose läßt sich durch die positive Einstellung der Befragten gegenüber Partnerschaften noch bestätigen. Außerdem wird diese Annahme durch die Tatsache gestützt, daß auch der Großteil der Unternehmen ohne Kooperationserfahrung die Zusammenarbeit mit einem Partner als strategische Option in Zukunft stärker in Betracht ziehen wird und untermauert damit neben der **hohen gegenwärtigen** auch die **zentrale zukünftige Bedeutung der Kooperationsstrategie im Dienstleistungssektor**.

2. Kooperationsabsichten und deren Realisierungsgrad im Dienstleistungssektor

2.1. Kooperationsspezifische Ziele von Dienstleistungsunternehmen

Anliegen dieses Kapitels ist es, Erkenntnisse darüber zu gewinnen, welche Kooperationsziele in welchem Ausmaß von den Dienstleistungsunternehmen verfolgt werden und welche Ziele am besten geeignet erscheinen, um langfristig Wettbewerbsvorteile zu realisieren. Abbildung 70 visualisiert den thematischen Schwerpunkt dieses Abschnitts.

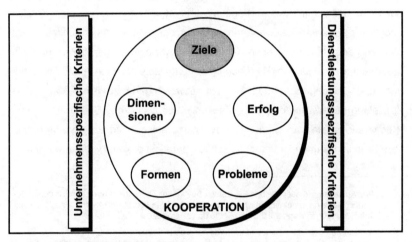

Abb. 70: Untersuchungsgegenstand des Kapitels III.2.1.[20]

Dabei steht zu vermuten, daß Dienstleistungsunternehmen aufgrund der dienstleistungsspezifischen Besonderheiten einzelnen Zielen einen höheren bzw. einen geringeren Stellenwert zuordnen als Unternehmen aus anderen Sektoren. Um die Bedeutung, die die Realisierung unterschiedlicher Wettbewerbsvorteile bei den Dienstleistern einnimmt, meßbar zu machen, können zur Operationalisierung quantitative und qualitative Aspekte herangezogen werden. Die reine Häufigkeit der Nennungen sowie die Einschätzung der Wichtigkeit der

---

[20] Quelle: Eigene Darstellung.

Kooperationsziele ermöglichen Rückschlüsse auf deren Bedeutung im Dienstleistungssektor.

Weiterhin bietet die Analyse potentieller Einflußfaktoren auf die Zielentscheidung Aufschluß darüber, welche Ziele bei welchem Typ von Dienstleistungsunternehmen im Mittelpunkt des Interesses stehen.

2.1.1. Stellenwert unterschiedlicher Kooperationsziele

2.1.1.1. Quantitative Bedeutung

Im Zuge der schriftlichen Befragung wurde den Unternehmen eine Katalog möglicher Kooperationsziele vorgelegt[21]. Zur besseren Übersichtlichkeit erfolgt ihre Zuordnung[22] zu einzelnen Kategorien in Analogie zu der in Kapitel II.2.3. getroffenen Einteilung in 'Realisierung von Qualitäts-, Kosten- bzw. Zeitvorteilen' und 'Zugang zu neuen Märkten' bzw. 'Zugang zu Know-how' sowie 'Erzielung genereller Vorteile' (siehe Abb. 71).[23] Das breite Spektrum diverser Kooperationsziele war von den Dienstleistern dahingehend zu überprüfen, welche Ziele im Rahmen ihres wichtigsten Kooperationsprojekts verfolgt wurden.[24]

---

[21] Die Aufstellung dieser Zielbatterie basiert im wesentlichen auf in der Literatur genannten und in anderen empirischen Untersuchungen verwandten Zielen. Siehe dazu auch die Ausführungen in Kapitel II.2.3. sowie die dort zugrundegelegte Literatur.

[22] Im Rahmen der Datenauswertung wurde der Versuch unternommen, mit Hilfe einer Faktorenanalyse die einzelnen Ziele auf dahinter stehende, voneinander unabhängige Faktoren zu verdichten. Dabei konnten unter Rückgriff auf das sog. Kaiserkriterium sieben Faktoren extrahiert werden, die zusammen 80,1% der Gesamtvarianz erklären. Allerdings war die Interpretation der extrahierten Faktoren mit Schwierigkeiten verbunden, so daß aus Gründen der Übersichtlichkeit die folgenden Ausführungen auf Basis der in Kapitel II.2.3. gemachten Einteilung erfolgen. Zur Faktorenanalyse siehe exemplarisch BACKHAUS u.a. (1996), S. 187ff.; BEREKOVEN/ECKERT/ELLENRIEDER (1996), S. 219ff.

[23] Allerdings ist nochmals darauf hinzuweisen, daß eine eindeutige Zuordnung zu einzelnen Kategorien nicht immer möglich ist, da die aufgeführten Ziele nicht ganz überschneidungsfrei sind und oftmals auf mehrere Oberziele einwirken. So könnte man das Ziel 'Nutzung der Absatzkanäle' aufgrund der Tatsache, daß der Aufbau unternehmenseigener Absatzwege mit immensen Kosten verbunden ist und diese über eine Kooperation, bei der man die Absatzwege des Partners mitbenutzt, eingespart würden, in die Kategorie 'Erzielung von Kostenvorteilen' einordnen. Ebenso wäre aber auch eine Zuordnung zu der Kategorie 'Realisierung von Zeitvorteilen' denkbar, denn der Aufbau einer Vertriebsorganisation ist nicht nur kosten-, sondern auch zeitaufwendig. Möglich ist aber auch eine Einreihung in die Rubrik 'Zugang zu neuen Märkten', weil sich über die Absatzkanäle des Partners nicht nur neue geographische Märkte, sondern auch neue andere Zielgruppen erschließen lassen.

[24] Mehrfachnennungen waren zugelassen.

Kooperationsziele	Anteil der Unternehmen, die Ziel		Rang
	verfolgen	nicht verfolgen	
Schaffung von Qualitätsvorteilen			
Erhöhung der Kundenbindung	63,3%	36,7%	4
Erweiterung des Leistungsangebots	94,2%	5,8%	1
Imagegewinne	61,7%	38,3%	5
Erzielung von Kostenvorteilen			
Realisierung von Kostensenkungspotentialen	50,8%	49,2%	11
Zugang zu Kapital	27,5%	72,5%	18
Nutzung der Absatzkanäle	39,2%	60,8%	15
Realisierung von Zeitvorteilen			
Realisierung von Zeitersparnissen	49,2%	50,8%	12
Beschleunigung des Marktzutritts	48,3%	51,7%	13
Erhöhung der Flexibilität	49,2%	50,8%	12
Zugang zu neuen Märkten			
Eintritt in neue Märkte	71,7%	28,3%	2
Nutzung von Marktkenntnissen	59,2%	40,8%	7
Zugang zu Know-how			
Gewinnung von Know-how	60,8%	39,2%	6
Zugang zu Informationen	53,3%	46,7%	9
Nutzung von Geschäftsbeziehungen	54,2%	45,8%	8
Erzielung genereller Vorteile			
Verminderung des Wettbewerbsdrucks	43,3%	56,7%	14
Reduzierung des Risikos	37,5%	62,5%	16
Steigerung des Ertrags	52,5%	47,5%	10
Ausnutzen von Synergiepotentialen	66,7%	33,3%	3
Steigerung der Mitarbeiterzufriedenheit	33,3%	66,7%	17

Abb. 71: Kooperationsziele von Dienstleistungsunternehmen[25]

Abbildung 71 zeigt auf, welche Ziele im einzelnen in welcher Größenordnung von den Unternehmen mittels Kooperation angestrebt werden. Danach stellt die **Erweiterung des Leistungsangebots** das zentrale Kooperationsziel dar, das von 94,2% der befragten Unternehmen verfolgt wird. Die Ausdehnung des eigenen Leistungsspektrums um das des Kooperationspartners (oder um Teile seines Angebots) kann dabei sowohl an der Breite als auch an der Tiefe des Leistungsprogramms ansetzen. Bestehen zwischen den Leistungen der Partner substitutionelle Beziehungen, bietet die Erweiterung die Möglichkeit, den heterogenen Kundenwünschen besser gerecht zu werden, indem man dem externen Faktor größere Wahlmöglichkeiten offeriert. Demgegenüber bringen komplementäre Beziehungen im Angebot der Partnerunternehmen Verbundvorteile

---

[25] Quelle: Eigene Darstellung basierend auf eigenen Berechnungen.

mit sich. Diese Programmbreitenvorteile äußern sich in sogenannten Cross-Selling-Potentialen, die dem Kunden unter Convenience-Aspekten den Bezug sämtlicher Dienstleistungen von einem Anbieter offerieren.[26] Mit Hilfe eines 'Full-Service'-Konzepts, das durch den Partner möglich wird, lassen sich nicht nur bislang unabgedeckte Potentiale bzw. Bedürfnisse bei den eigenen Kunden erschließen, sondern auch neue Kundenbeziehungen aufbauen und damit die Marktposition sichern.[27] Allerdings ist zu berücksichtigen, daß sich die vom Partner angebotenen Dienstleistungen als kompatibel zum Qualitätsniveau der eigenen Leistungen erweisen müssen und auch mit dem Image des Unternehmens harmonieren sollten.[28]

Der **Eintritt in neue Märkte** besitzt ebenfalls einen hohen Stellenwert, denn 71,7% der Unternehmen sind die Zusammenarbeit zu diesem Zweck eingegangen. Führt man sich vor Augen, daß für die Dienstleistungsunternehmen nicht alle Markteintrittsstrategien gleichermaßen Relevanz besitzen - so ist z.B. der Export der meisten Dienstleistungen aufgrund ihrer Immaterialität und mangelnden Speicher- und Lagerbarkeit nicht möglich -, dann ist die Bedeutung der Kooperation als Markteintrittsstrategie nachvollziehbar.[29]

Zu weiteren wesentlichen Kooperationszielen, auf die sich Dienstleister bei einer Zusammenarbeit konzentrieren, zählt die **Erhöhung der Kundenbindung** (63,3%) sowie die **Gewinnung von Know-how** (60,8%), die die Unternehmen unter **Ausnutzung von Synergiepotentialen** (66,7%) zu verwirklichen suchen. Der Hinweis auf die Synergiepotentiale deutet bereits an, daß auch finanzwirtschaftliche Überlegungen bei Kooperationen nicht unbeachtet bleiben dürfen. Für 52,5% der Dienstleister bedeutet dies, daß mit dem Eingehen einer Kooperation auch **Ertragssteigerungen** verbunden sein sollten.

---

[26]   Vgl. MEFFERT/BRUHN (1997), S. 172f.

[27]   Vgl. KRYSTEK/MÜLLER (1992), S. 1201.

[28]   Vgl. BHAT/BONNICI/CARUANA (1993), S. 60f.

[29]   Allerdings ist darauf hinzuweisen, daß veredelte Dienstleistungen sehr wohl exportiert werden können, denn für diese gelten dieselben Regeln wie für Sachgüter. Vgl. MÖSSLANG (1995), S. 136; STAUSS (1994a), S. 14ff. Zu den veredelten Dienstleistungen siehe MEYER (1994), S. 119ff.

Hervorzuheben ist die **Erzielung von Imagegewinnen**, was immerhin fast zwei Drittel (61,7%) der Dienstleister zu einem ihrer Kooperationsziele erklären. Immaterialität sowie Simultanität von Dienstleistungserstellung und -verwertung erschweren dem Nachfrager die richtige Evaluierung des Dienstleistungsangebots und eine korrekte Einschätzung der Qualität.[30] Deshalb versucht der Nachfrager, mit Hilfe von Ersatzindikatoren den komplexen Qualitätsbeurteilungsprozeß für sich zu vereinfachen. Dabei stellt für ihn das Image eines Unternehmens - neben dem Preis, den er für die Dienstleistung entrichten muß - eine essentielle Beurteilungsgröße dar.[31] Daher zählt die Verbesserung des Unternehmensimages zu den psychographischen Zielen, die ein Dienstleister auch mit Unterstützung seines Kooperationspartners umzusetzen versucht.[32] Trotzdem darf die Gefahr, die von einem möglichen negativen Imagetransfer von einem Partner auf die Kooperation bzw. auf den anderen Partner ausgeht, nicht vernachlässigt werden.[33]

Weniger als die Hälfte der Dienstleister ist die Kooperation mit der Absicht eingegangen, eine **Beschleunigung des Markteintritts** (48,3%) herbeizuführen. Das hängt unter anderem damit zusammen, daß die Vorteile, die für ein Industrieunternehmen mit der Pionierstellung auf einem Markt verbunden sind, ungleich größer sind als für Dienstleistungsunternehmen. Aufgrund der Immaterialität ist für Innovationen im Dienstleistungsbereich - wie bereits oben angesprochen - eine wesentlich höhere Imitationsgeschwindigkeit kennzeichnend. Hinzu kommt, daß diese, bedingt durch ihren immateriellen Charakter, auch viel schlechter durch schutzrechtliche Maßnahmen gesichert werden können. Für die Dienstleister, die eine First to Market-Strategie verfolgen, wird es entscheidend darauf ankommen, durch den Aufbau von Markteintrittsbarrieren den Eintritt von Wettbewerbern zu verhindern. Während im Gütermarketing z.B. über technische Standards der Konkurrenz wirkungsvoll der Zugang zum eigenen Markt verwehrt werden kann, stellt der Aufbau von Konsumentenpräferenzen für die eigene Dienstleistung im Service-Marketing oftmals die beste Chance

---

[30] Vgl. ZEITHAML/PARASURAMAN/BERRY (1990), S. 16.

[31] Vgl. MEYER (1990), S. 187; MEYER/MATTMÜLLER (1987), S. 194.

[32] Vgl. HILKE (1989), S. 16; MEFFERT (1993), S. 14.

[33] Vgl. KRYSTEK/MÜLLER (1992), S. 1201.

dar, seinen Markt zu verteidigen. Ein positives Image erweist sich in diesem Zusammenhang als förderlich.[34]

Der Wettbewerbsfaktor Zeit spielt für Dienstleister aber auch in anderer Hinsicht eine Rolle, denn 49,2% der Unternehmen gehen eine Kooperation mit der Absicht ein, **Zeitersparnisse** zu realisieren. Dies erscheint vor allem für jene Dienstleister sinnvoll, bei denen der Kunde bestimmte Zeitvorstellungen mit dem Dienstleistungsprozeß verknüpft und die schnelle und zügige Dienstleistungserstellung eine wichtige Qualitätsdimension darstellt. Können über eine Zusammenarbeit mit dem Kooperationspartner die Transfer-, Abwicklungs- und Wartezeiten für den Kunden optimiert werden, so führt dies zu einer Stärkung der relativen Wettbewerbsposition.[35]

In engem Zusammenhang damit steht das Ziel, durch Kooperationen die unternehmenseigenen **Flexibilitätsspielräume** zu erhöhen, was von 49,2% der Dienstleister angestrebt wird. Infolge der mangelnden Speicher- und Lagerbarkeit ist es für die Dienstleister mit Schwierigkeiten verbunden, Angebots- und Nachfrageschwankungen auszugleichen. Durch eine Kooperation kann der Dienstleister seine Leistungsbereitschaft in räumlicher, quantitativer, qualitativer, vor allem aber zeitlicher Art flexibler gestalten. Die Kunden werden es zu schätzen wissen, wenn das Dienstleistungsangebot noch besser mit ihren inhaltlichen und zeitlichen Wünschen harmoniert.

Andere Ziele, die in der Literatur häufig als Kooperationsziele erwähnt werden, besitzen nur für wenige Dienstleistungsunternehmen Relevanz: So sind lediglich 27,5% der Unternehmen daran interessiert, sich über eine Partnerschaft **Zugang zu Kapital** verschaffen. Vermutlich gibt es für die meisten Dienstleister bessere Mittel und Wege als eine Kooperation, um dieses Ziel zu erreichen.

---

[34] Vgl. MEFFERT/BRUHN (1997), S. 181. Zu dienstleistungstypischen Markteintrittsbarrieren siehe MÖSSLANG (1995), S. 100; SNAPE (1990), S. 7; PETERSEN U.A. (1984), S. 151ff.; NICOLAIDES (1989), S. 55.

[35] Vgl. zur Zeitproblematik STAUSS (1991b), S. 81ff; MEFFERT (1993), S. 22 sowie zu zeitlichen Aspekten als Qualitätsdimensionen PARASURAMAN/BERRY/ZEITHAML (1991), S. 41ff.; PARASURAMAN/ZEITHAML/BERRY (1985), S. 47.

Ähnliches wird auch für das Ziel **Steigerung der Mitarbeiterzufriedenheit** gelten, das 33,3% der Unternehmen über eine Partnerschaft anstreben. Auch in diesem Fall sind wahrscheinlich personal- und führungspolitische Maßnahmen besser geeignet, das Ziel zu verwirklichen. Allerdings könnte man es als positiven Nebeneffekt der Kooperation ansehen, wenn sich über interessante berufliche Perspektiven, die den Mitarbeitern durch die Zusammenarbeit geboten würden, deren Zufriedenheit steigern ließe. Dies gilt insbesondere für personendominante Dienstleister, da bei diesen die Mitarbeiter das strategische Potential, das heißt die wichtigste Ressource des Unternehmens darstellen.[36]

Daß für viele Dienstleister die **Nutzung der Absatzwege** des Kooperationspartners nicht in Frage zu kommen scheint, zeigt sich daran, daß sich nur 39,2% um dieses Ziel bemühen. Während Industrieunternehmen die Ausdehnung ihres Absatzmarktes auch über die Kanäle ihres Kooperationspartners vollziehen können, ist dies für Dienstleistungsunternehmen sowohl aufgrund der mangelnden Speicherbarkeit als auch aufgrund der mangelnden Transportierbarkeit nur mit Einschränkungen möglich, weil der Dienstleister zur Erbringung seiner Leistung in unmittelbarem Kontakt zum externen Faktor treten muß. Die Ausweitung des dienstleistungseigenen Absatzraums ist i.d.R. nur über weitere Standorte möglich.[37] So kommt für Dienstleister die gemeinsame Nutzung der Absatzwege nur insofern in Frage, als Repräsentanzbüros oder ähnliches des Kooperationspartners in bislang noch unbearbeiteten Märkten mitgenutzt werden.

Die Tatsache, daß sich nur 43,3% der Dienstleister von einer Zusammenarbeit mit einem anderen Unternehmen eine **Verminderung des Wettbewerbsdrucks** bzw. lediglich 37,5% eine **Reduzierung des Risikos** erhoffen, legt den Schluß nahe, daß über Ziele mit einem engeren Bezug zur unternehmerischen Aufgabe, wie z.B. Erweiterung des Leistungsangebots, Eintritt in neue Märkte, die Erreichung dieser generellen Kooperationsziele herbeigeführt werden soll.

---

[36] Vgl. CAMBELL/VERBEKE (1994), S. 96; NOCH (1995), S. 52. Ähnlich LIENEMANN/REIS (1990), S. 258, die die 'unique skills' der Mitarbeiter von Dienstleistungsunternehmen als erfolgsgenerierendes Potential bezeichnen.

[37] Vgl. GRAUMANN (1984), S. 608; MEYER (1990), S. 191.

Die Rangfolge der einzelnen Ziele, die sich über die Häufigkeit der Nennungen errechnet, macht deutlich, daß die **Erzielung von Qualitätsvorteilen** bei den Dienstleistungsunternehmen die höchste Priorität genießt, gefolgt von den Bemühungen, sich über eine Partnerschaft den **Zugang zu neuen Märkten** zu erleichtern. Daß die Dienstleistungsunternehmen Know-how und Informationen als essentielle Wettbewerbsfaktoren zu schätzen wissen, zeigt sich an den relativ hohen Ranking-Plätzen der Ziele in der Kategorie **Zugang zu Know-how**. Die **Realisierung von Zeitvorteilen** durch eine Zusammenarbeit hat sich bislang - vermutlich auch aufgrund der oben bereits geschilderten Problematik - noch nicht durchsetzen können. Im Durchschnitt sind es weniger als die Hälfte der Dienstleister, die ein Ziel in dieser Kategorie verfolgen. Überraschenderweise bildet die **Erzielung von Kostenvorteilen** das Schlußlicht des Kooperationsziel-Ranking, was allerdings nicht heißen soll, daß die Realisierung von Kostenvorteilen nicht auch sehr wichtig für Dienstleistungsunternehmen sein kann. Vielmehr läßt das Ergebnis den Schluß zu, daß Kostenvorteile auf andere Art und Weise von den Dienstleistern besser erzielt werden können, als es über eine Kooperation möglich wäre. Eventuell spielt die Realisierung von Kostenvorteilen auch nur für bestimmte Dienstleister eine substantielle Rolle, worüber Kapitel III.2.1.2.2. Aufschluß geben kann.

2.1.1.2. Qualitative Bedeutung

Die Auswertung des Datenmaterials bestätigt die Überlegung, daß Unternehmen mit Hilfe der Kooperation i.d.R. nicht nur ein Ziel, sondern ein ganzes Zielbündel zu realisieren versuchen. Bezogen auf die im Fragebogen aufgeführten Ziele[38] äußert sich dieses Phänomen in einem Durchschnittswert von zehn anvisierten Zielen pro Kooperationsprojekt.

Durchschnittlich zehn simultan zu verwirklichende Ziele verleiten zu der Annahme, daß die Unternehmen sich kaum allen Zielen mit der gleichen Intensität widmen können. Vermutlich wird einzelnen Zielen eine höhere Priorität als anderen eingeräumt. Aus diesem Grund wurden die Unternehmen um eine

---

[38] Einschließlich der Kategorie 'sonstige Ziele' besaßen die Unternehmen 20 verschiedene Ziele zur Auswahl.

Bewertung der von ihnen angestrebten Kooperationsziele im Hinblick auf ihre Wichtigkeit für das Kooperationsprojekt gebeten. Abbildung 72 beinhaltet auf der einen Seite die Einschätzung der Wichtigkeit, auf der anderen Seite wurde auf Basis der Urteile für jedes Ziel getrennt das arithmetische Mittel[39] errechnet, das die Grundlage für ein sogenanntes Wichtigkeits-Ranking bildet.

Kooperationsziele	Einschätzung in %				∅	Rang
	sehr wichtig	eher wichtig	weniger wichtig	un- wichtig		
Schaffung von Qualitätsvorteilen						
Erhöhung der Kundenbindung	65,8	30,3	2,6	1,3	1,39	2
Erweiterung des Leistungsangebots	69,4	26,1	4,5	0,0	1,35	1
Imagegewinne	34,3	39,7	23,3	2,7	1,95	11
Erzielung von Kostenvorteilen						
Realisierung v. Kostensenkungspotentialen	53,3	20,0	21,7	5,0	1,78	6
Zugang zu Kapital	3,0	9,1	30,3	57,6	3,42	18
Nutzung der Absatzkanäle	36,2	34,0	17,0	12,8	2,06	13
Realisierung von Zeitvorteilen						
Realisierung von Zeitersparnissen	30,5	28,8	32,2	8,5	2,19	15
Beschleunigung des Marktzutritts	41,4	39,7	15,5	3,4	1,81	9
Erhöhung der Flexibilität	40,7	39,0	18,6	1,7	1,81	9
Zugang zu neuen Märkten						
Eintritt in neue Märkte	54,7	36,0	8,1	1,2	1,56	3
Nutzung von Marktkenntnissen	36,6	47,9	14,1	1,4	1,80	8
Zugang Know-how						
Gewinnung von Know-how	46,6	31,5	17,8	4,1	1,79	7
Zugang zu Informationen	34,4	37,5	23,4	4,7	1,98	12
Nutzung von Geschäftsbeziehungen	34,9	44,4	17,5	3,2	1,89	10
Erzielung genereller Vorteile						
Verminderung des Wettbewerbsdrucks	30,8	36,5	26,9	5,8	2,08	14
Reduzierung des Risikos	15,9	36,4	38,6	9,1	2,41	16
Steigerung des Ertrags	50,0	43,5	6,5	0,0	1,56	4
Ausnutzen von Synergiepotentialen	56,4	30,8	10,3	2,5	1,59	5
Steigerung der Mitarbeiterzufriedenheit	7,5	17,5	40,0	35,0	3,03	17

Abb. 72:   Wichtigkeit der Kooperationsziele für Dienstleistungsunternehmen[40]

---

[39]   Dabei kann das arithmetische Mittel Werte zwischen 1 = 'sehr wichtig' und 4 = 'unwichtig' annehmen.

[40]   Quelle: Eigene Darstellung basierend auf eigenen Berechnungen.

Was sich bei der Analyse der Häufigkeiten, mit der die unterschiedlichen Kooperationsziele verfolgt werden, bereits angedeutet hat, manifestiert sich durch die Beurteilung der Ziele hinsichtlich ihrer Wichtigkeit: Das Ziel **Erweiterung des Leistungsangebots**, das das häufigste Motiv einer unternehmerischen Zusammenarbeit unter Beteiligung von Dienstleistungsunternehmen darstellt, wird auch am nachdrücklichsten verfolgt, denn 69,4% beurteilen dieses Ziel als 'sehr wichtig', 26,1% als 'eher wichtig' und nur 4,5% als 'weniger wichtig' für das Kooperationsvorhaben, was sich in einem Durchschnittswert von 1,35 niederschlägt. An zweiter Stelle rangiert das Ziel **Erhöhung der Kundenbindung** (∅ 1,39). Berücksichtigt man die extrem hohen Kosten, die mit der Gewinnung neuer Kunden verbunden sind,[41] verwundert es nicht, daß auch über Kooperationen versucht wird, das Unternehmen und seine Leistungen für den Nachfrager noch attraktiver erscheinen zu lassen und die Loyalität der Kunden gegenüber dem Dienstleister zu erhöhen. Der **Eintritt in neue Märkte** gehört ebenfalls zu den essentiellen Zielen. Der Durchschnittswert von 1,53 bestätigt nochmals den hohen Stellenwert der Kooperationsstrategie im Sinne einer Markteintrittsstrategie im Dienstleistungssektor.

Interessant sind weiterhin die Befunde, die sich in bezug auf das Ziel **Realisierung von Kostensenkungspotentialen** ergeben. Während dieses Ziel im Häufigkeits-Ranking lediglich den elften Rang einnimmt, liegt es im Wichtigkeits-Ranking auf der sechsten Position. Hier zeigt sich, daß zwar der Anteil derjenigen Dienstleister, die mit Hilfe einer Partnerschaft ihre Kosten zu reduzieren versuchen, lediglich 50,8% ausmacht, dieses Ziel dann jedoch zentraler Inhalt der Kooperationsabmachung zu sein scheint. Im Gegensatz dazu erhoffen sich zwar 61,7% der Dienstleister durch die Zusammenarbeit mit dem Partner positive Effekte für ihr **Image**, was Platz 5 im Häufigkeits-Ranking entspricht. Analysiert man aber die Wichtigkeit dieses Ziels für das Kooperationsprojekt, dann sind es noch 34,3%, die dieses Ziel als sehr wichtig und 39,7% als eher wichtig einstufen. 26% halten die Verbesserung ihres Images für eher unwichtig. Dies deutet darauf hin, daß für die meisten Dienstleistungsunter-

---

[41] Vgl. zur Kundenbindung, insbesondere auch zur ökonomischen Bedeutung zufriedener und an das Unternehmen gebundener Kunden DILLER (1996), S. 81; MEFFERT/BRUHN (1997), S. 519; HESKETT U.A. (1994), S. 165; MEYER/DORNACH (1995), S. 5ff.; REICHHELD/SASSER (1990), S. 105; MEISTER/MEISTER (1996), S. 8ff.

nehmen Imagegewinne im Rahmen einer Kooperation zwar wünschenswert sind, sie aber nur für einen kleinen Teil der Unternehmen ein zentrales Kooperationsanliegen darstellen.

Daß Kooperationen sich auch unter Kosten-Nutzen-Gesichtspunkten auszahlen sollten, dokumentiert die Evaluation des Ziels **Steigerung des Ertrags**, denn 93,5% schätzen es als sehr bzw. eher wichtig ein. Daß sich die Unternehmen von der Zusammenarbeit mehr versprechen als die additive Wirkung ihrer spezifischen Fähigkeiten, die sie im Zuge der Kooperation bündeln, wird über den Stellenwert nachvollziehbar, den das Ausnutzen von **Synergiepotentialen** bei den Dienstleistern einnimmt (Ranking-Platz 5).

Die Wichtigkeitsanalyse bestätigt außerdem den geringen Stellenwert der Ziele **Zugang zu Kapital**, das den letzten Rang einnimmt, und **Steigerung der Mitarbeiterzufriedenheit**, das auf der vorletzten Position rangiert. Es ist anzunehmen, daß sie von den Dienstleistern wahrscheinlich nur mit geringer Intensität verfolgt werden. Wenn sie sich über die Kooperation realisieren lassen, stellen sie für die Partnerunternehmen einen begrüßenswerten Nebeneffekt dar, aber den Status eines substantiellen Kooperationsziels werden sie kaum einnehmen.

Vor dem Hintergrund, daß eine Partnerschaft die Realisierung mehrerer Ziele begünstigen soll, stellt sich die Frage, ob bestimmte **Zielkombinationen** existieren, die von den Dienstleistern bevorzugt werden. Aufschluß darüber gibt eine Korrelationsanalyse, die interdependente Beziehungen zwischen Variablen untersucht.[42] So läßt sich u.a. nachweisen, daß zwischen der Erhöhung der Kundenbindung und der Erweiterung des Leistungsangebots ein tendenziell leicht positiver Zusammenhang herrscht (r: 0,389), was den Schluß zuläßt, daß eine stärkere Bindung des Nachfragers an das Unternehmen auch über eine Attraktivitätssteigerung des Leistungsprogramms herbeizuführen versucht wird.

---

[42] Vgl. zur Korrelationsanalyse z.B. BEREKOVEN/ECKERT/ELLENRIEDER (1996), S. 200ff.; NIESCHLAG/DICHTL/HÖRSCHGEN (1994), S. 768. Als Maßstab für die Stärke und Richtung des Zusammenhangs zwischen zwei oder mehreren Variablen dient der Korrelationskoeffizient (r), der den Wert 0 annimmt, wenn die Variablen linear unabhängig sind. Die Variablen korrelieren um so stärker, je näher der Wert gegen ± 1 tendiert.

Dabei muß die Verbesserung des Leistungsangebots nicht zwingend über weitere Kerndienstleistungen erreicht werden, sondern dies können auch Sekundärdienstleistungen bewirken.[43] Die Ziele Eintritt in neue Märkte sowie schneller Marktzutritt korrelieren ebenfalls (r: 0,571). Mit ihnen geht oftmals eine Nutzung der Marktkenntnisse des Partners einher (r: 0,4). Besteht von Unternehmensseite Interesse daran, sich über eine Kooperation Zugang zu Know-how zu verschaffen, so bemühen sich die Dienstleister meistens simultan um die Nutzung von Informationen und Marktkenntnissen (r: 0, 727) bzw. Geschäftsbeziehungen (r: 0,569) sowie den Erwerb von Know-how und Marktkenntnissen (r: 0,435). Ein ebenfalls positiver linearer Zusammenhang existiert zwischen den Zielen Realisierung von Kostensenkungspotentialen und Steigerung des Ertrags (r: 0,670).[44]

Insgesamt gesehen bekräftigt die Wichtigkeitsanalyse die Aussagen der Häufigkeitsanalyse in dem Sinne, daß in bezug auf die unterschiedlichen Wettbewerbsziele, deren geplante Erreichung als strategische Grundlage der Zusammenarbeit fungiert, der Schaffung von Qualitätsvorteilen und dem Zugang zu neuen Märkten von seiten der Dienstleistungsunternehmen die höchste Bedeutung zukommt. Erst dann folgt mit etwas geringerer Wichtigkeit das Ziel Zugang Know-how. Die Realisierung von Kostenvorteilen und Zeitvorteilen scheint nicht bei allen Unternehmen im Dienstleistungssektor den gleichen Stellenwert einzunehmen. Möglicherweise ist die Verfolgung dieser Ziele dienstleistungstypabhängig (siehe dazu auch Kapitel III.2.1.2.). Vor diesem Hintergrund bleibt abzuwarten, ob in Zukunft möglicherweise noch eine Verschiebung der Prioritäten bei den Dienstleistungsunternehmen stattfinden wird.

2.1.2. Einflußfaktoren auf die Zielentscheidung

Um die der empirischen Untersuchung zugrundegelegte Zielvielfalt einzuschränken, berücksichtigt die Analyse möglicher Einflußfaktoren auf die Ziel-

---

[43] Zur Abgrenzung von Kern- und Sekundärdienstleistung siehe Kapitel II.1.3.2.

[44] Dabei ist dieser Zusammenhang wenig überraschend, da sich die Senkung von Kosten bei gleichem Umsatz unmittelbar ertragssteigernd auswirkt.

entscheidung im folgenden nur noch die fünf für Dienstleistungsunternehmen bedeutendsten Ziele, und zwar Erhöhung der Kundenbindung, Erweiterung des Leistungsangebots, Eintritt in neue Märkte, Realisierung von Kostensenkungspotentialen sowie Gewinnung von Know-how.[45]

2.1.2.1. Einfluß unternehmensspezifischer Kriterien

Da unternehmensspezifische Rahmenbedingungen die Zielplanung einer Kooperation determinieren können, steht die Untersuchung der Dienstleistungsbranche, der Unternehmensgröße und des geographischen Tätigkeitsfelds des Dienstleisters im Mittelpunkt der folgenden Ausführungen.

• **Zusammenhang zwischen Branche und Kooperationszielen**

Aufgrund der Analyseergebnisse läßt sich feststellen, daß Kooperationen in unterschiedlichen Branchen auch zu unterschiedlichen Zwecken eingegangen werden. Abbildung 73 verdeutlicht, daß insbesondere Werbeagenturen, Luftfahrtgesellschaften und Logistikdienstleister die Zusammenarbeit mit einem Partnerunternehmen als geeignete Vorgehensweise zur **Erhöhung der Kundenbindung** ansehen.

Dienstleistungsbranche	Anteil der Unternehmen, die das Ziel Erhöhung der Kundenbindung		Summe
	verfolgen	nicht verfolgen	
Unternehmensberater	47,8%	52,2%	100%
Marktforschungsinstitut	48,4%	51,6%	100%
Werbeagentur	80,0%	20,0%	100%
Wirtschaftsprüfer	46,2%	53,8%	100%
Luftfahrtgesellschaft	80,0%	20,0%	100%
Logistikdienstleister	87,0%	13,0%	100%
Summe	**63,3%**	**36,7%**	**100%**

Abb. 73: Bedeutung des Ziels Erhöhung der Kundenbindung in unterschiedlichen Branchen[46]

---

[45] Bei sieben Einflußfaktoren und 20 Zielen hätte es der Darstellung von 140 Einzelbefunden bedurft, um diesen Sachverhalt erschöpfend darzustellen. Vor diesem Hintergrund erscheint es sinnvoll, sich auf die aus Dienstleistungssicht bedeutendsten zu beschränken.

[46] Quelle: Eigene Darstellung basierend auf eigenen Berechnungen. SN: 0,006; KK: 0,344.

Eine vergleichbare Konstellation ergibt sich auch für das Ziel **Gewinnung von Know-how**. Hier sind es ebenfalls die Werbeagenturen (73,3%), Luftfahrtgesellschaften (73,3%) sowie Logistikdienstleister (78,3%), die mittels Kooperation bezwecken, vom Wissen und Know-how ihres Kooperationspartners zu profitieren.[47]

Betrachtet man alle Dienstleistungsunternehmen, so zeigen nur etwas mehr als die Hälfte (50,8%) Interesse daran, über eine Kooperation **Kostensenkungspotentiale** zu realisieren. Bei einer nach Dienstleistungsbranchen differenzierten Analyse sind es insbesondere die Luftfahrtgesellschaften (86,7%), die sich über eine Kooperation Kostenvorteile versprechen. Mit der Zusammenarbeit ist für die meisten Fluggesellschaften eine Vergrößerung ihres Dienstleistungsnetzwerks verbunden, die die Realisierung von 'economies of scope' begünstigt. Aufmerksamkeit verdienen auch die Logistikdienstleister (82,2%), für die eine Kooperation ein geeignetes Instrument zur Reduzierung ihrer Kostenblöcke darstellt. Im Vergleich dazu versuchen z.B. lediglich 15,4% der Wirtschaftsprüfer und 34,8% der Unternehmensberater, durch eine Partnerschaft ihre Kostensituation zu verbessern.[48] Luftfahrtunternehmen und Logistikdienstleister räumen diesem Ziel im Gegensatz zu den Unternehmen der anderen Dienstleistungszweige höchste Priorität ein (siehe Abb. 74).

Dienstleistungsbranche	Einschätzung des Ziels Realisierung von Kostensenkungspotentialen				Summe
	sehr wichtig	eher wichtig	weniger wichtig	unwichtig	
Unternehmensberater	25,0%	12,5%	62,5%	0,0%	100%
Marktforschungsinstitut	27,3%	36,4%	36,3%	0,0%	100%
Werbeagentur	28,6%	14,3%	42,8%	14,3%	100%
Wirtschaftsprüfer	0,0%	50,0%	0,0%	50,0%	100%
Luftfahrtgesellschaft	76,9%	7,7%	7,7%	7,7%	100%
Logistikdienstleister	78,9%	21,1%	0,0%	0,0%	100%
Summe	53,3%	20,0%	21,7%	5,0%	100%

Abb. 74: Einschätzung des Ziels Realisierung von Kostensenkungspotentialen in unterschiedlichen Branchen[49]

---

[47]   SN: 0,037; KK: 0,300.

[48]   SN: 0,000; KK: 0,440.

[49]   Quelle: Eigene Darstellung basierend auf eigenen Berechnungen. SN: 0,001; KK: 0,621.

Daß die Kooperation als **Markteintrittsstrategie** für die meisten Dienstleister hohe Relevanz besitzt, steht außer Frage. Allerdings scheint die Partnerschaft mit einem anderen Dienstleister zur Umgehung von Markteintrittsbarrieren in einigen Dienstleistungszweigen geradezu essentiell zu sein, worauf der hohe Anteil an Luftfahrtunternehmen und Logistikdienstleistern, die dieses Ziel verfolgen, schließen läßt (siehe Abb. 75), wobei insbesondere die Luftfahrt zu den Branchen gehört, die extrem reguliert sind, wenn auch in den letzten Jahren Bemühungen zu einer stärkeren Deregulierung feststellbar sind.[50]

Dienstleistungsbranche	Anteil der Unternehmen, die das Ziel Eintritt in neue Märkte		Summe
	verfolgen	nicht verfolgen	
Unternehmensberater	65,2%	34,8%	100%
Marktforschungsinstitut	61,3%	38,7%	100%
Werbeagentur	73,3%	26,7%	100%
Wirtschaftsprüfer	46,2%	53,8%	100%
Luftfahrtgesellschaft	93,3%	6,7%	100%
Logistikdienstleister	91,3%	8,7%	100%
Summe	71,7%	28,3%	100%

Abb. 75: Bedeutung des Ziels Eintritt in neue Märkte in unterschiedlichen Branchen [51]

- **Zusammenhang zwischen Größe und Kooperationszielen**

Analysiert man die Präferenzen von KMUs und Großunternehmen in bezug auf die Kooperationsziele, so sind signifikante Unterschiede festzustellen. Vor dem Hintergrund, daß insbesondere kleinere Unternehmen einen relativ engen und persönlichen Kontakt zu ihren Kunden pflegen, steht zu vermuten, daß vor allem Großunternehmen daran interessiert sein dürften, über Kooperationsbeziehungen ihren Nachfragern zusätzliche Anreize zu bieten, sich stärker an das Unternehmen zu binden. Diese Überlegungen lassen sich durch das Datenmaterial bestätigen. Während 52,9% der KMUs durch die Kooperation positive Auswirkungen auf die **Kundenbindung** erwarten, sind es bei den Großunternehmen 77,1%.[52]

---

[50] Vgl. JÄCKEL (1991), S. 39ff.; KARK (1989); MÖSSLANG (1995), S. 79ff.

[51] Quelle: Eigene Darstellung basierend auf eigenen Berechnungen. SN: 0,015; KK: 0,325.

[52] SN: 0,008; KK: 0,239.

210

Deutliche Unterschiede sind ebenfalls für das Ziel **Gewinn von Know-how** zu konstatieren. Hier sind es ebenfalls die Großunternehmen, die sich überproportional häufig von der Kooperation Zugang zu den Know-how-Potentialen ihrer Partner erhoffen (75%). Von den KMUs verfolgen lediglich 50% dieses Kooperationsziel.[53] Allerdings messen die Unternehmen diesem Ziel einen unterschiedlichen Stellenwert bei. Allem Anschein nach verfolgen die KMUs dieses Ziel - haben sie sich einmal dafür entschieden - mit größerer Ernsthaftigkeit, denn 65,7% schätzen den Gewinn von Know-how als 'sehr wichtig' und 17,1% als 'eher wichtig' für ihr Unternehmen ein. Nur 17,1% betrachten es als 'weniger wichtig' bzw. 'unwichtig'. Daß nur 27,8% der Großunternehmen den durch eine Kooperation möglichen Know-how-Transfer als 'sehr wichtig', 47,2% als 'eher wichtig' und 25% als 'weniger wichtig' bzw. 'unwichtig' beurteilen, bestätigt die obige These.[54]

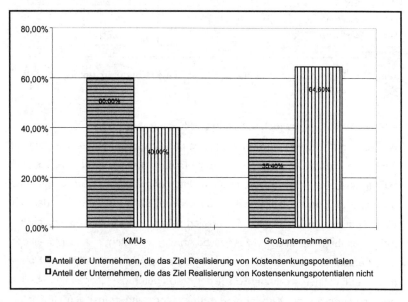

Abb. 76: Bedeutung des Ziels Realisierung von Kostensenkungspotentialen in Abhängigkeit von der Unternehmensgröße[55]

---

[53]   SN: 0,006; KK: 0,243.

[54]   SN: 0,007; KK: 0,381.

[55]   Quelle: Eigene Darstellung basierend auf eigenen Berechnungen. SN: 0,009; KK: 0,235.

Wie bereits oben erwähnt, haben insgesamt 50% der Unternehmen die **Reali-sierung von Kostensenkungspotentialen** in ihren Kooperationszielkatalog aufgenommen. Differenziert man diese im Hinblick auf ihre Größe, so scheint dieses Ziel für die Großunternehmen von höherer Relevanz zu sein als für die KMUs. Abbildung 76 dokumentiert, daß es lediglich 40% der KMUs sind, aber 64,8% der größeren Dienstleister, die mit Hilfe einer Kooperation beabsichti-gen, ihre Kostensituation zu verbessern.

Hinzu kommt, daß Großunternehmen der Verwirklichung dieses Ziels absolut höchste Priorität einzuräumen scheinen, was deren Urteil in bezug auf die Wichtigkeit belegt (siehe Abb. 77).

Unternehmensgröße	Einschätzung des Ziels Realisierung von Kostensenkungspotentialen				Summe
	sehr wichtig	eher wichtig	weniger wichtig	unwichtig	
KMUs	33,3%	22,2%	40,8%	3,7%	100%
Großunternehmen	71,0%	19,4%	6,4%	3,2%	100%
Summe	53,4%	20,7%	22,5%	3,4%	100%

Abb. 77: Einschätzung des Ziels Realisierung von Kostensenkungspotentialen in Abhängigkeit von der Unternehmensgröße[56]

Die Kooperation als **Markteintrittsstrategie** scheint sich vor allem bei Großun-ternehmen größter Beliebtheit zu erfreuen. Immerhin sind es 83,3% von ihnen, die dieses Ziel verfolgen. Bei den KMUs fällt der Anteil deutlich kleiner aus. Hier sind es lediglich 62,9%, die sich von der Zusammenarbeit mit einem Partner auch den Eintritt in bis dato unbearbeitete Märkten versprechen.[57]

Daß Kooperationen eine gute Gelegenheit darstellen, mit Hilfe des Partnerun-ternehmens eine **Erweiterung des eigenen Leistungsangebots** herbeizufüh-ren, haben alle Unternehmen gleichermaßen erkannt. Hier sind keine Unter-schiede im Hinblick auf die Unternehmensgröße aufgefallen.

---

[56]   Quelle: Eigene Darstellung basierend auf eigenen Berechnungen. SN: 0,009; KK: 0,406.

[57]   SN: 0,016; KK: 0,217.

- **Zusammenhang zwischen geographischem Tätigkeitsfeld und Kooperationszielen**

Bei einer Gegenüberstellung der Variablen geographisches Tätigkeitsfeld mit den einzelnen Kooperationszielen gilt es zu überprüfen, ob regional tätige Dienstleister die Zusammenarbeit mit einem anderen Unternehmen aus anderen Motiven eingegangen sind als nationale bzw. internationale. Während sich für die Ziele Erhöhung der Kundenbindung, Erweiterung des Leistungsangebots und Gewinn von Know-how keine signifikanten Differenzen nachweisen lassen, sind insbesondere für die Ziele Eintritt in neue Märkte bzw. Realisierung von Kostensenkungspotentialen Unterschiede festzustellen.

Wie aus Abbildung 78 ersichtlich wird, spielt **die Realisierung von Kostensenkungspotentialen** insbesondere bei internationalen Unternehmen eine wichtige Rolle. Schließlich beabsichtigen 70,6% der international aktiven Dienstleister ihre Kostensituation über eine Zusammenarbeit zu verbessern. Sie scheinen sich stärker als lediglich regional bzw. national tätige Dienstleister im klaren darüber zu sein, daß Kooperationen zur Erzielung von 'economies of scale' sowie 'economies of scope' Anknüpfungspunkte bieten.

Geographisches Tätigkeitsfeld	Anteil der Unternehmen, die das Ziel Realisierung von Kostensenkungspotentialen		Summe
	verfolgen	nicht verfolgen	
eher regional	44,4%	55,6%	100%
eher national	32,0%	68,0%	100%
eher international	70,6%	29,4%	100%
Summe	50,4%	49,6%	100%

Abb. 78: Bedeutung des Ziels Realisierung von Kostensenkungspotentialen in Abhängigkeit vom geographischen Tätigkeitsfeld[58]

Betrachtet man den Anteil von 84,3% bei den internationalen Unternehmen, die mit Hilfe der Kooperation den **Eintritt in neue Märkte** suchen, so liegt dieser deutlich über den Anteilen der regional tätigen Dienstleister (66,7%) bzw. national aktiven Unternehmen (60,0%).[59] Die hohe Akzeptanz der Kooperation als Markteintrittsstrategie bei den international operierenden Dienstleistern läßt

---

[58] Quelle: Eigene Darstellung basierend auf eigenen Berechnungen. SN: 0,000; KK: 0,338.

[59] SN: 0,023; KK: 0,224.

sich möglicherweise auf deren positive Erfahrungen mit dieser Markteintrittsalternative zurückführen, so daß sie auch weiterhin den Eintritt in bislang unbearbeitete Regionen mittels Kooperation forcieren.

2.1.2.2. Einfluß dienstleistungsspezifischer Kriterien

Im Zusammenhang mit der Planung eines Kooperationsvorhabens stellt sich die Frage, ob nicht dienstleistungsspezifische Besonderheiten, wie die Art des externen Faktors, der Haupteinsatzfaktor, der Individualitätsgrad sowie die Interaktionsintensität, die Entscheidung, welche Ziele mit der Kooperation verfolgt werden, determinieren. Deshalb ist der folgende Abschnitt dem Einfluß der dienstleistungsspezifischen Merkmale auf die Zielentscheidung gewidmet.

- **Zusammenhang zwischen Art des externen Faktors und Kooperationszielen**

Hinsichtlich des Ziels **Erhöhung der Kundenbindung** sind gravierende Unterschiede zwischen personenbezogenen und objektbezogenen Dienstleistern festzustellen. Während von den personenbezogenen Unternehmen 57,7% mit Hilfe einer Kooperation ihr Kundenbindungspotential zu verbessern versuchen, sind es bei den objektbezogenen Dienstleistern sogar 87%.[60] Das große Interesse der Anbieter objektdominanter Dienstleistungen, über eine Kooperation einen Beitrag zu einer intensiveren Bindung der Kunden an das eigene Unternehmen zu leisten, scheint verständlich. Denn im Gegensatz zu den personenbezogenen Dienstleistern hat der objektbezogene Dienstleister i.d.R. nur vor und nach der eigentlichen Dienstleistungserstellung, die am Objekt des Kunden vollzogen wird, die Möglichkeit, unmittelbaren Kontakt zum Kunden aufzunehmen und auf diesen in seinem Sinne einzuwirken. Personenbezogene Dienstleister, bei denen als externer Faktor der Kunde selbst in den Dienstleistungserstellungsprozeß integriert wird und auf den der Dienstleistungsanbieter währenddessen Einfluß nehmen kann, besitzen i.d.R. dadurch per se einen engeren Kontakt zu ihren Kunden.

---

[60]   SN: 0,009; KK: 0,232.

Betrachtet man das Ziel **Gewinnung von Know-how,** so sind es ebenfalls die objektbezogenen Dienstleister, die häufiger dieses Ziel anstreben. 78,3% der Unternehmen mit objektbezogenem Angebot stehen hierbei lediglich 56,7% der personenbezogenen Dienstleister gegenüber, die dieses Ziel in ihren Zielkatalog aufgenommen haben.[61]

Ähnliches gilt auch für die **Realisierung von Kostensenkungspotentialen.** Wiederum sind es Unternehmen, die objektbezogene Dienstleistungen offerieren, die überproportional häufig dieses Ziel anstreben. Ihr Anteil macht 82,6% aus. Von den personenbezogenen Dienstleistern sind es nur 43,3%, die durch eine Kooperation eine Reduzierung ihrer Kosten herbeiführen wollen.[62] Die Integration des externen Faktors Mensch und die häufig damit einhergehende Individualität sowie die mangelnde Lagerfähigkeit erschweren die Ausnutzung von Erfahrungskurveneffekten.[63] Im Gegensatz dazu lassen sich bei objektbezogenen Dienstleistungen viel leichter Standardisierungsmaßnahmen und damit Rationalisierungsmaßnahmen ergreifen, die sich positiv auf die Kostensituation der Dienstleister auswirken würden. Im Extremfall können objektbezogene Dienstleistungen sogar automatisiert werden, was zu weiterer Kostendegression führen würde.[64]

Daß sich über eine Partnerschaft Markteintrittsbarrieren umgehen lassen, spielt insbesondere für die objektbezogenen Dienstleister eine große Rolle, denn 91,3% von ihnen beabsichtigt die Erschließung **neuer Märkte.** Dem stehen 57,7% der personenbezogenen Dienstleister gegenüber. Für sie scheint die Kooperation als Markteintrittsstrategie einen deutlich geringeren Stellenwert zu besitzen.[65]

---

[61]   SN: 0,057; KK: 0,171.

[62]   SN: 0,001; KK: 0,296.

[63]   Vgl. MEFFERT/BRUHN (1997), S. 131.

[64]   Vgl. zur Automatisierung von Dienstleistungen MEYER (1994), S. 114ff. Zu den Gefahren, die mit einer zunehmenden Automatisierung verbunden sind, insbesondere wenn der externe Faktor nicht ein Objekt, sondern eine Person darstellt, siehe SIMON/BUTSCHER (1997); REICHHELD/SASSER (1990), S. 111.

[65]   SN: 0,020; KK: 0,208.

- **Zusammenhang zwischen Haupteinsatzfaktor und Kooperationszielen**

Differenziert man Dienstleistungsunternehmen anhand des internen Faktors, so kommen Kooperationen mit dem Ziel **Erhöhung der Kundenbindung** bei personendominanten Dienstleistern (53,7%) seltener vor als bei objektdominanten Dienstleistern (84,2%).[66] Gleiches gilt für das Ziel **Gewinnung von Know-how**, welches von 53,7% der personendominanten Dienstleistungsunternehmen verfolgt wird. Im Gegensatz dazu beträgt der Anteil bei den objektdominanten Dienstleistern 76,3%.[67] Da zur Erbringung objektdominanter Dienstleistungen maschineller Einsatz notwendig ist, steht zu vermuten, daß sich ein großer Teil des geplanten Know-how-Transfers auf technisches Wissen bezieht, womit sich die Diskrepanz von 22,6% zwischen den Dienstleistungstypen erklären läßt.

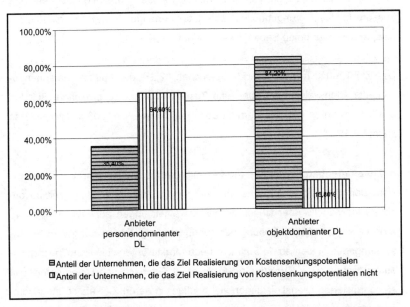

Abb. 79: Bedeutung des Ziels Realisierung von Kostensenkungspotentialen in Abhängigkeit vom Haupteinsatzfaktor[68]

---

[66] SN: 0,001; KK: 0,283.

[67] SN: 0,018; KK: 0,211.

[68] Quelle: Eigene Darstellung basierend auf eigenen Berechnungen. SN: 0,000; KK: 0,414.

Die **Realisierung von Kostensenkungspotentialen** streben 35,4% der personendominanten Dienstleister an, bei den objektdominanten Dienstleistern sind es deutlich mehr: Ihr Anteil liegt bei 84,2%. Diesen signifikanten Unterschied visualisiert Abbildung 79.

Unternehmen, die ihre Leistungen persönlich erbringen, können - bedingt durch die Immaterialität und die Tatsache, daß die menschliche Leistungsfähigkeit Schwankungen unterliegt - nur begrenzt Erfahrungskurveneffekte und Standardisierungsmaßnahmen verwirklichen. Trotzdem kann unter Umständen auch eine Degression der Personalkosten erreicht werden. Allerdings benötigen die Unternehmen dazu nicht zwingend einen Kooperationspartner. Bei den objektdominanten Dienstleistern kann z.B. mit Hilfe eines Kooperationspartners eine bessere Auslastung ungenutzter Kapazitäten herbeigeführt werden, die Kosteneinsparungen für beide Seiten mit sich bringt.

Das Ziel **Eintritt in neue Märkte** versuchen 62,2% der Anbieter personendominanter Dienstleistungen über eine Zusammenarbeit zu erreichen. Bei den objektdominanten Dienstleistern ist der Anteil wesentlich größer. Hier sind es sogar 92,1%.[69]

• **Zusammenhang zwischen Individualitätsgrad und Kooperationszielen**
Analysiert man die Zielentscheidung der Dienstleister in Abhängigkeit davon, ob sie individuelle oder standardisierte Dienstleistungen anbieten, so sind im Hinblick auf die Ziele Erhöhung der Kundenbindung, Realisierung von Kostensenkungspotentialen sowie Eintritt in neue Märkte unterschiedliche Tendenzen auszumachen. Das **Kundenbindungsziel** ist demnach von Unternehmen mit standardisierten Dienstleistungen viel häufiger in deren Zielkatalog aufgenommen worden (74,5%) als von Unternehmen mit individuellen Dienstleistungen (55,1%).[70] Aufgrund ihres individuellen Angebots sind ihre Leistungen nicht so leicht substituierbar wie die eines Anbieters standardisierter Dienstleistungen, die ihren Kunden oftmals über die eigentliche Leistung hinausgehende attrak-

---

[69]   SN: 0,001; KK: 0,295.
[70]   SN: 0,029; KK: 0,196.

tive Angebote unterbreiten müssen, um diese an ihr Unternehmen zu binden.

Noch stärker hingegen sind die Unterschiede, die zwischen eher individuellen und standardisierten Dienstleistern im Hinblick auf das Ziel **Realisierung von Kostensenkungspotentialen** feststellbar sind. Nur 39,1% der individuellen Dienstleister gehen zu diesem Zweck eine Kooperation ein. Bei den standardisierten sind es dagegen zwei Drittel, die dieses Ziel verfolgen.[71] Berücksichtigt man, daß sich Anbieter standardisierter Dienstleistungen oftmals auch über den Preis von ihren Wettbewerbern zu differenzieren versuchen, ein günstigerer Preis langfristig gesehen aber nur über einen Kostenvorsprung garantiert werden kann, dann erscheint das große Interesse an der Einsparung von Kosten durch eine Partnerschaft durchaus nachvollziehbar. Langfristig gesehen wird vermutlich nur derjenige Dienstleister, der mögliche Standardisierungs- und Rationalisierungspotentiale am besten ausgeschöpft hat, eine Preisstrategie verfolgen können.

Der **Eintritt in neue Märkte** stellt ebenfalls ein von standardisierten Dienstleistern überdurchschnittlich häufig gewähltes Ziel dar. Ihr Anteil beträgt dabei 80,4%, während im Vergleich dazu der Anteil bei individuellen Dienstleistern bei 65,2% liegt.[72] Die Motivation der Unternehmen mit standardisierten Leistungen, neue Märkte zu erschließen, hängt vermutlich eng mit dem Bestreben zusammen, 'economies of scale' und 'economies of scope' zu realisieren. Schließlich stellen standardisierte Dienstleistungen oftmals Massendienstleistungen dar, so daß die Anbieter dieser Leistungen ein gewisses Marktvolumen benötigen, um erfolgreich zu sein.

- **Zusammenhang zwischen Interaktionsintensität und Kooperationszielen**

Ein Vergleich interaktionsintensiver Dienstleistungsunternehmen mit eher interaktionsarmen Dienstleistungsunternehmen bringt gleichfalls Unterschiede in der Zielplanung der Kooperierenden hervor. Da bei den interaktionsarmen

---

[71]   SN: 0,003; KK: 0,272.

[72]   SN: 0,068; KK: 0,164.

Dienstleistungen der persönliche Kundenkontakt deutlich geringer ausfällt als bei interaktionsintensiven Dienstleistungen, zeichnen sich die interaktionsarmen per se durch eine geringere **Kundenbindung** aus. Daher ist bei Dienstleistern mit interaktionsarmen Angebot die Motivation auch höher, über andere Mittel, wie z.B. über eine Kooperation, ihr Unternehmen und ihre Leistungen für die Nachfrager attraktiver zu gestalten und somit die Bindung der Kunden an den Dienstleistungsbetrieb zu erhöhen. In diesen Kontext paßt, daß mehr als drei Viertel der interaktionsarmen Dienstleistungsunternehmen mit einer Kooperation eine Erhöhung der Kundenbindung anstreben. Bei den interaktionsintensiven Dienstleistern, die einen deutlich stärkeren Kundenkontakt aufweisen, sind es weniger als die Hälfte (48,1%).[73]

In bezug auf die **Realisierung von Kostensenkungspotentialen** sind es ebenfalls die Anbieter interaktionsarmer Dienstleistungen, die dieses Ziel signifikant häufiger anstreben als die Anbieter interaktionsintensiver Dienstleistungen. Während das Verhältnis von Unternehmen, die dieses Ziel verfolgen bzw. nicht verfolgen, bei den interaktionsarmen Unternehmen 63,6% zu 36,4% beträgt, ist die Größenordnung bei den interaktionsintensiven Dienstleistern genau umgekehrt: 35,2% verfolgen das Ziel, 64,8% nicht.[74] Das mag darauf zurückzuführen sein, daß Dienstleistungen mit hohem Interaktionsgrad nur eingeschränkte Automatisierungs- und Standardisierungspotentiale besitzen. Da gleichzeitig eine Abkehr von standardisierten Massendienstleistungen zu beobachten ist,[75] sind für diese Dienstleistungen Kosteneinsparungsmaßnahmen, die sich nicht auf die eigentliche Dienstleistungserstellung beziehen, sinnvoller.

Betrachtet man das Ziel **Eintritt in neue Märkte**, sind die Unterschiede nicht ganz so groß: 63% der interaktionsintensiven Unternehmen, die bislang unbearbeitetes Terrain durch eine Kooperation erschließen wollen, stehen 78,8% der Anbieter interaktionsarmer Dienstleistungen gegenüber.

---

[73]   SN: 0,002; KK: 0,274.

[74]   SN: 0,002; KK: 0,272.

[75]   Vgl. MEFFERT/BRUHN (1997), S. 173.

Unabhängig davon, um welchen Dienstleistungstyp es sich handelt, wurde das bereits in den obigen Ausführungen als das zentrale Kooperationsziel der Dienstleister identifizierte Motiv der **Erweiterung des Leistungsangebots** von allen untersuchten Unternehmen mit der nahezu identischen Häufigkeit und Intensität verfolgt. Während sich bezüglich der vier anderen Ziele gravierende Unterschiede für die einzelnen Unternehmens- bzw. Dienstleistungstypen nachweisen lassen konnten, ist eine Anreicherung der eigenen Leistungen um die des Kooperationspartners erklärtes Ziel fast aller Dienstleister.

2.2. Erfolg von Kooperationen

Die Auseinandersetzung mit dem Kooperationsphänomen zeigt, daß sich für die kooperierenden Unternehmen über die gemeinsame Realisierung von Wettbewerbsvorteilen nicht nur Chancen ergeben, sondern daß eine Kooperation auch vielfältige Risiken in sich birgt, die unter Umständen zum Scheitern einer Partnerschaft führen. So weisen z.B. Studien von MCKINSEY und COOPERS & LYBRAND nach, daß sieben von zehn Joint-Venture-Projekten die Erwartungen der Partner nicht erfüllen oder aufgelöst werden.[76] HARRIGAN ermittelte eine durchschnittliche Erfolgsquote von 45,3% bei 895 untersuchten Joint Ventures.[77] Auf etwas bessere Ergebnisse hinsichtlich des Kooperationserfolgs kam KOGUT; er stellte bei den von ihm analysierten Kooperationen fest, daß 46,3% aller Projekte instabil sind. Das entspricht 53,7% erfolgreichen Vorhaben.[78] KILLING konnte bei seinen Untersuchungen 67,6% erfolgreiche und 32,4% weniger erfolgreiche Joint Ventures identifizieren.[79] Berücksichtigt man, daß bei den angeführten Studien lediglich Joint Ventures betrachtet wurden und daß darüber hinaus keine einheitlichen Erfolgsgrößen zur Beurteilung der Kooperationen herangezogen wurden, so bestätigen diese Befunde die Aussagen des Kapitels II.2.2.3., nach denen die Messung des Kooperationserfolgs mit Schwierigkeiten verbunden ist.

---

[76] Vgl. LEVINE/BYRNE (1986), S. 99.

[77] Vgl. HARRIGAN (1988), S. 207.

[78] Vgl. KOGUT (1988a), S. 328.

[79] Vgl. KILLING (1982), S. 120.

Gemäß den Ausführungen des Kapitels II.2.2.3. - nach denen bislang kein für sämtliche Kooperationsformen gültiger Katalog mit Erfolgsgrößen zur Messung des Kooperationserfolgs existiert und nach denen sich die Evaluierung des Kooperationserfolgs daran orientieren sollte, in welchem Ausmaß die von den Kooperationspartnern festgelegten Ziele auch tatsächlich erreicht worden sind - sind die Unternehmen Im Rahmen der Befragung gebeten worden, die Ziele, die mit Hilfe der Kooperation verfolgt werden, hinsichtlich ihrer Erreichung zu beurteilen. Diese Einschätzung kann zum einen bei vorsichtiger Interpretation als weiterer Indikator für die Eignung eines Ziels für zusammenarbeitende Unternehmen der Dienstleistungsbranche herangezogen werden, zum anderen fungiert sie als Maßstab zur Erfolgsbeurteilung des Kooperationsvorhabens.

Der Zielerreichungsgrad ist jedoch nicht die einzige Erfolgsgröße, auf die sich die folgenden Aussagen stützen. Einen nützlichen Indikator für Erfolg bzw. Mißerfolg von Kooperationen im Dienstleistungssektor erhält man auch, wenn man auf die subjektive Erfolgsbeurteilung der Befragten zurückgreift. Deshalb wurden die in der empirischen Analyse berücksichtigten Unternehmen auch um eine subjektive Erfolgseinschätzung ihres Kooperationsprojekts gebeten. Dies geschah in dem Bewußtsein, daß bei jedem Unternehmen eine andere Erwartungshaltung bzw. ein unterschiedliches Anspruchsniveau für den Kooperationserfolg existieren dürfte. Das subjektive Pauschalurteil läßt zwar keinen Rückschluß darauf zu, welche Erfolgsgröße(n) und welchen Maßstab das einzelne Unternehmen implizit bei seiner Einschätzung zugrunde gelegt hat, bietet jedoch einen validen Meßwert für die Beurteilung einer Zusammenarbeit.[80]

Abbildung 80 zeigt, daß sich dieses Kapitel mit der Untersuchung des Kooperationserfolgs, die auf dem Zielerreichungsgrad und dem subjektiven Pauschalurteil basiert, beschäftigt. Außerdem wird der Kooperationserfolg in Abhängigkeit von unternehmens- und dienstleistungsspezifischen Kriterien analysiert.[81]

---

[80] Eine ähnliche Argumentation zur Evaluation von Kooperationsvorhaben findet sich bei KAUFMANN/KOKALJ/STROBL (1990), S. 118. Auf die subjektive Erfolgseinschätzung als verläßlicher Indikator wurde auch in anderen Erfolgsfaktorenstudien zurückgegriffen, vgl. dazu z.B. HÖRSCHGEN U.A. (1993b), S. 85ff.

[81] Da als eine Erfolgsgröße der Zielerreichungsgrad zugrunde gelegt wird, wird über die Unterlegung des Zielfeldes in der Abbildung der enge Zusammenhang zwischen Zielen und Erfolg betont.

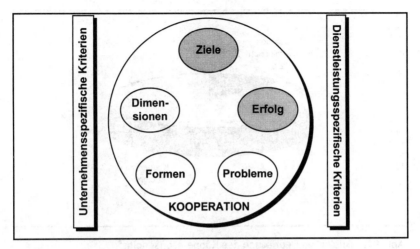

Abb. 80: Untersuchungsgegenstand des Kapitels III.2.2.[82]

2.2.1. Evaluation des Kooperationserfolgs anhand unterschiedlicher Erfolgsgrößen

Legt man die **subjektive Charakterisierung des Kooperationserfolgs**[83] zugrunde und mißt anhand dieses Maßstabs, ob die Zusammenarbeit mit dem Partner von Erfolg gekrönt war oder nicht, dann beurteilen 87,9% der kooperierenden Unternehmen ihre Zusammenarbeit als erfolgreich. 12,1% der Probanden kommen zu einem negativen Pauschalurteil und stufen ihr Kooperationsprojekt als nicht erfolgreich ein (siehe Abb. 81).

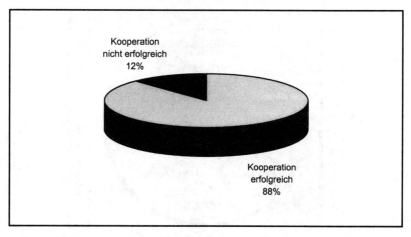

Kooperation
nicht erfolgreich
12%

Kooperation
erfolgreich
88%

Abb. 81:   Subjektive Beurteilung des Kooperationserfolgs[84]

Neben der Frage, ob ein Kooperationsprojekt erfolgreich war, ist auch von Interesse, inwieweit es erfolgreich war, was sich über den **Zielerreichungsgrad**
eruieren läßt.[85] Um ein differenziertes Urteil zu ermöglichen, standen den Unternehmen vier Antwortkategorien zur Verfügung, die sich von 'voll erreicht' über
'eher erreicht' und 'eher nicht erreicht' bis hin zu 'gar nicht erreicht' erstreckten.
Den Antwortkategorien wurden folgende Werte zugeordnet: 'voll erreicht' der
Wert 1, 'eher erreicht' der Wert 2, 'eher nicht erreicht' der Wert 3 und 'gar nicht
erreicht' der Wert 4. Zur Verdichtung der Daten wurde das arithmetische Mittel
gebildet, das Werte zwischen 1 und 4 annehmen kann. Es zeigt bei einem
Durchschnittswert, der kleiner als 2,5 ist, daß das Kooperationsziel erreicht
worden ist. Nimmt das Mittel einen Wert größer 2,5 an, dann wurde dieses Ziel
bei durchschnittlicher Betrachtung nicht erreicht (siehe Abb. 82).

---

[84]   Quelle: Eigene Darstellung basierend auf eigenen Berechnungen.

[85]   Damit wird auch der in Kapitel II.2.2.3.1. gestellten Forderung, daß bei einer Erfolgsbeurteilung von Kooperationen eine Orientierung am Zielerreichungsgrad der angestrebten
Kooperationsziele sinnvoll sei, Rechnung getragen.

Kooperationsziele	Zielerreichungsgrad in %				∅	Rang
	voll erreicht	eher erreicht	eher nicht erreicht	gar nicht erreicht		
Schaffung von Qualitätsvorteilen						
Erhöhung der Kundenbindung	31,0	50,7	16,9	1,4	1,89	5
Erweiterung des Leistungsangebots	52,8	34,3	11,1	1,8	1,62	1
Imagegewinne	36,9	44,6	10,8	7,7	1,89	5
Erzielung von Kostenvorteilen						
Kostensenkungspotentiale	27,3	40,0	18,2	14,5	2,20	13
Zugang zu Kapital	8,3	25,0	8,3	58,4	3,17	17
Nutzung der Absatzkanäle	25,6	39,5	25,6	9,3	2,19	12
Realisierung von Zeitvorteilen						
Realisierung von Zeitersparnissen	24,1	44,4	25,9	5,6	2,13	10
Beschleunigung des Marktzutritts	33,3	38,9	22,2	5,6	2,00	8
Erhöhung der Flexibilität	26,3	54,4	14,0	5,3	1,98	6
Zugang zu neuen Märkten						
Eintritt in neue Märkte	43,2	38,3	13,6	4,9	1,80	2
Nutzung von Marktkenntnissen	32,3	52,3	10,8	4,6	1,88	4
Zugang zu Know-how						
Gewinnung von Know-how	39,1	46,4	8,7	5,8	1,81	3
Zugang zu Informationen	18,3	65,0	11,7	5,0	2,03	9
Nutzung von Geschäftsbeziehungen	24,1	56,9	10,4	8,6	2,03	9
Erzielung genereller Vorteile						
Verminderung d. Wettbewerbsdrucks	23,3	39,5	18,6	18,6	2,31	14
Reduzierung des Risikos	24,5	32,7	30,6	12,2	2,33	15
Steigerung des Ertrags	28,6	39,3	19,6	12,5	2,16	11
Ausnutzen von Synergiepotentialen	32,9	42,1	18,4	6,6	1,99	7
Steigerung d. Mitarbeiterzufriedenheit	11,4	28,6	37,1	22,9	2,71	16

Abb. 82: Zielerreichungsgrad einzelner Kooperationsziele[86]

Abbildung 82 steht im Einklang mit dem Ergebnis, das sich über das pauschale Erfolgsurteil ermitteln läßt, nach dem lediglich 12,1% der Kooperationen als nicht erfolgreich eingeschätzt wurden: Nur zwei von 19 Kooperationszielen, nämlich der **Zugang zu Kapital** und die **Steigerung der Mitarbeiterzufriedenheit**, weisen eine durchschnittlichen Wert von größer 2,5 auf. Aufgrund dieses Ergebnisses stellt sich die Frage, ob die untersuchten Dienstleistungsunternehmen, diese Ziele deshalb oftmals nicht erreicht haben, weil sie für sie

---

[86]   Quelle: Eigene Darstellung basierend auf eigenen Berechnungen.

nur von untergeordneter Bedeutung sind (siehe Kapitel III.2.1.1.) und sie diese daher auch nur mit geringer Nachdrücklichkeit verfolgen oder ob sie deshalb einen niedrigen Zielerreichungsgrad aufweisen, weil es wahrscheinlich besser geeignete Strategien und Maßnahmen als eine Kooperation gibt, um diese Ziele erfolgreich umzusetzen.

Daß 87,9% der Kooperationen erfolgreich verliefen, ist anhand des Zielerreichungsgrads der übrigen 17 Kooperationsziele nachvollziehbar, von denen zwei Drittel einen positiven, ein Drittel zumindest noch einen leicht positiven Zielerreichungsgrad besitzen.

Bei der **Erweiterung des Leistungsangebots** wird die höchste Zielerfüllung verzeichnet. 52,8% erreichten dieses Ziel voll, immerhin weitere 34,3% sahen sich in der Lage, es zum größten Teil zu realisieren. Aus Sicht der kooperierenden Unternehmen ist dieser Befund auch deshalb ein positives Ergebnis, weil die Erweiterung des Leistungsangebots nicht nur das häufigste, sondern zugleich auch noch das wichtigste Ziel darstellt, das die Dienstleister über eine Zusammenarbeit anvisieren. Allerdings ist auch hier ein Zusammenhang zwischen dem Stellenwert, den dieses Ziel bei den Dienstleistern einnimmt und dem Zielerreichungsgrad zu vermuten. Ist ein Ziel für ein Unternehmen von sehr hoher Bedeutung, so wird der Umsetzung dieses Ziels auch eine hohe Priorität eingeräumt und seine Erfüllung mit größter Intensität vorangetrieben. Indirekt scheint das Ergebnis auch darauf hinzudeuten, daß die Kooperation für Dienstleistungsunternehmen eine geeignete Strategie darstellt, die eigene Angebotspalette um Dienstleistungen des Partners zu ergänzen und die Kombination der Leistungen als in sich stimmiges Dienstleistungsangebot den Kunden zu offerieren.

Der **Eintritt in neue Märkte** zählt ebenfalls zu den Zielen, die sich über eine Kooperation hervorragend realisieren lassen. Schließlich kamen 81,5% der Befragten zu einem positiven Urteil, was den Zielerreichungsgrad betrifft. Der Durchschnittswert von 1,8 belegt darüber hinaus, daß sich bei den meisten Unternehmen die Erschließung neuer Märkte und die Überwindung von Markteintrittsbarrieren zur vollen Zufriedenheit realisieren läßt. An dritter Stelle hinsichtlich des Zielerreichungsgrads rangiert die **Gewinnung von Know-how** (∅ 1,81). Lediglich 14,5% der Dienstleister, die dieses Ziel verfolgt haben, konnten nicht vom Know-how ihres Kooperationspartners profitieren. Außerdem gehören die **Nutzung von Marktkenntnissen** (∅ 1,88), die Erhöhung der Kundenbindung (∅ 1,89) sowie die Erzielung von **Imagegewinnen** (∅ 1,89) zu den erfolgreich umgesetzten Zielen.

Hervorzuheben bleibt noch, daß die Kooperation die Schaffung von **Flexibilitätsspielräumen** zu begünstigen scheint. Über 80% der Dienstleister sehen durch die Zusammenarbeit mit einem Kooperationspartner ihre Flexibilität gestärkt. Auch der Wunsch der Unternehmen, eine Kooperation unter Ausnutzung möglichst großer **Synergiepotentiale** zu realisieren, ist in Erfüllung gegangen, was sich in einer Erfolgskennziffer von 1,99 widerspiegelt.

Bezieht man die Ergebnisse der Abbildung 82 auf die fünf Zielbereiche, so weisen der **Zugang zu neuen Märkten** und die **Schaffung von Qualitätsvorteilen** vor dem **Zugang zu Know-how** die höchsten Zielerreichungsgrade auf. Für die Dienstleistungsunternehmen kann daher die Kooperationsstrategie zur Erlangung dieser Wettbewerbsvorteile als eine sehr gut geeignete Vorgehensweise angesehen werden, denn die Absichten und die Möglichkeiten, die sich den kooperierenden Unternehmen bieten, scheinen sich in diesen Fällen besonders gut zu ergänzen.

Die **Realisierung von Zeitvorteilen** ist ebenfalls über eine Kooperation möglich, wenngleich diese jedoch keine Erfolgsgarantie bietet, denn zwischen 20% und 30% der Unternehmen konnten ihre Zeitziele eher nicht bzw. gar nicht erreichen. Noch problematischer sieht es mit der **Verwirklichung von Kostenvorteilen** aus. Hier sind es schon deutlich mehr Dienstleister, bei denen sich Kostenersparnisse über die Realisierung von Kostensenkungspotentialen, die Nutzung der Absatzkanäle des Kooperationspartners oder auch den Zugang zu Kapital über den Partner nicht durchsetzen ließen. Die Eignung der Kooperationsstrategie muß deshalb zur Umsetzung von kosten- bzw. zeitbezogenen Zielen bei sämtlichen Dienstleistungsunternehmen kritisch hinterfragt werden. Möglicherweise sind es nur bestimmte Dienstleistungstypen, bei denen die

Kooperationsstrategie zur Reduzierung von Kosten oder Verwirklichung von Zeitersparnissen mit Erfolg eingesetzt werden kann (siehe dazu auch Kapitel III.2.2.2.)

Auch die Verwirklichung **genereller Kooperationsziele**, wie die Verminderung des Wettbewerbsdrucks oder die Reduzierung des Risikos, ist vor dem Hintergrund der Ergebnisse in Frage zu stellen. Die Durchschnittswerte von 2,31 und 2,33 repräsentieren nur noch einen leicht positiven Zielerreichungsgrad, denn überproportional häufig stellte sich das gewünschte Ergebnis nicht ein. Jedoch ist insbesondere bei der Beurteilung dieser generellen Kooperationsziele zu bedenken, daß sie zum Teil aufgrund ihres sehr hohen Abstraktionsgrads schwer zu operationalisieren und damit zu messen sind. Da unterschiedliche Faktoren auf diese Ziele einwirken, sind auch die Effekte, die von einer Zusammenarbeit auf diese ausgehen, nicht einfach zu isolieren und zu beurteilen.

Vor dem Hintergrund dieser Befunde liegt die Vermutung nahe, daß die Häufigkeit, mit der ein Kooperationsziel verfolgt wird, und die Wichtigkeit, die dieses verkörpert, in positiver Relation zum Zielerreichungsgrad stehen. Je bedeutsamer ein Ziel für ein Kooperationsvorhaben ist, desto größere Anstrengungen werden von den Dienstleistern unternommen, um die damit verbundene Zielsetzung auch zu erfüllen, was sich dann wiederum auf den Zielerreichungsgrad auswirkt.

Während das Erfolgspauschalurteil und der Zielerreichungsgrad als direkte Größen zur Beurteilung des Kooperationserfolgs dienen, entspricht die Frage nach dem **Nutzen**, der durch die Kooperation auch in jenen Unternehmensbereichen erzielt wurde, die nicht von der Zusammenarbeit betroffen waren, einer eher indirekten Erfolgsgröße.[87] Die Auswertung der Daten ergab, daß fast die Hälfte der Unternehmen (49,6%) von der Partnerschaft auch noch in solchen Unternehmensbereichen profitierte, die eigentlich nicht in das Kooperationsprojekt involviert waren. 50,4% der Dienstleister konnten keinen über die Kooperation hinausgehenden Nutzen erzielen.

---

[87]   Siehe dazu Frage 16 im Fragebogen.

2.2.2. Einflußfaktoren auf den Kooperationserfolg

Wenn man den Erfolg von Kooperationen analysiert, dann steht nicht nur die Frage im Mittelpunkt, ob eine Zusammenarbeit erfolgreich war oder nicht, sondern es besteht auch ein Interesse daran, potentielle Ursachen und mögliche Determinanten, die für Erfolg bzw. Mißerfolg verantwortlich zeichnen, herauszufinden. Mit dieser Aufgabe beschäftigt sich die sogenannte **Erfolgsfaktorenforschung.**[88] Ausgehend von der Überlegung, daß eine Vielzahl von Einflußgrößen auf den Kooperationserfolg wirken, basiert das Konzept kritischer Erfolgsfaktoren auf der Vorstellung, daß sich der Kooperationserfolg trotz seiner Multikausalität und Multidimensionalität durch eine begrenzte Anzahl wesentlicher Erfolgsfaktoren beschreiben läßt. Diese Konzentration basiert auf der Einsicht, daß einzelne Faktoren einen unterschiedlichen Stellenwert besitzen, wobei die mit der größten Relevanz zu identifizieren sind.[89] Im folgenden geht es darum zu prüfen, ob die Branche, die Unternehmensgröße bzw. das geographische Tätigkeitsfeld oder auch die Art des externen Faktors, der Haupteinsatzfaktor, die Individualitätsgrad bzw. die Interaktionsintensität einen solchen Erfolgsfaktor darstellen können: Im Rahmen der folgenden Ausführungen wird der Einfluß, den unterschiedliche Unternehmens- bzw. Dienstleistungstypen auf den Kooperationserfolg ausüben, untersucht.[90]

2.2.2.1. Einfluß unternehmensspezifischer Kriterien

Die Analyse möglicher unternehmensspezifischer Einflußfaktoren auf den Kooperationserfolg hat gezeigt, daß weder zwischen der Unternehmensgröße und der subjektiven Erfolgseinschätzung bzw. dem Zielerreichungsgrad der fünf

---

[88]   Vgl. HILDEBRANDT (1994), S. 272. Zur Erfolgsfaktorenforschung im allgemeinen siehe FRITZ (1990); FRITZ (1995b); LEIDECKER/BRUNO (1984); HOFFMANN (1986); GAISER (1989); PATT (1988); AHLERT/SCHRÖDER (1992). Die Erfolgsfaktorenforschung im Bereich der Kooperationen ist aufgrund der in Kapitel II.2.2.3.1. geschilderten Problematik noch wenig fortgeschritten. Erste Ansatzpunkte finden sich jedoch bei ZIELKE (1992) und EISELE (1995), die Erfolgsfaktoren von Joint Ventures untersuchten.

[89]   Vgl. LINK (1997), S. 71; HOFFMANN (1986), S. 832ff.; LEIDECKER/BRUNO (1984), S. 23ff.; FRITZ (1995b), Sp. 594ff.

[90]   Darüber hinaus ist auch der Einfluß kooperationsspezifischer Kriterien auf den Kooperationserfolg analysiert worden. Aufgrund einer Gegenüberstellung von einzelnen Kooperationsdimensionen und -formen mit den Erfolgsgrößen ließen sich jedoch keine signifikanten Zusammenhänge ermitteln.

wichtigsten Kooperationsziele noch zwischen dem geographischen Tätigkeitsfeld und der subjektiven Erfolgseinschätzung bzw. dem Zielerreichungsgrad der
fünf wichtigsten Kooperationsziele signifikante Zusammenhänge existieren.
Man kann also davon ausgehen, daß bei großen und kleinen Unternehmen keine Unterschiede in bezug auf den Kooperationserfolg vorhanden sind. Der gleiche Umstand trifft auch auf regionale, nationale und internationale Dienstleistungsunternehmen zu.

Allerdings kann man Differenzen hinsichtlich des Kooperationserfolgs in unterschiedlichen Branchen nachweisen, und zwar anhand des subjektiven Erfolgs-
urteils und anhand des Zielerreichungsgrads.

- **Zusammenhang zwischen Branche und subjektivem Kooperationserfolg**

Wie aus Abbildung 83 ersichtlich wird, haben alle Wirtschaftsprüfer und sämtliche Logistikdienstleister ihre Kooperationsprojekte als erfolgreich empfunden.
Als überdurchschnittlich ist auch die Erfolgsquote bei den Unternehmensberatern einzuschätzen, denn dort waren es lediglich 4,3% der Kooperationen, die
als nicht erfolgreich klassifiziert wurden, während 95,7% ihre Zusammenarbeit
als erfolgreich einstuften. Auch die Marktforschungsinstitute und die Luftfahrtgesellschaften erzielen mit 86,2% bzw. 86,7% erfolgreichen Kooperationen ein
überaus zufriedenstellendes Ergebnis.

Dienstleistungsbranche	Subjektive Beurteilung des Kooperationserfolgs		
	erfolgreich	nicht erfolgreich	Summe
Unternehmensberater	95,7%	4,3%	100%
Marktforschungsinstitut	86,2%	13,8%	100%
Werbeagentur	50,0%	50,0%	100%
Wirtschaftsprüfer	100%	0,0%	100%
Luftfahrtgesellschaft	86,7%	13,3%	100%
Logistikdienstleister	100%	0,0%	100%
Summe	87,9%	12,1%	100%

Abb. 83: Subjektive Beurteilung des Kooperationserfolgs in unterschiedlichen
Branchen[91]

---

[91] Quelle: Eigene Darstellung basierend auf eigenen Berechnungen. SN: 0,000; KK: 0,422.

Ein negativeres Resultat hinsichtlich ihrer Kooperationsbemühungen verzeichnen die Werbeagenturen. Nur jede zweite Kooperation war hier erfolgreich. Die Dienstleister aus der Werbebranche wären daher gut beraten, den Ursachen für ihren Mißerfolg auf den Grund zu gehen (siehe dazu auch Kapitel III.2.3.2.1.).[92]

- **Zusammenhang zwischen Branche und Zielerreichungsgrad**

Zielt die Kooperation auf eine **Erhöhung der Kundenbindung** oder eine **Erweiterung des Leistungsangebots** ab, dann können die Unternehmen der unterschiedlichen Dienstleistungszweige diese Ziele gleichermaßen erfolgreich umsetzen. Im Hinblick auf das Ziel **Gewinn von Know-how** sind insbesondere die Unternehmensberater hervorzuheben: Alle Versuche, vom Know-how des Partners zu profitieren, waren von Erfolg gekrönt. Bei Marktforschungsinstituten, Fluggesellschaften und Logistikdienstleistern führten die meisten Kooperationen ebenfalls zu einem positiven Ergebnis. Überdurchschnittlich oft kamen hier sowohl die Werbeagenturen als auch die Wirtschaftsprüfungsgesellschaften zu einem negativen Resultat. Ca. ein Viertel aller Kooperationen mit dem Ziel des Know-how-Transfers wurden von ihnen als wenig erfolgreich eingestuft.[93]

Aufgrund der Analyseergebnisse scheint die Kooperationsstrategie mit dem Ziel **Realisierung von Kostensenkungspotentialen** insbesondere für Werbeagenturen (Erfolgsquote: 28,6%), Unternehmensberater (Erfolgsquote: 33,3%) und Wirtschaftsprüfer (Erfolgsquote: 50%) eine wenig adäquate Option darzustellen. Schließlich konnten sie in nur relativ wenigen Fällen diese Zielsetzung auch erfüllen. Es könnte aber auch möglich sein, daß sie bislang noch nicht die richtigen Ansatzpunkte für die Realisierung von Kostensenkungspotentialen durch Kooperation gefunden und deshalb die falschen Maßnahmen ergriffen haben. Im Gegensatz dazu waren die Kooperationen der Marktforschungsinstitute, Luftfahrtgesellschaften und Logistikdienstleister, die dieses Ziel verfolgten,

---

[92] Erste Erklärungsansätze für den Mißerfolg bietet Kapitel III.2.3.2.1.

[93] SN: 0,020; KK: 0,539.

weitaus erfolgreicher. Überdurchschnittlich häufig erreichten sie die angestrebten Kostenreduzierungen.[94]

Hinsichtlich des Ziels **Eintritt in neue Märkten** sind ebenfalls eindeutige Unterschiede in den einzelnen Branchen zu konstatieren. Eine erfolgreiche Zusammenarbeit mit dem Partner, wenn es um die Erschließung neuer Kundengruppen oder neuer geographischer Märkte geht, ist den Unternehmensberatern, Wirtschaftsprüfer und Luftfahrtgesellschaften zu bescheinigen. Nahezu 100% ihrer Kooperationen mit dieser Zielsetzung erfüllten die in sie gesetzten Erwartungen. Leicht unterdurchschnittliche Ergebnisse erzielten die Partnerschaften der Marktforschungsinstitute und Logistikdienstleister. Ein anderes Bild ergibt sich für die Werbeagenturen. Zwar verfolgen weit über 70% der Dienstleister aus der Werbung über eine Zusammenarbeit mit einem Partner das Ziel, neues Marktpotential zu erschließen, doch nur für die Hälfte von ihnen verlief die Kooperation gemessen am Zielerreichungsgrad erfolgreich.[95] Auch hier müßte durch eine auf diesen Ergebnissen aufbauende Analyse versucht werden, den Ursachen für diese hohe Mißerfolgsquote auf den Grund zu gehen (siehe dazu Kapitel III.2.3.2.1.).

2.2.2.2. Einfluß dienstleistungsspezifischer Kriterien

Ob ein Unternehmen eher personendominante oder eher objektdominante Dienstleistungen offeriert, scheint ebensowenig Konsequenzen für den Erfolg einer Partnerschaft zu haben wie die Tatsache, ob die angebotene Dienstleistung eher interaktionsintensiv oder -arm ist. Die Art des externen Faktors und auch der Individualitätsgrad einer Dienstleistung besitzen dagegen Auswirkungen auf das Gelingen eines Kooperationsprojekts.

- **Zusammenhang zwischen Art des externen Faktors und subjektivem Kooperationserfolg**

Während 14,9% der Kooperationen von Unternehmen mit personenbezogenen Dienstleistungen einen Mißerfolg und 85,1% der Kooperationen einen Erfolg

---

[94]   SN: 0,014; KK: 0,591.

[95]   SN: 0,050; KK: 0,486.

darstellen, sind die Partnerschaften der Unternehmen, die objektbezogene Dienstleistungen anbieten, alle erfolgreich gewesen (100%).[96] Eine mögliche Erklärung für diese Diskrepanz hinsichtlich des Erfolgs von personen- und objektbezogenen Dienstleistern könnte darin begründet liegen, daß der externe Faktor nicht nur als Konsument, sondern auch als aktivierbarer Produktionsfaktor am Dienstleistungserstellungsprozeß mitwirkt (externer Faktor als 'prosumer'). Aus Sicht des Dienstleistungsanbieters ist die Integration eines Subjekts in den Dienstleistungserstellungsprozeß i.d.R. mit größerer Komplexität verbunden als die eines Objekts, so daß auf den Erfolg einer Kooperation, bei der es um personenbezogene Dienstleistungen geht, neben den Kooperationspartnern auch noch der externe Faktor Mensch Einfluß besitzt.

- **Zusammenhang zwischen Art des externen Faktors und Zielerreichungsgrad**

In bezug auf den Zielerreichungsgrad sind für die **Realisierung von Kostensenkungspotentialen** und für den **Eintritt in neue Märkte** Unterschiede zu betonen. Danach sind Anbieter objektbezogener Dienstleistungen deutlich besser in der Lage, mittels Kooperationen ihre Kosten zu minimieren (Erfolgsquote: 94,4%) als Anbieter personenbezogener Dienstleistungen. (Erfolgsquote: 54%).[97]

Für den **Eintritt in neue Märkte** ergibt sich ein etwas differenzierteres Bild (siehe Abb. 84). Obwohl mehr personenbezogene Dienstleister (83,1%) einen positiven Zielerreichungsgrad aufweisen als objektbezogene Dienstleister (77,2%), fällt das Ergebnis für die objektbezogenen Dienstleister dennoch besser aus, weil es 63,6% von ihnen gelingt, das Ziel voll zu erreichen, im Gegensatz zu 35,6% der Unternehmen mit personendominanten Dienstleistungen.

---

[96]   SN: 0,054; KK: 0,176.

[97]   SN: 0,028; KK: 0,380.

Art des externen Faktors	Zielerreichungsgrad des Ziels Eintritt in neue Märkte				Summe	∅
	voll erreicht	eher erreicht	eher nicht erreicht	gar nicht erreicht		
Unternehmen mit personenbezogenen DL	35,6%	47,5%	10,2%	6,7%	100%	2,02
Unternehmen mit objektbezogenen DL	63,6%	13,6%	22,8%	0,0%	100%	1,55
Summe	43,2%	38,3%	13,6%	4,9%	100%	

Abb. 84: Zielerreichungsgrad des Ziels Eintritt in neue Märkte in Abhängigkeit von der Art des externen Faktors[98]

- **Zusammenhang zwischen Individualitätsgrad und subjektivem Kooperationserfolg**

Die Kooperationsstrategie ist für Unternehmen mit standardisierten Dienstleistungen häufiger von Erfolg gekrönt (96,0%) als für Dienstleister, deren Angebot einen höheren Individualitätsgrad aufweist (81,8%) (siehe Abb. 85).

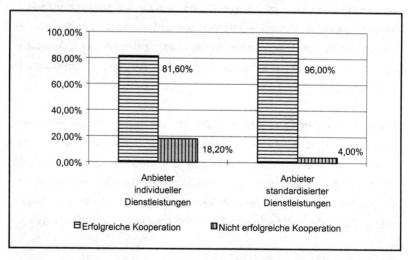

Abb. 85: Zusammenhang zwischen Individualitätsgrad und subjektivem Kooperationserfolg[99]

---

[98] Quelle: Eigene Darstellung basierend auf eigenen Berechnungen. SN: 0,011; KK: 0,347.

[99] Quelle: Eigene Darstellung basierend auf eigenen Berechnungen. SN: 0,020; KK: 0,211.

Insbesondere wenn sich die Zusammenarbeit auf die eigentliche Dienstleistungserstellung bezieht, dürften z.B. Koordinations- und Abstimmungsprobleme bei individuellen Dienstleistern häufiger auftreten als bei standardisierten Dienstleistern.

- **Zusammenhang zwischen Individualitätsgrad und Zielerreichungsgrad**

Hinsichtlich des Zielerreichungsgrads der fünf wichtigsten Kooperationsziele weisen Anbieter individueller bzw. standardisierter Dienstleistungen nur für das Ziel **Eintritt in neue Märkte** Differenzen auf. Dieses können die Anbieter standardisierter Leistungen viel häufiger und viel besser umsetzen als Anbieter individueller Leistungen (siehe Abb. 86).

Individualitätsgrad	Zielerreichungsgrad des Ziels Eintritt in neue Märkte				Summe	∅
	voll erreicht	eher erreicht	eher nicht erreicht	gar nicht erreicht		
Unternehmen mit individuellen DL	30,2%	46,5%	14,0%	9,3%	100%	1,88
Unternehmen mit standardisierten DL	57,9%	28,9%	13,2%	0,0%	100%	1,59
Summe	43,2%	38,3%	13,6%	4,9%	100%	

Abb. 86: Zielerreichungsgrad des Ziels Eintritt in neue Märkte in Abhängigkeit vom Individualitätsgrad[100]

2.3. Probleme bei der Realisierung von Wettbewerbsvorteilen durch Kooperation

Schließlich leistet auch die Untersuchung potentieller Ursachen, die für Schwierigkeiten bei der Realisierung von Wettbewerbsvorteilen durch Kooperationen verantwortlich sind, einen nutzenstiftenden Beitrag zur Minimierung von Problemen bei einer Partnerschaft oder - im Extremfall - zur Verhinderung des Scheiterns des Kooperationsvorhabens.

Anliegen des vorliegenden Kapitels ist es daher, Problemfelder bei der Zusammenarbeit von Dienstleistungsunternehmen zu identifizieren, wobei auch der

---

[100] Quelle: Eigene Darstellung basierend auf eigenen Berechnungen. SN: 0,033; KK: 0,312.

Analyse unternehmens- bzw. dienstleistungstypenspezifischen Schwierigkeiten Rechnung getragen wird. Überprüft man erfolgreiche und weniger erfolgreiche Unternehmen im Hinblick auf ihre Kooperationsprobleme, so lassen sich möglicherweise auch Erfolgsfaktoren für Kooperationen von Dienstleistern ableiten (siehe auch Abb. 87).

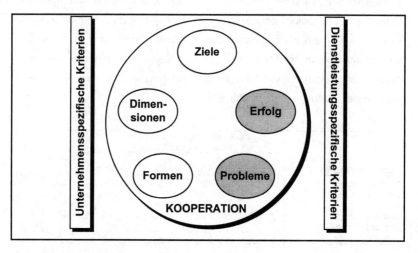

Abb. 87: Untersuchungsgegenstand des Kapitels III.2.3.[101]

2.3.1. Generelle Probleme beim Management von Kooperationen

Bei jeder Zusammenarbeit von zwei oder mehreren Unternehmen können in unterschiedlichen Phasen der Kooperation Probleme auftreten, die jedoch nicht zwangsläufig zum Scheitern führen müssen. Werden sie von den Unternehmen rechtzeitig erkannt, sind diese in der Lage, Gegenmaßnahmen zu ergreifen, so daß die Partnerschaft trotzdem erfolgreich verlaufen kann, was auch durch das Datenmaterial belegbar ist.

Von den untersuchten Kooperationen verliefen 24,3% ohne Schwierigkeiten; in 75,7% der Fälle traten Kooperationsprobleme auf. Setzt man diesen Umstand mit dem Kooperationserfolg in Beziehung, so zeigt sich folgendes Ergebnis: Die

---

[101] Quelle: Eigene Darstellung.

Kooperationen, die während der Zusammenarbeit nicht mit Schwierigkeiten konfrontiert worden sind, endeten zu 100% erfolgreich. Diejenigen Dienstleister, die während des Kooperationsprozesses Probleme bewältigen mußten, bewerteten ihr Projekt trotz der Schwierigkeiten zu 84,5 % als erfolgreich; nur 15,5% der Kooperationen mit Problemen wurden als Mißerfolg eingeschätzt. (siehe Abb. 88).[102]

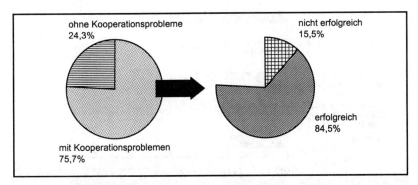

Abb. 88:   Kooperationsprobleme und subjektiver Kooperationserfolg[103]

Oftmals ist von Dienstleistern nicht nur ein Problem zu lösen, sondern es treten mehrere Unstimmigkeiten auf, die eine reibungslose Zusammenarbeit verhindern. Welche Probleme im einzelnen den befragten Unternehmen die Zusammenarbeit mit ihren Kooperationspartnern erschwert haben, zeigt Abbildung 89 auf.[104]

---

[102]   Unternehmen, die ihre Kooperationen sorgfältig planen, vereinbaren bereits im Rahmen der Verhandlungen mit dem Kooperationspartner Konflikthandhabungsmechanismen, die im Fall auftretender Schwierigkeiten zur Anwendung kommen. Siehe dazu auch die Ausführungen des Kapitels II.2.2.2.1.

[103]   Eigene Darstellung basierend auf eigenen Berechnungen. Der dieser Abbildung ebenfalls zugrundeliegende Zusammenhang zwischen Kooperationsproblemen und Kooperationserfolg zeichnet sich durch ein SN von 0,030 und einen KK von 0,202 aus.

[104]   Da sich die Arbeit auf überwiegend strategische Aspekte unternehmerischer Zusammenarbeit konzentriert, steht die Untersuchung von Problemen mit eher strategischem Charakter im Mittelpunkt der folgenden Überlegungen.

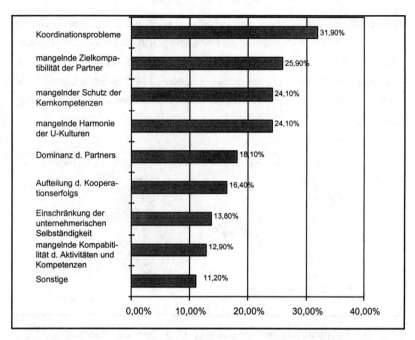

Abb. 89: Mögliche Problemfelder beim Management von Kooperationen[105]

Am häufigsten kommt es zu **Koordinationsproblemen** zwischen den Partnerunternehmen (31,9%). Möglicherweise lassen sich einige von ihnen bereits
vermeiden, wenn im Rahmen der Kooperationsverhandlungen - vor Beginn der
eigentlichen Kooperationsaktivitäten - mit dem Partner der Input, den die beteiligten Unternehmen in die Zusammenarbeit einzubringen haben, sowie die Aufgabenverteilung, aber auch die organisatorischen Regelungen inhaltlich fixiert
werden.[106]

Die **fehlende Zielkompatibilität**, die für 25,9% der Dienstleister ein Problem
darstellt, sowie die **mangelnde Harmonie der Unternehmenskulturen**
(24,1%) sind Schwierigkeiten, die schon bei der Partnersuche erkannt werden

---

[105] Quelle: Eigene Darstellung basierend auf eigenen Berechnungen. Da bei dieser Frage
Mehrfachnennungen ausdrücklich zugelassen waren, addieren sich die Prozentangaben
auf über 100%. Die Prozentangaben beziehen sich auf alle kooperierenden Unternehmen
und nicht nur auf diejenigen, die angaben, während der Zusammenarbeit Probleme
gehabt zu haben.

[106] Siehe dazu auch die Ausführungen des Kapitels II.2.2.2.

und bei der Wahl des endgültigen Partners Berücksichtigung finden sollten, denn im allgemeinen wird sowohl der strategische als auch der kulturelle 'fit' als zentrale Erfolgsvoraussetzung angesehen. Kommt es trotz eines 'misfit' von Zielen und Kulturen zu einer Partnerschaft zwischen den Unternehmen, sind Probleme i.d.R. schon vorprogrammiert.[107]

24,1% der Dienstleister befürchten, daß aufgrund der Kooperation die Gefahr besteht, ihre **Kernkompetenzen** nicht ausreichend schützen zu können. Diesem Problem ist besonderes Augenmerk zu schenken, da ein Verlust der strategischen Potentiale langfristig gesehen die Existenz des Unternehmens nachhaltig gefährden kann.

Die gerechte **Aufteilung des Kooperationserfolgs** ist für 16,4% der Dienstleister mit Schwierigkeiten verbunden. Idealtypischerweise sollte die Aufteilung des Kooperations-Outputs ebenfalls bereits diskutiert sein, bevor die eigentlichen Kooperationsaktivitäten beginnen und ein Kooperationsgewinn erzielt wird. Die Verteilung des Outputs zählt daher zu den zentralen Verhandlungsgegenständen der Kooperationspartner.[108]

Für deutlich weniger Unternehmen bedeutet die mangelnde **Kompatibilität der Aktivitäten und Kompetenzen** (12,9%) sowie die **Einschränkung der unternehmerischen Selbständigkeit** ein Problem (13,8%).

Analysiert man den Kooperationserfolg in Abhängigkeit von den einzelnen Kooperationsproblemen, so lassen sich potentielle Erfolgsfaktoren ermitteln, die den Erfolg oder Mißerfolg einer Kooperation determinieren. Während von der Dominanz des Partners, dem drohenden Verlust der Kernkompetenzen, der Einschränkung der Selbständigkeit sowie von Problemen bei der Aufteilung des Kooperationserfolgs kein nachhaltiger Einfluß auf den Kooperationserfolg nachweisbar ist, stellen die **Kompatibilität der Aktivitäten und Kompetenzen** sowie möglichst geringe **Koordinationsprobleme** wichtige **Erfolgsvoraussetzungen** dar.

---

[107] Siehe dazu auch die Ausführungen des Kapitels II.2.2.1.3.

[108] Siehe dazu auch die Ausführungen des Kapitels II.2.2.2.1.

Waren von den Unternehmen, deren Aktivitäten und Kompetenzen sich nicht optimal ergänzten, 73,3% bei ihren Kooperationsprojekten erfolgreich und 26,7% nicht erfolgreich, so kamen die Unternehmen, deren Aktivitäten und Kompetenzen gut miteinander harmonierten, auf 90,7% erfolgreiche und nur auf 9,3% gescheiterte Kooperationen.[109] Kooperationen, die von Koordinationsschwierigkeiten gekennzeichnet sind, blieben in 19,4% der Fälle erfolglos. Im Gegensatz dazu waren die Kooperationen, bei denen keine Koordinationsprobleme auftraten, lediglich in 7,9% nicht von Erfolg gekrönt.[110]

Die in der Literatur häufig formulierte Hypothese, daß ein **strategischer 'fit'** und ein **kultureller 'fit'** der kooperierenden Unternehmen die zentralen **Bedingungen für den Erfolg** einer Zusammenarbeit seien, läßt sich auch für Dienstleistungsunternehmen bestätigen, wie aus Abbildung 90 hervorgeht.

Kooperationen	Beurteilung des Kooperationserfolgs		Summe
	erfolgreich	nicht erfolgreich	
mit kompatiblen Zielen	95,1%	4,9%	100%
ohne kompatible Ziele	70,0%	30,0%	100%
mit harmonierenden U-Kulturen	95,3%	4,7%	100%
ohne harmonierende U-Kulturen	66,7%	33,3%	100%
Summe	88,4%	11,6%	100%

Abb. 90: Kompatibilität der Ziele und Kulturen als wichtige Erfolgsfaktoren[111]

Danach erweisen sich Kooperationen von Unternehmen, deren Ziele zueinander kompatibel sind, als erfolgreicher (95,1%) als Kooperationen von Unternehmen, die durch einen 'misfit' bezüglich ihrer Ziele gekennzeichnet sind (70%). Ein ähnlicher Sachverhalt gilt auch für die Unternehmenskulturen. Arbeiten Unternehmen zusammen, deren Unternehmenskulturen zueinander passen, so liegt deren Erfolgswahrscheinlichkeit bei 95,3%. Harmonieren deren Unternehmenskulturen nicht, dann sind nur noch 66,7% der Kooperationen erfolgreich.

---

[109] SN: 0,050; KK: 0,182.

[110] SN: 0,075; KK: 0,166.

[111] Quelle: Eigene Darstellung basierend auf eigenen Berechnungen. Kompatibilität der Ziele: SN: 0,000; KK: 0,328; Kompatibilität der Unternehmenskulturen: SN: 0,000; KK: 0,357.

Die aufgeführten Problemfelder erhärten auf prägnante Weise die Aussage, daß das Fundament für eine erfolgreiche Zusammenarbeit mit dem Kooperationspartner bereits in der Planungsphase gelegt wird. Insbesondere die **Wahl des richtigen Kooperationspartners** ist in diesem Zusammenhang nochmals ausdrücklich herauszustellen, denn dieser wird als **substantieller Erfolgsfaktor** für eine gut funktionierende Partnerschaft angesehen.

Interessanterweise greifen die Dienstleister bei der Suche nach dem geeigneten Partnerunternehmen nur selten auf externe Hilfe zurück. Als Beleg könnte der Umstand herangezogen werden, daß bei 81,2% der Kooperationen die Dienstleister zu ihrem Kooperationspartner bereits vor der Zusammenarbeit Geschäftsbeziehungen unterhielten. Immerhin 12,8% der Unternehmen nahmen die Unterstützungsleistungen von Verbänden bei der Partnersuche in Anspruch. Nur wenige Unternehmen konnten über Unternehmensberater (3,4%) und über Messebesuche (3,5%) den Kontakt zum Partner herstellen. Andere Institutionen, wie z.B. Auslandshandelskammern, Industrie- und Handelskammern, das Rationalisierungskuratorium der deutschen Wirtschaft, EU-Beratungsstellen oder Förderprogramme, spielen bei der Partnervermittlung überhaupt keine Rolle. Über sonstige Institutionen, Kontakte und Quellen fanden 19,7% der Dienstleister ihren Partner.[112]

Auf der einen Seite scheint sich zu bestätigen, daß die durch bereits existierende Kontakte zu Unternehmen gesammelten Erfahrungen die wohl beste Beurteilungsgrundlage hinsichtlich der Kompetenz, der Kompatibilität und des Engagements der potentiellen Partner bilden. Mit der bereits beschriebenen Einschätzungs- und Beurteilungsproblematik von Dienstleistungen im allgemeinen und ihrer Qualität im besonderen sehen sich die Unternehmen im höchsten Ausmaß auch bei der Partnersuche und Partnerselektion konfrontiert. Von daher ist die Haltung der Unternehmen, sich auf bereits Bekanntes und Bewährtes zu verlassen, nachvollziehbar. Auf der anderen Seite besteht die Gefahr, daß Unternehmen, die möglicherweise noch besser zu dem gewünschten Anforderungsprofil gepaßt hätten, nicht gefunden und damit nicht berück-

---

[112] Bei dieser Frage waren Mehrfachnennungen möglich, so daß sich die Prozentangaben auf über 100% addieren können.

sichtigt werden. Vor dem Hintergrund, daß die Anzahl der Unternehmen, die sich bei der Partnersuche auf eigene Geschäftskontakte stützen, sehr hoch ist,[113] stellt sich aber auch die Frage, ob die Dienstleister auf andere Institutionen oder Quellen deshalb nicht stärker zurückgreifen, weil sie diese nicht in Betracht ziehen, oder ob deren Hilfeleistungen bei der Partnersuche möglicherweise nicht ausreichend auf die Dienstleister zugeschnitten sind, so daß sich über diese kein geeigneter Partner finden läßt.

2.3.2. Einflußfaktoren auf die Kooperationsprobleme

Bislang erfolgte die Diskussion der Probleme, die bei der Zusammenarbeit von Dienstleistungsunternehmen auftreten, unabhängig von der Art der Dienstleistung, die diese anbieten, bzw. unabhängig von der Art des Unternehmens. Im folgenden gilt es herauszufinden, ob die Kooperationsprobleme bei allen Unternehmens- und Dienstleistungstypen gleichermaßen auftauchen bzw. ob bestimmte Typen einzelne Schwierigkeiten begünstigen.

2.3.2.1. Einfluß unternehmensspezifischer Kriterien

• **Zusammenhang zwischen Branche und Kooperationsproblemen**

Wie bereits oben erwähnt, tauchen bei den meisten Unternehmen während des Kooperationsprozesses diverse Probleme auf. Lediglich 24,3% der Unternehmen blieben von größeren Konflikten verschont. Dabei zählen Unternehmensberater, Marktforschungsinstitute und Wirtschaftsprüfer zu den Unternehmen, die bei ihren Kooperationsvorhaben überdurchschnittlich häufig angaben, nicht mit größeren Schwierigkeiten konfrontiert gewesen zu sein. Im Gegensatz dazu sind es bei Werbeagenturen 14,3%, und bei den Luftfahrtgesellschaften waren alle Partnerschaften mit Problemen behaftet. Vergleicht man diesen Befund mit dem Kooperationserfolg in den einzelnen Dienstleistungszweigen, dann zeigt sich, daß Werbeagenturen mit ihren Schwierigkeiten am schlechtesten fertig werden, denn sie weisen gleichzeitig auch die höchste angegebene Mißerfolgs-

---

[113] Siehe dazu auch die Antworten auf eine ähnliche Frage bei KAUFMANN (1993), S. 71, der bei einer Untersuchung von grenzüberschreitenden Kooperationen bei Industrieunternehmen für bestehende Geschäftsbeziehungen auf eine Quote von 67,5% kam. Obwohl die Daten keinen unmittelbaren Vergleichsmaßstab darstellen, können sie trotzdem als Orientierungsgröße dienen.

quote von 50% auf. Die Luftfahrtgesellschaften hingegen scheinen ihre vielfältigen Probleme während der Kooperation am besten zu bewältigen. Obwohl
sämtliche Kooperationen, die von den Luftfahrtgesellschaften eingegangen
worden sind, als problembehaftet galten, waren im Endeffekt 86,7% erfolgreich
und nur 13,3% nicht erfolgreich.[114]

Im einzelnen gestalten sich die Probleme in den Dienstleistungszweigen recht
heterogen (siehe Abb. 91).[115] **Unternehmensberater** werden bei ihren Partnerschaften am stärksten durch Koordinationsprobleme (43,5%) und mangelnde Zielkompatibilität (30,4%) belastet. Dies verwundert insofern, als diese
Schwierigkeiten über eine solide Planung, insbesondere in Form einer gründli-
che Partnersuche, minimiert werden können und die Bewältigung von Pla-
nungsaufgaben eigentlich eine Stärke der Unternehmensberater darstellen
sollte.

Bei den **Marktforschungsinstituten** gestaltet sich die Problemsituation etwas
anders: Schwerpunktmäßig sehen sie sich der Gefahr ausgesetzt, ihre Kernkompetenzen nicht ausreichend schützen zu können (30%). Die **Werbeagenturen** führen u.a. Probleme im Bereich der mangelnden Zielkompatibilität
(35,7%) und der Koordination (42,9%) an. Eine ihrer Hauptschwierigkeiten liegt
jedoch darin begründet, daß die Unternehmenskulturen der Partnerunternehmen nicht vereinbar waren (42,9%), was vor dem Hintergrund der ausgepräg-
ten Unternehmenskulturen, die in vielen Agenturen aufgrund des kreativen
Umfelds vorherrschen, einleuchtet. Die Zusammenarbeit der **Wirtschaftsprüfer**
wird dagegen hauptsächlich durch mangelnde Harmonie der Unternehmenskulturen (32,1%), Koordinationsprobleme (30,8%) und durch Schwierigkeiten
bei der Aufteilung des Kooperationserfolgs (23,1%) behindert.

---

[114]   Siehe dazu auch die Ausführungen des Kapitels III.2.2.2.1.

[115]   Es ist darauf hinzuweisen, daß nicht alle Beziehungen zwischen den diversen Problemfeldern und der Branche signifikant sind, sondern nur die Relationen Bran-
che/Zielkompatibilität (SN: 0,045; KK: 0,298), Branche/Dominanz des Partners (SN:
0,037; KK: 0,304), Branche/Aktivitätenkompatibilität (SN: 0,082; KK: 0,279), Bran-
che/Einschränkung der Selbständigkeit (SN: 0,002; KK: 0,377).

Dienstleistungs-branche	mangelnde Zielkompa-tibilität	Dominanz des Partners	Schutz der Kernkompe-tenzen	mangelnde Harmonie der U-Kulturen	Kompatibilität der Aktivitäten/ Kompetenzen	Koordi-nations-probleme	Einschränkung der Selb-ständigkeit	Aufteilung des Kooperations-erfolgs
				Kooperationsprobleme in %				
Unternehmensberater	30,4	8,7	17,4	17,4	4,3	43,5	12,5	4,3
Marktforschungsinstitut	13,3	13,3	30,0	20,0	10,0	26,7	3,3	13,3
Werbeagentur	35,7	21,4	14,3	42,9	28,6	42,9	0	7,1
Wirtschaftsprüfer	0	0	7,7	32,1	0	30,8	7,7	23,1
Luftfahrtgesellschaft	42,9	42,9	35,7	35,7	28,6	28,8	42,9	28,6
Logistikdienstleister	36,4	27,3	31,8	18,2	13,6	22,7	27,3	27,3
Ø	25,9	18,1	24,1	24,1	12,9	31,9	13,8	16,4

Abb. 91: Kooperationsprobleme in Abhängigkeit von der Branche
Quelle: Eigene Darstellung basierend auf eigenen Berechnungen.

Luftfahrtgesellschaften stellen, wie auch Abbildung 91 zeigt, die Dienstleistungsbranche mit den größten Kooperationsschwierigkeiten dar. Fast in jeder Rubrik nehmen sie eine 'Spitzenstellung' ein. Die in der Branche dominierende Kooperationsform der Strategischen Allianz,[116] die i.d.R. mit einem oder mehreren direkten Wettbewerbern eingegangen wird, scheint ein besonders hohes Problempotential zu bergen. Risiken ergeben sich insbesondere dann, wenn der Schutz der eigenen strategischen Potentiale nicht mehr gewährleistet ist (35,7%). Außerdem fühlen sich Luftfahrtgesellschaften durch die extrem enge Zusammenarbeit häufig in ihrer Selbständigkeit eingeschränkt (42,9%). Vermutlich wird dieses Gefühl noch verstärkt, wenn ein Unternehmen seinen Partner dominiert (42,9%). Erstaunlicherweise sind die Kooperationen im Luftfahrtsektor - wie oben angesprochen - vergleichsweise selten durch Koordinationsschwierigkeiten (28,8%) gekennzeichnet. Anscheinend verfügen die Partnerschaften über einen relativ hohen Organisationsgrad mit im Vorfeld festgelegten Regeln, die die Arbeitsteilung und die Koordination determinieren,[117] so daß eventuelle Koordinationsprobleme minimiert werden.

- **Zusammenhang zwischen Größe und Kooperationsproblemen**

Obwohl kein statistisch gesicherter Zusammenhang zwischen der Unternehmensgröße und dem Kooperationserfolg nachzuweisen war, existiert jedoch eine signifikante Beziehung zwischen der Unternehmensgröße und dem Vorhandensein von Kooperationsproblemen. Während bei den KMUs 32,4% ihr Kooperationsprojekt ohne Schwierigkeiten durchführen können, sind es bei den Großunternehmen nur 13,3%.[118] Die KMUs profitieren möglicherweise auch bei der Durchführung von Kooperationsaktivitäten von ihrer oft nachgesagten größeren Flexibilität und Anpassungsfähigkeit an schlecht prognostizierbare Situationen.[119]

---

[116] Siehe dazu auch Kapitel III.4.3.1.

[117] Siehe dazu auch Kapitel II.2.2.2.2.2.

[118] SN: 0,022; KK: 0,211.

[119] Zu den Eigenschaften von KMUs siehe POECHE (1984), S. 950.

244

Betrachtet man die Probleme im Detail (siehe Abb. 92)[120], dann fällt auf, daß die **KMUs** insbesondere befürchten, durch die Kooperation einen Teil ihrer Kernkompetenzen an das Partnerunternehmen zu verlieren (27,5%). Aber auch die mangelnde Harmonie der Unternehmenskulturen (23,2%) und Koordinationsprobleme (29%) zählen zu den häufig auftretenden Schwierigkeiten.

Im Gegensatz dazu liegen die Hauptproblemfelder der **Großunternehmen** in der mangelnden Zielkompatibilität (26,7%), den nicht harmonierenden Unternehmenskulturen (26,7%) sowie in Koordinationsschwierigkeiten begründet. Die Dominanz des Kooperationspartners (28,9%) und die Einschränkung der Selbständigkeit (22,2%) stellen für die Großunternehmen in sehr viel stärkerem Ausmaß als für KMUs ein Problem dar. Darüber hinaus kann anscheinend im Vorfeld der Kooperationsaktivitäten bei den Großunternehmen häufig keine Einigung über die Verteilung des Kooperationserfolgs erzielt werden (24,4%).

- **Zusammenhang zwischen geographischem Tätigkeitsfeld und Kooperationsproblemen**

Unabhängig davon, ob ein Unternehmen eher regional, national oder international tätig ist, stößt es bei seinen Kooperationsvorhaben auf Probleme. Allerdings sind die Probleme inhaltlich unterschiedlich gelagert (siehe Abb. 93).[121]

---

[120] Es ist darauf hinzuweisen, daß nicht alle Beziehungen zwischen den diversen Problemfeldern und der Größe signifikant sind, sondern nur die Relationen Größe/Zielkompatibilität (SN: 0,045; KK: 0,184), Größe/Dominanz des Partners (SN: 0,020; KK: 0,213), Größe/Aktivitätenkompatibilität (SN: 0,081; KK: 0,161), Größe/Einschränkung der Selbständigkeit (SN: 0,042; KK: 0,187), Größe/Aufteilung des Erfolgs (SN: 0,041; KK: 0,188).

[121] Es ist darauf hinzuweisen, daß nicht alle Beziehungen zwischen den diversen Problemfeldern und dem geographischen Tätigkeitsfeld signifikant sind, sondern nur die Relationen geographisches Tätigkeitsfeld/Aktivitätenkompatibilität (SN: 0,020; KK: 0,253), geographisches Tätigkeitsfeld/Aufteilung des Erfolgs (SN: 0,078; KK: 0,206).

Kooperationsprobleme in %

Unternehmensgröße	mangelnde Zielkompatibilität	Dominanz des Partners	Schutz der Kernkompetenzen	mangelnde Harmonie der U-Kulturen	Kompatibilität der Aktivitäten/Kompetenzen	Koordinationsprobleme	Einschränkung der Selbständigkeit	Aufteilung des Kooperationserfolgs
KMUs	18,8	11,6	27,5	23,2	8,7	29,0	8,7	10,1
Großunternehmen	35,6	28,9	17,8	26,7	20,0	37,8	22,2	24,4
Ø	25,4	18,4	23,7	24,6	13,2	32,5	14,0	15,8

Abb. 92: Kooperationsprobleme in Abhängigkeit von der Unternehmensgröße
Quelle: Eigene Darstellung basierend auf eigenen Berechnungen.

Kooperationsprobleme in %

Geographisches Tätigkeitsfeld	mangelnde Zielkompatibilität	Dominanz des Partners	Schutz der Kernkompetenzen	mangelnde Harmonie der U-Kulturen	Kompatibilität der Aktivitäten/Kompetenzen	Koordinationsprobleme	Einschränkung der Selbständigkeit	Aufteilung des Kooperationserfolgs
eher regional	22,2	11,1	27,8	22,2	0	22,2	16,7	33,3
eher national	26,5	16,3	22,4	20,4	8,2	34,7	6,1	10,2
eher international	27,1	22,9	25,0	29,2	22,9	33,3	20,8	16,7
Ø	26,1	18,3	24,3	24,3	13,0	32,2	13,9	16,5

Abb. 93: Kooperationsprobleme in Abhängigkeit vom geographischen Tätigkeitsfeld
Quelle: Eigene Darstellung basierend auf eigenen Berechnungen.

Während **regional tätige Unternehmen** bei ihren Kooperationen hauptsächlich den Schutz der Kernkompetenzen (27,8%) sowie die Aufteilung des Kooperationserfolgs als schwierig ansehen, liegen die Hauptprobleme für **national operierende Unternehmen** in der mangelnden Zielkompatibilität und in Koordinationsschwierigkeiten begründet. Vor dem Hintergrund, daß **international tätige Unternehmen** auch vorwiegend internationale Formen der Zusammenarbeit präferieren, verwundert es nicht, daß die mangelnde Harmonie der Unternehmenskulturen (29,2%) und Koordinationsprobleme (33,3%) bei ihren Kooperationen die Hauptrisikofaktoren darstellen. Die Wahrscheinlichkeit eines 'misfit' hinsichtlich der Unternehmenskulturen ist bei grenzüberschreitenden Kooperationen deshalb um so größer, weil Disharmonien in den Unternehmenskulturen durch Unterschiede, resultierend aus einem anderen Kulturkreis, noch verstärkt werden. Obwohl der Einsatz moderner Informations- und Kommunikationstechnologien die Abstimmung grenzüberschreitender Aktivitäten vereinfacht hat, ist die Koordination der Kooperationsaufgaben bei internationaler Zusammenarbeit immer noch schwieriger als bei regionaler oder nationaler Zusammenarbeit.[122]

2.3.2.2. Einfluß dienstleistungsspezifischer Kriterien

- **Zusammenhang zwischen Art des externen Faktors und Kooperationsproblemen**

Obwohl es den Anschein hat, daß Dienstleister mit personenbezogenen Dienstleistungen bei ihren Kooperationen seltener mit Problemen konfrontiert werden als solche mit objektbezogenen Leistungen, sind die Unterschiede nicht signifikant. Bei den Kooperationen von Unternehmen mit personenbezogenen Dienstleistungen waren 25,8% problemlos, bei Kooperationen von Unternehmen mit objektbezogenen Dienstleistungen liegt der Anteil bei 18,2%. Die Schwierigkeiten der beiden Dienstleistungstypen differieren jedoch inhaltlich (siehe Abb. 94).[123]

---

[122] Siehe dazu auch die Ausführungen des Kapitels II.2.2.1.3.

[123] Es ist darauf hinzuweisen, daß nicht alle Beziehungen zwischen den diversen Problemfeldern und der Art des externen Faktors signifikant sind, sondern nur die Relation Art des externen Faktors/Einschränkung der Selbständigkeit (SN: 0,042; KK: 0,186).

Für Unternehmen mit personenbezogenen Dienstleistungen stellen Koordinationsprobleme (25,5%) und die mangelnde Harmonie der Unternehmenskulturen (34%) die Hauptschwierigkeiten dar. Unternehmen mit objektbezogenen Dienstleistungen sehen ihre Kooperationen vor allem durch die mangelnde Zielkompatibilität (36,4%) und den ungenügenden Schutz ihrer Kernkompetenzen (31,8%) bedroht. Das Risiko, durch die Zusammenarbeit in der unternehmerischen Selbständigkeit eingeschränkt zu werden, betrifft in erster Linie objektbezogene (27,3%) und nicht so sehr personenbezogene Dienstleister.

- **Zusammenhang zwischen Haupteinsatzfaktor und Kooperationsproblemen**

Differenziert man die Dienstleister nach dem Haupteinsatzfaktor, so weisen Partnerschaften personendominanter Dienstleister deutlich seltener Probleme auf als Kooperationen objektdominanter Dienstleister. Bei den erstgenannten liegt der Anteil von problemlosen Kooperationen bei 30,3%, bei den objektdominanten Dienstleistern beträgt der Anteil nur 11,1%.[124]

Die detaillierte Betrachtung der einzelnen Problemfelder verdeutlicht (siehe Abb. 95),[125] daß personendominante Dienstleister ihre Kooperationen insbesondere durch mangelnde Harmonie der Unternehmenskulturen (23,8%) sowie durch Koordinationsschwierigkeiten (35%) gefährdet sehen. Im Gegensatz dazu liegen die zentralen Schwierigkeiten der Kooperationen objektbezogener Dienstleister in der mangelnden Zielkompatibilität (38,9%), der Dominanz des Partners (33,3%), der Einschränkung der Selbständigkeit (33,3%) und der Aufteilung des Kooperationserfolgs (27,8%) begründet.

---

[124] SN: 0,026; KK: 0,204.

[125] Es ist darauf hinzuweisen, daß nicht alle Beziehungen zwischen den diversen Problemfeldern und dem Haupteinsatzfaktor signifikant sind, sondern nur die Relationen Haupteinsatzfaktor/Zielkompatibilität (SN: 0,032; KK: 0,196), Haupteinsatzfaktor/Dominanz des Partners (SN: 0,004; KK: 0,256), Haupteinsatzfaktor/Einschränkung der Selbständigkeit (SN: 0,000; KK: 0,355), Haupteinsatzfaktor/Aufteilung des Erfolgs (SN: 0,026; KK: 0,202).

Art des externen Faktors	Kooperationsprobleme in %							
	mangelnde Zielkompatibilität	Dominanz des Partners	Schutz der Kernkompetenzen	mangelnde Harmonie der U-Kulturen	Kompatibilität der Aktivitäten/ Kompetenzen	Koordinationsprobleme	Einschränkung der Selbständigkeit	Aufteilung des Kooperationserfolgs
Unternehmen mit personenbezogenen DL	23,4	16,0	22,3	25,5	12,8	34,0	10,6	13,8
Unternehmen mit objektbezogenen DL	36,4	27,3	31,8	18,2	13,6	22,7	27,3	27,3
Ø	25,9	18,1	24,1	24,1	12,9	31,9	13,8	16,4

Abb. 94: Kooperationsprobleme in Abhängigkeit von der Art des externen Faktors
Quelle: Eigene Darstellung basierend auf eigenen Berechnungen.

Haupteinsatzfaktor	Kooperationsprobleme in %							
	mangelnde Zielkompatibilität	Dominanz des Partners	Schutz der Kernkompetenzen	mangelnde Harmonie der U-Kulturen	Kompatibilität der Aktivitäten/ Kompetenzen	Koordinationsprobleme	Einschränkung der Selbständigkeit	Aufteilung des Kooperationserfolgs
Unternehmen mit personendominanten DL	20,0	11,3	20,0	23,8	10,0	35,0	5,0	11,3
Unternehmen mit objektdominanten DL	38,9	33,3	33,3	25,0	19,4	25,0	33,3	27,8
Ø	25,9	18,1	24,1	24,1	12,9	31,9	13,8	16,4

Abb. 95: Kooperationsprobleme in Abhängigkeit vom Haupteinsatzfaktor
Quelle: Eigene Darstellung basierend auf eigenen Berechnungen.

- **Zusammenhang zwischen Individualitätsgrad und Kooperationsproblemen**

Obwohl die Kooperationen von Unternehmen mit standardisierten Dienstleistungen i.d.R. erfolgreicher verlaufen als die von Unternehmen mit individuellen Dienstleistungen, sind es die standardisierten Dienstleister, die sich in ihren Partnerschaften häufiger mit Problemen konfrontiert sehen. Während ihre Kooperationen nur zu 16,3% problemlos vonstatten gehen, sind es bei den individuellen Dienstleistern 30,3%.[126]

In diesem Zusammenhang ist darauf hinzuweisen, daß gemeinsame Werte und berufsethische Standards oftmals das Kooperationsmanagement wesentlich erleichtern. Zum einen besteht bei Nicht-Einhalten dieser Werte bzw. berufsethischen Standards die Gefahr, daß man aus der Kooperation ausgeschlossen wird. Zum anderen wird durch diese die Gewährleistung eines interorganisationalen Qualitätsstandards erleichtert. Außerdem begünstigt ein gemeinsames Wertgefüge eine gerechtere Aufteilung von Kosten und Nutzen im Rahmen der Partnerschaft.[127] Der hohe Anteil an problemlosen Kooperationen unter den individuellen Dienstleistern würde für ein ausgeprägtes Normen- und Wertesystem bei diesen sprechen.

Signifikante Unterschiede zwischen den Dienstleistungstypen hinsichtlich der Kooperationsschwierigkeiten (siehe Abb. 96)[128] ergaben sich für die Aufteilung des Kooperationserfolgs und die Einschränkung der Selbständigkeit, die sich für gerade 4,5% der individuellen Dienstleister, aber für 26,5% der standardisierten Dienstleister als ein Problem erweist. Da ein geringerer Individualitätsgrad auch eine enge, intensive Zusammenarbeit zwischen den Firmen begünstigt, kann diese stärkere Bindung an den Kooperationspartner das Gefühl einer Restriktion der unternehmerischen Unabhängigkeit forcieren.

---

[126]   SN: 0,084; KK: 0,159.

[127]   Vgl. AHARONI (1993a), S, 127. An dieser Stelle sei deshalb nochmals auf die strategische Bedeutung einer harmonierenden Unternehmenskultur hingewiesen.

[128]   Es ist darauf hinzuweisen, daß nicht alle Beziehungen zwischen den diversen Problemfeldern und dem Individualitätsgrad signifikant sind, sondern nur die Relationen Individualitätsgrad/Einschränkung der Selbständigkeit (SN: 0,001; KK: 0,301), Individualitätsgrad/Aufteilung des Erfolgs (SN: 0,012; KK: 0,228).

Unternehmen, die verstärkt individuelle Leistungen offerieren, scheinen sich bereits während der Kooperationsverhandlungen über die Aufteilung des Outputs geeinigt zu haben, denn nur in 9% aller Fälle kommt es diesbezüglich zu Differenzen zwischen den Kooperationspartnern. Bei Unternehmen, deren Angebot eher standardisiert ist, beläuft sich der Anteil auf 26,5%.

Insgesamt betrachtet werden die Kooperationen der Unternehmen mit individuellen Leistungen am stärksten durch mangelnde Zielkompatibilität (23,9%) und Kulturharmonie (23,9%) sowie durch Koordinationsprobleme (35,8%) gefährdet. Für Unternehmen mit standardisierten Leistungen kristallisieren sich mangelnde Zielkompatibilität (28,6%) sowie Schutz der Kernkompetenzen (26,5%) als Hauptrisikofaktoren heraus. Die Sorge der Unternehmen mit standardisiertem Angebot, ihre strategischen Potentiale nicht ausreichend schützen zu können, erscheint berechtigt; denn im allgemeinen zeichnen sich ihre Leistungen durch geringe Komplexität aus, so daß sie dann auch leichter nachgeahmt werden können.

• **Zusammenhang zwischen Interaktionsintensität und Kooperationsproblemen**

Die Partnerschaften von interaktionsintensiven Dienstleistern sind seltener mit Problemen behaftet als diejenigen von interaktionsarmen Dienstleistern. Bei ersteren beträgt das Verhältnis von problemlosen zu problemvollen Kooperationen 34,6% zu 65,4%, bei den interaktionsarmen 15,9% zu 84,1%.[129] Dabei konkretisieren sich die Schwierigkeiten der Unternehmen mit interaktionsintensiven Dienstleistungen schwerpunktmäßig durch unzureichenden Schutz der Kernkompetenzen (24,5%) und durch Koordinationsprobleme (34%) (siehe Abb. 97).[130] Anbieter interaktionsarmer Leistungen hingegen haben ihre größten Schwierigkeiten mit mangelnder Zielkompatibilität (30,2%) und Kulturharmonie (28,6%) sowie mit der Koordination ihrer Aktivitäten (30,2%).

---

[129] SN: 0,020; KK: 0,212.

[130] Es ist darauf hinzuweisen, daß nicht alle Beziehungen zwischen den diversen Problemfeldern und der Interaktionsintensität signifikant sind, sondern nur die Relationen Interaktionsintensität/Dominanz des Partners (SN: 0,082; KK: 0,159), Interaktionsintensität/Einschränkung der Selbständigkeit (SN: 0,020; KK: 0,211), Interaktionsintensität/Aufteilung des Erfolgs (SN: 0,064; KK: 0,170).

Kooperationsprobleme in %

Individualitätsgrad	mangelnde Zielkompatibilität	Dominanz des Partners	Schutz der Kernkompetenzen	mangelnde Harmonie der U-Kulturen	Kompatibilität der Aktivitäten/ Kompetenzen	Koordinationsprobleme	Einschränkung der Selbständigkeit	Aufteilung des Kooperationserfolgs
Unternehmen mit individuellen DL	23,9	13,4	22,4	23,9	11,9	35,8	4,5	9,0
Unternehmen mit standardisierten DL	28,6	24,5	26,5	24,5	14,3	26,5	26,5	26,5
Ø	25,9	18,1	24,1	24,1	12,9	31,9	13,8	16,4

Abb. 96: Kooperationsprobleme in Abhängigkeit vom Individualitätsgrad
Quelle: Eigene Darstellung basierend auf eigenen Berechnungen.

Kooperationsprobleme in %

Interaktionsintensität	mangelnde Zielkompatibilität	Dominanz des Partners	Schutz der Kernkompetenzen	mangelnde Harmonie der U-Kulturen	Kompatibilität der Aktivitäten/ Kompetenzen	Koordinationsprobleme	Einschränkung der Selbständigkeit	Aufteilung des Kooperationserfolgs
Unternehmen mit interaktionsintensiven DL	20,8	11,3	24,5	18,9	7,5	34,0	5,7	9,4
Unternehmen mit interaktionsarmen DL	30,2	23,8	23,8	28,6	17,5	30,2	20,6	22,2
Ø	25,9	18,1	24,1	24,1	12,9	31,9	13,8	16,4

Abb. 97: Kooperationsprobleme in Abhängigkeit von der Interaktionsintensität
Quelle: Eigene Darstellung basierend auf eigenen Berechnungen.

Während Dominanz des Kooperationspartners, Einschränkung der Selbständigkeit und Aufteilung des Kooperationserfolgs für interaktionsintensive Dienstleister geringe Problemrelevanz besitzen, erweisen sich diese für Unternehmen mit interaktionsarmen Dienstleistungen durchaus als problematisch. Dies mag damit zusammenhängen, daß die interaktionsintensiven Dienstleister bereits einen engen Kontakt zu ihren externen Faktoren aufweisen und sich daher sicherer fühlen, diese nicht an den Partner zu verlieren. Von daher schätzen sie das Risiko, in der Partnerschaft ihre ebenbürtige Position zu verlieren, deutlich geringer ein.

2.4. Fazit

Beschließen Dienstleistungsunternehmen, ihre Ressourcen zum Zweck der Verbesserung ihrer Wettbewerbsfähigkeit zu bündeln, dann steht als vordringlichstes **Kooperationsziel** die Erweiterung des Leistungsangebots unangefochten im Mittelpunkt des Interesses der Kooperationspartner. Damit eng verbunden ist für die Dienstleister eine intensivere Bindung ihrer Kunden an das eigene Unternehmen. Was viele Industrieunternehmen scheinbar noch nicht verinnerlicht haben, ist für fast alle Dienstleister schon Alltags-Know-how: Die Akquisition von Neukunden ist i.d.R. mit erheblichen Kosten verbunden, so daß von den Unternehmen proaktives Kundenbindungsmanagement gefordert ist. Die Dienstleister haben erkannt, daß sich mit Hilfe eines geeigneten Kooperationspartners die Attraktivität des eigenen Unternehmens für die Kunden steigern und damit die Kundenloyalität erhöhen läßt.

Da für Dienstleistungsunternehmen nicht alle möglichen Markteintrittsstrategien gleichermaßen geeignet sind, kommt der Kooperationsstrategie beim Markteintritt bzw. zur Erschließung neuer Marktpotentiale ein bedeutender Stellenwert zu. Von dem Know-how ihres Kooperationspartners zu profitieren, zählt ebenfalls zu den bedeutenden Kooperationszielen der Dienstleister.

Eine differenzierte Betrachtung ist angesagt, wenn es um die Realisierung von Kostensenkungspotentialen und die Verbuchung von Imagegewinnen mittels Kooperation geht. Denn für diese Ziele herrschen offensichtliche Diskrepanzen zwischen der Häufigkeit und der Wichtigkeit, mit der sie verfolgt werden. Während die Verbesserung des Images häufig genannt, aber nur mit mäßigem Nachdruck umgesetzt wird, gilt für die Realisierung von Kostenvorteilen, daß dieses Ziel nur für einen Teil der Dienstleister in Frage kommt; diese widmen sich ihm aber mit größter Intensität.

Eingeschränkte Eignung erfährt die Kooperationsstrategie im Hinblick auf die Beschleunigung des Markteintritts. Die Vorteile, die sich für die Dienstleister durch die Zusammenarbeit mit einem Partner ergeben, wenn es um die Realisierung von Zeitersparnissen bzw. die Erhöhung der Flexibilität geht, sind anscheinend von vielen Unternehmen noch nicht erkannt worden.

Geringe oder keine Relevanz besitzen bei den Dienstleistungsunternehmen auch die folgenden kooperationsspezifischen Ziele: Zugang zu Kapital, Nutzung der Absatzkanäle, Steigerung der Mitarbeiterzufriedenheit, Verminderung des Wettbewerbsdrucks sowie Reduzierung des Risikos.

In bezug auf die **kooperationsspezifischen Ziele der einzelnen Unternehmens- bzw. Dienstleistungstypen** sind folgende Phänomene beobachtbar:

- Je größer das Unternehmen, desto bedeutender sind für die Dienstleister die Ziele Erhöhung der Kundenbindung, Gewinnung von Know-how, Realisierung von Kostensenkungspotentialen sowie Eintritt in neue Märkte.

- Je ausgedehnter das geographische Tätigkeitsfeld, desto eher versuchen die Dienstleister, Kostensenkungspotentiale zu realisieren und neue Märkte zu erschließen.

- Je objektbezogener, objektdominanter, standardisierter bzw. interaktionsärmer die von den Unternehmen angebotene Dienstleistung, desto häufiger streben die Dienstleister die Ziele Erhöhung der Kundenbindung, Realisierung von Kostensenkungspotentialen sowie Eintritt in neue Märkte an.

Bei einer **branchenspezifischen Betrachtung** hinsichtlich der Kooperationsziele fällt auf, daß Unternehmensberater, Marktforschungsinstitute und
Wirtschaftsprüfer hauptsächlich an einer Erweiterung ihres Leistungsangebots
mittels Kooperation interessiert sind. Andere Ziele wie die Erhöhung der Kundenbindung, Gewinnung von Know-how, Realisierung von Kostensenkungspotentialen spielen für sie eine eher untergeordnetere Rolle. Hervorzuheben
sind die Luftfahrtgesellschaften und die Logistikdienstleister. Ihre Kooperationen sind auf die Erreichung vielfältigster Ziele ausgerichtet, was auf eine
intensive Zusammenarbeit zwischen den beteiligten Unternehmen schließen
läßt.

Während im sekundären Sektor auf Basis empirischer Untersuchungen für
vorwiegend industrielle Kooperationsprojekte relativ hohe Mißerfolgsquoten
festgestellt wurden, liefert die Kooperationsstrategie sehr gute Ergebnisse,
wenn es um die Erzielung von Wettbewerbsvorteilen im Dienstleistungssektor
geht. Schließlich bewerteten fast 90% der Dienstleister ihre Zusammenarbeit
mit einem oder mehreren anderen Unternehmen als **Erfolg**. Selbst wenn man
dieses extrem positive Ergebnis etwas relativieren muß - da es auf dem
subjektiven Urteil der befragten Probanden beruht - zeugt es von über-
durchschnittlicher Kooperationsfähigkeit und gutem Kooperationsmanagement
der Dienstleister, was sich auch bestätigt, wenn man sich an einem anderen
Erfolgsmaßstab, dem Zielerreichungsgrad, orientiert. Denn fast 90% der angestrebten Kooperationsziele weisen einen positiven Zielerreichungsgrad auf.

Im Hinblick auf die unterschiedlichen Dienstleistungszweige weisen vor allem
Logistikdienstleister, Wirtschaftsprüfer und Unternehmensberater überdurchschnittliche Erfolgsquoten bei ihren Kooperationsprojekten auf. Weniger erfolgreich schnitten Werbeagenturen ab: Nur jede zweite Zusammenarbeit verlief
nach den Aussagen der Befragten erfolgreich.

Dieses Ergebnis deutet bereits an, daß die Kooperationen von Unternehmen,
die objektbezogene bzw. standardisierte Dienstleistungen anbieten, häufig erfolgreicher verlaufen als die von personenbezogenen bzw. individuellen Dienstleistern.

Es sei jedoch davor gewarnt, den Erfolg einer Kooperation im Dienstleistungssektor angesichts der sehr guten Erfolgsquote als Automatismus anzusehen. Schließlich mußten drei Viertel der Dienstleistungsunternehmen im Verlauf ihrer Zusammenarbeit diverse **Kooperationsschwierigkeiten** bewältigen, was den meisten von ihnen auch gelang.

Durch die Gegenüberstellung von erfolgreichen und weniger erfolgreichen Kooperationen konnten als **Erfolgsfaktoren** unternehmerischer Zusammenarbeit im Dienstleistungsbereich die Kompatibilität der Ziele, die Harmonie der Unternehmenskulturen und die Vereinbarkeit der Aktivitäten/Kompetenzen identifiziert werden. Sie lassen sich zu einem übergeordneten, zentralen Erfolgsfaktor verdichten: der Wahl des richtigen Kooperationspartners.

Selbst wenn ein geeigneter Partner gefunden worden ist, lassen sich im Kooperationsfall Probleme bei der Zusammenarbeit nicht grundsätzlich vermeiden, aber deutlich minimieren. Hinsichtlich der **Unternehmens- bzw. Dienstleistungstypen** und der **potentiellen Gefahrenquellen,** die den Erfolg einer Kooperation in Frage stellen können, haben sich folgende Zusammenhänge herauskristallisiert:

- Je größer das Unternehmen, desto häufiger treten Kooperationsprobleme auf.

- Je kleiner das Unternehmen, desto eher befürchten die Dienstleister, ihre Kernkompetenzen nicht ausreichend schützen zu können.

- Je größer das Unternehmen, desto eher wird der Erfolg einer Kooperation durch mangelnde Kompatibilität der Ziele, Aktivitäten/Kompetenzen, die Dominanz eines der Kooperationspartner, die Aufteilung des Kooperationserfolgs zwischen den Partnern sowie durch die Einschränkung der unternehmerischen Selbständigkeit gefährdet.

- Je personenbezogener, personendominanter, individueller bzw. interaktionsintensiver die von den Unternehmen angebotenen Dienstleistungen, desto seltener sehen sich die Dienstleistungsunternehmen mit Kooperationsproblemen konfrontiert.

- Je objektbezogener, objektdominanter, standardisierter bzw. interaktionsärmer die offerierten Leistungen, desto häufiger wird der Kooperationserfolg durch die Einschränkung der unternehmerischen Selbständigkeit, die Dominanz des Partners, die mangelnde Kompatibilität der Aktivitäten/Kompetenzen sowie Schwierigkeiten bei der Aufteilung des Kooperationsgewinns beeinträchtigt.
- Je personenbezogener, personendominanter, individueller bzw. interaktionsintensiver die von den Unternehmen angebotenen Dienstleistungen, um so wahrscheinlicher ist es, daß Koordinationsschwierigkeiten bei der Zusammenarbeit auftreten.

Die Ergebnisse hinsichtlich der Kooperationsschwierigkeiten der einzelnen Dienstleistungsbranchen verdienen eine differenzierte Betrachtung: Unternehmensberater, Marktforschungsinstitute und Wirtschaftsprüfer weisen im Vergleich zu den übrigen Dienstleistungszweigen relativ geringe Kooperationsprobleme auf, problembehafteter stellen sich die Partnerschaften von Werbeagenturen, Logistikdienstleistern und Luftfahrtgesellschaften dar. Während Werbeagenturen mit der Problembewältigung die größten Schwierigkeiten zu haben scheinen, schließlich weisen sie auch gleichzeitig die höchste Mißerfolgsquote auf, haben die Luftfahrtgesellschaften, deren Kooperationsprojekte auf Basis der Befunde als die mit den größten Schwierigkeiten gelten, ihre Probleme im Verlauf der Kooperation meistens gelöst.

3. Charakterisierung von Kooperationen im Dienstleistungssektor anhand zentraler Dimensionen

Ein zentrales Anliegen der empirischen Untersuchung war es, Informationen über die Ausgestaltung von Kooperationen im Dienstleistungssektor zu erlangen. Zu diesem Zweck wurde das wichtigste Kooperationsprojekt[131] der befragten Unternehmen hinsichtlich Zeitdauer, Intensität, Anzahl der Bindungen, geographischem Geltungsbereich, Richtung und der von der Zusammenarbeit betroffenen Unternehmensfunktionen analysiert. Dabei interessiert nicht nur die quantitative Verteilung der Merkmale, sondern es gilt auch zu überprüfen, ob sich in bezug auf unternehmens- und dienstleistungsspezifische Kriterien Unterschiede bei den diversen Dienstleistungstypen ergeben und welche Ursachen für diese Differenzen verantwortlich zeichnen (siehe Abb. 98).

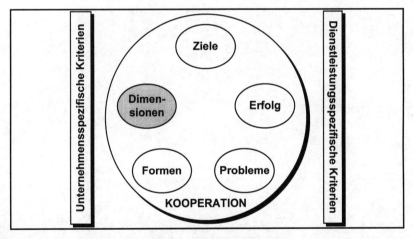

Abb. 98:   Untersuchungsgegenstand des Kapitels III.3.[132]

---

[131]   Da zu vermuten war, daß die meisten Unternehmen bereits mehr als nur ein Kooperationsprojekt durchgeführt haben, was auch das Zahlenmaterial deutlich belegt (siehe Kap. III.1.1.), wurden sie gebeten, die Antworten der meisten Fragen auf ihre bislang bedeutendste Kooperation zu beziehen, um ihnen die Beantwortung der Fragen zu erleichtern. Lediglich einige wenige Fragen thematisierten das generelle Kooperationsverhalten. Die Befunde dieser Antworten werden nur dann zur Komplettierung der Analyse herangezogen, wenn sich aus ihnen gravierende Unterschiede zu den Antworten, die sich auf das wichtigste Kooperationsprojekt beziehen, ableiten lassen.

[132]   Quelle: Eigene Darstellung.

Zur besseren Übersichtlichkeit bei der Darstellung der Analyseergebnisse wurde in bezug auf die einzelnen Kooperationsdimensionen eine einheitliche Vorgehensweise gewählt. Danach erfolgt in einem ersten Schritt eine univariate Analyse jeder einzelnen Dimension, die - sollten nennenswerte Zusammenhänge zwischen einzelnen Kooperationsdimensionen existieren - um bivariate Aspekte Ergänzung findet. Im Anschluß daran steht sowohl die Untersuchung unternehmensspezifischer Einflußfaktoren (wie Branche, Größe und geographisches Tätigkeitsfeld) als auch dienstleistungsspezifischer Determinanten (wie Art des externen Faktors, Haupteinsatzfaktor, Individualitätsgrad und Interaktionsintensität) im Mittelpunkt des Interesses. Die Analysematrix zur Untersuchung der Kooperationsdimensionen veranschaulicht nochmals, welche Zusammenhänge im einzelnen beleuchtet werden (siehe Abb. 99).[133]

---

[133] An dieser Stelle sei nochmals darauf hingewiesen, daß es sich bei der Darstellung der bivariaten Analyseergebnisse ausschließlich um signifikante Befunde handelt. Befunde, die aufgrund der von der Analysematrix vorgegebenen Systematik zu erwarten waren, aber nicht behandelt wurden, waren nicht signifikant. Sie wurden daher nicht thematisiert.

	Dimensionen					
	Dauer	Intensität	Anzahl der Bindungen	Geographischer Geltungsbereich	Richtung	Unternehmens-funktion
Dimensionen						
Dauer		x	x	x	x	x
Intensität	x		x	x	x	x
Anzahl der Bindungen	x	x		x	x	x
Geographischer Geltungsbereich	x	x	x		x	x
Richtung	x	x	x	x		x
Unternehmensfunktion	x	x	x	x	x	
Unternehmensspezifische Kriterien						
Dienstleistungsbranche	x	x	x	x	x	x
Unternehmensgröße	x	x	x	x	x	x
Geographisches Tätigkeitsfeld	x	x	x	x	x	x
Dienstleistungsspezifische Kriterien						
Art des externen Faktors	x	x	x	x	x	x
Haupteinsatzfaktor	x	x	x	x	x	x
Individualitätsgrad	x	x	x	x	x	x
Interaktionsintensität	x	x	x	x	x	x

x Mögliche Beziehung zwischen den Variablen, die es zu analysieren gilt

Abb. 99: Analysematrix I zur Untersuchung der Kooperationsdimensionen

3.1.   Zeitdauer

3.1.1.   Dienstleistungsspezifische Ausgestaltung

Die Zeitdauer einer Kooperation läßt sich unter zwei Gesichtspunkten betrachten: (1) Ein Aspekt bezieht sich auf die **Fristigkeit** der Kooperation, also darauf, ob die Zusammenarbeit befristet oder unbefristet angelegt ist. (2) Der andere betrifft die absolute Zeitdauer der Kooperation (z.B. in Jahren gemessen), im folgenden als **Kooperationsdauer** bezeichnet.[134]

(1) Bei der Analyse der **Fristigkeit** der untersuchten Kooperationsprojekte fällt auf, daß die meisten Dienstleister zeitlich unbegrenzte Kooperationsverhältnisse eingegangen sind: 78,2% der Befragten entschieden sich für eine unbefristete Partnerschaft. Lediglich 21,8% der kooperierenden Unternehmen hatten sich mit ihrem Partner von Beginn an auf einen festen Zeitpunkt geeignet, der das gemeinsame Vorhaben terminieren sollte.

(2) Betrachtet man die **Kooperationsdauer** der einzelnen Projekte, so ergibt sich ein recht heterogenes Bild, weil das zeitliche Spektrum von einem Monat bis hin zu 30 Jahren reicht. Die meisten Kooperationsprojekte zeichnen sich durch eine Dauer von zwei (16,5%) bzw. drei (14,8%) Jahren aus. Ebenfalls hohe Nennungen konnten Kooperationen mit einer Dauer von fünf (9,5%) und sechs (6,1%) sowie zehn Jahren (8,7%) verzeichnen.[135] Im Durchschnitt betrug die Zeit der Zusammenarbeit knapp sechs Jahre.

Um diese Einzeldaten zu komprimieren, bietet sich eine Dreiteilung der Kooperationsdauer in kurz-, mittel- und langfristig an. Die Einteilung orientiert sich da-

---

[134]   Siehe dazu auch Kapitel II.2.4.1.1.

[135]   Bei der Interpretation der Daten muß allerdings berücksichtigt werden, daß die Antworten auf diese Frage sowohl bereits beendete als auch derzeit bestehende Kooperationen beinhalten. Dies ist vor allem vor dem Hintergrund relevant, als es sich bei den meisten Kooperationen um unbefristete Projekte handelt.

bei an der für Planungszeiträume üblichen Klassifikation.[136] Danach sind kurzfristige Kooperationsprojekte mit einer Dauer von unter einem Jahr und langfristige Vorhaben mit einer Dauer von mehr als drei Jahren zu differenzieren. Mittelfristige Kooperationen liegen zeitlich dazwischen. Auf Grundlage dieser Klassifizierung besitzen 16,5% der Kooperationen kurzfristigen Status, 35,7% fallen
unter die Kategorie mittelfristig und fast die Hälfte, nämlich 47,8% hat langfristigen Charakter (siehe Abb. 100). Obwohl die Stabilität von Kooperationen
nicht als allgemeingültiger Maßstab für den Erfolg von Kooperationen angesehen wird[137], so kann die Tatsache, daß viele Dienstleister langfristige Formen
der Zusammenarbeit präferieren, zumindest als Indikator für die strategische
Bedeutung von Partnerschaften im tertiären Sektor herangezogen werden.

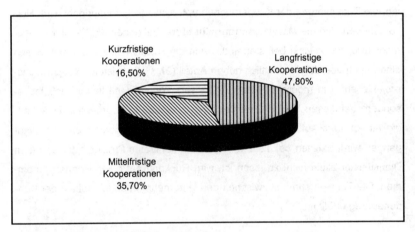

Kurzfristige
Kooperationen
16,50%

Langfristige
Kooperationen
47,80%

Mittelfristige
Kooperationen
35,70%

Abb. 100: Kooperationsdauer in Klassen[138]

- **Zusammenhang zwischen Kooperationsdauer und Fristigkeit**

Daß ein signifikanter Zusammenhang[139] zwischen der **Kooperationsdauer** und
der **Fristigkeit** existiert, liegt nahe. Je kürzer die Kooperationsdauer ausfällt,
desto eher ist das Kooperationsprojekt zeitlich befristet. Während bei den kurz-

---

[136]   Vgl. NIESCHLAG/DICHTL/HÖRSCHGEN (1997), S. 872; KREIKEBAUM (1991), S. 125ff. Es sei
        an dieser Stelle nochmals darauf hingewiesen, daß in der Kooperationsliteratur kein
        verbindliches Schema zur Einteilung in diese drei Klassen existiert.

[137]   Siehe dazu auch die Ausführungen des Kapitels II.2.2.3.1.

[138]   Quelle: Eigene Darstellung basierend auf eigenen Berechnungen.

[139]   SN: 0,004; KK: 0,297.

fristigen Kooperationsprojekten fast die Hälfte (47,4%) von Beginn an einen konkreten Endzeitpunkt vorsieht, sind es bei Kooperationen von mittlerer Dauer 24,4% und bei den langfristigen Kooperationen gerade noch 11,1%, die zeitlich befristet sind. Dies läßt sich wohl auch damit begründen, daß kürzere Projekte in zeitlicher Hinsicht besser zu überschauen und damit zu planen sind.

3.1.2. Einflußfaktoren auf die Zeitdauer

3.1.2.1. Einfluß unternehmensspezifischer Kriterien

- **Zusammenhang zwischen Branche und Zeitdauer**

Abbildung 101 verdeutlicht, daß in unterschiedlichen Branchen die **Fristigkeit**, d.h. die Terminierung der Kooperationen unterschiedlich gehandhabt wird. Hervorzuheben sind die **Marktforschungsinstitute**, bei denen 45,2% aller Kooperationsprojekte zeitlich befristet sind. Auch die **Unternehmensberater** weisen einen noch überdurchschnittlich hohen Anteil (27,3%) befristeter Kooperationsprojekte auf. Ein möglicher Erklärungsansatz könnte darin liegen, daß insbesondere bei diesen beiden Dienstleistungszweigen die Kooperation in Abhängigkeit von dem Auftrag oder Projekt, das es gerade zu bearbeiten gilt, eingegangen wird. Existiert bei diesem Projekt ein konkretes Problem, das von dem Dienstleister allein nicht zu lösen ist, wird Rückgriff auf einen Partner genommen. Die Zusammenarbeit zwischen den Unternehmen endet, sobald der Kundenauftrag erfüllt ist.

Dienstleistungsbranche	Fristigkeit der Kooperation		Summe
	Befristet	Unbefristet	
Unternehmensberater	27,3%	72,7%	100%
Marktforschungsinstitut	45,2%	54,8%	100%
Werbeagentur	13,3%	86,7%	100%
Wirtschaftsprüfer	0,0%	100%	100%
Luftfahrtgesellschaft	20,0%	80,0%	100%
Logistikdienstleister	4,3%	95,7%	100%
Summe	21,8%	78,2%	100%

Abb. 101: Zusammenhang zwischen Branche und Fristigkeit[140]

---

[140] Quelle: Eigene Darstellung basierend auf eigenen Berechnungen. SN: 0,002; KK: 0,368.

- **Zusammenhang zwischen Größe und Zeitdauer**

Die Unternehmensgröße scheint ebenfalls Einfluß auf die **Fristigkeit** zu haben: 30% der **KMUs** sind befristete Partnerschaften eingegangen, 70% unbefristete. Bei den Großunternehmen waren es 10,6% bzw. 89,4%.[141] Obwohl sich bei der Analyse der Kooperationsprobleme gezeigt hat, daß es vor allem die **Großunternehmen** sind, die durch die Zusammenarbeit ihre Selbständigkeit gefährdet sehen, könnte dieses Ergebnis darauf hindeuten, daß die KMUs ihre Unabhängigkeit durch befristete Partnerschaften zu schützen wissen. Durch diese bleibt die Distanz zum Kooperationspartner stärker gewahrt als durch eine unbefristete Zusammenarbeit.

In bezug auf die **Kooperationsdauer**, dargestellt in Jahren bzw. eingeteilt in einzelne Klassen, konnten keine Beziehungen zu den Unternehmensstruktur-variablen nachgewiesen werden.

3.1.2.2. Einfluß dienstleistungsspezifischer Kriterien

- **Zusammenhang zwischen Art des externen Faktors und Zeitdauer**

Obwohl sich zwischen der Art des externen Faktors und der Kooperations-dauer, eingeteilt in kurz-, mittel- und langfristig, kein signifikanter Zusammen-hang erkennen läßt, ist eine Beziehung zwischen den Variablen Art des exter-nen Faktors und **Fristigkeit** vorhanden. Bei Unternehmen mit **objektbezoge-nen** Leistungen dominieren unbefristete Kooperationsverhältnisse (95,7%). Im Gegensatz dazu weisen **personenbezogene** Dienstleister lediglich einen Anteil von 74% an den unbefristeten Kooperationen auf.[142]

- **Zusammenhang zwischen Haupteinsatzfaktor und Zeitdauer**

Ein ähnlicher Befund ergibt sich für die Kombination von Haupteinsatzfaktor mit der **Fristigkeit**.[143] Fast 90% der **objektdominanten** Dienstleister entscheiden sich für eine unbefristete Kooperation, während die Quote bei den **personen-dominanten** Dienstleistern lediglich 72,8% beträgt. Investitionen in gemein-

---

[141] SN: 0,014; KK: 0,223.

[142] SN: 0,024; KK: 0,203.

[143] SN: 0,041; KK: 0,184.

same Maschinen oder sonstige Objekte, die zur Dienstleistungserstellung benötigt werden, können eine mögliche Ursache für den prozentualen Unterschied zwischen den beiden Dienstleistungstypen sein.

- **Zusammenhang zwischen Individualitätsgrad und Zeitdauer**

Aufgrund der Analyseergebnisse ist davon auszugehen, daß die Tatsache, ob Dienstleister eher individuelle oder eher standardisierte Leistungen anbieten, Einfluß auf die **Kooperationsdauer** hat. Während bei Unternehmen mit **individuellen Dienstleistungen** der Schwerpunkt auf mittelfristig angelegten Kooperationen liegt (43,3%) und auch der Anteil an kurzfristigen Kooperationen stärker als bei Unternehmen mit **standardisierten Dienstleistungen** ausgeprägt ist, dominieren bei Dienstleistern mit standardisiertem Angebot langfristig angelegte Kooperationsverhältnisse (62,5%) (siehe Abb. 102).

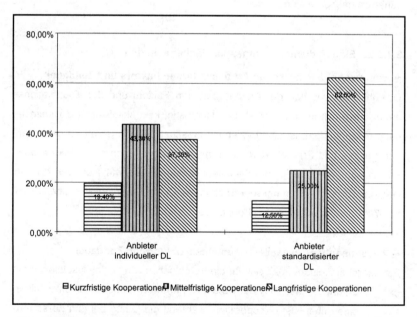

Abb. 102: Zusammenhang zwischen Individualitätsgrad und Kooperationsdauer[144]

---

[144] Quelle: Eigene Darstellung basierend auf eigenen Berechnungen. SN: 0,028; KK: 0,242.

Überträgt man dieses Ergebnis auf die **Fristigkeit**, liegt die Vermutung nahe, daß Anbieter **individueller Dienstleistungen** ihre Bündnisse in stärkerem Ausmaß befristet anlegen als Anbieter **standardisierter Dienstleistungen**. Das Verhältnis von befristeten zu unbefristeten Kooperationen beträgt bei den Anbietern individueller Dienstleistungen 32,4% zu 67,6% und bei den Unternehmen, die standardisierte Leistungen offerieren, 7,8% zu 92,2%.[145]

Die Tendenz der individuellen Dienstleistungsanbieter zu mittelfristigen und oftmals befristeten Kooperationen zeugt unter Umständen von einem stärkeren Streben nach Flexibilität und Variabilität; Eigenschaften, die diese Dienstleister aufweisen müssen, um der individuellen Bedürfnisbefriedigung ihrer Kunden bestmöglich gerecht zu werden.[146]

- **Zusammenhang zwischen Interaktionsintensität und Zeitdauer**

Ein ähnliches Resultat brachte die Überprüfung des Zusammenhangs zwischen Interaktionsintensität und **Kooperationsdauer** hervor, wie sich aus Abbildung 103 ablesen läßt. Während **interaktionsintensive Dienstleister** ihre Zusammenarbeit eher auf einen kurz- bzw. mittelfristigen Zeithorizont ausrichten, dominieren bei **interaktionsarmen Dienstleistern** langfristige Formen der Zusammenarbeit.

Interaktionsintensität	Kurzfristige Kooperationen	Mittelfristige Kooperationen	Langfristige Kooperationen	Summe
Unternehmen mit interaktionsintensiven DL	18,9%	45,3%	35,8%	100%
Unternehmen mit interaktionsarmen DL	14,5%	27,4%	58,1%	100%
Summe	16,5%	35,7%	47,8	100%

Abb. 103: Zusammenhang zwischen Interaktionsintensität und Kooperationsdauer[147]

---

[145]   SN: 0,001; KK: 0,282.

[146]   Vgl. zu den Anforderungen an Dienstleister mit individuellem Leistungsangebot MEYER (1990), S. 185.

[147]   Quelle: Eigene Darstellung basierend auf eigenen Berechnungen. SN: 0,054; KK: 0,220.

Vergleichbar sind auch die Ergebnisse in bezug auf die **Fristigkeit**. Während 37,7% der interaktionsintensiven Dienstleister von vornherein einen Endzeitpunkt für ihre Kooperation fixiert haben, sind es bei den interaktionsarmen lediglich 9,1%. Diese bevorzugen eindeutig zeitlich unbefristete Kooperationsverhältnisse: 90,9% entschieden sich für diese Variante.[148]

Auch die interaktionsintensiven Dienstleister scheinen besonderen Wert auf hohe Flexibilität und die Möglichkeit, sich an veränderte Rahmenbedingungen und Kundenbedürfnisse anzupassen, zu legen. Dies läßt sich aus ihrer Sicht nur realisieren, wenn die Kooperationsverhältnisse auch zeitlich variabel gestaltbar sind. Während die interaktionsarmen Dienstleister bei ihren Kooperationen auf Stabilität und Kontinuität setzen, besitzen die Partnerschaften der interaktionsintensiven Dienstleister häufig temporären Charakter.

3.2. Intensität

3.2.1. Dienstleistungsspezifische Ausgestaltung

Die Kooperationsintensität reicht von formlosen Vereinbarungen bis hin zu vertraglichen Kooperationen, die mit oder ohne Kapitalbeteiligung vorkommen können.[149] Insgesamt betrachtet, beruhen 38,1% der Kooperationen auf einer formlosen Vereinbarung, während sich 61,9% der Partnerschaften über eine vertragliche Regelung konstituieren. Für 32,2% der Dienstleister scheint dabei der Vertrag eine ausreichende Bindung darzustellen, wohingegen 29,7% eine noch stärkere Verflechtung über eine Kapitalbeteiligung wünschen.

• **Zusammenhang zwischen Zeitdauer und Intensität**
Basierend auf der Annahme, daß mit zunehmender **Kooperationsdauer** auch die Bindungsintensität zwischen den Kooperationspartnern zunimmt, zeigt Abbildung 104, daß sich dieser Trend voll bestätigen läßt. Kurzfristige Kooperationen gehen zu 68,4% mit einer formlosen Vereinbarung einher, nur 31,6%

---

[148]   SN: 0,000; KK: 0,326.

[149]   Siehe dazu auch Kapitel II.2.4.1.2.

beruhen auf einem Kooperationsvertrag. Bei mittelfristig angelegten Formen der Zusammenarbeit verschiebt sich dieses Verhältnis schon deutlich zugunsten vertraglicher Kooperationen: 39% der Dienstleister haben ihre Partnerschaft über eine formlose Vereinbarung organisiert, 61% mit Hilfe eines Vertrags. Noch intensiver gestaltet sich das Verhältnis zwischen Partnerunternehmen langfristiger Kooperationen; sie beruhen nicht nur auf einer vertraglichen Verbindung, sondern basieren zu 40,7% zusätzlich auf einer gegenseitigen Kapitalbeteiligung.

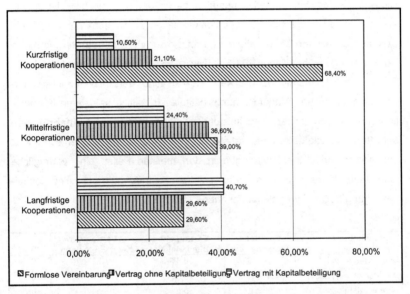

Abb. 104: Zusammenhang zwischen Kooperationsdauer und Intensität[150]

Vor dem Hintergrund des Zusammenhangs zwischen Kooperationsdauer und Intensität liegt es nahe, auch zwischen den Variablen **Fristigkeit** und Intensität eine Relation zu vermuten: Befristete Kooperationen sind durch eine geringere Verflechtungsintensität gekennzeichnet sind als unbefristete. Befristete Kooperationen gehen so gut wie gar nicht mit einer gegenseitigen Kapitalbeteiligung einher (3,8%), sondern konstituieren sich entweder über formlose Vereinbarungen (42,3%) oder über einen Vertrag ohne weitere finanzielle Verflechtung

---

[150]   Quelle: Eigene Darstellung basierend auf eigenen Berechnungen. SN: 0,023; KK: 0,301.

(53,8%). Im Gegensatz dazu stützen sich unbefristete Formen der Zusammenarbeit zu 37% auf eine formlose Vereinbarung, zu 26% auf ein vertragliches Agreement und zu 37% auf Vertrag und zusätzliche Kapitalbeteiligung.[151]

3.2.2. Einflußfaktoren auf die Intensität

3.2.2.1. Einfluß unternehmensspezifischer Kriterien

• **Zusammenhang zwischen Branche und Intensität**

Die Analyse des Datenmaterials bestätigt, daß in den diversen Dienstleistungszweigen unterschiedliches Kooperationsverhalten vorherrscht. Es zeigt sich, daß bei **Unternehmensberatern** und **Marktforschungsinstituten** formlose Vereinbarungen überwiegen (54,5% bzw. 64,5%). Dieses Ergebnis steht im Einklang mit der bereits oben erwähnten Tatsache, daß insbesondere Unternehmensberater und Marktforschungsinstitute zu zeitlich befristeten Kooperationen neigen. In einigen Dienstleistungszweigen, so z.B. bei **Luftfahrtgesellschaften** und **Logistikdienstleistern**, scheinen lose Kooperationen schon fast unüblich zu sein. Sie bevorzugen in den meisten Fällen eine vertragliche Grundlage, oft-mals binden sich die einzelnen Partner sogar über eine Kapitalbeteiligung noch enger aneinander (siehe Abb. 105).

Dienstleistungs- branche	Formlose Vereinbarung	Vertrag ohne Kapitalbeteiligung	Vertrag mit Kapitalbeteiligung	Summe
Unternehmensberater	54,5%	36,4%	9,1%	100%
Marktforschungsinstitut	64,5%	25,8%	9,7%	100%
Werbeagentur	20,0%	40,0%	40,0%	100%
Wirtschaftsprüfer	46,2%	23,0%	30,8%	100%
Luftfahrtgesellschaft	6,6%	46,7%	46,7%	100%
Logistikdienstleister	13,6%	27,3%	59,1%	100%
Summe	38,1%	32,2%	29,7%	100%

Abb. 105: Zusammenhang zwischen Branche und Intensität[152]

---

[151] SN: 0,002; KK: 0,309.

[152] Quelle: Eigene Darstellung basierend auf eigenen Berechnungen. SN: 0,000; KK: 0,473.

- **Zusammenhang zwischen Größe und Intensität**

Im Hinblick auf die Unternehmensgröße der Dienstleister ist festzustellen, daß von ihr anscheinend erheblicher Einfluß auf die Art, wie die rechtliche Fundierung der Kooperation gestaltet werden soll, ausgeht. Aus Abbildung 106 wird ersichtlich, daß 55,7% der **KMUs** auf Basis einer formlosen Vereinbarung zusammenarbeiten, 27,1% schließen mit ihrem Partner einen Kooperationsvertrag und bei nur 17,2% kommt es darüber hinaus noch zu einer Kapitalbeteiligung. Bei den **Großunternehmen** hingegen spielen die formlosen Vereinbarungen eine untergeordnete Rolle (10,9%). Wenn sie kooperieren, dann auf Basis eines Vertrags, der in den meisten Fällen (47,8%) um eine kapitalmäßige Verflechtung ergänzt wird. Damit stehen diese Ergebnisse auch in Einklang mit denen hinsichtlich der Zeitdauer. Während die KMUs die Distanz zu ihren Kooperationspartnern wahren möchten, suchen die Großunternehmen nach einen möglichst engen Kooperationsverhältnis.

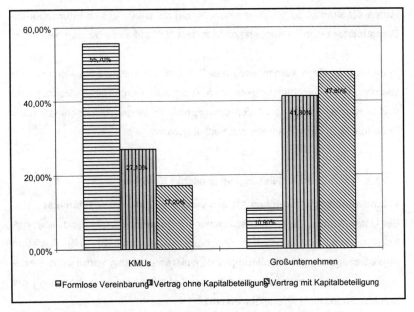

Abb. 106: Zusammenhang zwischen Größe und Intensität[153]

---

[153]   Quelle: Eigene Darstellung basierend auf eigenen Berechnungen. SN: 0,000; KK: 0,423.

Wahrscheinlich kommt für KMUs aufgrund ihrer z.T. geringeren Kapitalausstattung hinzu, daß Kooperationen, die mit einem finanziellen Engagement
verbunden sind, für sie oftmals keine Alternative darstellen. Großunternehmen
können die Gründung eines Joint Ventures oder eine notwendige gegenseitige
Kapitalbeteiligung im Rahmen einer Strategischen Allianz in finanzieller
Hinsicht oftmals leichter realisieren.

- **Zusammenhang zwischen geographischem Tätigkeitsfeld und Intensität**

Berücksichtigt man, daß die Unternehmensgröße mit dem geographischen
Tätigkeitsfeld insoweit korreliert, daß je größer das Unternehmen, desto größer
i.d.R. sein geographischer Aktionsradius ist, dann verwundert es nicht, daß
regionale Unternehmen hauptsächlich auf Basis formloser Vereinbarungen
zusammenarbeiten (55,6%); nur 44,4% ihrer Kooperationen besitzen einen
Vertrag als Kooperationsgrundlage. **Nationale Unternehmen** sichern ihre
Partnerschaften zu 53,1% über einen Vertrag ab, während sich **internationale
Dienstleister** bei ihren Kooperationen zu fast 80% auf einen Vertrag berufen.[154]

In diesem Ergebnis kommt auch das Problem der erschwerten Kontrolle bei
internationaler Geschäftätigkeit zum Ausdruck. Durch einen Vertrag und
direkte Kapitalbeteiligung werden die international tätigen Unternehmen ihrem
Bedürfnis nach mehr Kontrolle und Einfluß gerecht.

3.2.2.2. Einfluß dienstleistungsspezifischer Kriterien

- **Zusammenhang zwischen Art des externen Faktors und Intensität**

Bei Unternehmen, deren Dienstleistungen **personenbezogen** sind, liegt das
Schwergewicht auf formlosen Kooperationsvereinbarungen, bei Anbietern
objektbezogener Dienstleistungen dominieren eindeutig vertragliche Beziehungen, wobei die meisten noch mit einer Kapitalbeteiligung einhergehen, wie
sich aus Abbildung 107 entnehmen läßt.

---

[154]   SN: 0,001; KK: 0,362.

Art des externen Faktors	Formlose Vereinbarung	Vertrag ohne Kapitalbeteiligung	Vertrag mit Kapitalbeteiligung	Summe
Unternehmen mit personenbezogenen DL	43,8%	33,3%	22,9%	100%
Unternehmen mit objektbezogenen DL	13,6%	27,3%	59,1%	100%
Summe	**38,1%**	**32,2%**	**29,7%**	**100%**

Abb. 107: Zusammenhang zwischen Art des externen Faktors und Intensität[155]

• **Zusammenhang zwischen Haupteinsatzfaktor und Intensität**

Das Verhältnis zwischen den Variablen Haupteinsatzfaktor und Kooperationsintensität ist ebenfalls durch einen signifikanten Zusammenhang gekennzeichnet. Unternehmen mit **personendominanten Dienstleistungen** arbeiten mit
ihrem Partner zu 50,6% auf Grundlage einer formlosen Vereinbarung zusammen. 30,9% der Unternehmen stützen sich auf einen Vertrag ohne, 18,5% auf
einen Vertrag mit Kapitalbeteiligung. Bei den **objektdominanten Dienstleistern** sieht das Verhältnis anders aus: 10,8% formlosen Vereinbarungen stehen 35,1% Verträge ohne sowie 54,1% mit Kapitalbeteiligung gegenüber.[156]

Insbesondere bei objektdominanten Dienstleistern steht zur vermuten, daß
auch die gemeinsame Nutzung, gegenseitige Wartung etc. der Maschinen, die
zur Dienstleistungserstellung benötigt werden, Teil der Kooperationsvereinbarung sind. Unter Umständen werden auch Investitionen für diese Maschinen
notwendig, die meistens sehr kapitalintensiv sind, so daß dies eine Erklärung
für die enge Bindung, aber auch für den Kapitaleinsatz der Kooperationspartner
objektdominanter Dienstleister darstellen könnte.

• **Zusammenhang zwischen Individualitätsgrad und Intensität**

Die Beziehung zwischen Individualitätsgrad und Intensität äußert sich dahingehend, daß bei Kooperationen, die von Unternehmen mit individuellen Dienstleistungen eingegangen werden, mehr als die Hälfte (51,5%) als formlose
Vereinbarung geschlossen werden, 32,4% besitzen einen Kooperationsvertrag

---

[155]   Quelle: Eigene Darstellung basierend auf eigenen Berechnungen. SN: 0,002; KK: 0,308.

[156]   SN: 0,000; KK: 0,393.

ohne und 16,1% einen Vertrag mit zusätzlicher Kapitalbeteiligung als Rechts-
grundlage. Bei Dienstleistern mit standardisiertem Angebot ist die Tendenz
gegenläufig: 48% sind mit dem Partnerunternehmen eine Kooperation auf
Basis eines Vertrags mit zusätzlicher Kapitalbindung eingegangen, 32% lediglich einen Vertrag und 20% nur eine formlose Vereinbarung (siehe Abb. 108).
Daraus läßt sich schlußfolgern, daß die Bindungsintensität um so größer ist, je
standardisierter die Dienstleistung ist, die ein Unternehmen anbietet.

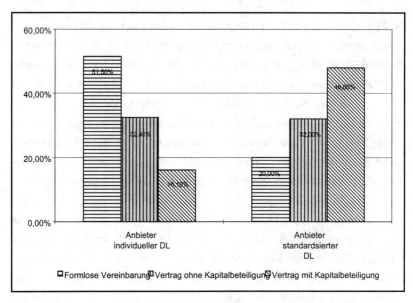

Abb. 108: Zusammenhang zwischen Individualitätsgrad und Intensität[157]

• **Zusammenhang zwischen Interaktionsintensität und Intensität**
Von allen Dienstleistungstypen weisen Unternehmen mit interaktionsintensiven
Leistungen die höchste Quote bei den formlosen Vereinbarungen auf, und zwar
in einer Größenordnung von 60,4%. Entsprechend sind 30,2% der Kooperationsverhältnisse mit einem Vertrag und 9,4% mit einem Vertrag und zusätzlicher Kapitalbeteiligung besiegelt worden. Dienstleister mit geringer Interaktionsintensität weisen ein anderes Kooperationsabschluß-Verhalten auf: Bei
ihnen stützt sich der Großteil (46,2%) auf Vertrag und Kapitalbeteiligung, 33,8%

---

[157] Quelle: Eigene Darstellung basierend auf eigenen Berechnungen. SN: 0,000; KK: 0,358.

sind einen einfachen Kooperationsvertrag eingegangen und 20% verständigen sich relativ formlos.[158]

Die Befunde bestätigen die bereits im Zusammenhang mit der Zeitdauer angestellten Überlegungen: Individuelle und interaktionsintensive Dienstleister bevorzugen bei ihren Kooperationen Flexibilität und auch ein gewisses Ausmaß an Unabhängigkeit. Ideal scheinen für sie solche Partnerschaften zu sein, deren Kooperationsaustrittsbarrieren relativ niedrig sind.

3.3. Anzahl der Bindungen

3.3.1. Dienstleistungsspezifische Ausgestaltung

Die Anzahl der Kooperationspartner kann Aufschluß darüber geben, wieviele Bindungen ein Kooperationsprojekt möglicherweise umfaßt. Daraus lassen sich dann erste Schlußfolgerungen hinsichtlich der Komplexität der Kooperation ziehen.[159] In diesem Kontext hat die Auswertung des Datenmaterials ergeben, daß bilaterale Kooperationen fast schon eine Seltenheit darstellen; lediglich 3,6% der Befragten besitzen nur einen Kooperationspartner. Die meisten Dienstleister (44,6%) sind in Vorhaben eingebunden, in die noch zwei weitere Firmen involviert sind, so daß diese meistens durch trilaterale Beziehungen gekennzeichnet sind. Immerhin 10% der Dienstleister verfügen über drei Partner, 8,2% aller Unternehmen arbeiten mit vier Unternehmen zusammen. Eine Reihe von Kooperationsprojekten (22,7%) haben den Charakter einfacher Netzwerke; zu ihnen gehören zusätzlich zum befragten Unternehmen zwischen fünf und 20 Partnerfirmen. Darüber hinaus gibt es auch einige Unternehmen (2,7%), deren Kooperationsprojekte einen relativ hohen Komplexitätsgrad - bedingt durch die große Anzahl der beteiligten Unternehmen - aufweisen dürfte, da sie zwischen 162 und 250 Bündnispartner besitzen. Abbildung 109 zeigt, wie sich die Anzahl der Partnerunternehmen prozentual verteilt.[160]

---

[158]   SN: 0,000; KK: 0,424.

[159]   Siehe dazu auch die Ausführungen des Kapitel II.2.4.1.3.

[160]   Quelle: Eigene Darstellung basierend auf eigenen Berechnungen.

274

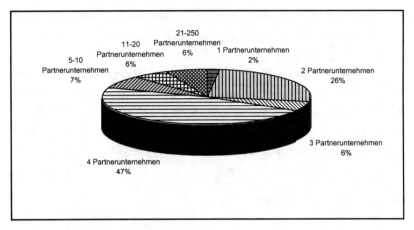

Abb. 109: Anzahl der Kooperationspartner[161]

- **Zusammenhang zwischen Zeitdauer und Anzahl der Kooperations-partner**

In bezug auf diese beiden Kooperationsdimensionen steht zu vermuten, daß die Kooperationsdauer mit steigender Anzahl der Partner zunimmt. Sie stützt sich auf die Überlegung, daß die Transaktionskosten bei der Planung, aber auch bei der Durchführung der Kooperation so hoch sind, daß sich diese nur für ein längerfristiges Kooperationsprojekt als lohnend erweisen. Die Verteilung der entsprechenden Merkmale, die in Abbildung 110 aufgeführt ist, bestätigt diese Überlegung.

Anzahl der Kooperationspartner	Kurzfristige Kooperationen	Mittelfristige Kooperationen	Langfristige Kooperationen	Summe
1 - 3	21,4%	39,3%	39,3%	100%
4 - 10	18,2%	40,9%	40,9%	100%
11 - 20	0,0%	9,1%	90,9%	100%
21 - 250	0,0%	18,2%	81,8%	100%
Summe	16,2%	34,3%	49,5%	100%

Abb. 110: Zusammenhang zwischen Kooperationsdauer und Anzahl der Kooperationspartner[162]

---

[161]   Quelle: Eigene Darstellung basierend auf eigenen Berechnungen.

[162]   Quelle: Eigene Darstellung basierend auf eigenen Berechnungen. SN: 0,014; KK: 0,363.

Besitzt ein Unternehmen zwischen einem und zehn Kooperationspartner, dann sind ca. 20% der Kooperationen kurzfristig, ca. 40% mittelfristig und weitere 40% langfristig ausgerichtet. Steigt hingegen die Zahl der Partner auf über elf Unternehmen an, dann zeigt sich ein völlig anderes Bild: Kurzfristige Kooperationen sind dann ausgeschlossen. Der Koordinationsaufwand wäre vermutlich für eine Kooperationsdauer von weniger als einem Jahr zu hoch. Deshalb dominieren langfristige Partnerschaften; ihr Anteil liegt zwischen 80% und 90%.

- **Zusammenhang zwischen Intensität und Anzahl der Kooperationspartner**

Das Argument, daß der Steuerungs- und Koordinationsaufwand mit zunehmender Anzahl der an der Kooperation beteiligten Firmen steigt, scheint auch in diesem Fall Relevanz zu besitzen. Je mehr Unternehmen in das Kooperationsvorhaben integriert sind, desto häufiger werden Unternehmen versuchen, über vertragliche Regelungen einen Orientierungsmaßstab für alle festzulegen, um Abstimmungs- und Koordinationsprobleme so gering wie möglich zu halten. Über gegenseitige Kapitalverflechtungen lassen sich die Kooperationspartner noch enger aneinander binden. Daß dies der Intention der kooperierenden Unternehmen entspricht, wird aus Abb. 111 ersichtlich.

Während Kooperationen mit einer geringen Anzahl involvierter Unternehmen noch mit formlosen Agreements ihr Vorhaben abwickeln können, kommt dies für Kooperationen, an denen eine Vielzahl von Unternehmen beteiligt ist, weniger in Betracht. Bei Partnerschaften von mehr als 21 Dienstleistern wurde immer ein Vertrag geschlossen, bei 75% kam es zusätzlich noch zu einer finanziellen Verbindung. Daraus läßt sich die Schlußfolgerung ziehen, daß die Bindungsintensität um so höher ist, je größer die Anzahl der Kooperationspartner ist.

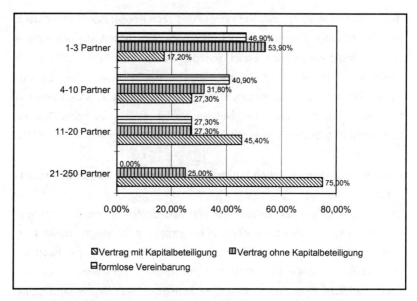

Abb. 111: Zusammenhang zwischen Intensität und Anzahl der Kooperationspartner[163]

3.3.2. Einflußfaktoren auf die Anzahl der Bindungen

3.3.2.1. Einfluß unternehmensspezifischer Kriterien

• **Zusammenhang zwischen Branche und Anzahl der Kooperationspartner**

Hinsichtlich der Anzahl der Kooperationspartner sind in den einzelnen Dienstleistungszweigen beträchtliche Unterschiede festzustellen (siehe Abb. 112). So dominieren bei **Unternehmensberatern**, **Marktforschungsinstituten** und **Werbeagenturen** sowie mit Einschränkung bei **Luftfahrtunternehmen** Kooperationen mit relativ wenigen Partnern. Bei den **Wirtschaftsprüfern** ist eine regelrechte Zweiteilung zu konstatieren. Einerseits scheinen kleine Partnerschaften mit nur wenigen Partnerunternehmen für die meisten Wirtschaftsprüfungsgesellschaften (66,7%) die adäquate Größe für eine Kooperation zu verkörpern, andererseits sind immerhin ein Drittel (33,3%) in Netzwerke eingebunden, die sich aus einer Vielzahl von assoziierten Unternehmen zusammen-

---

[163] Quelle: Eigene Darstellung basierend auf eigenen Berechnungen. SN: 0,003; KK: 0,392.

setzen. Eine Ausnahme stellen die **Logistikdienstleister** dar; bei ihnen sind anscheinend Kooperationen mit vielen involvierten Unternehmen die Norm; entsprechend verfügen 65,2% über mehr als zehn Kooperationspartner.

Dienstleistungsbranche	Anzahl der Kooperationspartner				Summe
	1 - 3	4 - 10	11 - 20	21 - 250	
Unternehmensberater	77,2%	18,2%	4,5%	0,0%	100%
Marktforschungsinstitut	69,3%	26,9%	3,8%	0,0%	100%
Werbeagentur	50,0%	42,9%	7,1%	0,0%	100%
Wirtschaftsprüfer	66,7%	0,0%	0,0%	33,3%	100%
Luftfahrtgesellschaft	76,9%	15,4%	0,0%	7,7%	100%
Logistikdienstleister	17,3%	17,4%	34,8%	30,4%	100%
Summe	58,1%	20,9%	10,0%	10,9%	100%

Abb. 112: Zusammenhang zwischen Branche und Anzahl der Kooperationspartner[164]

Dahingehende Überlegungen, daß kleinere Unternehmen vermutlich auch nur eine geringere Anzahl von Kooperationspartnern aufzuweisen haben, während Großunternehmen eher in umfassendere Netzwerke eingebunden sind, konnten aufgrund des Datenmaterials nicht nachgewiesen werden. Zwischen dem geographischen Tätigkeitsfeld und der Anzahl der Partner ließ sich ebenfalls kein signifikanter Zusammenhang aufzeigen.

3.3.2.2. Einfluß dienstleistungsspezifischer Kriterien

- **Zusammenhang zwischen Art des externen Faktors und Anzahl der Kooperationspartner**

Im Gegensatz zu Unternehmen, die **personenbezogene Dienstleistungen** anbieten und meistens mit einer nur geringen Anzahl an Partnern zusammenarbeiten, sind ca. zwei Drittel der Unternehmen, deren Dienstleistungen auf Objekte gerichtet sind, mit vielen Unternehmen eine Kooperation eingegangen (siehe Abb. 113). Die Integration des externen Faktors in Form eines Objekts in den Dienstleistungserstellungsprozeß ist i.d.R. leichter zu bewerkstelligen, weil von ihm eine geringere Eigendynamik als vom externen Faktor Mensch ausgeht. **Objektbezogene Dienstleistungen** sind daher meistens durch einen

---

[164] Quelle: Eigene Darstellung basierend auf eigenen Berechnungen. SN: 0,000; KK: 0,577.

geringeren Komplexitätsgrad gekennzeichnet, der dann auch die Zusammenarbeit mit vielen Partnern erleichtert.

Art des externen Faktors	Anzahl der Kooperationspartner				Summe
	1 - 3	4 - 10	11 - 20	21 - 250	
Unternehmen mit personenbezogenen DL	69,0%	21,8%	3,4%	5,7%	100%
Unternehmen mit objektbezogenen DL	17,3%	17,4%	34,8%	30,4%	100%
Summe	58,1%	20,9%	10,0%	10,9%	100%

Abb. 113: Zusammenhang zwischen Art des externen Faktors und Anzahl der
Kooperationspartner[165]

- **Zusammenhang zwischen Haupteinsatzfaktor und Anzahl der Kooperationspartner**

Ähnlich verhält sich auch die Relation zwischen **personendominanten** und
objektdominanten Dienstleistern, obwohl das Verhältnis nicht ganz so
deutlich ausgeprägt ist. Von den personendominanten Dienstleistern verfügen
67,5% über einen bis drei Kooperationspartner, 23% über vier bis zehn und
9,5% über elf und mehr Partner. Bei den objektdominanten Dienstleistern
verteilen sich die Nennungen folgendermaßen: 38,9% gaben an, zwischen
einem und drei Partnern zu besitzen, 16,7% zwischen vier und zehn und 44,4%
elf und mehr.[166] Daraus läßt sich folgern: Kooperationen mit mehreren Partnern
lassen sich um so leichter verwirklichen, je objektdominanter die Dienstleistung
ist. Mit zunehmender Objektdominanz der Dienstleistung werden die
Variationsspielräume der Dienstleistung immer geringer. Streben
objektdominante Dienstleister eine Kooperation mit vielen beteiligten
Unternehmen an, sind bei ihnen die Transaktionskosten deutlich geringer als
bei netzwerkartigen Kooperationen von personendominanten Dienstleistungsunternehmen.[167]

---

[165] Quelle: Eigene Darstellung basierend auf eigenen Berechnungen. SN: 0,000; KK: 0,499.

[166] Quelle: Eigene Darstellung basierend auf eigenen Berechnungen. SN: 0,000; KK: 0,376.

[167] Es sei nochmals darauf hingewiesen, daß sich am Ende des Kontinuums, das sich über
das Begriffspaar 'Personendominanz - Objektdominanz' definiert, automatisierte Dienstleistungen befinden, die durch 100%ige Objektdominanz gekennzeichnet sind.

- **Zusammenhang zwischen Individualitätsgrad und Anzahl der Kooperationspartner**

Wie aus Abbildung 114 hervorgeht, manifestiert sich die Vermutung, daß sich individuelle Dienstleister bei ihren Kooperationen tendenziell auf weniger Partner beschränken als standardisierte. Dies könnte damit zusammenhängen, daß der Steuerungs- und Koordinationsaufwand bei individuellen Dienstleistungen stärker als bei standardisierten Dienstleistungen ausgeprägt ist und sich deshalb auch in einer kleineren Anzahl von Kooperationspartnern niederschlägt. Gerade 4,8% der individuellen Dienstleistungsanbieter arbeiten mit elf oder mehr Partnern zusammen. Im Vergleich dazu kamen die standardisierten Dienstleister in diesen beiden Kategorien zusammen auf 42,5%.

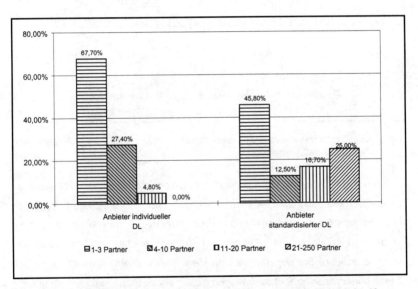

Abb.114: Zusammenhang zwischen Individualitätsgrad und Anzahl der Kooperationspartner[168]

- **Zusammenhang zwischen Interaktionsintensität und Anzahl der Kooperationspartner**

Als aussagekräftig erweist sich die Analyse von Interaktionsintensität und Anzahl der Kooperationspartner, denn je interaktionsintensiver eine Dienstlei-

---

[168]   Quelle: Eigene Darstellung basierend auf eigenen Berechnungen. SN: 0,000; KK: 0,426.

stung, desto geringer scheint die Anzahl der Partner bzw. je interaktionsärmer die Dienstleistung, desto mehr Unternehmen sind an dem Kooperationsvorhaben beteiligt. Im Hinblick auf die Interaktionsintensität ergibt sich folgende Verteilung (siehe Abb. 115):

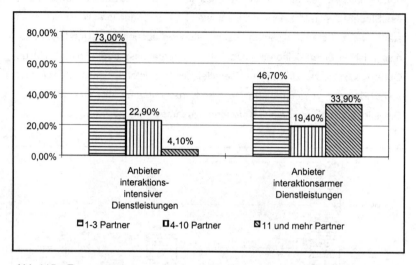

Abb.115 : Zusammenhang zwischen Interaktionsintensität und Anzahl der Kooperationspartner[169]

Aufgrund der höheren Komplexität interaktionsintensiver Dienstleistungen gegenüber interaktionsarmen Dienstleistungen läßt sich bei diesem Sachverhalt ebenfalls das Steuerungs- und Führungsargument heranziehen. Netzwerkartige Verbindungen, die sich bei der Zusammenarbeit auf die Dienstleistungserstellung, die sogenannten 'front-room'-Aktivitäten beziehen, sind bei interaktionsintensiven Dienstleistungen nicht mehr zu managen.

3.4. Geographischer Geltungsbereich

3.4.1. Dienstleistungsspezifische Ausgestaltung

Vor dem Hintergrund, daß die meisten Unternehmen national bzw. international tätig sind, ist anzunehmen, daß bezüglich des geographischen Geltungsbe-

---

[169] Quelle: Eigene Darstellung basierend auf eigenen Berechnungen. SN: 0,001; KK: 0,352.

reichs ein Schwerpunkt auf nationalen bzw. internationalen Kooperationen liegt.[170] Wie Abbildung 116 zeigt, erstrecken sich lediglich 10,9% der Kooperationen auf regionales Gebiet. Bei 46,2% der untersuchten Unternehmen ist die Kooperation auf Deutschland beschränkt, während 42,9% der Partnerschaften internationalen Charakter besitzen.

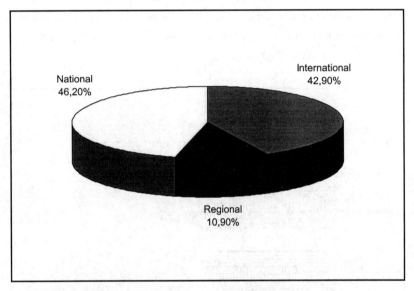

Abb.116: Geographischer Geltungsbereich der Kooperation [171]

- **Zusammenhang zwischen Kooperationsintensität und geographischem Geltungsbereich**

Berücksichtigt man, daß das Umfeld internationaler Partnerschaften aufgrund komplexerer Rahmenbedingungen durch ein höheres Ausmaß an Unsicherheit gekennzeichnet ist als das von regionalen oder nationalen Kooperationen, steht zu vermuten, daß Unternehmen mit internationaler Kooperationstätigkeit zur besseren Absicherung ihrer Interessen einen Vertrag abschließen. Diese Überlegung läßt sich durch das Zahlenmaterial eindeutig bestätigen, denn Kooperationen mit lediglich regionalem Charakter basieren zu 69,2% auf einer form-

---

[170] Zum geographischem Geltungsbereich der Kooperation siehe Kapitel II.2.4.1.4.

[171] Quelle: Eigene Darstellung basierend auf eigenen Berechnungen.

losen Vereinbarung und nur zu 30,8% auf einem Vertrag. Bezieht sich das Kooperationsvorhaben auf nationales Gebiet, dann sind formlose Vereinbarungen schon seltener vorzufinden (41,8%); hier verlassen sich die meisten Unternehmen lieber auf ein vertragliches Agreement (58,2%). Grenzüberschreitende Kooperationsaktivitäten basieren zu 74% auf Verträgen, häufig wird über eine zusätzliche Kapitalbeteiligung die Bindung zwischen den Unternehmen noch intensiviert (siehe Abb.117). Damit tragen die Unternehmen ihrem Bedürfnis nach stärkerem Einfluß und besseren Kontrollmöglichkeiten im internationalen Kontext Rechnung.

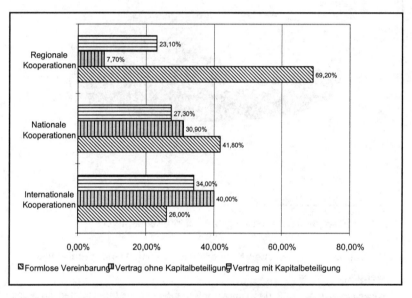

Abb.117: Zusammenhang zwischen Intensität und geographischem Geltungsbereich[172]

- **Zusammenhang zwischen Anzahl der Kooperationspartner und geographischem Geltungsbereich**

Daß mit zunehmender Ausweitung des geographischen Geltungsbereichs der Kooperation auch die **Anzahl der beteiligten Unternehmen** zunimmt, hängt vermutlich auch damit zusammen, daß für viele Dienstleister eine Ausweitung

---

[172]   Quelle: Eigene Darstellung basierend auf eigenen Berechnungen. SN: 0,051; KK: 0,272.

ihres Absatzraums nur über ein zusätzliches Büro oder eine Filiale zu realisieren ist bzw. über eine Partizipation am Vertriebsnetz des Kooperationspartners möglich wird. Daher liegt es nahe, daß sich Kooperationen mit regionalem Charakter fast ausschließlich auf wenige beteiligte Unternehmen stützen (90,9% besitzen einen, zwei oder drei Kooperationspartner), während es bei den nationalen Kooperationen 63,5% sind und sich bei den internationalen Zusammenschlüssen der Anteil der Unternehmen, die nur eine geringe Anzahl von Partnern haben, auf 44,7% beläuft (siehe Abb. 118).

Geographischer Geltungsbereich	Anzahl der Kooperationspartner				Summe
	1 - 3	4 - 10	11 - 20	21 - 250	
eher regional	90,9%	0,0%	9,1%	0,0%	100%
eher national	63,5%	11,5%	11,5%	13,5%	100%
eher international	44,8%	36,2%	8,5%	10,5%	100%
Summe	58,1%	20,9%	10,1%	10,9%	100%

Abb. 118: Zusammenhang zwischen Anzahl der Kooperationspartner und geographischem Geltungsbereich[173]

3.4.2. Einflußfaktoren auf den geographischen Geltungsbereich

3.4.2.1. Einfluß unternehmensspezifischer Kriterien

- **Zusammenhang zwischen Branche und geographischem Geltungsbereich**

Abbildung 119 zeigt, daß sich erhebliche Unterschiede in bezug auf die geographische Ausrichtung der Kooperationen in den einzelnen Wirtschaftszweigen feststellen lassen. Berücksichtigt man, daß **Luftfahrtgesellschaften** Raumüberbrückungsdienstleistungen vor allem für größere Distanzen anbieten, ist der hohe Anteil internationaler Kooperationen einleuchtend (86,7%). Eine ähnliche Argumentation gilt auch für die **Logistikunternehmen**, die ebenfalls Transportdienstleistungen anbieten, nur auf zum Teil geringeren Distanzen. Bei ihnen liegt das Schwergewicht auf nationalen Kooperationen (65,2%), allerdings arbeitet immerhin mehr als ein Drittel auf internationaler Ebene mit einem oder mehreren Partnern zusammen. Bei den **Wirtschaftsprüfern** ist hingegen eine spiegelbildliche Verteilung zu konstatieren. Für einen Teil (38,5%) ist die

---

[173] Quelle: Eigene Darstellung basierend auf eigenen Berechnungen. SN: 0,019; KK: 0,349.

284

Kooperation regional beschränkt, 23% kooperieren innerhalb Deutschlands, die übrigen sind in internationale Partnerschaften eingebunden (ebenfalls 38,5%). Ansonsten spielen regionale Kooperationen - mit Ausnahme bei den **Unternehmensberatern** - eine vergleichsweise untergeordnete Rolle.

Dienstleistungsbranche	Geographischer Geltungsbereich			Summe
	eher regional	eher national	eher international	
Unternehmensberater	18,2%	45,5%	36,3%	100%
Marktforschungsinstitut	9,7%	51,6%	38,7%	100%
Werbeagentur	6,7%	60,0%	33,3%	100%
Wirtschaftsprüfer	38,5%	23,0%	38,5%	100%
Luftfahrtgesellschaft	0,0%	13,3%	86,7%	100%
Logistikdienstleister	0,0%	65,2%	34,8%	100%
Summe	10,9%	46,2%	42,9%	100%

Abb. 119: Zusammenhang zwischen Branche und geographischem Geltungsbereich[174]

• **Zusammenhang zwischen Größe und geographischem Geltungsbereich**
Auf welches geographische Gebiet sich die Kooperation bezieht , scheint auch von der Unternehmensgröße abhängig zu sein, denn je größer die Unternehmen sind, desto häufiger kommen internationale Formen der Zusammenarbeit vor. Besitzen die Kooperationen der **KMUs** vorwiegend nationalen Charakter (51,4%), so stellen regionale Kooperationen bei **Großunternehmen** die Ausnahme (4,3%), internationale Kooperationen jedoch schon fast die Regel dar (59,6%).

Dies ist insofern wenig verwunderlich, da die Internationalisierung der Geschäftstätigkeit für die überwiegende Mehrzahl der Großunternehmen schon seit geraumer Zeit zu den Eckpunkten ihrer strategischen Unternehmensplanung zählt, wobei eine Vielzahl unterschiedlichster interner und externer Rahmenbedingungen für diese Entwicklung verantwortlich sind (siehe Abb. 120).[175]

Quelle: Eigene Darstellung basierend auf eigenen Berechnungen. SN: 0,001; KK: 0,448.

[175] Vgl. z.B. MEFFERT/BOLZ (1994), S. 15.

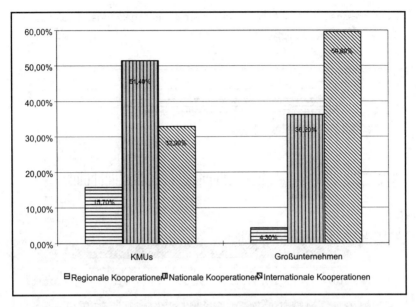

Abb. 120: Zusammenhang zwischen Größe und geographischem Geltungsbereich[176]

- **Zusammenhang zwischen geographischem Tätigkeitsfeld und geographischem Geltungsbereich**

Vergleicht man das geographische Tätigkeitsfeld der Unternehmen mit dem geographischen Geltungsbereich der Kooperation, so bestätigt sich, daß die Kooperation als wichtige Markteintrittsstrategie für Dienstleister fungiert. Von den Dienstleistern, die das geographische Tätigkeitsfeld ihres Unternehmens **regional** definieren, sind 22,2% nationale und 22,2% internationale Kooperationen eingegangen. Obwohl der Schwerpunkt der Kooperationsaktivitäten von **nationalen Dienstleistern** auf nationaler Ebene liegt (73,5%), arbeiten immerhin 20,4% mit Partnern in anderen Ländern zusammen. Bei **international tätigen Dienstleistern** dominieren die internationalen Kooperationsaktivitäten (72,5%). Allerdings existieren unter ihnen auch Firmen, deren Kooperationen lediglich nationalen Charakter haben. Die Befunde lassen vermuten, daß die Dienstleistungsunternehmen mit Hilfe der Kooperationsstrategie in für sie neue

---

[176]   Quelle: Eigene Darstellung basierend auf eigenen Berechnungen. SN: 0,009; KK: 0,272.

geographische, d.h. in bislang unbearbeitete nationale oder internationale
Märkte vorstoßen (siehe Abb. 121).

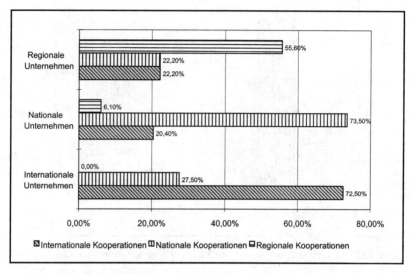

Abb. 121: Zusammenhang zwischen geographischem Tätigkeitsfeld des Unternehmens und geographischem Geltungsbereich der Kooperation[177]

3.4.2.2. Einfluß dienstleistungsspezifischer Kriterien

• **Zusammenhang zwischen Art des externen Faktors und geographischem Geltungsbereich**

Aus Abbildung 122 läßt sich ablesen, daß **objektbezogene Dienstleister** in
stärkerem Ausmaß als **personenbezogene Dienstleister** den geographischen
Schwerpunkt ihrer Kooperationsaktivitäten national ausrichten (65,2%). Ein
geringer Teil der personenbezogenen Dienstleister beschränkt seine
Zusammenarbeit auf regionales Gebiet (13,5%), 41,7% kooperieren national,
44,8% international.

---

[177] Quelle: Eigene Darstellung basierend auf eigenen Berechnungen. SN: 0,000; KK: 0,613.

Art des	Geographischer Geltungsbereich			
externen Faktors	eher regional	eher national	eher international	Summe
Unternehmen mit personenbezogenen DL	13,5%	41,7%	44,8%	100%
Unternehmen mit objektbezogenen DL	0,0%	65,2%	34,8%	100%
Summe	10,9%	46,2%	42,9%	100%

Abb. 122: Zusammenhang zwischen Art des externen Faktors und geographischem Geltungsbereich[178]

- **Zusammenhang zwischen Haupteinsatzfaktor und geographischem Geltungsbereich**

Ein ähnlicher Befund ergibt sich auch im Hinblick auf **personendominante** und **objektdominante Dienstleister.** Während bei den Unternehmen, deren Dienstleistungen als personendominant zu kennzeichnen sind, 16% eher regionale, 47% eher nationale und 37% eher internationale Kooperationen eingegangen sind, verfügt kein objektdominanter Dienstleister über eine lediglich regional ausgerichtete Partnerschaft. 44,7% gaben an, national zusammenzuarbeiten, 56,3% definieren den geographischen Geltungsbereich als international.

Demgegenüber scheinen der Individualitätsgrad und auch die Interaktionsintensität keinen Einfluß auf die geographische Ausgestaltung der Kooperation zu besitzen.

3.5. Richtung

3.5.1. Dienstleistungsspezifische Ausgestaltung

Die Kooperationsrichtung ergibt sich aus dem Verhältnis, in welchem die Betätigungsfelder der Kooperationspartner zueinander stehen. Dabei sind horizontale, vertikale sowie laterale Kooperationen denkbar.[179]

---

[178] Quelle: Eigene Darstellung basierend auf eigenen Berechnungen. SN: 0,056; KK: 0,215.

[179] Siehe auch Kapitel II.2.4.1.5.

In einem ersten Schritt wurde zunächst überprüft, aus welchen Wirtschaftsbereichen die Kooperationspartner stammen. Aus dem Datenmaterial läßt sich in prägnanter Weise ablesen, daß die Dienstleister intrasektorale Kooperationen bevorzugen, denn nahezu alle Partnerunternehmen stammen ebenfalls aus dem Dienstleistungsbereich (98,4%). Lediglich ein Unternehmen gab an, daß es eine Kooperation mit einer Non-Business-Organisation eingegangen sei, ein weiteres arbeitet mit einem Handelsunternehmen zusammen. Kein einziger Dienstleistungsanbieter stufte seinen Kooperationspartner in die Kategorie Industrieunternehmen ein. Demnach scheinen intersektorale Formen der Zusammenarbeit so gut wie überhaupt nicht vorzukommen.

Vor dem Hintergrund, daß sich diese Antworten auf das für Dienstleister bislang wichtigste Kooperationsprojekt beziehen, stellt sich die Frage, ob sich die starke Präferenz nach intrasektoralen Kooperationen auch bei einer Analyse des generellen Kooperationsverhaltens feststellen läßt. Dabei wurden die Unternehmen gebeten, sämtliche Unternehmen, mit denen sie bislang eine Zusammenarbeit pflegten, den Kategorien Dienstleistung, Handel, Industrie, Non-Business sowie Sonstige zuzuordnen, wobei Mehrfachnennungen ausdrücklich zugelassen waren, so daß sich die Prozentangaben auf über 100% addieren. Die Analyse brachte folgendes Resultat hervor: Daß ihre Kooperationspartner aus dem Bereich Dienstleistungen stammen, bejahten 98,8% der befragten Unternehmen. 4,8% der Dienstleister besaßen einen Partner im Handel und 8,3% sind schon einmal eine Kooperation mit einem Industrieunternehmen eingegangen. Mit einer Organisation/Institution aus dem Non-Business-Bereich haben 9,5% der Dienstleister bereits zusammengearbeitet. 2,4% kreuzten die Kategorie 'sonstiger Wirtschaftsbereich' an. Das Ergebnis bestätigt nochmals eindrücklich die **Dominanz von intrasektoralen Formen der Zusammenarbeit**. Der Vergleich der Antworten zum wichtigsten Kooperationsprojekt mit denen zum generellen Kooperationsverhalten zeigt, daß lediglich bei weniger bedeutenden Projekten die Dienstleistungsanbieter überhaupt eine Partnerschaft mit einem Unternehmen aus einem der anderen Bereiche in Erwägung ziehen.

Unterzieht man die Kooperationspartner aus dem Dienstleistungsbereich einer intensiveren Analyse, so stößt man auf einen weiteren interessanten Befund. Innerhalb des Dienstleistungsbereichs kooperieren die Dienstleister am liebsten mit Unternehmen aus derselben Dienstleistungsbranche. Von den Unternehmensberatern, die diese Frage beantwortet haben, arbeiten 63,2% mit einem anderen Unternehmensberater zusammen, zu 36,8% kommt der Partner aus einer anderen Dienstleistungsbranche. Bei den Marktforschungsinstituten entspricht das Verhältnis von eigener zu fremder Dienstleistungsbranche 73,9% zu 26,1%. Ein ähnliches Bild ergibt sich für Werbeagenturen und Wirtschaftsprüfer; bei ihnen liegen die Anteile bei 64,3% (eigene Dienstleistungsbranche) und 35,7% (fremde Dienstleistungsbranche) bzw. bei 72,7% und 27,3%. Noch extremer fällt das Ergebnis für die Luftfahrtgesellschaften aus, denn zu 86,7% ist der Kooperationspartner auch wieder eine Airline. Logistikdienstleister rekrutieren ihre Partnerunternehmen zu 100% aus derselben Branche (siehe Abb. 123).

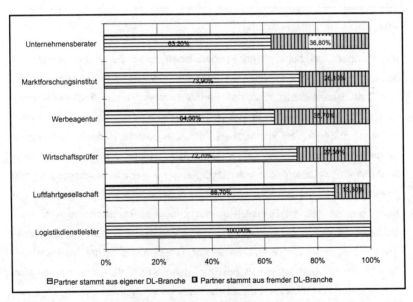

Abb. 123: Zusammenhang zwischen eigener Dienstleistungsbranche und Dienstleistungsbranche des Partners[180]

Der Umstand, daß sich zu Kooperationszwecken meistens Dienstleister aus derselben Dienstleistungsbranche zusammenschließen, deutet darauf hin, daß der überwiegende Teil der Kooperationen horizontal ausgerichtet sein dürfte. Das Zahlenmaterial belegt, daß 76,5% der Kooperationen mit Partnern auf derselben Wirtschaftsstufe getroffen worden sind, 17,6% der Partnerschaften sind vertikaler und 5,9% lateraler Art (siehe Abb. 124).

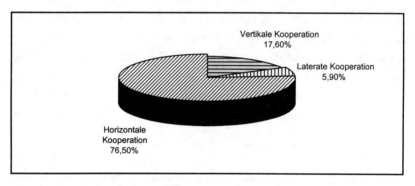

Abb. 124: Kooperationsrichtung[181]

Insbesondere bei horizontalen Kooperationen spielt die Wettbewerbsbeziehung, in der die kooperierenden Unternehmen zueinander stehen, eine gewichtige Rolle. Berücksichtigt man, daß Partnerschaften mit unmittelbaren Konkurrenten oftmals durch ein sehr viel größeres Risiko geprägt sind als mit Unternehmen, zu denen kein kompetitives Verhältnis besteht, dann müßten Dienstleister diese Kooperationen nach Möglichkeit vermeiden. Auf der anderen Seite ist ihr Wettbewerbsumfeld durch ständig enger zusammenwachsende Märkte gekennzeichnet, die zum Teil noch Sättigungs- oder Schrumpfungstendenzen aufweisen, so daß die Dienstleister möglicherweise keine andere Alternative besitzen, als sich mit Unternehmen zusammenzufinden, die auf einigen wenigen oder sogar auf mehreren Märkten Konkurrenten sind. In der Tat deuten die Ergebnisse auf den zweiten Aspekt hin, denn 53,8% der Unternehmen sind eine Kooperation mit einem unmittelbaren Konkurrenzunternehmen eingegangen. Allerdings scheinen sich diese Unternehmen des damit verbundenen potentiellen Risikos durchaus bewußt zu sein, denn nur 14,8% befinden sich

---

[181]   Quelle: Eigene Darstellung basierend auf eigenen Berechnungen.

auf fast allen bearbeiteten Märkten in einer Konkurrenzsituation mit dem Partnerunternehmen. Auf mehreren Märkten konkurrieren 21,3% der Dienstleister
mit ihrem Bündnispartner. Der größte Teil der Unternehmen, nämlich 63,9%,
steht nur auf einigen wenigen Märkten mit dem kooperierenden Unternehmen
in einem Wettbewerbsverhältnis (siehe Abb. 125).

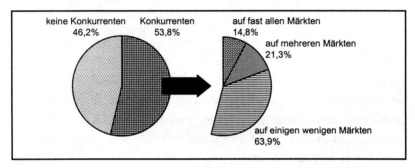

Abb. 125: Wettbewerbsbeziehung der kooperierenden Unternehmen[182]

3.5.2. Einflußfaktoren auf die Richtung

3.5.2.1. Einfluß unternehmensspezifischer Kriterien

• **Zusammenhang zwischen geographischem Tätigkeitsfeld und Richtung**
Aufgrund des Datenmaterials zeigt sich, daß bei **regionalen Dienstleistungsunternehmen** horizontale Kooperationen am häufigsten vorkommen
(83,3%), nur in 16,7% der Fälle kooperieren regionale Dienstleister mit einem
Unternehmen auf vor- bzw. nachgelagerter Wirtschaftsstufe; laterale Kooperationen stellen für sie keine Alternative dar. Im Gegensatz dazu sind 8,2% der
nationalen Dienstleistungsunternehmen eine laterale Kooperation eingegangen. Sie besitzen, verglichen mit den regionalen bzw. internationalen Dienstleistern, auch den größten Anteil bei den vertikalen Bündnissen. 61,2% ihrer
Kooperationen wurden mit Unternehmen derselben Wirtschaftsstufe geschlossen. Für internationale Unternehmen haben die horizontalen Kooperationen
überdurchschnittliche Bedeutung (88,2%), vergleichsweise selten gehen sie
vertikale oder laterale Kooperationen ein (siehe Abb. 126).

---

[182]   Quelle: Eigene Darstellung basierend auf eigenen Berechnungen.

Geographisches	Richtung der Kooperation			
Tätigkeitsfeld	horizontal	vertikal	lateral	Summe
eher regional	83,3%	16,7%	0,0%	100%
eher national	61,2%	30,6%	8,2%	100%
eher international	88,2%	5,9%	5,9%	100%
Summe	76,3%	17,8%	5,9%	100%

Abb. 126: Zusammenhang zwischen geographischem Tätigkeitsfeld und Richtung[183]

Zwischen den Variablen Dienstleistungsbranche und der Kooperationsrichtung herrscht nachweislich kein signifikanter Zusammenhang. In den diversen Dienstleistungszweigen ist das Verhältnis von horizontalen zu vertikalen und lateralen Verbindungen nahezu identisch. In bezug auf die Unternehmensgröße ist bei den Großunternehmen ein etwas größerer Anteil horizontaler Kooperationen zu konstatieren als bei den KMUs, wobei das Ergebnis gerade noch unter die Kategorie 'tendenziell signifikant' fällt.[184]

3.5.2.2. Einfluß dienstleistungsspezifischer Kriterien

Zwischen den einzelnen Dienstleistungstypen existieren keine Unterschiede hinsichtlich der Kooperationsrichtung. Es ist daher davon auszugehen, daß die Kriterien Art des externen Faktors, Haupteinsatzfaktor, Individualitätsgrad und Interaktionsintensität keine Rolle bei der Wahl der Kooperationsrichtung spielt. Bei allen Dienstleistungstypen überwiegen horizontale Verbindungen mit Unternehmen derselben Wirtschaftsstufe. Das hängt auch mit den für alle geltenden dienstleistungsspezifischen Besonderheiten zusammen. Durch die notwendige Integration eines externen Faktors und damit durch die Simultanität von Produktion und Abgabe der Dienstleistung bedingt, lassen sich diese nicht auf Vorrat produzieren oder handeln. Auch eine Teilleistung im Vorfeld zu erbringen, ist nicht möglich. Deshalb kommen für die meisten Dienstleister Kooperationen mit Unternehmen auf vor- oder nachgelagerten Stufen nicht Frage. Eine Ausnahme stellen jene Dienstleistungen dar, deren Rechte handelbar sind. Für Anbieter dieser Dienstleistungen sind vertikale Kooperationen durchaus denkbar. Da jedoch in der Leistungsangebotserweiterung das

---

[183] Quelle: Eigene Darstellung basierend auf eigenen Berechnungen. SN: 0,013; KK: 0,311.

[184] SN: 0,092; KK: 198.

zentrale Kooperationsinteresse liegt und dieses mit einem Unternehmen der gleichen Branche am leichtesten durchzusetzen scheint, erklärt sich damit auch die Dominanz horizontaler Verbindungen.

3.6. Unternehmensfunktion

3.6.1. Dienstleistungsspezifische Ausgestaltung

Die Zusammenarbeit zwischen zwei oder mehreren Dienstleistern kann sich (1) auf unterschiedliche Unternehmensbereiche (Kerngeschäft, zukünftiges Kerngeschäft und Randgeschäft) beziehen bzw. (2) verschiedene Funktionen bzw. Wertschöpfungsaktivitäten des Unternehmens betreffen. Dabei ist der Umfang der Zusammenarbeit höchst unterschiedlich geregelt. Das Spektrum reicht von Kooperationen, die sich nur auf eine Teilfunktion beziehen, bis hin zu funktionsübergreifenden Kooperationen, bei denen im Extremfall sämtliche Unternehmensfunktionen tangiert werden. [185]

(1) Eine Kooperation kann dann zu einem Risiko für die beteiligten Unternehmen werden, wenn sich die Zusammenarbeit auch auf die eigentlichen Kernkompetenzen des Unternehmens erstreckt. Sind diese nicht ausreichend vor einem opportunistischen Partner geschützt, dann können die Wettbewerbsvorteile, die mit Hilfe der Kooperation erzielen werden konnten, zwar kurzfristig von Nutzen sein, mittel- bis langfristig gesehen führt im Extremfall der Verlust kritischer Kompetenzen zur Existenzbedrohung des Unternehmens.

Diese Befürchtung scheinen die befragten Unternehmen nicht zu teilen, denn bei fast 70% erstreckt sich die Zusammenarbeit auf das eigentliche Kerngeschäft. Die Realisierung von Wettbewerbsvorteilen, die im unmittelbaren Umfeld des Kerngeschäfts angesiedelt sind, genießt bei den Dienstleistern verständlicherweise hohe Priorität. Denn bei der Erweiterung des Leistungsangebots bzw. der Bindung von Kunden ergeben sich beim eigentlichen Kerngeschäft wahrscheinlich auch mehr Anknüpfungspunkte als beim zukünftigen

---

[185] Siehe dazu auch Kapitel II.2.4.1.5.

Kerngeschäft oder beim Randgeschäft. Das zeigt sich auch anhand prozentualen Verteilung. Bei 15,1% der Unternehmen sind wichtige zukünftige Geschäftsfelder von der Zusammenarbeit betroffen. Lediglich 16,8% der Dienstleister kooperieren in Bereichen, die sich eindeutig als Randgeschäft klassifizieren lassen (siehe Abb. 127).

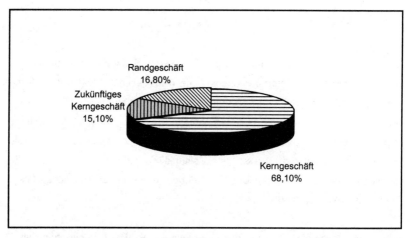

Abb. 127: Von der Kooperation betroffene Unternehmensbereiche[186]

Es wäre denkbar gewesen, daß Dienstleistungsunternehmen beabsichtigen, ihre strategischen Potentiale auch über vertragliche Agreements zu schützen. Eine derartige Beziehung zwischen betroffenem Unternehmensbereich und Intensität konnte anhand des Datenmaterials jedoch nicht nachgewiesen werden. Dem von der Kooperation betroffenen Unternehmensbereich ist somit kein Einfluß auf die rechtliche Organisation der Zusammenarbeit zuzusprechen.[187]

---

[186] Quelle: Eigene Darstellung basierend auf eigenen Berechnungen.

[187] Zwischen den übrigen Kooperationsdimensionen - mit Ausnahme der Dauer gemessen in Klassen - und dem Unternehmensbereich konnten keine weiteren signifikanten Beziehungen ermittelt werden.

- **Zusammenhang zwischen Zeitdauer und betroffenem Unternehmensbereich**

Allerdings existiert eine signifikante Beziehung zwischen der Kooperationsdauer und dem betroffenen Unternehmensbereich, die sich folgendermaßen
äußert: Je wichtiger der von der Zusammenarbeit betroffene Unternehmensbereich für das Unternehmen ist, desto langfristiger ist auch die
Kooperation angelegt (siehe Abb. 128).

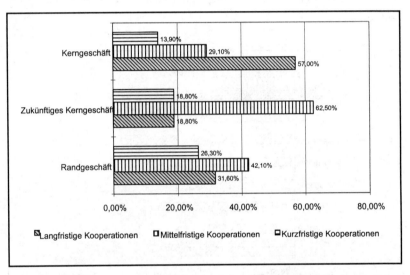

Abb. 128: Zusammenhang zwischen der Kooperationsdauer und dem betroffenen Unternehmensbereich[188]

Kooperationen im Bereich des Kerngeschäfts sind zu 57% langfristig orientiert,
zu 29,1% eher mittelfristig und zu 13,9% eher kurzfristig. Kooperationen, die
sich auf das zukünftige Kerngeschäft oder auf das Randgeschäft eines Unternehmens beziehen, sind meistens mittelfristig angelegt.

(2) Konkretisiert man die Zusammenarbeit hinsichtlich der involvierten Unternehmensfunktionen, so zeigt sich, daß bei Dienstleistungsunternehmen die
eigentliche **Dienstleistungserstellung** das **zentrale Kooperationsfeld** dar-

---

[188]   Quelle: Eigene Darstellung basierend auf eigenen Berechnungen. SN: 0,025; KK: 0,298.

stellt: Mehr als 90% der Unternehmen gaben an, daß die Dienstleistungserstellung von der Kooperation betroffen sei. Wie Abbildung 129 demonstriert, zählen EDV (55%), Vertrieb (50,8%), Werbung/PR (48,3%), Marktforschung (45,8%) sowie F&E (46,7%) zu weiteren noch relativ häufig genannten Aufgabenbereichen. Die von der Zusammenarbeit schwerpunktmäßig betroffenen Unternehmensunktionen deuten auf eine starke Markt- bzw. Kundenorientierung der Dienstleister hin. Hierzu paßt, daß Kooperationen im Bereich Beschaffung, Personal, Finanzen/Rechnungswesen einen deutlich geringeren Stellenwert aufweisen.

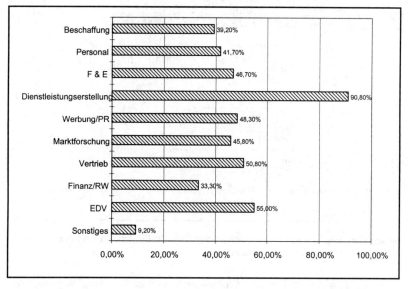

Abb. 129: Von der Kooperation betroffene Unternehmensfunktionen[189]

Die Analyse der Prozentangaben läßt darüber hinaus die Schlußfolgerung zu, daß im Durchschnitt vier bis fünf unterschiedliche Funktionsbereiche von der Zusammenarbeit tangiert werden, **funktionsübergreifende Kooperationen** also eindeutig überwiegen.

---

[189] Quelle: Eigene Darstellung basierend auf eigenen Berechnungen. Bei der Beantwortung dieser Frage waren Mehrfachnennungen ausdrücklich zugelassen, so daß sich die Prozentangaben auf über 100% addieren.

Selbst wenn sich die Zusammenarbeit auf mehrere Funktionsbereiche erstreckt, bedeutet es noch nicht, daß der Kooperation in diesen Bereichen die gleiche Bedeutung beigemessen wird. Aus diesem Grund wurden die Unternehmen gebeten, die Wichtigkeit der Zusammenarbeit in den einzelnen Unternehmensfunktionen einzuschätzen. Zur besseren Vergleichbarkeit der Ergebnisse wurde für jeden Aufgabenbereich getrennt auf Basis der Antworten das arithmetische Mittel errechnet,[190] woraus ein Wichtigkeits-Ranking abgeleitet wurde (siehe Abb. 130).

Funktionsbereiche	Einschätzung in %				∅	Rang
	sehr wichtig	eher wichtig	weniger wichtig	unwichtig		
Beschaffung	34,0	23,4	21,3	21,3	2,30	7
Personal	29,2	27,1	25,0	18,7	2,33	8
F&E	39,3	25,0	12,5	23,2	2,02	5
DL-Erstellung	73,8	20,6	5,6	0,0	1,31	1
Werbung/PR	34,5	37,9	20,7	6,9	2,00	4
Marktforschung	31,5	35,2	22,2	11,1	2,13	6
Vertrieb	42,6	41,0	8,2	8,2	1,82	2
Finanzen/RW	5,0	27,5	42,5	25,0	2,88	9
EDV	44,8	23,9	23,9	7,5	1,94	3

Abb. 130: Wichtigkeit der einzelnen Funktionsbereiche im Rahmen der Kooperation von Dienstleistungsunternehmen[191]

Die **Dienstleistungserstellung** ist nicht nur das häufigste Kooperationsfeld, sondern auch das wichtigste. 73,8% der befragten Unternehmen beurteilten die Zusammenarbeit in diesem Bereich als sehr wichtig, 20,6% als eher wichtig und nur 5,6% als weniger wichtig. Der Durchschnittswert der Wichtigkeitseinschätzung beträgt für die Dienstleistungserstellung 1,31. Keine der übrigen Unternehmensfunktionen oder Teilfunktionen kann eine ähnlich hohe Wichtigkeit aufweisen.

---

[190] Die Bildung des arithmetischen Mittels basiert auf folgender Skala: 'sehr wichtig' = 1; 'eher wichtig' = 2; 'weniger wichtig' = 3; 'sehr wichtig' = 4. Ist der Durchschnittswert kleiner als 2,5, so gilt die Kooperation in dem entsprechenden Funktionsbereich als tendenziell wichtig, bei einem Wert größer als 2,5 als tendenziell unwichtig.

[191] Quelle: Eigene Darstellung basierend auf eigenen Berechnungen.

Interessant sind auch die Befunde, die sich für den **Vertriebsbereich** ableiten lassen. Obwohl nur 50,8% der Unternehmen durch Kooperationsaktivitäten im Vertriebsbereich gekennzeichnet sind, besitzen sie für die Befragten einen hohen Stellenwert: 83,6% stuften sie als sehr wichtig bzw. eher wichtig ein, 16,4% als weniger wichtig bzw. unwichtig, was zu einem Durchschnittswert von 1,82 führte.

Im Vergleich dazu besitzt die Zusammenarbeit in der **EDV**, die von 55% der Dienstleister als Kooperationsfeld genannt wurde, eine schwächere Bedeutung, die sich auch in einem etwas niedrigeren arithmetischen Mittel äußert ($\varnothing$ 1,94). Immerhin nimmt die Zusammenarbeit im EDV-Bereich jedoch den dritten Ranking-Platz ein.

Als relativ wichtig empfinden die Unternehmen die Möglichkeiten, über die Zusammenarbeit in **Werbung/PR, F&E** und **Marktforschung** Synergiepotentiale mit dem Partner zu realisieren. Dies spiegelt sich in Durchschnittswerten von 2,00 - 2,13 wider, was den Plätzen 4 - 6 im Wichtigkeits-Ranking entspricht.

Die Einschätzung der Wichtigkeit einzelner Unternehmensfunktionen bestätigt nochmals eindrücklich, daß die Zusammenarbeit im Rahmen der **Beschaffung** ($\varnothing$ 2,3), des **Personals** ($\varnothing$ 2,33) sowie im Bereich **Finanzen/Rechnungswesen** ($\varnothing$ 2,88) nur untergeordnete Bedeutung hat. Die Aktivitäten in den genannten drei Bereichen scheinen eine Art 'Nebenkooperationsschauplatz' darzustellen, bei dem sich bietende Kooperationschancen zwar genutzt, diese aber nicht mit der gleichen Nachdrücklichkeit verfolgt werden wie im Bereich der Dienstleistungserstellung.

- **Zusammenhang zwischen Zeitdauer und den von der Kooperation betroffenen Unternehmensfunktionen**

Betrachtet man die **zeitliche Dimension** einer Kooperation, fällt auf, daß Kooperationen im Bereich Beschaffung, Werbung/PR und Vertrieb überdurch-

schnittlich häufig unbefristet angelegt sind.[192] Legt man die Einteilung in kurz-
mittel- und langfristige Kooperationen zugrunde, dann waren Beschaffungs-,
Werbe- und EDV-Kooperationen durch eine lang andauernde Zusammenarbeit
geprägt.[193] Da insbesondere die EDV-Kooperationen dadurch gekennzeichnet
sind, daß überproportional viele Kooperationspartner an der Zusammenarbeit
partizipieren, erscheint eine langfristige Ausrichtung der Kooperationen sinnvoll,
vor allem wenn die Zusammenarbeit im EDV-Bereich mit erheblichen Investitionen bei der Soft- und Hardware verbunden ist.[194]

- **Zusammenhang zwischen Intensität und den von der Kooperation
  betroffenen Unternehmensfunktionen**
  Während es für einige Aufgabenbereiche unerheblich ist, auf welcher **rechtlichen Grundlage** die Zusammenarbeit basiert, sind für andere eindeutige
  Zusammenhänge festzustellen. So zeichnen sich Kooperationen in den Bereichen Beschaffung, F&E, Werbung/PR, Marktforschung und EDV durch eine
  höhere Bindungsintensität als Partnerschaften in den übrigen Funktionsbereichen aus. Die Bewältigung dieser Kooperationsaufgaben basiert überdurchschnittlich häufig auf vertraglichen Vereinbarungen, die oftmals sogar noch
  durch eine gegenseitige Kapitalbeteiligung zusätzlich gestützt werden.[195]

- **Zusammenhang zwischen geographischem Geltungsbereich und den
  von der Kooperation betroffenen Unternehmensfunktionen**
  Im Hinblick auf den **geographischen Geltungsbereich** der Kooperation gilt es
  herauszufinden, ob die Zusammenarbeit in einzelnen Unternehmensfunktionen
  eher regionale, nationale oder internationale Kooperationen induziert. Insbe-

---

[192] Die Beziehungen zwischen den Variablen weisen folgende Merkmale auf: Beschaf-
fung/Dauer: SN: 0,065; KK: 0,167; Werbung/PR/Dauer: SN: 0,015; KK: 0,217; Ver-
trieb/Dauer: SN: 0,007; KK: 0,241.

[193] Die Beziehungen zwischen den Variablen weisen folgende Merkmale auf: Beschaf-
fung/Dauer in Klassen: SN: 0,046; KK: 0,225; Werbung/PR/Dauer in Klassen: SN: 0,011;
KK: 0,269; EDV/Dauer in Klassen: SN: 0,001; KK: 0,324.

[194] Die Beziehung zwischen den Variablen weist folgende Merkmale auf: EDV/Anzahl der
Beziehungen: SN: 0,039; KK: 0,310.

[195] Die Beziehungen zwischen den Variablen weisen folgende Merkmale auf: Beschaffung/
Intensität: SN: 0,070; KK: 0,207; F&E/Intensität: SN: 0,022; KK: 0,246; Werbung/PR/
Intensität: SN: 0,054; KK: 0,217; Marktforschung/Intensität: SN: 0,006; KK: 0,282; Ver-
trieb/Intensität: SN: 0,039; KK: 0,228; EDV/Intensität: SN: 0,033; KK: 0,234.

sondere anfallende Marktforschungsaufgaben werden überproportional häufig durch internationale Bündnisse gelöst. Bei Kooperationen, die F&E-Probleme zum Gegenstand haben, überwiegen nationale Formen der Zusammenarbeit.[196]

- **Zusammenhang zwischen Richtung und den von der Kooperation betroffenen Unternehmensfunktionen**

Im Durchschnitt sind ca. drei Viertel aller Kooperationen im Dienstleistungssektor in bezug auf die **Kooperationsrichtung** horizontal ausgelegt, lediglich ein Viertel vertikal oder lateral. Anders verhält es sich mit den Vertriebskooperationen. Sie werden zu 81,7% mit einem Partner derselben Wirtschaftsstufe gebildet.[197] Vor dem Hintergrund, daß der Handel mit Dienstleistungen nur eingeschränkt möglich ist und Dienstleistungen i.d.R. direkt abgesetzt werden, kommen zu Vertriebszwecken vertikale Kooperationen auch nur selten in Frage, so daß horizontale Kooperationen in diesem Fall fast zwangsläufig einen höheren Stellenwert einnehmen.

3.6.2. Einflußfaktoren auf die Unternehmensfunktion

3.6.2.1. Einfluß unternehmensspezifischer Kriterien

Im folgenden steht die Untersuchung des Einflusses unternehmensspezifischer Kriterien auf den von der Kooperation betroffenen Unternehmensbereich und auf die von der Zusammenarbeit tangierten Unternehmensfunktionen im Mittelpunkt.

- **Zusammenhang zwischen Branche und Unternehmensbereich**

Abbildung 131 spiegelt in bezug auf die von der Zusammenarbeit betroffenen Unternehmensbereiche ein relativ heterogenes Kooperationsverhalten in den diversen Dienstleistungszweigen wider. Während sich die Kooperationen von **Unternehmensberatern**, **Werbeagenturen** und **Logistikdienstleistern** über

---

[196] Die Beziehungen zwischen den Variablen weisen folgende Merkmale auf: F&E/ geographischer Geltungsbereich: SN: 0,013; KK: 0,260; Marktforschung/geographischer Geltungsbereich: SN: 0,065; KK: 0,209.

[197] Die Beziehung zwischen den Variablen weist folgende Merkmale auf: Vertrieb/Richtung: SN: 0,059; KK: 0,213.

das eigentliche Kerngeschäft hinaus auch auf das zukünftige Kerngeschäft und das Randgeschäft erstrecken, liegt bei den übrigen Dienstleistungszweigen der Schwerpunkt der Zusammenarbeit auf dem Kerngeschäft. Hervorzuheben sind dabei die **Luftfahrtgesellschaften**, die fast ausschließlich im Bereich ihres Kerngeschäfts kooperieren (93,3%). Die anderen Bereichen sind nur sehr selten oder gar nicht von einer Zusammenarbeit betroffen.

Dienstleistungsbranche	Betroffener Unternehmensbereich			Summe
	Kerngeschäft	zukft. Kerngeschäft	Randgeschäft	
Unternehmensberater	45,5%	36,4%	18,2%	100%
Marktforschungsinstitut	77,4%	0,0%	22,6%	100%
Werbeagentur	53,3%	20,0%	26,7%	100%
Wirtschaftsprüfer	76,9%	7,7%	15,4%	100%
Luftfahrtgesellschaft	93,3%	6,7%	0,0%	100%
Logistikdienstleister	66,2%	21,7%	13,0%	100%
Summe	68,1%	15,1%	16,8%	100%

Abb. 131: Zusammenhang zwischen Branche und betroffenem Unternehmensbereich[198]

Zwischen der Unternehmensgröße bzw. dem geographischen Tätigkeitsfeld und dem von der Zusammenarbeit betroffenen Unternehmensbereich sind keine Korrelationen festgestellt worden.

- **Zusammenhang zwischen Branche und Unternehmensfunktion**

Im Hinblick auf die konkreten Unternehmensfunktionen, die von der Zusammenarbeit tangiert werden, zeigt sich, daß - mit Ausnahme der Dienstleistungserstellung, die in allen Branchen eine herausragende Stellung einnimmt - zwischen den Dienstleistungszweigen doch erhebliche Differenzen bestehen, wobei nicht alle Unterschiede signifikant sind (siehe Abb. 132).[199]

---

[198]   Quelle: Eigene Darstellung basierend auf eigenen Berechnungen. SN: 0,017; KK: 0,393.

[199]   Es ist darauf hinzuweisen, daß nicht alle Beziehungen zwischen den einzelnen Unternehmensfunktionen und der Branche signifikant sind, sondern nur die Relationen Branche/Beschaffung (SN: 0,007; KK: 0,343), Branche/Werbung/PR (SN: 0,000; KK: 0,467), Branche/Marktforschung (SN: 0,000; KK: 0,429), Branche/Vertrieb (SN: 0,001; KK: 0,381), Branche/EDV (SN: 0,014; KK: 0,326).

Dienstleistungsbranche	Von der Kooperation betroffene Unternehmensfunktionen in %							
	Beschaffung	Personal	F&E	DL-Erstellung	Werbung/PR	Marktforschung	Vertrieb	Finanzen/RW	EDV
Unternehmensberater	34,8	34,8	47,8	87,0	47,8	52,2	47,8	30,4	47,8
Marktforschungsinstitut	19,4	35,5	45,2	90,3	32,3	12,9	35,5	22,6	48,4
Werbeagentur	40,0	53,3	46,7	100	20,0	66,7	40,0	40,0	40,0
Wirtschaftsprüfer	23,1	46,2	23,1	84,6	15,4	23,1	23,1	15,4	30,8
Luftfahrtgesellschaft	60,0	46,7	46,7	80,0	80,0	66,7	86,7	46,7	80,0
Logistikdienstleister	47,0	43,5	60,9	100	87,0	69,6	74,0	47,8	78,3
∅	39,2	41,7	46,7	90,8	48,3	45,8	50,8	33,3	55,0

Abb. 132: Von der Kooperation betroffene Unternehmensfunktionen in Abhängigkeit von der Branche
Quelle: Eigene Darstellung basierend auf eigenen Berechnungen.

Die **Unternehmensberater** legen bei ihren Kooperationen neben der eigentlichen Dienstleistungserstellung einen weiteren Schwerpunkt auf die Unternehmensfunktionen Marktforschung (52,2%), F&E (47,8%), Werbung/PR (47,8%), Vertrieb (47,8%) und EDV (47,8%). Bei den **Marktforschungsinstituten** steht die Zusammenarbeit im Rahmen der EDV (48,4%) sowie bei F&E-Aktivitäten (45,2%) im Mittelpunkt der Kooperationen. Die geringe Anzahl an Nennungen für den Bereich Marktforschung ist insofern nicht verwunderlich, als Marktforschungsaufgaben, die für Kunden durchgeführt werden, bei den Marktforschungsinstituten unter die eigentliche Dienstleistungserstellung fallen. Alle Kooperationen der untersuchten **Werbeagenturen** haben die Zusammenarbeit bei der Dienstleistungserstellung zur Aufgabe. Daneben spielen Partnerschaften noch bei der Übernahme von Marktforschungsaufgaben (66,7%) und bei Personalangelegenheiten (53,3%) eine wichtige Rolle. Die Zusammenarbeit im Personalbereich (46,2%) stellt für die **Wirtschaftsprüfer** neben der Dienstleistungserstellung das zweithäufigste Kooperationsfeld dar, gefolgt vom EDV-Bereich (30,8%).

Eine Sonderstellung nehmen die **Luftfahrtgesellschaften** ein. Sie nutzen die Zusammenarbeit umfassend über sämtliche Funktionsbereiche hinweg. Deutlich wird, daß der Schwerpunkt der Kooperationen auf Marketing und Vertrieb liegt: 86,7% stimmen ihre Vertriebsaktivitäten gegenseitig ab, 80% der Airlines gaben an, daß sie gemeinsam mit dem Partner Werbung/PR betreiben würden. Marktforschungsaufgaben werden ebenfalls häufig gemeinsam übernommen oder von einem Partner für beide erledigt (66,7%). Daß fast immer der EDV-Bereich von der Zusammenarbeit betroffen ist (80%), läßt auf gemeinsame Reservierungs- und Buchungssysteme schließen. Als möglicher Grund dafür kann die Realisierung von 'economies of scope' gelten. Die Airlines gehören auch zu den Unternehmen, die in stärkerem Ausmaß als alle anderen Dienstleister versuchen, über Kooperationen Beschaffungsvorteile zu realisieren (60%). Oftmals erstreckt sich die Zusammenarbeit auch auf die Bereiche Personal, F&E sowie Finanzen/Rechnungswesen (jeweils 46,7%). Die Zahlen deuten darauf hin, daß bei den Partnerschaften der Luftfahrtgesellschaften aufgrund des Ausmaßes, in dem einzelne Funktionsbereiche von der

Kooperationen tangiert sind, enger und intensiver zusammen gearbeitet wird als bei den übrigen Dienstleistungszweigen.

Von intensiver Zusammenarbeit zeugen auch die Kooperationen der **Logistikdienstleister**. Ihre Partnerschaften beziehen sich schwerpunktmäßig auf die Unternehmensfunktionen Marketing, insbesondere Werbung/PR (87%), Marktforschung (69,6%) und Vertrieb (74%), sowie EDV (78,3%). Hervorzuheben ist die Tatsache, daß sie die Kooperation - im Vergleich zu den anderen Dienstleistungszweigen - am häufigsten zur Bündelung ihrer Ressourcen im F&E-Bereich einsetzen.

- **Zusammenhang zwischen Größe und Unternehmensfunktion**

Anhand von Abbildung 133 läßt sich belegen, daß KMUs und Großunternehmen ein unterschiedliches Kooperationsverhalten an den Tag legen.[200] Danach konzentrieren sich die Kooperationen der **KMUs** auf die Dienstleistungserstellung. Die Hälfte von ihnen arbeitet noch im EDV-Bereich zusammen, 40% im Bereich Personal. Im Gegensatz dazu sehen die **Großunternehmen** die Kooperationen viel häufiger als Chance an, durch die Zusammenarbeit in diversen Funktionsbereichen Wettbewerbsvorteile zu realisieren. Signifikante Unterschiede zwischen den KMUs und den Großunternehmen lassen sich vor allem im Hinblick auf die Marketing-Aktivitäten feststellen. Auf eine Zusammenarbeit im Rahmen der Werbung/PR lassen sich nur 31,4% der KMUs, aber 70,8% der Großunternehmen ein. Eine ähnliche Größenordnung ergibt sich auch für die Marktforschungsaktivitäten: 31,4% KMUs, die in diesem Segment kooperieren, stehen 64,8% Großunternehmen gegenüber. Ihre Vertriebsaktivitäten legen 34,3% der KMUs zusammen, bei den Großunternehmen sind es mehr als doppelt so viele (72,9%). Die Großunternehmen scheinen erkannt zu haben, daß sich über den Zugang zu Know-how mittels eines

---

[200] Es ist darauf hinzuweisen, daß nicht alle Beziehungen zwischen den einzelnen Unternehmensfunktionen und der Größe signifikant sind, sondern nur die Relationen Größe/Beschaffung (SN: 0,070; KK: 0,164), Größe/F&E (SN: 0,023; KK: 0,205), Größe/Werbung/PR (SN: 0,000; KK: 0,361), Größe/Marktforschung (SN: 0,000; KK: 0,311), Größe/Vertrieb (SN: 0,000; KK: 0,355).

Kooperationspartners weitreichende Vorteile erzielen lassen:[201] Sie gehen Kooperationen im Bereich F&E (58,3%) häufiger ein als KMUs (37,1%).

- **Zusammenhang zwischen geographischem Tätigkeitsfeld und Unternehmensfunktion**

Differenziert man die Unternehmen anhand ihres geographischen Tätigkeitsfelds, dann wird deutlich, daß dieses Einfluß auf die von der Kooperation betroffenen Unternehmensfunktionen ausübt (siehe Abb. 134).[202] **Regionale Unternehmen** erhoffen sich über eine Kooperation schwerpunktmäßig Unterstützung in den Bereichen EDV (50%), Personal (44,4%), Vertrieb (44,4%), Werbung/PR (38,9%) und Marktforschung (38,9%).

Davon lassen sich die Hauptkooperationsfelder der **national tätigen Unternehmen** abgrenzen: Sie sehen die Zusammenarbeit in den Bereichen F&E (48%), EDV (42%) und Marktforschung (40%) als Gelegenheit zur Erzielung von Wettbewerbsvorteilen an. Im Gegensatz zu regionalen und nationalen Unternehmen sind Kooperationsaktivitäten der **international operierenden Firmen** sehr viel breiter angelegt. Ihr Interesse gilt zum einen Beschaffungskooperationen (52,9%), über die sich günstigere Einkaufskonditionen erzielen lassen. Dieser Befund korrespondiert mit der Tatsache, daß internationalen Unternehmen stärker daran gelegen ist, über eine Partnerschaft auch Kostensenkungspotentiale zu erzielen.[203] Zum anderen streben sie die Realisierung von Synergiepotentialen über die Zusammenarbeit bei den Marketing-Aktivitäten Vertrieb (68,6%), Werbung/PR (64,7%) und Marktforschung (52,9%) an. Ein weiteres Schwergewicht der Kooperationen international operierender Unternehmen liegt auf einer gemeinsamen EDV-Arbeit (68,6%).

---

[201] Siehe dazu auch die Ergebnisse des Kapitels III.2.1.2.1.

[202] Es ist darauf hinzuweisen, daß nicht alle Beziehungen zwischen den einzelnen Unternehmensfunktionen und dem geographischen Tätigkeitsfeld signifikant sind, sondern nur die Relationen geographisches Tätigkeitsfeld/Beschaffung (SN: 0,018; KK: 0,251), geographisches Tätigkeitsfeld/Werbung/PR (SN: 0,006; KK: 0,281), geographisches Tätigkeitsfeld/Vertrieb (SN: 0,002; KK: 0,307), geographisches Tätigkeitsfeld/EDV (SN: 0,025; KK: 0,242).

[203] Siehe dazu auch die Ergebnisse des Kapitels III.2.1.2.1.

Unternehmensgröße	Von der Kooperation betroffene Unternehmensfunktionen in %								
	Beschaffung	Personal	F&E	DL-Erstellung	Werbung/PR	Marktforschung	Vertrieb	Finanzen/RW	EDV
KMUs	31,4	40,0	37,1	90,0	31,4	31,4	34,3	27,1	50,0
Großunternehmen	47,9	41,7	58,3	91,7	70,8	64,8	72,9	39,6	60,4
Ø	38,1	40,7	45,8	90,7	47,5	44,9	50,0	32,2	54,2

Abb. 133: Von der Kooperation betroffene Unternehmensfunktionen in Abhängigkeit von der Unternehmensgröße

Quelle: Eigene Darstellung basierend auf eigenen Berechnungen.

Geographisches Tätigkeitsfeld	Von der Kooperation betroffene Unternehmensfunktionen in %								
	Beschaffung	Personal	F&E	DL-Erstellung	Werbung/PR	Marktforschung	Vertrieb	Finanzen/RW	EDV
eher regional	33,3	44,4	33,3	88,9	38,9	38,9	44,4	27,8	50,0
eher national	26,0	38,0	48,0	92,0	34,0	40,0	34,0	24,0	42,0
eher international	52,9	43,1	49,0	90,2	64,7	52,9	68,6	43,1	68,6
Ø	38,7	41,2	46,2	90,8	47,9	45,4	50,4	32,8	54,6

Abb. 134: Von der Kooperation betroffene Unternehmensfunktionen in Abhängigkeit vom geographischen Tätigkeitsfeld

Quelle: Eigene Darstellung basierend auf eigenen Berechnungen.

3.6.2.2. Einfluß dienstleistungsspezifischer Kriterien

• **Zusammenhang zwischen Art des externen Faktors und Unternehmensfunktion**

Kooperationen von Unternehmen, die objektbezogene Dienstleistungen anbieten, sind viel breiter angelegt als Kooperationen personenbezogener Dienstleister; es sind häufiger mehrere Unternehmensfunktionen in die Kooperation einbezogen (siehe Abb. 135).[204] Dabei nehmen gemeinsame Werbe- (87%), Vertriebs- (73,9%) und Marktforschungsaktivitäten (69,6%) bei den **objektbezogenen Dienstleistern** einen großen Stellenwert ein. Weitere Kooperationsfelder liegen in der Zusammenarbeit in den Bereichen EDV (78,3%), Beschaffung (65,2%) und F&E (60,9%). Die **personenbezogenen Dienstleister** kooperieren zwar in denselben Bereichen, aber weitaus seltener. Wenn sie sich für eine Zusammenarbeit entscheiden, dann ist - nach der Dienstleistungserstellung - am häufigsten der EDV-Bereich (49,5%), am zweithäufigsten der Vertrieb (45,4%), gefolgt von der F&E, betroffen.

• **Zusammenhang zwischen Haupteinsatzfaktor und Unternehmensfunktion**

Anhand Abbildung 136 läßt sich erkennen,[205] daß die Unternehmen, deren Dienstleistungen **personendominant** sind, bei ihren Kooperationen den größten Wert auf eine Zusammenarbeit im Rahmen der EDV (43,9%) und der F&E (42,7%) legen. Vor dem Hintergrund, daß bei den Dienstleistern das strategische Potential des Unternehmens in seinen Mitarbeitern liegt, bieten sich auch Kooperationen im Personalbereich an, um personelle Engpaßsitua-

---

[204] Es ist darauf hinzuweisen, daß nicht alle Beziehungen zwischen den einzelnen Unternehmensfunktionen und der Art des externen Faktors signifikant sind, sondern nur die Relationen Art des externen Faktors/Beschaffung (SN: 0,004; KK: 0,252), Art des externen Faktors/Werbung/PR (SN: 0,000; KK: 0,352), Art des externen Faktors/Marktforschung (SN: 0,011; KK: 0,226), Art des externen Faktors/Vertrieb (SN: 0,014; KK: 0,219), Art des externen Faktors/EDV (SN: 0,013; KK: 0,222).

[205] Es ist darauf hinzuweisen, daß nicht alle Beziehungen zwischen den einzelnen Unternehmensfunktionen und dem Haupteinsatzfaktor signifikant sind, sondern nur die Relationen Haupteinsatzfaktor/Beschaffung (SN: 0,000; KK: 0,317), Haupteinsatzfaktor/Werbung/PR (SN: 0,000; KK: 0,439), Haupteinsatzfaktor/Marktforschung (SN: 0,001; KK: 0,295), Haupteinsatzfaktor/Vertrieb (SN: 0,000; KK: 0,358), Haupteinsatzfaktor/Finanzen/RW (SN: 0,026; KK: 0,199), Haupteinsatzfaktor/EDV (SN: 0,000; KK: 0,311).

Art des externen Faktors	Von der Kooperation betroffene Unternehmensfunktionen in %								
	Beschaffung	Personal	F&E	DL-Erstellung	Werbung/PR	Marktforschung	Vertrieb	Finanzen/RW	EDV
Unternehmen mit personenbezogenen DL	33,0	41,2	43,3	88,7	39,2	40,2	45,4	29,9	49,5
Unternehmen mit objektbezogenen DL	65,2	43,5	60,9	100	87,0	69,6	73,9	47,8	78,3
∅	39,2	41,7	46,7	90,8	48,3	45,8	50,8	33,3	55,0

Abb. 135: Von der Kooperation betroffene Unternehmensfunktionen in Abhängigkeit von der Art des externen Faktors

Quelle: Eigene Darstellung basierend auf eigenen Berechnungen.

Haupteinsatzfaktor	Von der Kooperation betroffene Unternehmensfunktionen in %								
	Beschaffung	Personal	F&E	DL-Erstellung	Werbung/PR	Marktforschung	Vertrieb	Finanzen/RW	EDV
Unternehmen mit personendominanten DL	28,0	40,2	42,7	90,2	31,7	35,4	37,8	26,8	43,9
Unternehmen mit objektdominanten DL	63,2	44,7	55,3	92,1	84,2	68,4	78,9	47,4	78,9
∅	39,2	41,7	46,7	90,8	48,3	45,8	50,8	33,3	55,0

Abb. 136: Von der Kooperation betroffene Unternehmensfunktionen in Abhängigkeit vom Haupteinsatzfaktor

Quelle: Eigene Darstellung basierend auf eigenen Berechnungen.

tionen auszugleichen, Austauschprogramme zu initiieren etc. Davon machen 40,2% der personendominanten und 44,7% der **objektdominanten Dienstleister** Gebrauch. Den Schwerpunkt ihrer Kooperationsaktivitäten legen sie auf den Marketing-Bereich: In 84,2% der Fälle kooperieren sie im Bereich Werbung/PR, in 78,9% im Vertrieb und in 68,4% in der Marktforschung. Während sich die gemeinsame Geschäftätigkeit der personendominanten Dienstleister selten auf die Gebiete Finanzen/Rechnungswesen und Beschaffung erstreckt, zählen diese für die objektdominanten Dienstleister zu den oft genutzten Kooperationsfeldern.

- **Zusammenhang zwischen Individualitätsgrad und Unternehmensfunktion**

Welche Schwerpunkte Unternehmen mit individuellen Dienstleistungen bzw. standardisierten Dienstleistungen im Hinblick auf die von der Kooperation betroffenen Unternehmensfunktionen setzen, geht aus Abbildung 137 hervor.[206] Gravierende Unterschiede sind wiederum für die Marketing-Aktivitäten auszumachen. Nur 34,5% der **individuellen Dienstleister** arbeiten bei der Werbung/PR zusammen. Dem stehen 66,7% der **standardisierten Dienstleister** gegenüber. Im Bereich Marktforschung sind es 37,7% bei den individuellen Dienstleistern und 56,8% bei den standardisierten Dienstleistern. Noch größer ist die Diskrepanz hinsichtlich des Vertriebs. Hier entspricht der Anteil der Unternehmen mit individuellen Dienstleistungen 40,6% und der Anteil der standardisierten Dienstleister 64,7%. Für die standardisierten Dienstleister kommen auch Beschaffungskooperationen viel häufiger in Frage. Mehr als die Hälfte (52,4%) arbeitet dabei zusammen. Bei den individuellen Dienstleistern sind es gerade 29%. EDV-Kooperationen sind bei den standardisierten Dienstleistern ebenfalls zahlreicher vertreten.

Neben der Dienstleistungserstellung gehört die Zusammenarbeit im Bereich EDV, Personal und F&E zu den Feldern, die individuelle Dienstleister bevor-

---

[206] Es ist darauf hinzuweisen, daß nicht alle Beziehungen zwischen den einzelnen Unternehmensfunktionen und dem Individualitätsgrad signifikant sind, sondern nur die Relationen Individualitätsgrad/Beschaffung (SN: 0,008; KK: 0,236), Individualitätsgrad/Werbung/PR (SN: 0,001; KK: 0,301), Individualitätsgrad/Marktforschung (SN: 0,037; KK: 0,187), Individualitätsgrad/Vertrieb (SN: 0,009; KK: 0,232), Individualitätsgrad/EDV (SN: 0,027; KK: 0,198).

zugen. Standardisierte Dienstleister scheinen dagegen der Zusammenarbeit im Marketing-Bereich einen größeren Stellenwert beizumessen. Insgesamt sind die Kooperationsaktivitäten der Unternehmen mit standardisiertem Angebot breiter angelegt als die der Unternehmen mit individuellen Leistungen. Sehr viel häufiger erstreckt sich die Zusammenarbeit auf mehrere bzw. alle Funktionsbereiche.

• **Zusammenhang zwischen Interaktionsintensität und Unternehmensfunktion**

Die sich für die Interaktionsintensität ergebenden Befunde sind denen des Individualitätsgrads sehr ähnlich (siehe Abb. 138).[207] Unternehmen, die interaktionsintensive Dienstleistungen anbieten, konzentrieren sich in ihrer Zusammenarbeit hauptsächlich auf den EDV- (48,1%) und den F&E-Bereich (46,3%), gefolgt von gemeinsamen Vertriebsaktivitäten (40,7%). Im Gegensatz dazu legen die Unternehmen mit interaktionsarmen Dienstleistungen bei ihren werblichen Aktivitäten Wert auf Unterstützung durch ihren Partner (61,1%), aber auch in der Marktforschung (59,1%) und im Vertrieb (59,1%). Fast doppelt so viele Dienstleister mit interaktionsarmem Angebot (50%) wie Dienstleister mit interaktionsintensivem Angebot (25,9%) sehen die Vorteile für ihr Unternehmen, die durch eine Zusammenarbeit im Rahmen ihrer Beschaffungstätigkeiten erwachsen.

Während die einzelnen Dienstleistungstypen in bezug auf die von den Kooperationen betroffenen Unternehmensfunktionen signifikante Unterschiede in ihrem Kooperationsverhalten aufweisen - eine Ausnahmeposition nimmt die Dienstleistungserstellung ein, die für alle Dienstleistungstypen zu den essentiellen Aufgaben unternehmerischer Zusammenarbeit zählt -, sind hinsichtlich der von der Zusammenarbeit tangierten Unternehmensbereiche (Kerngeschäft, zukünftiges Kerngeschäft oder Randgeschäft) keine signifikanten Divergenzen zwischen den Dienstleistungstypen aufgefallen.

---

[207] Es ist darauf hinzuweisen, daß nicht alle Beziehungen zwischen den einzelnen Unternehmensfunktionen und der Interaktionsintensität signifikant sind, sondern nur die Relationen Interaktionsintensität/Beschaffung (SN: 0,007; KK: 0,238), Interaktionsintensität/Werbung/PR (SN: 0,061; KK: 0,169), Interaktionsintensität/Marktforschung (SN: 0,001; KK: 0,282), Interaktionsintensität/Vertrieb (SN: 0,045; KK: 0,180).

Individualitätsgrad	Von der Kooperation betroffene Unternehmensfunktionen in %								
	Beschaffung	Personal	F&E	DL-Erstellung	Werbung/PR	Marktforschung	Vertrieb	Finanzen/RW	EDV
Unternehmen mit individuellen DL	29,0	39,1	46,4	91,3	34,8	37,7	40,6	29,0	46,4
Unternehmen mit standardisierten DL	52,4	45,1	47,1	90,2	66,7	56,8	64,7	39,2	66,7
Ø	39,2	41,7	46,7	90,8	48,3	45,8	50,8	33,3	55,0

Abb. 137: Von der Kooperation betroffene Unternehmensfunktionen in Abhängigkeit vom Individualitätsgrad
Quelle: Eigene Darstellung basierend auf eigenen Berechnungen.

Interaktionsintensität	Von der Kooperation betroffene Unternehmensfunktionen in %								
	Beschaffung	Personal	F&E	DL-Erstellung	Werbung/PR	Marktforschung	Vertrieb	Finanzen/RW	EDV
Unternehmen mit interaktionsintensiven DL	25,9	35,2	46,3	88,9	38,9	29,6	40,7	25,9	48,1
Unternehmen mit interaktionsarmen DL	50,0	47,0	47,0	92,4	61,1	59,1	59,1	39,4	60,6
Ø	39,2	41,7	46,7	90,8	48,3	45,8	50,8	33,3	55,0

Abb. 138: Von der Kooperation betroffene Unternehmensfunktionen in Abhängigkeit von der Interaktionsintensität
Quelle: Eigene Darstellung basierend auf eigenen Berechnungen.

312

3.7. Exkurs: Ausgestaltung der Kooperationsdimensionen unter Berücksichtigung kooperationsspezifischer Ziele

Im Rahmen des Kapitels II.2.2.1., das sich mit der Planung von Kooperationen beschäftigt, wurde bereits darauf hingewiesen, daß die Konfiguration der Kooperation in Abhängigkeit von den geplanten Kooperationszielen und -strategien zu bestimmen ist. Vor diesem Hintergrund ist es interessant herauszufinden, ob einzelnen Kooperationszielen auch ganz spezifische Kooperationsmuster zugrundeliegen, das heißt ob die Verfolgung eines bestimmten Kooperationsziels eine besondere Ausprägung der Kooperationsdimensionen induziert. Zu diesem Zweck wurden die fünf wichtigsten Kooperationsziele, Erhöhung der Kundenbindung, Gewinnung von Know-how, Erweiterung des Leistungsangebots, Realisierung von Kostensenkungspotentialen sowie Eintritt in neue Märkte, zu den Kooperationsdimensionen (Zeitdauer, Intensität, Anzahl der Bindungen, geographischer Geltungsbereich, Richtung, Unternehmensfunktion) in Beziehung gesetzt und im Hinblick auf potentielle Zusammenhänge überprüft. Abbildung 139 visualisiert den inhaltlichen Schwerpunkt dieses Kapitels.

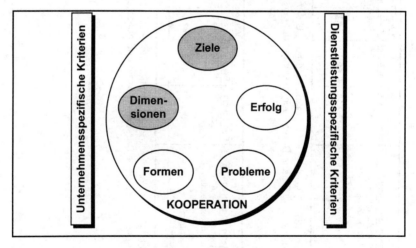

Abb. 139: Untersuchungsgegenstand des Kapitels III.3.7.

- **Zusammenhang zwischen Erhöhung der Kundenbindung und Kooperationsdimensionen**

Es überrascht nicht, daß Kooperationen mit dem Ziel Erhöhung der Kundenbindung signifikant häufiger als andere Kooperationen hinsichtlich der **Zeitdauer** im Sinne der **Fristigkeit** auf eine unbefristete Zusammenarbeit ausgerichtet sind (siehe Abb. 140). Während andere Kooperationen in 38,6% der Fälle befristet und zu 61,4% unbefristet sind, haben nur 12% der Unternehmen, die dieses Ziel zu realisieren versuchen, sich mit ihrem Kooperationspartner von vornherein auf einen Endzeitpunkt ihrer Partnerschaft geeinigt, bei 88% der Kooperationen mit Kundenbindungsziel ist die Zusammenarbeit auf einen unbegrenzten Zeithorizont angelegt. Dies hängt auch damit zusammen, daß viele Maßnahmen, die auf eine engere Bindung des Kunden an das eigene Unternehmen abzielen, auf Konstanz und Kontinuität beruhen und ihre Wirkung erst zeitversetzt zeigen. Dauerhafte Kundenbindung zählt zu den Zielen, die kurzfristig nicht zu erreichen sind, sondern einen langfristig zu realisierenden Prozeß darstellen, an dessen Ende loyal eingestellte Kunden stehen.

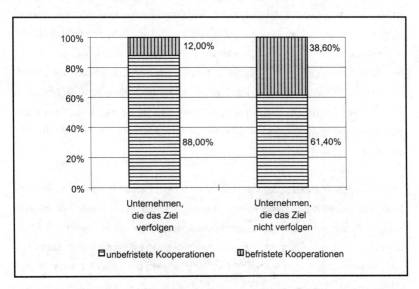

Abb. 140: Zusammenhang zwischen Erhöhung der Kundenbindung und Fristigkeit der Kooperation[208]

---

[208] Quelle: Eigene Darstellung basierend auf eigenen Berechnungen. SN: 0,001; KK: 0,297.

In bezug auf die Dimension des **geographischen Geltungsbereichs** der Kooperation ist ein Trend dahingehend festzustellen, daß Unternehmen mit dem Ziel Kundenbindung stärker auf eine internationale Zusammenarbeit (48%) setzen als Unternehmen mit anderen Zielen (34,1%). Dagegen sind regionale Partnerschaften zum Zwecke der Kundenbindung deutlich unterrepräsentiert (6,7%) (siehe Abb. 141).

Erhöhung der Kundenbindung	Geographischer Geltungsbereich			
	eher regional	eher national	eher international	Summe
Unternehmen, die das Ziel verfolgen	6,7%	45,3%	48,0%	100%
Unternehmen, die das Ziel nicht verfolgen	18,2%	47,7%	34,1%	100%
Summe	10,9%	46,2%	42,9%	100%

Abb. 141: Zusammenhang zwischen Erhöhung der Kundenbindung und geographischem Geltungsbereich[209]

Auch dieses Ergebnis ist nachvollziehbar. Kundenbindung steht in engem Zusammenhang mit dem Zugang zum Dienstleistungsangebot. Auf ein regionales Gebiet bezogen entstehen einem Anbieter kaum Schwierigkeiten, diesen seinen Kunden zu ermöglichen. Für ein größeres geographisches Gebiet erweist es sich als vorteilhaft, wenn man den Kunden quasi flächendeckend das Dienstleistungsangebot offerieren kann. Dabei erweist es sich als vorteilhaft, wenn ein entsprechendes Filial- bzw. Franchise-System oder ein Netzwerk assoziierter Unternehmen zur Verfügung stehen Der Aufbau eines überregionalen Netzwerks wird erleichtert, wenn ein oder mehrere Partner zusammenarbeiten.

Von besonderer Brisanz für den Dienstleister sind externe Faktoren, die ihre Geschäftstätigkeit geographisch ausweiten und die der Anbieter als Kunde nicht verlieren möchte. Das Kundennachfolgemotiv gilt als ein wichtiges Argument, um die geographische Ausdehnung des Absatzraumes von Dienstleistungsunternehmen zu erklären.[210] Internationalisiert der externe Faktor, besitzt

---

[209]   Quelle: Eigene Darstellung basierend auf eigenen Berechnungen. SN: 0,098; KK: 0,194.

[210]   Zum Kundennachfolgemotiv im internationalen Kontext siehe NOYELLE/DUTKA(1988), S. 38ff.; KÖHLER (1991), S. 82ff.; ERRAMILLI (1990), S. 56; ERRAMILLI/RAO (1993), S. 35; HESKETT (1996), S. 142

auch der Dienstleister berechtigtes Interesse, seine Aktivitäten ins Ausland zu verlagern. Für den Kunden liegen die Vorteile, auch im Ausland auf das aus dem Heimatland bekannte Dienstleistungsunternehmen zurückzugreifen, in der Einsparung der Suchkosten für einen alternativen Dienstleister sowie in der besseren Einschätzung der zu erwarteten Dienstleistungsqualität begründet. Da der Dienstleister mit den Verhältnissen des Kunden bereits vertraut ist, wird er vermutlich schneller, zu geringeren Kosten und adäquater auf die Kundenwünsche und -bedürfnisse eingehen können.[211] Die Aufrechterhaltung der Kundenverbindung im Ausland eröffnet dem Dienstleister - neben der Erschließung neuer Marktpotentiale - auch eine Chance, seine Gewinne zu steigern. REICHHELD/SASSER haben für diverse Dienstleistungsbranchen nachgewiesen, daß mit Länge der Kundenbeziehung der Gewinn pro Kunde steigt.[212]

- **Zusammenhang zwischen Gewinnung von Know-how und Kooperationsdimensionen**

Kooperationen, bei denen die Gewinnung von Know-how bzw. ein Transfer von Wissen zwischen den Kooperationspartnern im Mittelpunkt des Kooperationsinteresses steht, sind hinsichtlich der **Fristigkeit** in den meisten Fällen (84,7%) auf eine zeitlich unbefristete Zusammenarbeit ausgerichtet. Nur selten (15,3%) haben sich die Kooperationspartner zur Erreichung dieses Ziels auf ein befristetes Kooperationsverhältnis geeinigt. Dies erscheint auch deshalb sinnvoll, weil sich Lernprozesse zwischen Organisationen als tendenziell langwierig und komplex erweisen und zeitlich schwer zu prognostizieren sind.[213] Vor diesem Hintergrund ist es einleuchtend, daß Kooperationen kurzfristigen Charakters mit dem Zweck, sich Zugang zum Know-how des Partners zu verschaffen, vergleichsweise selten eingegangen werden (8,7%). Die meisten Dienstleister bevorzugen zumindest mittelfristige (42%) oder langfristige (49,3%) Arrangements (siehe Abb. 142).

---

[211]   Vgl. MÖSSLANG (1995), S. 220ff.

[212]   Vgl. REICHHELD/SASSER (1990), S. 106f.

[213]   Siehe auch Kapitel II.2.3.5.

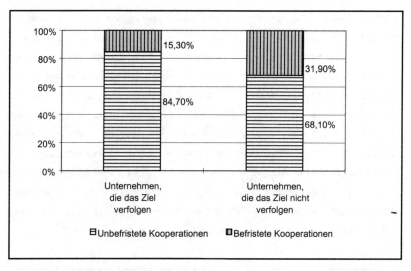

Abb. 142: Zusammenhang zwischen Gewinnung von Know-how und Fristigkeit der Kooperation[214]

Dabei läßt sich das Bestreben der Unternehmen, vom Know-how des Kooperationspartners zu profitieren, auch nicht geographisch beschränken. Der hohe Anteil internationaler Kooperationen (47,2%) in diesem Bereich läßt darauf schließen, daß Wissen und Know-how international nachgefragt werden und daß die Dienstleister bewußt Unternehmen anderer Nationen in ihre Kooperationen einbinden, um aus deren Know-how einen Nutzen zu ziehen, der den Aufbau von Wettbewerbsvorteilen ermöglicht (siehe Abb. 143).

Gewinnung von Know-how	Geographischer Geltungsbereich			Summe
	eher regional	eher national	eher international	
Unternehmen, die das Ziel verfolgen	5,6%	47,2%	47,2%	100%
Unternehmen, die das Ziel nicht verfolgen	19,1%	44,7%	36,2%	100%
Summe	10,9%	46,2%	42,9%	100%

Abb. 143: Zusammenhang zwischen Gewinnung von Know-how und geographischem Geltungsbereich[215]

---

[214] Quelle: Eigene Darstellung basierend auf eigenen Berechnungen. SN: 0,032; KK: 0,193.

[215] Quelle: Eigene Darstellung basierend auf eigenen Berechnungen. SN: 0,059; KK: 0,213.

Schwerpunktmäßig konzentriert sich das Interesse der Dienstleister auf solche Know-how-Transfers, die dem Kerngeschäft des Unternehmens zugute kommen. 70,8% der Kooperationen mit dem Ziel Zugang zu Know-how beziehen sich auf das jetzige Kerngeschäft. In 20,8% der Fälle investieren die Unternehmen über solche Kooperationen in das zukünftige Kerngeschäft. Nur in sehr seltenen Fällen richten sich die Know-how-Kooperationen auf periphere Geschäftsfelder (8,3%).

- **Zusammenhang zwischen Erweiterung des Leistungsangebots und Kooperationsdimensionen**
Wenn es bei der Zusammenarbeit um die Erweiterung des eigenen Leistungsangebots geht, sind ebenfalls einige Besonderheiten hinsichtlich der Kooperationskonfiguration vorhanden. Im Zusammenhang mit der **Kooperationsrichtung** überwiegen eindeutig horizontale Verflechtungen (76,8%) zwischen den kooperierenden Unternehmen (siehe Abb. 144), gefolgt von vertikalen Formen der Zusammenarbeit (18,8%). Das bedeutet, daß das eigene Leistungsangebot findet um solche Leistungen des Partners Ergänzung, die in enger Beziehung zu der eigenen angebotenen Dienstleistung stehen. Das eigene Angebot läßt sich allerdings auch über solche Leistungen komplettieren, die der eigenen Dienstleistung vor- bzw. nachgelagert sind.[216] Unternehmen, die in einer lateralen Relation zum kooperationswilligen Unternehmen stehen, stellen anscheinend mit ihren Leistungen keine Bereicherung dar. Daher kommen sie nur in Ausnahmefällen als Kooperationspartner in Frage (4,5%).

---

[216] Als Beispiel könnte man eine Unternehmensberatung anführen, die für einen Kunden ein Konzept entwickelt, die Implemtierung des Konzepts beim Kunden wird von einem Kooperationspartner durchgeführt.

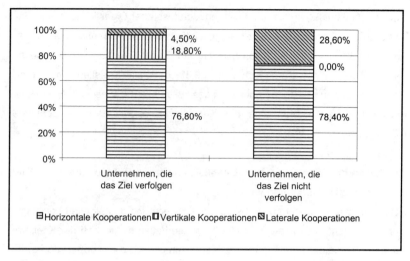

100%

4,50%
18,80%

28,60%

0,00%

76,80%

78,40%

Unternehmen, die
das Ziel verfolgen

Unternehmen, die
das Ziel nicht
verfolgen

⊟ Horizontale Kooperationen ◻ Vertikale Kooperationen ◩ Laterale Kooperationen

Abb. 144: Zusammenhang zwischen Erweiterung des Leistungsangebots und
Richtung der Kooperation[217]

Der hohe Stellenwert, den die Erweiterung des Leistungsangebots unter den
Dienstleistern einnimmt, läßt sich auch durch zeitliche Argumente, insbesondere die **Kooperationsdauer**, dokumentieren. Die Hälfte aller Dienstleister ist
in bezug auf dieses Ziel an einer langfristigen Zusammenarbeit mit dem Kooperationspartner interessiert. Dies könnte auch damit zusammenhängen, daß sich
der Kunde über eine gemeinsame Leistungserstellung an den Kooperationspartner gewöhnt, ihm gegenüber Präferenzen aufaut und die Leistungen des
Partnerunternehmens im Angebot in Zukunft nicht mehr missen möchte.
Darüber hinaus besteht die Gefahr, daß der Kunde nach der Beendigung der
Kooperation zum Kooperationspartner abwandert, was den Hang der Unternehmen, langfristig zusammenzuarbeiten, noch verstärken dürfte. Kooperationen mit dem Ziel der Leistungsangebotserweiterung sind zu 14,8% kurzfristig
und zu 35,2% mittelfristig ausgerichtet (siehe Abb. 145).

---

[217] Quelle: Eigene Darstellung basierend auf eigenen Berechnungen. SN: 0,020; KK: 0,249.

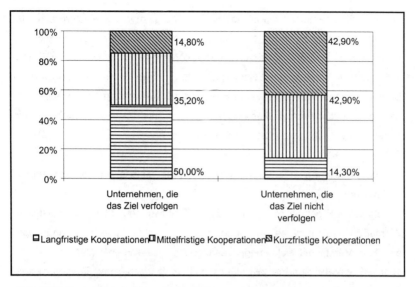

Abb. 145: Zusammenhang zwischen Erweiterung des Leistungsangebots und Kooperationsdauer[218]

• **Zusammenhang zwischen Kostensenkung und Kooperationsdimensionen**

Im Hinblick auf das Ziel Realisierung von Kostensenkungspotentialen sind für die Ausgestaltung der Kooperationsdimensionen nur Tendenzaussagen möglich. Diese beziehen sich die auf die **Kooperationsintensität**. Kooperationen, deren Ziel in der Realisierung von Kostensenkungspotentialen besteht, beruhen zu 31,7% auf einer formlosen Vereinbarung, zu 30% auf einem Kooperationsvertrag und zu 38,3% auf einem Vertrag plus zusätzlicher Kapitalverflechtung. Im Gegensatz dazu basieren Kooperationen, die einen anderen Zielinhalt besitzen, zu 44,8% auf einer formlosen Vereinbarung, zu 34,5% auf einem Vertrag und nur zu 20,7% auf einem Vertrag mit gegenseitiger Kapitalbeteiligung.[219] Die Unternehmen scheinen zur Umsetzung von Kostensenkungspotentialen eine höhere Bindungsintensität zu ihren Partnern zu bevorzugen. Dies

---

kann damit zusammenhängen, daß es die Realisierung von Kostensenkungspotentialen erfordert, daß z.B. Teilleistungen vom Partner erbracht werden,
weitreichende Veränderungen in Organisationsstrukturen notwendig sind oder
Einschnitte in Abläufe der Leistungserstellung vorgenommen werden sollten.
Dabei handelt es sich um solche Maßnahmen, die kurzfristig nicht wieder rückgängig gemacht werden können und die für die Partnerunternehmen ein
gegenseitiges Abhängigkeitsverhältnis bedeuten.

- **Zusammenhang zwischen Eintritt in neue Märkte und Kooperationsdimensionen**

Ein ähnliches Ergebnis ist auch für das Ziel Eintritt in neue Märkte festzustellen.
Vermutlich bedingt durch das hohe Risiko, das der Eintritt in bislang unbearbeitete Märkte mit sich bringt, verlangen die beteiligten Unternehmen von
ihrem Kooperationspartner ein Höchstmaß an Sicherheit und Zuverlässigkeit,
das sie über eine möglichst enge Bindung an ihren Partner herbeiführen
möchten. Bei mehr als zwei Drittel aller Kooperationen mit diesem Ziel ist die
Bindungsintensität hoch, sie basieren auf einer vertraglichen Grundlage
(69%). Bei Kooperationen mit anderen Zielen liegt der Anteil bei nicht einmal
der Hälfte der Unternehmen (44,1%) (siehe Abb. 146).

Eintritt in neue Märkte	Formlose Vereinbarung	Vertrag ohne Kapitalbeteiligung	Vertrag mit Kapitalbeteiligung	Summe
Unternehmen, die das Ziel verfolgen	31,0%	34,5%	34,5%	100%
Unternehmen, die das Ziel nicht verfolgen	55,9%	26,5%	17,6%	100%
Summe	38,1%	32,2%	29,7%	100%

Abb. 146: Zusammenhang zwischen Eintritt in neue Märkte und Intensität[220]

---

[220]   Quelle: Eigene Darstellung basierend auf eigenen Berechnungen. SN: 0,034; KK: 0,233.

3.8. Fazit

Die Ausgestaltung der Kooperationen wird in großem Ausmaß durch die Art des Unternehmens und den Typ der Dienstleistungen determiniert. Allerdings sind dies nicht die einzigen Einflußfaktoren, die auf die Kooperationsdimensionen wirken. Vielmehr bestehen auch zwischen den einzelnen Kooperationsdimensionen vielfältige Relationen. Dieses Beziehungsgeflecht ist in der Analysematrix II zusammengefaßt. Dabei symbolisiert das '+' - Zeichen einen signifikanten Wirkungszusammenhang zwischen den Variablen, während das '-' - Zeichen darauf hinweist, daß keine signifikante Beziehung zwischen den Variablen vorhanden ist (siehe Abb. 147).

Daß zwischen den **Kooperationsdimensionen** eine Vielzahl von Beziehungen herrschen, geht aus der Analysematrix II hervor. Im einzelnen sind folgende Zusammenhänge deutlich geworden:

- Je länger das Kooperationsprojekt dauert, um so wahrscheinlicher ist es, daß sich die Kooperationspartner auf keinen festen Endzeitpunkt für die Zusammenarbeit geeinigt haben und um so intensiver ist die Beziehung zwischen den beteiligten Unternehmen angelegt.

- Je größer die Anzahl der an der Kooperation beteiligten Unternehmen, desto längerfristig ist die Zusammenarbeit ausgerichtet, desto enger sind die Partner miteinander verflochten und desto häufiger bezieht sich die Zusammenarbeit auf internationales Gebiet.

- Je ausgedehnter der geographische Geltungsbereich der Kooperation, desto größer ist die Verflechtungsintensität der beteiligten Unternehmen.

	Dimensionen					
	Dauer	Intensität	Anzahl der Bindungen	Geographischer Geltungsbereich	Richtung	Unternehmens-funktion
Dimensionen						
Dauer	▨	+	+	−	−	+
Intensität		▨	+	+	−	+
Anzahl der Bindungen			▨	+	−	+
Geographischer Geltungsbereich				▨	+	+
Richtung					▨	+
Unternehmensfunktion						▨
Unternehmensspezifische Kriterien						
Dienstleistungsbranche	+	+	+	+	−	+
Unternehmensgröße	+	+	−	+	−	+
Geographisches Tätigkeitsfeld	−	+	−	+	+	+
Dienstleistungsspezifische Kriterien						
Art des externen Faktors	+	+	+	+	−	+
Haupteinsatzfaktor	+	+	+	+	−	+
Individualitätsgrad	+	+	+	−	−	+
Interaktionsintensität	+	+	+	+	−	+

\+ Signifikante Beziehung zwischen den Variablen − Keine signifikante Beziehung zwischen den Variablen

Abb. 147: Analysematrix II zur Untersuchung der Kooperationsdimensionen

In welcher Form die **unternehmensspezifischen Einflußfaktoren** die Ausgestaltung der Kooperation determinieren, zeigen die folgenden Relationen:

(1) Branche

- Die Kooperationen von Unternehmensberatern können als eher zeitlich befri-
stete Partnerschaften beschrieben werden, bei der sich wenige Unterneh-
men auf Basis einer formlosen Vereinbarung zusammenschließen. Die
Zusammenarbeit erstreckt sich in geographischer Hinsicht überdurchschnitt-
lich häufig auf regionales bzw. nationales Gebiet und beinhaltet auch die
Zusammenarbeit im Rahmen des Rand- und des zukünftigen Kerngeschäfts.
Dabei sind von den Kooperation in funktionaler Hinsicht vor allem EDV-,
Marketing- sowie F&E-Aktivitäten betroffen.

- Eine Partnerschaft von Marktforschungsinstituten besteht i.d.R. aus wenigen
Partnerunternehmen, die zeitlich befristet, auf einer formlosen Vereinbarung
beruhend zusammenarbeiten. Dabei liegt der Schwerpunkt der gemeinsamen Tätigkeit, die meist national geprägt ist, auf dem Kerngeschäft der
Institute, wobei insbesondere gemeinsame EDV- und F&E- Projekte hervorzuheben sind.

- Werbeagenturen bevorzugen bei ihren Kooperationen zeitlich unbefristete
Verhältnisse, die sich über eine vertragliche Grundlage konstituieren und an
der meistens nur wenige Unternehmen beteiligt sind. Ihre gemeinsame
Tätigkeit konzentriert sich in geographischer Hinsicht auf nationales Gebiet
und in funktionaler Hinsicht auf die Bereiche Marktforschung und EDV.
Neben dem Kerngeschäft ist auch häufig das Randgeschäft bzw. das
zukünftige Kerngeschäft von der Zusammenarbeit betroffen.

- Bei Wirtschaftsprüfungsgesellschaften ergibt sich kein einheitliches Bild: Entweder bestehen die Kooperationen aus vielen assoziierten Unternehmen,
die weltweit zusammenarbeiten, oder nur wenige Wirtschaftsprüfer schließen
sich zusammen, wobei deren Kooperationen dann auch meistens lediglich
regionalen Charakter besitzen. Ansonsten dominieren unbefristete Formen
der Zusammenarbeit, auf formlosen Vereinbarungen beruhend mit

Schwerpunkt auf dem Kerngeschäft. Häufig sind die Bereiche Personal und EDV von der Kooperation betroffen.

- Kooperationen von Luftfahrtgesellschaften sind meistens international ausgerichtet, auf Dauer angelegt und beruhen nahezu ausschließlich auf vertraglichen Vereinbarungen, die in der Hälfte aller Fälle noch mit einer Kapitalverflechtung einhergehen. Meistens schließen sich nur wenige Unternehmen zu einer Kooperation zusammen, die dann aber um so stärker zusammen arbeiten. Dies äußert sich in einer das Kerngeschäft der Airlines betreffenden, intensiven funktionsübergreifenden Zusammenarbeit, bei der sämtliche Funktionsbereiche tangiert werden.

- Wenn Logistikdienstleister kooperieren, dann schließen sich sehr viele Partner zusammen, die zeitlich unbefristet und auf Basis vertraglicher Vereinbarungen kooperieren. Dabei sind ihre Partnerschaften meistens funktionsübergreifend ausgerichtet, wobei sowohl das Kerngeschäft als auch das zukünftige Kerngeschäft in die Kooperation integriert werden. In geographischer Hinsicht liegt der Schwerpunkt der Zusammenarbeit auf nationalem Gebiet.

(2) Unternehmensgröße

- Je kleiner das Unternehmen, um so häufiger wird das Kooperationsverhältnis zeitlich befristet gestaltet.

- Je größer das Unternehmen, desto enger ist die Bindung zwischen den kooperierenden Dienstleistern und desto wahrscheinlicher ist es, daß die Kooperation sich auf internationales Gebiet erstreckt.

- Je größer das Unternehmen, desto eher sind die Unternehmensfunktionen Beschaffung, F&E, Werbung/PR, Marktforschung und Vertrieb von der Zusammenarbeit betroffen.

(3) Geographisches Tätigkeitsfeld

- Je größer das geographische Tätigkeitsfeld eines Unternehmens, desto intensiver ist die Kooperationsbeziehung der beteiligten Unternehmen und desto eher besitzen Kooperationsprojekte internationalen Charakter.

- Je größer das geographische Tätigkeitsfeld des Unternehmens, desto häufiger beinhaltet die Kooperation auch eine Zusammenarbeit in den Bereichen Beschaffung Werbung/PR, Marktforschung, Vertrieb und EDV.

Von den **dienstleistungsspezifischen Kriterien** ausgehende Wirkungen auf die Kooperationskonfiguration sind nachstehend beschrieben:

- Je personenbezogener, personendominanter, individueller bzw. interaktionsintensiver die von den Unternehmen angebotene Dienstleistung, desto eher sind die Kooperationen zeitlich befristet angelegt.

- Je standardisierter bzw. interaktionsärmer die Dienstleistungen, desto länger die Kooperationsdauer.

- Je objektbezogener, objektdominanter, standardisierter bzw. interaktionsärmer die Dienstleistung, desto enger die Beziehung zwischen den Kooperationspartnern und desto mehr Partner sind in das Kooperationsprojekt eingebunden.

- Je objektbezogener, objektdominanter, standardisierter bzw. interaktionsärmer die Dienstleistung, desto häufiger beinhaltet die Kooperation eine Zusammenarbeit in den Bereichen Werbung/PR, Marktforschung und Vertrieb.

4. Dienstleistungsspezifische Besonderheiten zentraler Kooperationsformen

Im Mittelpunkt dieses Kapitels steht die Analyse unterschiedlicher Kooperationsformen, die in der Unternehmenspraxis einen zentralen Stellenwert einnehmen.[221] Neben der quantitativen Verteilung der diversen Kooperationsformen im Dienstleistungssektor konzentriert sich die Untersuchung auf mögliche Faktoren, die die Wahl der Kooperationsform determinieren könnten. Zu vermuten wäre, daß auch zwischen Kooperationsdimensionen und Kooperationsformen Beziehungen herrschen, die es im folgenden zu untersuchen gilt. Die Erreichung eines bestimmten Kooperationsziels könnte ebenfalls die Entscheidung für oder gegen eine konkrete Kooperationsform beeinflussen. Darüber hinaus ist beabsichtigt zu klären, ob unterschiedliche Unternehmens- bzw. Dienstleistungstypen konkrete Kooperationsformen bei ihrer Zusammenarbeit mit anderen Unternehmen bevorzugen. Abbildung 148 zeigt den Untersuchungsgegenstand dieses Kapitels.

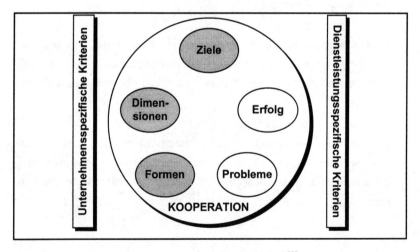

Abb. 148: Untersuchungsgegenstand des Kapitels III.4.[222]

---

[221] Zu den Kooperationsformen siehe auch Kapitel II.2.4.2.

[222] Quelle: Eigene Darstellung.

4.1. Dienstleistungsspezifische Ausgestaltung

Die von den Dienstleistungsunternehmen am häufigsten gewählte Form unternehmerischer Zusammenarbeit stellt die Strategische Allianz dar. Für diese Variante haben sich 37,1% der befragten Unternehmen entschieden. Joint Ventures präferieren 15,5% der Unternehmen. Auf dem dritten Rang liegen die Management-Verträge, mit denen 14,7% der Dienstleister ihre Zusammenarbeit begründen. Weitaus seltener sind hingegen Kooperationen in Form von Franchising (6,9%) oder Lizenzen (3,4%). Sonstige Kooperationsformen vereinigen einen Anteil von 22,4% auf sich.[223] In diesem Zusammenhang ist zu berücksichtigen, daß das Spektrum möglicher Kooperationsformen sehr heterogen ist. Die Nennungen in der Rubrik sonstige Kooperationsformen reichen dabei von Konsortium bis hin zu sehr loser projektbezogener Zusammenarbeit. Allerdings kann keine unter dieser Kategorie genannte Kooperationsform so viele Nennungen auf sich vereinigen, als daß die Bildung einer eigenen Kategorie gerechtfertigt wäre (siehe Abb. 149).

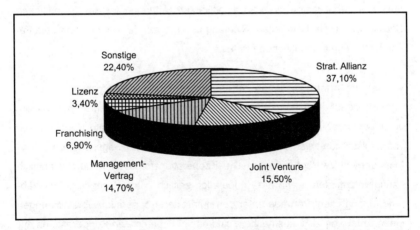

Abb. 149: Anteil unterschiedlicher Kooperationsformen im Dienstleistungssektor[224]

---

[223] Die befragten Unternehmen sollten ihr wichtigstes Kooperationsprojekt einer Kooperationsform zuordnen, so daß Mehrfachnennungen nicht zugelassen waren.

[224] Quelle: Eigene Darstellung basierend auf eigenen Berechnungen.

Der hohe Anteil Strategischer Allianzen, Joint Ventures, Management-Verträge unterstreicht die Ergebnisse des Kapitel III.1., nach denen der Kooperationsstrategie im Dienstleistungssektor eine hohe Bedeutung zukommt. Der Strategische Charakter, der sich z.b. in hoher Kapitalintensität, langer Dauer, hohen Kooperationsaustrittsbarrieren dieser Formen äußert, deutet darauf hin, daß die meisten Dienstleister die Zusammenarbeit mit einem Partnerunternehmen wohl überlegt eingegangen sind, sie mit Nachdruck verfolgen und als eine adäquate Form zur Realisierung von Wettbewerbsvorteilen ansehen.

4.2. Bedeutung der Kooperationsdimensionen für die Wahl der Kooperationsform

Im Hinblick auf die unterschiedlichen Kooperationsdimensionen ist es interessant herauszufinden, ob bestimmte Ausprägungen einzelner Kooperationsdimensionen für bestimmte Kooperationsformen typischer sind als für andere. Zu diesem Zweck wurden die Kooperationsdimensionen und die Kooperationsformen kreuztabellarisiert, was zu signifikanten Befunden für die Dimensionen Dauer, Anzahl der Bindungen, Richtung und die von der Kooperation betroffenen Unternehmensfunktionen führte.

- **Zusammenhang zwischen Zeitdauer und Kooperationsform**

Im Hinblick auf die **Fristigkeit** zeigt Abbildung 150, daß Strategische Allianzen, Joint Ventures, Franchising und Lizenzen typische unbefristete Kooperationsverhältnisse darstellen, die auf Dauer angelegt sind. Im Gegensatz dazu sind Management-Verträge und sonstige Kooperationsformen überdurchschnittlich häufig vorzufinden, wenn die Kooperation zeitlich befristet angelegt ist. Während Management-Verträge unter den befristeten Kooperationsvereinbarungen einen Anteil von 28% ausmachen, sind es bei unbefristeten Kooperationen nur 11%. Das Konglomerat sonstiger Kooperationsformen vereinigt bei den befristeten Verhältnissen 36% auf sich, bei den unbefristeten Kooperationen entsprechen sie lediglich einem Anteil von 18,7%.

Fristigkeit	Kooperationsform in %						Summe
	MV	Lizenz	SA	JV	Franchising	Sonstige	
befristete Kooperationen	28,0	0,0	24,0	12,0	0,0	36,0	100
unbefristete Kooperationen	11,0	4,4	40,7	16,5	8,7	18,7	100
Summe	14,7	3,4	37,1	15,5	6,9	22,4	100

Abb. 150: Zusammenhang zwischen Fristigkeit und Kooperationsform[225]

Der hohe Anteil der **Management-Verträge** an den befristeten Kooperationen legt die Vermutung nahe, daß diese Kooperationsform sehr häufig gewählt wird, um ein bestimmtes Projekt abzuwickeln. Ist dies geschehen, dann wird die Kooperation beendet. Dies würde bedeuten, daß diese Kooperationsform von solchen Dienstleistern bevorzugt eingegangen wird, deren Leistungsangebot stark projektorientiert ist. (siehe dazu auch Kapitel III.4.3.1.)

- **Zusammenhang zwischen Anzahl der Bindungen und Kooperationsform**

Abbildung 151 veranschaulicht, in welcher Relation die **Anzahl der Kooperationspartner** und die Kooperationsform zueinander stehen. Bei einer geringen Anzahl der Kooperationspartner sind die Unternehmen i.d.R. über Management-Verträge, Lizenzen oder sonstige Kooperationsformen miteinander verbunden.

Bei einer großen Anzahl von zusammenarbeitenden Unternehmen sind sowohl Strategische Allianzen als auch Franchising-Konzepte in der Lage, viele Dienstleister unter einem Kooperationsdach zu vereinigen. Eine Ausnahme stellen die Joint Ventures dar. Bei einer Anzahl von bis zu 20 kooperierenden Unternehmen wird diese Kooperationsform in fast 20% aller Fälle eingesetzt. Bei einer noch größeren Anzahl von beteiligten Unternehmen scheinen Joint Ventures nicht mehr in Frage zu kommen.

---

[225] Quelle: Eigene Darstellung basierend auf eigenen Berechnungen. SN: 0,042; KK: 0,301.

Anzahl der	Kooperationsform in %						Summe
Kooperationspartner	MV	Lizenz	SA	JV	Franchising	Sonstige	
1 - 3	21,3	3,3	32,8	18,0	0,0	24,6	100
4 - 10	13,0	4,3	34,9	17,4	4,3	26,1	100
11 - 20	0,0	0,0	45,5	18,2	27,2	9,1	100
21 - 250	8,3	0,0	41,7	8,3	33,4	8,3	100
Summe	14,7	3,4	37,1	15,5	6,9	22,4	100

Abb. 151: Zusammenhang zwischen Anzahl der Kooperationspartner und Kooperationsform[226]

Dieser Befund zeigt, daß auch im Dienstleistungsbereich das **Franchising** eine Kooperationsform darstellt, die es ermöglicht, die Aktivitäten vieler Unternehmen in Einklang zu bringen. Dies wird begünstigt durch das einheitliche, meistens standardisierte Konzept, das hinter einer Franchise-Idee steht,[227] das jedem an dem Franchising-Netz beteiligten Unternehmen einen Handlungsrahmen vorgibt. Vermutlich werden es hauptsächlich Dienstleister mit standardisierten Leistungen sein, die auf diese Kooperationsform zurückgreifen (siehe auch Kapitel III.4.3.2.)

Wie oben bereits gezeigt wurde, sind **Strategische Allianzen** meistens auf Dauer angelegt, was den strategischen Charakter dieser Kooperationsform noch unterstreicht. Der bereits in Kapitel III.3.3.1. aufgezeigte Zusammenhang zwischen Fristigkeit und Anzahl der Kooperationspartner kann auch als Erklärung dafür gelten, daß sich unter dem Kooperationsdach einer Strategischen Allianz viele Dienstleister zusammenschließen. Für auf Dauer angelegte Kooperationsverhältnisse erscheint es den Unternehmen als lohnend, die Koordinations- und Abstimmungsprobleme, die die Zusammenarbeit mit vielen Unternehmen mit sich bringt, auf sich zu nehmen.

- **Zusammenhang zwischen Richtung und Kooperationsform**

Analysiert man die Beziehung von Kooperationsform und **Kooperationsrichtung**, so werden folgende Zusammenhänge sichtbar (siehe Abb. 152): Bei der horizontalen Zusammenarbeit dominieren Strategische Allianzen. Auffällig sind

---

[226] Quelle: Eigene Darstellung basierend auf eigenen Berechnungen. SN: 0,016; KK: 0,462.

[227] Siehe dazu auch Kapitel II.2.4.2.2.

im Hinblick auf die Kooperationsrichtung jedoch die Ergebnisse, die Franchising-Konzepte betreffen; sie werden ausschließlich von Unternehmen der gleichen Wirtschaftsstufe verwirklicht. Ihr Anteil an den horizontalen Kooperationen beträgt 9,1%. Bei den vertikalen Kooperationen sind ebenfalls die Strategischen Allianzen am stärksten vertreten. Allerdings fallen hier die Management-Verträge ins Auge, die überdurchschnittlich häufig mit Partnern auf vor- bzw. nachgelagerten Stufen abgeschlossen werden (23,8%).

Richtung	Kooperationsform in %						Summe
	MV	Lizenz	SA	JV	Franchising	Sonstige	
horizontal	13,6	1,1	37,6	17,0	9,1	21,6	100
vertikal	23,8	14,3	38,1	4,8	0,0	19,0	100
lateral	0,0	0,0	28,6	28,6	0,0	42,8	100
Summe	14,7	3,4	37,1	15,5	6,9	22,4	100

Abb. 152: Zusammenhang zwischen Richtung und Kooperationsform[228]

- **Zusammenhang zwischen Unternehmensfunktion und Kooperationsform**

Wie die Ausführungen des Kapitels III.3.6. bereits gezeigt haben, überwiegt bei den Dienstleistern im Kooperationsfall die funktionsübergreifende Zusammenarbeit. Betrachtet man jedoch die Unternehmensfunktionen isoliert, dann könnte man die Ergebnisse so interpretieren, daß die Zusammenarbeit in einzelnen Funktionsbereichen bestimmte Kooperationsformen nahelegt (siehe Abb. 153).[229]

So gehen **Beschaffungskooperationen** überdurchschnittlich häufig mit einer Strategischen Allianz (52,3%) oder einem Joint Venture (20,5%) einher.

---

[228] Quelle: Eigene Darstellung basierend auf eigenen Berechnungen. SN: 0,061; KK: 0,363.

[229] Allerdings sind nicht alle in der Abbildung aufgeführten Beziehungen signifikant. Die Unternehmensfunktionen Personal und Finanzen/Rechnungswesen üben keinen Einfluß auf die Kooperationsform aus. Für die übrigen gelten folgende Kennzahlen zur Beurteilung der Qualität des Zusammenhangs: Beschaffung/Kooperationsform: SN: 0,009; KK: 0,341; Dienstleistungserstellung/Kooperationsform: SN: 0,010; KK: 0,340; Werbung/PR/ Kooperationsform: SN: 0,019; KK: 0,323; Marktforschung/Kooperationsform: SN: 0,000; KK: 0,412; Vertrieb/Kooperationsform: SN: 0,003; KK: 0,363; EDV/Kooperationsform: SN: 0,032; KK: 0,309.

Unternehmens-funktion		Management-Vertrag	Lizenzen	Kooperationsform in % Strategische Allianz	Joint Venture	Franchising	Sonstige Formen	Summe
Beschaffung	ja	6,8	0	52,3	20,5	9,1	11,4	100
	nein	19,4	5,6	27,8	12,5	5,6	29,2	100
Personal	ja	10,6	0	42,6	19,1	6,4	21,3	100
	nein	17,4	5,8	33,3	13,0	7,2	23,2	100
F&E	ja	7,7	5,8	44,2	15,4	13,5	13,5	100
	nein	20,3	1,6	31,3	15,6	1,6	29,7	100
Dienstleistungs-erstellung	ja	16,0	1,9	35,8	17,0	7,5	21,7	100
	nein	0	20,0	50,0	0	0	30,0	100
Werbung/PR	ja	10,9	0	45,5	16,4	14,5	12,7	100
	nein	18,0	6,6	29,5	14,8	0	31,1	100
Marktforschung	ja	15,4	0	44,2	17,3	15,4	7,7	100
	nein	14,1	6,3	31,3	14,1	0	34,4	100
Vertrieb	ja	12,1	0	46,6	17,2	12,1	12,1	100
	nein	17,2	6,9	27,6	13,8	1,7	32,8	100
Finanzen/RW	ja	13,5	0	43,2	18,9	10,8	13,5	100
	nein	15,2	5,1	34,2	13,9	5,1	26,6	100
EDV	ja	9,7	6,5	40,3	16,1	11,3	16,1	100
	nein	20,4	0	33,3	14,8	1,9	29,6	100
Summe		14,7	3,4	37,1	15,5	6,9	22,4	100

Abb. 153: Zusammenhang zwischen Unternehmensfunktion und Kooperationsform
Quelle: Eigene Darstellung basierend auf eigenen Berechnungen.

Zu den Kooperationsformen, die im Fall einer Zusammenarbeit im **F&E**-Bereich gewählt werden, zählen vor allem Strategische Allianzen. Der vergleichsweise hohe Stellenwert, den F&E-Aktivitäten im Rahmen von Lizenz- und Franchising-Konzepten einnehmen, erscheint auf den ersten Blick überraschend, da diese nicht dem üblichen Zweck solcher Vereinbarungen[230] entsprechen. Aufgrund der eher langfristigen, unbefristeten Zusammenarbeit zwischen den kooperierenden Firmen liegt jedoch die Vermutung nahe, daß Lizenz- bzw. Franchise-Geber die Entwicklung und Optimierung neuer Dienstleistungen, Teildienstleistungen oder Maschinen, die zu Erstellung derselben benötigt werden, unter Berücksichtigung der Erfahrungen der Lizenz- bzw. Franchise-Nehmer oder durch deren Mitarbeit realisieren.

Ist die eigentliche **Dienstleistungserstellung** Gegenstand der Kooperationsvereinbarung, dann werden Management-Verträge, Joint Ventures oder Franchising-Abkommen überproportional häufig von den analysierten Dienstleistungsunternehmen präferiert, aber auch Strategische Allianzen stellen eine noch relativ häufig gewählte Kooperationsform dar. Dabei ist dieses Ergebnis wenig überraschend, da nahezu alle Kooperationen dadurch gekennzeichnet sind, daß im Rahmen der Dienstleistungserstellung zusammen gearbeitet wird (siehe Kapitel III.3.6.1.) und fast alle Unternehmen mit einer Partnerschaft das Ziel einer Leistungsangebotserweiterung verfolgen,

Bei einer Zusammenarbeit im Bereich **Werbung/PR** oder **Marktforschung** bieten wiederum Strategische Allianzen, Joint Ventures oder Franchising-Vereinbarungen das adäquate organisatorische Gerüst. Zur Abwicklung gemeinsamer **Vertriebsaktivitäten** werden eindeutig Strategische Allianzen, Joint Ventures, aber auch das Franchising bevorzugt. Dies entspricht auch dem Wesen des Franchising, bei dem der Franchise-Geber dem Franchise-Nehmer auch bei sämtlichen Marketing-Aktivitäten unterstützt.

Bezieht sich die Zusammenarbeit auf die **EDV**, so geht diese am häufigsten mit einer Strategischen Allianz und einem Joint Venture einher.

---

[230] Siehe dazu auch Kapitel II.2.4.2.2.

Im Hinblick auf die Intensität der Bindung sowie den geographischen Geltungsbereich konnten keine typischen Kooperationsmuster bei den unterschiedlichen
Kooperationsformen festgestellt werden.

4.3. Einflußfaktoren auf die Kooperationsform

4.3.1. Einfluß unternehmensspezifischer Kriterien

• **Zusammenhang zwischen Branche und Kooperationsform**

Abbildung 154 vermittelt in bezug auf die Kooperationsformen in den einzelnen
Dienstleistungszweigen ein wenig homogenes Bild. Bei den **Unternehmensberatern** überwiegt die Kooperationsform der Strategischen Allianz (38,1%). Fast
ein Fünftel der Unternehmensberater (19%) ist über einen Management-Vertrag mit einem oder mehreren Unternehmen verbunden. Lizenzvereinbarungen,
Joint Ventures und Franchising spielen für die Unternehmensberater nur eine
untergeordnete Rolle. Der hohe Anteil sonstiger Kooperationsformen zeigt, daß
für die Unternehmensberater keine einheitliche Vorgehensweise bei der Wahl
der Kooperationsform existiert.

Noch heterogener ist die Situation der **Marktforschungsinstitute**. Bei ihnen
dominieren sonstige Kooperationsformen (46,7%), gefolgt von Management-
Verträgen (20%). Jeweils 13,3% sind eine Strategische Allianz bzw. ein Joint
Venture eingegangen. Auch hier weist der hohe Anteil sonstiger Kooperationsformen darauf hin, daß es für die Marktforscher keine typische Kooperationsform gibt.

Strategische Allianzen (46,7%), aber auch Joint Ventures (33,3%) zählen zu
den häufigsten Kooperationsformen der **Werbeagenturen**. Immerhin 13,3%
haben sich für einen Management-Vertrag entschieden. Lizenzen oder Franchising stellen für Werbeagenturen keine ernsthaften Alternativen dar.

Für **Wirtschaftsprüfungsgesellschaften** kristallisiert sich die Strategische
Allianz als bedeutendste Kooperationsform heraus (30,6%). Management-Verträge und auch Joint Ventures zählen zu weiteren häufig gewählten Varianten.

335

Sonstige Kooperationsformen machen bei den Wirtschaftsprüfern immerhin noch einen Anteil von 30,9% aus.

Für die **Luftfahrtgesellschaften** ergibt sich ein recht homogenes Bild: 86,6% der Unternehmen sind mit ihren Partnern eine Strategische Allianz eingegangen. Sie scheint die zentrale Kooperationsform für Airlines zu sein. In seltenen Fällen (6,7%) fungiert ein Management-Vertrag oder ein Joint Venture als Grundlage der Zusammenarbeit.

Betrachtet man die **Logistikdienstleister**, so fällt auf, daß sie den einzigen Dienstleistungszweig darstellen, in dem in größerem Umfang auf das Franchising zurückgegriffen wird. 36,4% der Logistikdienstleister haben sich bei ihrer Zusammenarbeit mit anderen Logistikdienstleistern für ein Franchising-Konzept entschieden. Aber auch Strategische Allianzen (31,8%) und Joint Ventures (22,7%) genießen bei ihnen noch einen relativ großen Stellenwert.

Dienstleistungsbranche	Kooperationsform in %						Summe
	MV	Lizenz	SA	JV	Franchising	Sonstige	
Unternehmensberater	19,0	4,8	38,1	4,8	0,0	33,3	100
Marktforschungsinstitut	20,0	6,7	13,3	13,3	0,0	46,7	100
Werbeagentur	13,3	0,0	46,7	33,3	0,0	6,7	100
Wirtschaftsprüfer	15,4	7,7	30,6	15,4	0,0	30,9	100
Luftfahrtgesellschaft	6,7	0,0	86,6	6,7	0,0	0,0	100
Logistikdienstleister	9,1	0,0	31,8	22,7	36,4	0,0	100
Summe	14,7	3,4	37,1	15,5	6,9	22,4	100

Abb. 154: Zusammenhang zwischen Branche und Kooperationsform[231]

Daß die Management-Verträge insbesondere in den Dienstleistungszweigen, die durch ein hohes Ausmaß an projektbezogenen Aufgaben geprägt sind, als geeignete Kooperationsform angesehen werden, bestätigt die bereits oben diskutierten Ergebnisse. Gleiches gilt für die hohe Bedeutung, die das Franchising für die Logistikdienstleister zu haben scheint. Ihre Leistungen, aber auch Zusatzaktivitäten scheinen danach prädestiniert zu sein, um sie über ein Franchising-Konzept zu vermarkten.

Quelle: Eigene Darstellung basierend auf eigenen Berechnungen. SN: 0,000; KK: 0,640.

- **Zusammenhang zwischen Größe und Kooperationsform**

Auch die Unternehmensgröße übt erheblichen Einfluß auf die Ausgestaltung der Kooperationsform aus, wie sich aus den Anteilswerten, die Abbildung 155 vermittelt, ablesen läßt. **KMUs** decken ein breites Spektrum möglicher Kooperationsformen ab, was auch durch den Anteil von 34,8% sonstiger Kooperationsformen begründet wird. Trotzdem zählen die Strategischen Allianzen, die 29% der Fälle auf sich vereinigen, und die Management-Verträge (20,3%) zu den Hauptkooperationsformen der KMUs.

Ein anderes Ergebnis zeichnet sich für die **Großunternehmen** ab: Bei ihnen dominiert eindeutig die Strategische Allianz, die von fast der Hälfte (48,9%) der Großunternehmen als adäquate Kooperationsform angesehen wird. Joint Ventures haben mehr als ein Viertel (26,7%) der Großunternehmen gegründet. Als weitere Alternative kommen für sie noch Franchising-Konzepte in Betracht (13,3%). Management-Verträge, Lizenzen oder sonstige Kooperationsformen sind nur von untergeordneter Bedeutung.

Unternehmensgröße	Kooperationsform in %						Summe
	MV	Lizenz	SA	JV	Franchising	Sonstige	
KMUs	20,3	5,8	29,0	8,7	1,4	34,8	100
Großunternehmen	6,7	0,0	48,9	26,7	13,3	4,4	100
Summe	14,9	3,5	36,8	15,8	6,9	22,4	100

Abb. 155: Zusammenhang zwischen Unternehmensgröße und Kooperationsform[232]

Der Zusammenhang zwischen Unternehmensgröße und Kooperationsform könnte sich möglicherweise mit der i.d.R. besseren Kapitalausstattung der Großunternehmen erklären lassen. Die KMUs scheinen bei ihren Kooperationen solche Formen zu wählen, bei denen ein finanzielles Engagement nicht zwingend eine Voraussetzung für die Zusammenarbeit darstellt. Insbesondere bei Joint Ventures, aber auch beim Franchising, bei dem der Franchise-Geber zunächst in finanzielle Vorleistung tritt, werden für die Kooperationspartner finanzielle Investitionen notwendig. Auch Strategische Allianzen gehen sehr häufig mit einer Kapitalverflechtung einher. Dieses Ergebnis steht im Einklang

---

[232] Quelle: Eigene Darstellung basierend auf eigenen Berechnungen. SN: 0,000; KK: 0,467.

mit den Befunden des Kapitels III.3.2.1., nach denen fast die Hälfte aller Kooperationen von Großunternehmen mit einer Kapitalbeteiligung verbunden sind.

Die Ausführungen haben deutlich gemacht, daß sich insbesondere für die Dienstleistungsbranche und die Unternehmensgröße signifikante Beziehungen zur gewählten Kooperationsform ergeben. Von dem geographischen Tätigkeitsfeld der Dienstleister hingegen geht kein Einfluß auf die Kooperationsform aus.

4.3.2. Einfluß dienstleistungsspezifischer Kriterien

- **Zusammenhang zwischen Art des externen Faktors und Kooperationsform**

Bei den Unternehmen mit **personenbezogenen Dienstleistungen** spielen Strategische Allianzen die größte Rolle (38,3%). Als zweitwichtigste Kooperationsform sind die Management-Verträge hervorzuheben, auf deren Basis 16% der Unternehmen, die personenbezogene Dienstleistungen anbieten, zusammenarbeiten. 16% sind mit ihrem Kooperationspartner einen Management-Vertrag eingegangen, während über ein Joint Venture 13,8% ihre Zusammenarbeit definieren.

Im Gegensatz dazu ist das Franchising die beliebteste Kooperationsform der **objektbezogenen Dienstleister** (36,4%), neben Strategischen Allianzen (31,8%) und Joint Ventures (22,7%) (siehe Abb. 156).

Art des externen Faktors	Kooperationsform in %						Summe
	MV	Lizenz	SA	JV	Franchising	Sonstige	
Unternehmen mit personenbezogenen DL	16,0	4,2	38,3	13,8	0,0	27,7	100
Unternehmen mit objektbezogenen DL	9,1	0,0	31,8	22,7	36,4	0,0	100
Summe	14,7	3,4	37,1	15,5	6,9	22,4	100

Abb. 156: Zusammenhang zwischen Art des externen Faktors und Kooperationsform[233]

---

[233] Quelle: Eigene Darstellung basierend auf eigenen Berechnungen. SN: 0,000; KK: 0,520.

338

- **Zusammenhang zwischen Haupteinsatzfaktor und Kooperationsform**

Wie aus Abbildung 157 hervorgeht, zählen Strategische Allianzen (29,1%) und Management-Verträge (17,7%) noch vor Joint Ventures (15,2%) zu den häufigsten Kooperationsformen **personendominanter Dienstleister**. Allerdings finden sich bei diesem Dienstleistungstyp auch viele andere Kooperationsformen, auf deren Basis die Unternehmen kooperieren, worauf der Anteil von 32,9% sonstiger Kooperationsformen schließen läßt.

Unternehmen mit **objektdominanten Dienstleistungen** präferieren Strategische Allianzen; 54,1% entschieden sich für diese Variante. Darüber hinaus sind Franchising und Joint Ventures mit 21,6% bzw. 16,2% vertreten.

Haupteinsatzfaktor	Kooperationsform in %						Summe
	MV	Lizenz	SA	JV	Franchising	Sonstige	
Unternehmen mit personendominanten DL	17,7	5,1	29,1	15,2	0,0	32,9	100
Unternehmen mit objektdominanten DL	8,1		54,1	16,2	21,6	0,0	100
Summe	14,7	3,4	37,1	15,5	6,9	22,4	100

Abb. 157: Zusammenhang zwischen Haupteinsatzfaktor und Kooperations-form[234]

Mit diesen Befunden läßt sich eine der wenigen in der Literatur anzutreffenden Aussagen zu diesem Themenkomplex überprüfen. Den Ausführungen HARRIGANS zufolge kooperieren Unternehmen, deren Leistungen personendominant sind, deutlich seltener in Form eines Joint Venture als Unternehmen mit objektdominanten Dienstleistungen. Sie begründet ihre Überlegungen damit, daß aufgrund der starken Unternehmenskulturen personendominanter Dienstleistungsunternehmen, der hohen Mobilität der Arbeitskräfte, der mangelnden Schützbarkeit der strategischen Potentiale sowie der geringen Möglichkeiten personendominanter Dienstleister, 'economies of scale' zu realisieren, für diese Joint Venture weniger geeignet sind.[235]

---

[234] Quelle: Eigene Darstellung basierend auf eigenen Berechnungen. SN: 0,000; KK: 0,492.

[235] Vgl. HARRIGAN (1985), S. 220.

Zwar bestätigen die Befunde des Kapitels III.2.3. die Probleme der personen-dominanten Dienstleister mit mangelnder Kompatibilität der Unternehmenskul-turen im Kooperationsfall. Jedoch ist HARRIGANS Auffassung entgegenzuhalten, daß sich über ein Joint Venture nicht nur Kostenziele, sondern auch andere Ziele erfolgreich verwirklichen lassen (siehe Kapitel III.4.4.). Außerdem können insbesondere staatliche und sonstige Markteintrittsbarrieren ein Joint Venture auch für personendominante Dienstleister attraktiv erscheinen lassen.[236] Vor dem Hintergrund dieser Argumente und angesichts der Größenordnung der in der obigen Tabelle genannten Anteilswerte für Joint Ventures von personen-dominanten Dienstleistern kann der Aussage HARRIGANS nicht zugestimmt wer-den. Vielmehr legen die Ergebnisse nahe, daß ein Joint Venture sowohl für personen- als auch für objektdominante Dienstleister gleichermaßen eine geeignete Kooperationsform darstellt.

- **Zusammenhang zwischen Individualitätsgrad und Kooperationsform**

Auf den ersten Blick decken sowohl Unternehmen mit individuellen Leistungen als auch Unternehmen mit standardisiertem Angebot das vielfältige Spektrum möglicher Kooperationsformen ab (siehe Abb. 158). Allerdings sind gewisse Unterschiede zu erkennen. Während **individuelle Dienstleister** zu 18,2% einen Management-Vertrag eingegangen sind, sind es bei den **standardisier-ten Dienstleistern** gerade 10%. Noch größer ist der Unterschied bei den Stra-tegischen Allianzen. 28,8% Unternehmen mit individuellen Leistungen stehen 48% mit standardisiertem Angebot gegenüber. Deutliche Differenzen zwischen den beiden Dienstleistungstypen existieren auch für das Franchsing-Konzept, das für keinen der individuellen Dienstleister in Frage kam, aber von 16% der standardisierten Dienstleister umgesetzt wurde. Eine ähnliche Diskrepanz vermittelt die Rubrik sonstige Kooperationsformen. 33,3% der Kooperations-formen individueller Dienstleistungsunternehmen wurden unter dieser Kategorie zusammengefaßt, bei den standardisierten Dienstleistern waren es nur 8%.

---

[236] Vgl. STAUSS (1994b), S. 227.

Individualitätsgrad	Kooperationsform in %						Summe
	MV	Lizenz	SA	JV	Franchising	Sonstige	
Unternehmen mit individuellen DL	18,2	4,5	28,8	15,2	0,0	33,3	100
Unternehmen mit standardisierten DL	10,0	2,0	48,0	16,0	16,0	8,0	100
Summe	14,7	3,4	37,1	15,5	6,9	22,4	100

Abb. 158: Zusammenhang zwischen Individualitätsgrad und Kooperations-form[237]

Der hohe Standardisierungsgrad einer Dienstleistung begünstigt die Verwirklichung von Franchising-Konzepten. Ein einheitlicher Marktauftritt, konstantes Leistungsniveau, gleichbleibende Qualität lassen sich im Dienstleistungssektor erwartungsgemäß auch am besten für standardisierte Dienstleistungen durchsetzen. Zu den Kooperationen individueller Dienstleister passen vermutlich besser Kooperationsformen, die einen hinreichend großen Gestaltungsspielraum für die Kooperationspartner ermöglichen, wie z.b. Management-Verträge, aber auch Joint Ventures. Der hohe Anteil sonstiger Kooperationsformen spricht ebenfalls für diese Tatsache.

• **Zusammenhang zwischen Interaktionsintensität und Kooperationsform**

Legt man das Kriterium der Interaktionsintensität bei der Analyse der Kooperationsformen zugrunde, dann zeigen sich auch hier unterschiedliche Tendenzen (siehe Abb. 159). Für die **interaktionsintensiven Dienstleister** sind Strategische Allianzen die wichtigste Kooperationsform (23,5%), gefolgt von den Management-Verträgen (19,6%).

Dienstleister mit **interaktionsarmen Dienstleistungen** bevorzugen ebenfalls Strategische Allianzen (47,7%). Allerdings liegt der Anteil doppelt so hoch wie bei den interaktionsintensiven Dienstleistern. Ein Fünftel der interaktionsarmen Dienstleister hat zu Kooperationszwecken ein Joint Venture aufgebaut. Auch Management-Verträge (10,8%) und Franchising-Vereinbarungen (12,3%) spielen noch eine erwähnenswerte Rolle.

---

[237] Quelle: Eigene Darstellung basierend auf eigenen Berechnungen. SN: 0,000; KK: 0,410.

Interaktionsintensität	Kooperationsform in %						Summe
	MV	Lizenz	SA	JV	Franchising	Sonstige	
Unternehmen mit interaktionsintensiven DL	19,6	5,9	23,5	9,8	0,0	41,2	100
Unternehmen mit interaktionsarmen DL	10,8	1,5	47,7	20,0	12,3	7,7	100
Summe	14,7	3,4	37,1	15,5	6,9	22,4	100

Abb. 159: Zusammenhang zwischen Interaktionsintensität und Kooperationsform[238]

Interaktionsintensive Dienstleistungen setzen in sehr viel höherem Maß eine Anpassung an die kulturellen Gewohnheiten der Kunden voraus, als es bei interaktionsarmen Dienstleistungen notwendig ist. Aufgrund des kontaktintensiven Angebots sind der Markterfolg der interaktionsintensiven Dienstleister entscheidend vom Personal abhängig und die Anforderungen an eine Anpassung an kundenindividuelle Bedürfnisse relativ hoch.[239] Daraus resultiert, daß solche Kooperationsformen von den Dienstleistern zur Bewältigung ihrer kooperationsspezifischen Aufgaben gewählt werden müssen, die es ermöglichen, daß Personal eingesetzt wird, das mit den kulturellen Besonderheiten und Gepflogenheiten der Kunden vertraut ist - was insbesondere bei internationalen Kooperationen von Relevanz ist - und denen die Kooperationsform einen ausreichend großen Flexibilitätsspielraum zur kundenindividuellen Bedürfnisbefriedigung einräumt. Insbesondere die Management-Verträge scheinen diese Anforderungen zu erfüllen.

Die Tatsache, daß ausschließlich Unternehmen mit einem objektbezogenen, objektdominanten, standardisierten und interaktionsarmen Dienstleistungsangebot auf Basis des Franchising zusammenarbeiten, erscheint zunächst verwunderlich. Zu berücksichtigen ist jedoch, daß die Vereinheitlichung von Dienstleistungen für die Franchisierbarkeit eines Konzepts eine wichtige Rolle spielt. Denn erst über die Standardisierung werden die Voraussetzungen für die Multiplizierbarkeit der Franchise-Idee geschaffen. Diese ist bei den oben genannten Dienstleistungen in einem sehr viel größeren Ausmaß gewährleistet als bei anderen Dienstleistungstypen. Außerdem soll über eine möglichst weit-

---

[238] Quelle: Eigene Darstellung basierend auf eigenen Berechnungen. SN: 0,000; KK: 0,454.

[239] Vgl. STAUSS (1994b), S. 227f.

reichende Vereinheitlichung der Dienstleistungserstellung trotz der Vielzahl und Heterogenität der Dienstleistungsproduzenten (Franchise-Nehmer) eine Konstanz der Dienstleistungsqualität sichergestellt werden.[240]

4.4. Bedeutung kooperationsspezifischer Ziele für die Wahl der Kooperationsform

Ausgangspunkt der Überlegungen stellt die Hypothese dar, daß die Intention, die die kooperierenden Unternehmen mit ihrer Zusammenarbeit verfolgen, die Entscheidung für oder gegen eine konkrete Kooperationsform mitbestimmt. Im Mittelpunkt der Betrachtung stehen die fünf für Dienstleistungsunternehmen wichtigsten Ziele: Erhöhung der Kundenbindung, Erweiterung des Leistungsangebots, Gewinnung von Know-how, Realisierung von Kostensenkungspotentialen sowie Eintritt in neue Märkte.

• **Zusammenhang zwischen Gewinnung von Know-how und Kooperationsform**

Verfolgen die Unternehmen die Absicht, über eine Kooperation ihre **Know-how**-Basis zu erweitern, dann versuchen sie dies, vor allem über Strategische Allianzen zu erreichen (41,4%). Auch Joint Ventures (17,2%) scheinen ähnlich dem Franchising (11,4%) eine gute Möglichkeit darzustellen, von dem Know-how des Partners zu profitieren (siehe Abb. 160). Daß Management-Verträge bei der Gewinnung von Know-how unterrepräsentiert sind, vermag auf den ersten Blick verwundern, da doch eigentlich der Know-how-Transfer zentraler Gegenstandsbereich vieler Management-Verträge ist. Allerdings ist zu berücksichtigen, daß die Gewinnung von Know-how zu den Zielen der 'managed firm' zählt. Vor dem Hintergrund, daß sehr häufig Unternehmensberater und Marktforschungsinstitute an Management-Verträgen beteiligt sind, liegt die Vermu-

---

[240] Vgl. STEIN (1996), S. 80f.; SCHMENNER (1995), S. 184ff.; KOTHARI (1988), S. 226; STAUSS (1994b), S. 226f. Aufgrund der dienstleistungsspezifischen Besonderheiten, wie z.B. Immaterialität, Simultaneität von Produktion und Konsumtion, lassen sich industrielle Management-Konzepte aus dem Bereich des Produktfranchising nicht ohne weiters übertragen, sondern verlangen eine entsprechende Adaption. Vgl. STEIN (1996), S. 78.

tung nahe, daß sie sich in den meisten Fällen in der Position der 'contracting firm' befinden und damit eher Know-how abgeben, als Know-how gewinnen.[241]

Gewinnung von	Kooperationsform in %						
Know-how	MV	Lizenz	SA	JV	Franchising	Sonstige	Summe
Unternehmen, die das Ziel verfolgen	10,0	4,3	41,4	17,2	11,4	15,7	100
Unternehmen, die das Ziel nicht verfolgen	21,7	2,2	30,4	13,0	0,0	32,7	100
Summe	14,7	3,4	37,1	15,5	6,9	22,4	100

Abb. 160: Zusammenhang zwischen Gewinnung von Know-how und Kooperationsform[242]

- **Zusammenhang zwischen Realisierung von Kostensenkungspotentialen und Kooperationsform**

Fast die Hälfte aller Unternehmen, die mit Hilfe einer Kooperation die Reduzierung ihrer Kosten anstreben, versuchen, dieses Ziel über eine Strategische Allianz zu verwirklichen (48,3%). Joint Ventures werden ebenfalls überdurchschnittlich häufig zu diesem Zweck eingesetzt (19%). An dritter Stelle rangieren Franchising-Konzepte (10,3%). Andere Kooperationsformen besitzen, wenn es sich bei dem Kooperationsziel um Kostenminimierung handelt, nur geringe Relevanz (siehe Abb. 161).

Realisierung von Kosten-	Kooperationsform in %						
senkungspotentialen	MV	Lizenz	SA	JV	Franchising	Sonstige	Summe
Unternehmen, die das Ziel verfolgen	8,6	0,0	48,3	19,0	10,3	13,8	100
Unternehmen, die das Ziel nicht verfolgen	20,7	6,9	25,9	12,1	3,4	31,0	100
Summe	14,7	3,4	37,1	15,5	6,9	22,4	100

Abb. 161: Zusammenhang zwischen Realisierung von Kostensenkungspotentialen und Kooperationsform[243]

---

[241] Siehe zum Management-Vertrag auch Kapitel II.1.4.2.3. Betrachtet man nur die Unternehmen, die einen Management-Vertrag abgeschlossen haben, so liegen die Anteile bei 23,5% Unternehmensberatern, 35,3% Marktforschungsinstituten, jeweils 11,8% Werbeagenturen, Wirtschaftsprüfern und Logistikdienstleistern und 5,9% Luftfahrtunternehmen.

[242] Quelle: Eigene Darstellung basierend auf eigenen Berechnungen. SN: 0,024; KK: 0,314.

[243] Quelle: Eigene Darstellung basierend auf eigenen Berechnungen. SN: 0,004; KK: 0,362.

- **Zusammenhang zwischen Eintritt in neue Märkte und Kooperations-form**

Um sich Zugang zu neuen Märkten mit Hilfe eines Kooperationspartners zu verschaffen, greifen die Dienstleister am häufigsten auf die Strategische Allianz zurück (39%). An zweiter Stelle folgen Joint Ventures (18,3%). Aber auch Management-Verträge bieten anscheinend eine gute Gelegenheit, um Markteintrittsbarrieren zu umgehen und in bislang unbearbeitetes Terrain vorzustoßen. Wie aus Abbildung 162 hervorgeht, ist dieses Ziel auch allen Franchising-Kooperationen eigen.

Eintritt in	Kooperationsform in %						
neue Märkte	MV	Lizenz	SA	JV	Franchising	Sonstige	Summe
Unternehmen, die das Ziel verfolgen	15,9	2,4	39,0	18,3	9,8	14,6	100
Unternehmen, die das Ziel nicht verfolgen	11,8	5,8	32,4	8,8	0,0	41,2	100
Summe	14,7	3,4	37,1	15,5	6,9	22,4	100

Abb. 162: Zusammenhang zwischen Eintritt in neue Märkte und Kooperationsform[244]

Die Tabelle bestätigt eindrucksvoll den Stellenwert von Joint Ventures als Markteintrittsform. Neues Marktpotential läßt sich ebenfalls sehr gut über Franchising erschließen. Auch Strategische Allianzen ermöglichen den Dienstleistern Zugang zu bislang nicht bearbeitetem Terrain. Aufgrund der bisherigen Analyseergebnisse scheint es jedoch so zu sein, daß die Wahl der Kooperationsform, die den Eintritt in einen neuen Markt ermöglichen soll, von den dienstleistungsspezifischen Besonderheiten abhängig ist. So werden z.B. interaktionsintensive, individuelle Dienstleister eher über einen Management-Vertrag, interaktionsarme, standardisierte Dienstleister über eine Franchising-Vereinbarung und objektdominante Dienstleister eher über eine Strategische Allianz versuchen, in neue Märkte einzutreten. Ein Joint Venture scheint die Form zu sein, die universal von fast allen Dienstleistungstypen als Markteintrittsstrategie genutzt wird.

---

[244] Quelle: Eigene Darstellung basierend auf eigenen Berechnungen. SN: 0,018; KK: 0,324.

Aufgrund der Gegenüberstellung der einzelnen Ziele mit den Kooperationsformen läßt sich belegen, daß alle Kooperationsformen gleichermaßen eingesetzt werden, um die Kunden der Dienstleister stärker an das Unternehmen
oder die Kooperation zu binden. Gleiches gilt auch für das Ziel Erweiterung des
Leistungsangebots. Unabhängig davon, welche Kooperationsform die Zusammenarbeit zwischen den Dienstleistern begründet, wird die Anreicherung der
eigenen Leistungspalette um die Leistungen des Kooperationspartners von
allen Unternehmen angestrebt. Im Hinblick auf die Realisierung von Kosten-,
Know-how- und Markteintrittsziele werden jedoch unterschiedliche Kooperationsformen von den Dienstleistern präferiert.

4.5. Fazit

Die Bandbreite möglicher Kooperationsformen im Dienstleistungssektor ist
relativ groß. Besonders hohe Akzeptanz erfährt jedoch die **Strategische
Allianz**, die unabhängig vom Unternehmens- bzw. Dienstleistungstyp von allen
Dienstleistern gleichermaßen zur Erreichung der kooperationsspezifischen
Ziele eingesetzt wird. Andere Kooperationsformen, die ebenfalls noch häufig
von den Dienstleistungsunternehmen zur Lösung ihrer Kooperationsaufgaben
gewählt werden, stellen Management-Verträge und Joint Ventures dar.

Die Wahl der Kooperationsform wird von mehreren Faktoren determiniert. Wie
obige Analyse bereits angedeutet hat, existieren zwischen der Kooperationsform und den **Kooperationsdimensionen** folgende Beziehungen:

- Wenn das Kooperationsverhältnis befristet ist, dann handelt es sich meistens
  um einen Management-Vertrag.

- Wenn viele Kooperationspartner zusammenarbeiten, dann geschieht das
  i.d.R. auf Basis einer Strategischen Allianz oder eines Franchising-Konzepts.

- Wenn Dienstleister derselben Wirtschaftsstufe kooperieren, dann überdurchschnittlich häufig in Form einer Strategischen Allianz, eines Joint Ventures oder im Rahmen eines Franchising-Konzepts.

Betrachtet man die Kooperationsform in Abhängigkeit von unterschiedlichen **Unternehmenstypen**, so sind folgende Ergebnisse festzustellen:

(1) Branche

• Für Unternehmensberater stellen Strategische Allianzen und Management-Verträge die wichtigsten Alternativen dar.

• Die Kooperationen von Marktforschungsinstituten basieren auf unterschiedlichsten Formen; für sie läßt sich keine typische Kooperationsform ableiten.

• Wirtschaftsprüfungsgesellschaften arbeiten am häufigsten auf Grundlage von Strategischen Allianzen, Management-Verträgen und Joint Ventures zusammen.

• Zentrale Kooperationsform von Luftfahrtgesellschaften stellt unangefochten die Strategische Allianz dar; für Airlines scheint es dazu keine Alternative zu geben.

• Logistikdienstleister stellen die einzigen Dienstleister der Stichprobe dar, deren Partnerschaften auf Franchising-Konzepte basieren. Darüber hinaus werden von ihnen Strategische Allianzen oder Joint Ventures als Kooperationsgrundlage bevorzugt.

(2) Unternehmensgröße

• Wenn es sich bei den Dienstleistern um Großunternehmen handelt, dann entscheiden sie sich wahrscheinlich für Joint Ventures bzw. Franchising.

• Wenn der Dienstleister eine eher kleine Unternehmensgröße aufweist, dann fällt die Wahl häufig auf einen Management-Vertrag bzw. eine Lizenz-Vereinbarung.

(3) Geographisches Tätigkeitsfeld

Zwischen dem geographischen Tätigkeitsfeld und der Kooperationsform konnten keine signifikanten Beziehungen nachgewiesen werden.

Bei Kombination der Kooperationsform mit **dienstleistungsspezifischen Kriterien** haben sich folgende Beziehungen herauskristallisiert:

- Wenn die Leistung des Unternehmens personenbezogen, personendominant, individuell bzw. interaktionsintensiv ist, dann kooperieren die Unternehmen auf Basis von Management-Verträgen bzw. Lizenz-Vereinbarungen.

- Wenn die Leistung des Unternehmens objektbezogen, personendominant, standardisiert bzw. interaktionsarm ist, dann gründen die kooperierenden Unternehmen entweder ein Joint Venture oder arbeiten im Rahmen einer Franchising-Vereinbarung zusammen.

Hinsichtlich der **kooperationsspezifischen Ziele** ist in bezug auf die Kooperationsform zu konstatieren, daß die Erweiterung des Leistungsangebots und die Bindung tatsächlicher oder potentieller Kunden bei allen Kooperationsformen einen zentralen Stellenwert einnimmt. Bestrebungen, neue Märkte zu erschließen, Kostensenkungspotentiale zu realisieren oder von dem Know-how des Partners zu profitieren, sind überdurchschnittlich häufig Teil der Kooperationsvereinbarungen von Strategischen Allianzen, Joint Ventures und Franchising-Konzepten.

Teil IV: Schlussbemerkung

Vor dem Hintergrund sich ändernder und härter werdender Wettbewerbsbedingungen der Dienstleistungsmärkte, die für die Dienstleister mit Chancen, aber auch mit Risiken verbunden sind (siehe Abb. 163), versuchen zunehmend auch Unternehmen des tertiären Sektors, die Sicherung ihrer Wettbewerbsposition über die Zusammenarbeit mit einem oder mehreren Partnerunternehmen zu gewährleisten. Obwohl Kooperationen gegenüber reinen Markttransaktionen bzw. Akquisitionen einige Nachteile aufweisen, sind sie diesen Koordinationsformen, je nach situativem Kontext, mehr oder weniger deutlich überlegen und stellen deshalb für viele Dienstleister eine attraktive strategische Option dar. Die Ergebnisse der empirischen Untersuchung bestätigen den bereits hohen Stellenwert dieser Strategiealternative in der Unternehmenspraxis. Für die Zukunft ist mit einem weiteren Bedeutungsanstieg zu rechnen.

Chancen	Risiken
• Trend zu Externalisierung • Weiterentwicklung von Informations- und Kommunikationstechnologien • Konvergenz nationaler Dienstleistungsmärkte im Hinblick auf gesetzliche, institutionelle und technische Rahmenbedingungen • Liberalisierung und Deregulierung von Dienstleistungsmärkten • EU-Harmonisierung • Trading-up traditioneller Dienstleistungen • ...	• Zunahme des internationalen Service-Wettbewerbs • Sinkende Loyalität gegenüber Dienstleistungsanbietern • Zusammenwachsen von Dienstleistungsmärkten • Konzentrationstendenzen • Konkurrenz für institutionelle Dienstleister durch Konsum- u. Investitionsgüterindustrie • Gesetzliche Regelungen • ...

Abb. 163: Chancen und Risiken investiver Dienstleister[1]

Die hohe Relevanz der Kooperationsstrategie in der Unternehmenspraxis und die Befunde der empirischen Untersuchung, die schwerpunktmäßig strategische Fragestellungen des Kooperationsverhaltens von Dienstleistungsunternehmen thematisiert hat, rechtfertigen eine eigenständige und differenzierte

---

[1] Quelle: Eigene Darstellung. Die einzelnen Argumente finden sich bei MEFFERT/BRUHN (1997), S. 119; JOHNSON/SCHEUING/GAIDA (1986), S. 24ff.; BENÖLKEN/GREIPEL (1990), S. 43ff.

Auseinandersetzung mit den Kooperationsaktivitäten der Dienstleister als loh-
nendes Forschungsfeld. Zwar scheinen nach den durchgeführten Analysen
grundlegende Aussagen zum Kooperationsmanagement auch für Dienstleistungsunternehmen Gültigkeit zu besitzen, jedoch weisen Dienstleistungen
eine Vielzahl von Charakteristika auf, die in Teilbereichen eine inhaltliche Rela-
tivierung bzw. Neufassung der bisherigen Kooperationserkenntnisse verlangen.

Im einzelnen konnte im Rahmen dieser Arbeit aufgezeigt werden,

- welche Bedeutung der Kooperationsstrategie von Dienstleistungsunternehmen gegenwärtig, aber auch in Zukunft beigemessen wird,
- welche Kooperationsziele in welcher Intensität mit welchem Zielerreichungsgrad von den Dienstleistungsunternehmen verfolgt werden,
- wodurch sich erfolgreiche von weniger erfolgreichen Kooperationen im
  Dienstleistungssektor unterscheiden,
- mit welchen Kooperationsproblemen sich Dienstleistungsunternehmen bei
  der Zusammenarbeit konfrontiert sehen und
- wie die Ausgestaltung der Zusammenarbeit bei Dienstleistern hinsichtlich
  Kooperationsdimensionen und -formen aussieht.

Daß diese strategischen Aspekte unternehmerischer Zusammenarbeit von
exogenen Variablen, insbesondere von unternehmens- und dienstleistungsspezifischen Kriterien, Beeinflussung erfahren (in Abb. 164 veranschaulicht
durch die dicken Pfeile, die auf das Kooperationsmodul weisen) und darüber
hinaus noch in einem engen Beziehungsgeflecht zueinander stehen, konnte
anhand der Untersuchungsergebnisse belegt werden. So wird die Konfiguration
der Kooperation von der kooperationsspezifischen Zielsetzung beeinflußt, und
zwischen Zielen und Kooperationserfolg ist ebenfalls eine enge Relation vorhanden. Zusammenhänge existieren auch zwischen dem Kooperationserfolg
und den auftretenden Kooperationsproblemen. Es ließen sich jedoch nicht für
alle untersuchten Relationen zwischen den Elementen des Kooperationsmoduls signifikante Beziehungen feststellen. In Abbildung 164 sind die vorhandenen signifikanten Zusammenhänge zwischen den untersuchten Elementen
durch durchgezogene Pfeillinien symbolisiert. Nicht existierende bzw. aufgrund

der Befunde zu vernachlässigende Beziehungen sind an der schraffierten Linie zu erkennen.

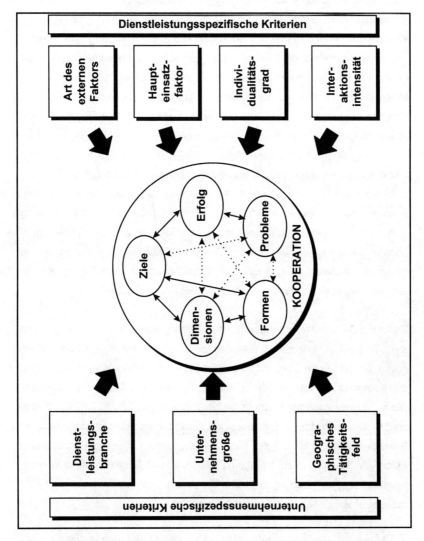

Abb. 164: Empirisch überprüftes Kooperationsmodell von Dienstleistungsunternehmen[2]

---

[2] Quelle: Eigene Darstellung.

Faßt man die **zentralen Ergebnisse** dieser Arbeit zusammen, dann zeigt sich, daß die Mehrzahl der Dienstleistungsunternehmen bereits über z.T. **weitreichende Kooperationserfahrung** verfügt und die Zusammenarbeit mit anderen Dienstleistern für die meisten auch bei der zukünftigen Unternehmensplanung eine essentielle Alternative darstellt, wenn es um die **Erzielung von Wettbewerbsvorteilen** und die Verbesserung der Wettbewerbsposition geht. Die Dienstleister haben erkannt, daß die Kooperationsstrategie in besonderem Maße dazu geeignet ist, das eigene Leistungsangebot um das möglicher Kooperationspartner zu erweitern und damit aus Kundensicht ihre Attraktivität zu erhöhen.

Damit tragen sie auch gleichzeitig einer anderen Zielsetzung Rechnung: In Zeiten sinkender Kundenloyalität, transparenter werdender Marktstrukturen, wachsenden Kostenbewußtseins etc. stellt die Leistungsangebotsergänzung eine ausgezeichnete Möglichkeit dar, Kunden stärker an das eigene Unternehmen zu binden. Gleichzeitig profitieren die Kooperationspartner noch vom Image des anderen, so daß sich über eine Zusammenarbeit Synergieeffekte erzielen lassen, die letztlich auf der Ertragsseite zu Buche schlagen.

Verfolgen Dienstleister die Absicht, neues Marktpotential zu erschließen, dann stellt für sie die Kooperation ebenfalls eine vielversprechende Strategiealternative dar. Der hohe Zielerreichungsgrad bestätigt die hervorragende Eignung der Kooperationsstrategie, um in bislang unbearbeitete Märkte vorzudringen. Die hohe Bedeutung der Kooperation als Markteintrittsstrategie für Dienstleister erklärt sich auch damit, daß ihnen aufgrund der dienstleistungsspezifischen Besonderheiten nicht alle für Industrieunternehmen in Frage kommenden Markteintrittsstrategien zur Verfügung stehen, so daß für sie das Spektrum der Möglichkeiten, sich Zugang zu neuen Märkten zu verschaffen, im Vergleich zu Industrieunternehmen etwas eingeschränkt ist.

Zu weiteren aus Sicht der Dienstleistungsunternehmen wichtigen Zielen, über die sie durch die Zusammenarbeit mit anderen Unternehmen Wettbewerbsvorteile erzielen können, zählen die Gewinnung von Know-how und die Realisierung von Kostensenkungspotentialen.

Die positive Einstellung der Dienstleistungsunternehmen gegenüber der Kooperationsstrategie hängt auch damit zusammen, daß der Großteil der Kooperationen überaus erfolgreich verlaufen ist. Vergleicht man die **Erfolgsquoten** der Dienstleister mit denen von Industrieunternehmen, dann liegen diese deutlich höher. Als möglicher Erklärungsansatz könnte der Umstand herangezogen werden, daß für Dienstleister die Integration eines externen Faktors in den Dienstleistungserstellungsprozeß zwingend notwendig ist, damit sie ihre unternehmerische Leistung überhaupt erstellen und absetzen können. Um für den Kunden eine optimale Befriedigung seiner Wünsche und Bedürfnisse zu gewährleisten, verlangt dies von den Dienstleistern neben Integrations- und Interaktionsfähigkeit ein Höchstmaß an kommunikativer Kompetenz, Variabilität, Flexibilität, Konflikt-, aber auch Kompromißfähigkeit. Diese Eigenschaften, die eine unabdingbare Voraussetzung für die erfolgreiche 'Zusammenarbeit' mit dem externen Faktor darstellen, begünstigen auch die Kooperation mit anderen Unternehmen, so daß sich daraus der Erfolg unternehmerischer Zusammenarbeit von Dienstleistungsunternehmen erklären läßt.

Damit korrespondiert die Tatsache, daß ein Teil der Dienstleister die Zusammenarbeit als weitestgehend problemlos empfunden hat. Sie sind von **Schwierigkeiten**, wie mangelnder Kompatibilität der Ziele, Kulturen, Potentiale weitestgehend verschont geblieben, was darauf schließen läßt, daß sie den für ihr Kooperationsprojekt **richtigen Kooperationspartner** gefunden haben. Dieser stellt den zentralen Erfolgsfaktor für eine gelungene Zusammenarbeit dar.

Zu einer erfolgreichen Zusammenarbeit der Kooperationspartner gehört es nicht nur, daß sich diese auf komplementäre oder zumindest harmonierende Kooperationsziele einigen, sondern daß man sich auch über die Konfiguration der Kooperation verständigt. Dabei stellt die **Kooperationsausgestaltung** ein **multifaktorielles Phänomen** dar, das von unterschiedlichen Größen Beeinflussung erfährt. Unter Berücksichtigung sämtlicher analysierter Einflußgrößen stellt sich eine **'typische' Kooperation von Dienstleistungsunternehmen** in bezug auf die **Zeitdauer** eher unbefristet dar; sie konstituiert sich über eine **vertragliche Vereinbarung**, was Rückschlüsse auf den strategischen Charakter der Kooperationsverhältnisse zuläßt. Darüber hinaus versuchen die Dienstleister über eine Kapitalverflechtung, ihre Beziehung zum Kooperationspartner zu intensivieren und diesen noch enger an sich zu binden.

Die auch für Dienstleister schwieriger werdenden Wettbewerbsverhältnisse induzieren nicht nur die Zusammenarbeit mit einem Partner, sondern legen eine Kooperation mit **mehreren Unternehmen** nahe. Obwohl trilaterale Beziehungsgeflechte überwiegen, ist ein Trend hin zu komplexeren Netzwerken feststellbar. Im Hinblick auf den geographischen Geltungsbereich erstrecken sich die meisten Kooperationen auf **nationales Territorium**, wenngleich der Anteil **internationaler Partnerschaften** nur marginal kleiner ist, was als Zeichen für den hohen Internationalisierungs- und Globalisierungsgrad im tertiären Sektor gewertet werden kann.

Die meisten Partner der Dienstleister stammen ebenfalls aus dem Dienstleistungsbereich, in der Regel gehören sie sogar derselben Dienstleistungsbranche an; es dominieren also **horizontale Kooperationen**. Obwohl viele Dienstleistungsunternehmen sich mit ihren Partnern in einem unmittelbaren Wettbewerbsverhältnis befinden, erstrecken sich ihre Kooperationen auf das eigentliche **Kerngeschäft**, wobei dann überwiegend **funktionsübergreifend** zusammengearbeitet wird. Das zentrales Kooperationsfeld stellt die eigentliche **Dienstleistungserstellung** dar, auf die sich die Zusammenarbeit fast aller Unternehmen konzentriert; sie wird jedoch von gemeinsamen Marketing-Aktivitäten flankiert und durch kooperative EDV-Aktivitäten unterstützt.

Allerdings ist dieses Kooperationsprofil nicht ausschließlich Resultat unternehmens- und dienstleistungsspezifischer Faktoren, sondern wird auch durch die kooperationsspezifischen **Ziele** der Dienstleister determiniert. So sind diese mitverantwortlich für den strategischen Charakter der Partnerschaften, die tendenziell internationale Ausrichtung der Kooperation, die enge vertragliche Bindung zwischen den Partnern sowie die extreme Dominanz der horizontalen Verflechtung zwischen den an der Zusammenarbeit beteiligten Unternehmen.

Versucht man diese Ergebnisse graphisch zu veranschaulichen, bietet es sich an, Rückgriff auf den in Kapitel II.2.4.1. vorgestellten morphologischen Kasten zu nehmen. Dabei lassen sich die Ausprägungen, die eine 'typische' Kooperation von Dienstleistungsunternehmen hinsichtlich der einzelnen Dimensionen aufweist, anhand eines Kantenzugs visualisieren (siehe Abb. 165).

Dimensionen	Ausprägungen						
Zeitdauer	Befristet			**Unbefristet**			
	Kurzfristig		Mittelfristig		**Langfristig**		
Intensität	Formlose	**Vertragliche Vereinbarung**					
	Vereinbarung	Ohne Kapitalverflechtung		**Mit Kapitalverflechtung**			
Anzahl der Bindungen	Bilaterale Bindungen	**Trilaterale Bindungen**		Einfache Netzwerke		Komplexe Netzwerke	
Geographischer Geltungsbereich	Regional	**National**		International			
Richtung	Horizontal	Vertikal		Lateral			
Unternehmens-funktion	Teilfunktionsbezogen		Funktionsbezogen		**Funktionsübergreifend**		
	Beschaffung	F&E	Personal	**Produktion**	Marketing	Finanzen	EDV

Abb. 165: Kooperationsprofil von Dienstleistungsunternehmen[3]

Die Konfiguration der Kooperation beschränkt sich jedoch nicht nur auf die Ausgestaltung einzelner Kooperationsdimensionen, sondern beinhaltet auch die Festlegung der Kooperationsform. Das Spektrum der von den Dienstleistungsunternehmen gewählten **Kooperationsformen** ist relativ heterogen. Wenn überhaupt eine Kooperationsform hervorgehoben werden kann, derer sich viele Dienstleister bedienen, dann ist es die Strategische Allianz. Sie stellt eine Kooperationsform dar, die unabhängig vom Unternehmens- bzw. Dienstleistungstyp breite Akzeptanz erfährt und zur Erreichung sämtlicher Ziele geeignet ist. Auf der Grundlage eines Management-Vertrags bzw. im Rahmen eines Joint Ventures arbeiten ebenfalls zahlreiche Dienstleister zusammen. Diese Kooperationsformen besitzen jedoch nicht den Universal-Charakter einer Strategische Allianz, sondern kommen je nach Unternehmens- bzw. Dienstleistungstyp respektive Kooperationsziel mehr oder weniger zur Anwendung.

Nach dieser eher globalen Zusammenfassung der aus der empirischen Untersuchung resultierenden Erkenntnisse für Dienstleistungsunternehmen und der relativ isolierten Darstellung der Analyseergebnisse in den Fazit-Betrachtungen

---

[3]   Quelle: Eigene Darstellung.

der Kapitel III.2.-4. erfolgt im Anschluß eine Beschreibung typischer Kooperationsmuster, die den strategischen Aspekten Rechnung trägt - getrennt für die einzelnen Unternehmens- bzw. Dienstleistungstypen. Dabei werden Redundanzen bewußt in Kauf genommen; sie erscheinen jedoch gerechtfertigt, da nur durch diese Vorgehensweise eine ganzheitliche Betrachtung der Kooperationsspezifika der einzelnen Typen möglich wird.[4]

(1) Branche

- **Unternehmensberater** verfolgen mit einer Zusammenarbeit meistens den Zweck, das eigene Angebot um die Leistungen ihrer zumeist wenigen Partnerunternehmen zu erweitern. Dazu gehen sie Kooperationen ein, die eher zeitlich befristet sind, sich auf regionales bzw. nationales Gebiet erstrecken und auf einer formlosen Vereinbarung basieren. Wenn sie sich für eine vertragliche Vereinbarung entscheiden, dann oftmals für einen Management-Vertrag. Die Zusammenarbeit beinhaltet gemeinsame EDV-, Marketing- und F&E-Aktivitäten. Obwohl die Kooperationen der Unternehmensberater meistens sehr erfolgreich verlaufen, können Koordinationsprobleme und mangelnde Zielharmonie den Erfolg ihrer Zusammenarbeit gefährden.

- Mit Hilfe der Kooperationsstrategie sehen sich **Marktforschungsinstitute** ebenfalls in der Lage, eine Erweiterung ihres Leistungsangebots herbeizuführen. Sie gehen dazu Partnerschaften mit nur wenigen assoziierten Unternehmen ein, die sich als zeitlich befristet, formlos, national ausgerichtet charakterisieren lassen. Ein Schwerpunkt der Zusammenarbeit liegt auf gemeinsamen EDV- und F&E-Projekten. Im Hinblick auf mögliche Kooperationsschwierigkeiten haben sie die größten Probleme mit einem unzureichenden Schutz ihrer strategischen Potentiale. Das Spektrum der von ihnen gewählten Kooperationsformen ist so heterogen, daß sich keine für Marktforschungsinstitute typische Form herauskristallisiert hat.

- **Werbeagenturen** versprechen sich von einer Zusammenarbeit, ihre Kunden stärker an ihr Unternehmen zu binden und sich mit Hilfe weniger Partner

---

[4]   Die Darstellung konzentriert sich wiederum auf signifikante Befunde. Für sämtliche Dienstleistungsunternehmen gültige Ergebnisse werden nur am Rande erwähnt.

neues Marktpotential zu erschließen. Dazu arbeiten sie mit anderen Agenturen auf vertraglicher Basis zeitlich befristet zusammen, wobei sich die Zusammenarbeit in geographischer Hinsicht auf nationales Gebiet, in funktionaler Hinsicht auf die Bereiche Marktforschung und EDV erstreckt. Die Kooperationen der Werbeagenturen zählen zu denjenigen, die mit Abstand die höchste Mißerfolgsquote aufweisen, wofür vor allem die mangelnde Harmonie der Unternehmenskulturen und Zielvorstellungen, aber auch Koordinationsschwierigkeiten verantwortlich zeichnen.

- Bei **Wirtschaftsprüfern** steht ebenfalls die Erweiterung Leistungsangebots im Mittelpunkt des Interesses. Zur Erreichung dieses Ziels ergeben sich für die Ausgestaltung ihrer Partnerschaften zwei Möglichkeiten: Entweder schließen sich wenige Unternehmen zusammen, die ihre Dienstleistungen regional anbieten, oder es arbeiten sehr viele Wirtschaftsprüfungsgesellschaften auf internationaler Ebene zusammen. Neben der Dienstleistungserstellung sind bei ihnen häufig der Personal- und der EDV-Bereich von der Zusammenarbeit tangiert, die höchstens von unzureichender Harmonie der Unternehmenskulturen oder von Koordinationsproblemen gestört, aber nicht gefährdet ist. Schließlich beurteilten alle Wirtschaftsprüfer ihre Kooperation als erfolgreich.

- Die Kooperationen von **Luftfahrtgesellschaften** - nahezu ausschließlich Strategische Allianzen - gehören zu denjenigen, die durch einen sehr hohen Professionalisierungsgrad gekennzeichnet sind. Obwohl sie die meisten Probleme bei ihrer Zusammenarbeit aufweisen, können sie diese fast ausnahmslos bewältigen. Die Konfiguration ihrer Kooperationen, an der i.d.R. nur wenige weitere Airlines beteiligt sind, läßt sich folgendermaßen beschreiben: international ausgerichtet, auf Dauer angelegt, von hoher Intensität, das Kerngeschäft betreffend und funktionsübergreifend. Der Eintritt in neue Märkte, die Realisierung von Kostensenkungspotentialen, die Erhöhung der Kundenbindung sowie die Gewinnung von Know-how zählen für die Luftfahrtgesellschaften zu den essentiellen Gründen, warum sie eine Kooperation eingegangen sind.

- Die Dienstleistungen von **Logistikunternehmen** legen Kooperationen nahe, die zeitlich unbefristet sind, sich über vertragliche Vereinbarungen konstituieren, national, z.T. auch international ausgerichtet sind und sämtliche betrieblichen Funktionsbereiche tangieren. Die Realisierung von Wettbewerbsvorteilen basiert bei Logistikdienstleistern auf der aufeinander abgestimmten Zusammenarbeit von vielen Unternehmen, bei der häufig ein Franchising-Konzept den Orientierungsrahmen für gemeinsames Handeln bietet.

(2) Unternehmensgröße

- Kooperationen von **KMUs** unter den Dienstleistern verfolgen hauptsächlich das Ziel, das Leistungsangebot für ihre Kunden zu erweitern. Dabei sind sie überdurchschnittlich häufig zeitlich befristet angelegt, womit die Tatsache korrespondiert, daß bei ihnen in den meisten Fällen das Kooperationsverhältnis nur auf einer formlosen Vereinbarung und nicht auf einem vertraglichen Verhältnis basiert. Der geographische Geltungsbereich ihrer Zusammenarbeit konzentriert sich auf nationales Gebiet. Im Hinblick auf die Kooperationsaufgabe streben die KMUs an, Synergien außer bei der Dienstleistungserstellung noch im EDV- und Personalbereich zu erzielen. Überproportional häufig sehen KMUs ihre Partnerschaften durch den Verlust ihrer Kernkompetenzen gefährdet.

- Im Gegensatz dazu lassen sich Kooperationen von **Großunternehmen** als zeitlich unbefristet mit hoher Bindungsintensität zwischen den Partnern und international ausgerichtet charakterisieren. Neben der Zusammenarbeit im Rahmen der Dienstleistungserstellung zählen gemeinsame Marketing-Aktivitäten zu den Hauptaufgaben der Partnerschaften. Damit versuchen die Großunternehmen, ihre Kooperationsziele zu erreichen, wobei außer der Leistungsangebotserweiterung insbesondere die intensivere Bindung der Kunden, die Gewinnung von Know-how, die Realisierung von Kostensenkungspotentialen sowie der Zugang zu neuen Märkten hervorzuheben sind. Zahlreiche Gefahrenquellen bedrohen den Kooperationserfolg der großen Dienstleistungsunternehmen: mangelnde Kompatibilität der Ziele, der Unternehmenskulturen und der Aktivitäten, Dominanz der Partner und Einschränkung der Selbständigkeit, Koordinationsschwierigkeiten sowie Aufteilung des

Kooperationserfolgs. Den institutionellen Rahmen für die Zusammenarbeit bilden vor allem Strategische Allianzen, Joint Ventures und Franchising.

(3) Geographisches Tätigkeitsfeld

- Kooperationen **regional aktiver Dienstleister** beruhen vorwiegend auf formlosen Abmachungen zwischen den an der Zusammenarbeit beteiligten Firmen und konzentrieren sich auf ein beschränktes geographisches Gebiet, das mit dem Tätigkeitsfeld der Unternehmen identisch ist. Während andere Dienstleister hin und wieder mit Unternehmen anderer Wirtschaftsstufen zusammenarbeiten, kommen laterale Bündnisse für die regionalen Firmen gar nicht in Frage. Bei ihren Kooperationen stehen gemeinsame Aktivitäten im EDV-, Personal- und Vertriebsbereich im Mittelpunkt.

- **National operierende Dienstleistungsunternehmen** gestalten ihre Zusammenarbeit i.d.R. auf vertraglicher Basis. Eine weitergehende, gegenseitige kapitalmäßige Verflechtung halten sie anscheinend nicht für notwendig. Sie vereinbaren meistens Kooperationsaufgaben im Rahmen der Funktionsbereiche F&E, Marktforschung und EDV, die innerhalb der nationalen Grenzen von den Partnern erledigt werden. Obwohl die Mehrzahl der Kooperationspartner sich auf der gleichen Wirtschaftsstufe befindet, gehen die nationalen Dienstleister überdurchschnittlich oft Partnerschaften mit Unternehmen ein, die dem eigenen vor- oder nachgelagert sind.

- Mit Hilfe eines Vertrags, der zusätzlich noch eine Kapitalbeteiligung beim Kooperationspartner vorsieht, sichern sich **international agierende Dienstleistungsunternehmen** gegen Kooperationsrisiken ab. Ihre Partnerschaften sind zum einen verstärkt durch die besonderen Unsicherheiten internationaler Kooperationsprojekte (z.B. kulturelle Divergenzen) gefährdet. Zum anderen existieren Risiken durch die Zusammenarbeit mit potentiellen Wettbewerbern. Im Rahmen der ohnehin sehr breit angelegten Partnerschaften bemühen sich internationale Dienstleister, Synergien durch Abstimmung ihrer Marketing-Aktivitäten, durch Koordination im Bereich der EDV sowie durch Beschaffungskooperationen zu erzielen, was ihnen die Erreichung ihrer Kostensenkungs- und Marktzugangsziele erleichtert. Trotzdem kommen

auf sie - häufiger als auf andere Dienstleister - Risiken in Form von Kern-
kompetenzverlust, unzureichendem 'fit' der Unternehmenskulturen und Akti-
vitäten/Kompetenzen zu.

(4) Art des externen Faktors

- Die Kooperationen von **Unternehmen mit personenbezogenen Dienstleistungen** sind relativ oft durch temporär befristete Kooperationsverhältnisse,
die mit einer formlosen Vereinbarung einhergehen, gekennzeichnet. An
ihnen sind meistens nur wenige Unternehmen beteiligt. Netzwerkartige
Kooperationen stellen eine Seltenheit dar. Ihre internationale Zusammenarbeit konkretisiert sich in gemeinsamer Vertriebs-, EDV- und F&E-Arbeit.

- **Unternehmen mit objektbezogenen Dienstleistungen** arbeiten mit ihren
zahlreichen Kooperationspartnern zeitlich unbefristet auf der Grundlage von
Verträgen mit zusätzlicher Kapitalbeteiligung zusammen, was sich vor allem
in Form von Joint Ventures oder Franchising-Konzepten äußert. Sie definieren ihr Tätigkeitsfeld in geographischer Hinsicht eher national, in inhaltlicher
Hinsicht sind hauptsächlich die Funktionen Werbung/PR, Marktforschung,
Vertrieb von der Zusammenarbeit betroffen. Als für sie bedeutende Kooperationsziele sind stärkere Kundenbindung, Know-how-Gewinn, Marktzugang
und Kostensenkung zu nennen. Vor allem die mangelnde Kompatibilität der
Ziele, die Dominanz der anderen Kooperationspartner, die mögliche Einschränkung der Selbständigkeit, sowie der Verlust der Kernkompetenzen
können bei ihnen kontraproduktiv wirken.

(5) Haupteinsatzfaktor

- Die gemeinsame Aufgabenerfüllung in den Funktionsbereichen EDV, F&E
und Personal bestimmt die Zusammenarbeit **personendominanter Dienstleister**. Sie ist überdurchschnittlich häufig mit einem zeitlich befristeten
Kooperationsverhältnis verbunden, das auf Basis einer formlosen Vereinbarung geschlossen wurde. An der national ausgerichteten Zusammenarbeit
sind meistens nur wenige Partnerunternehmen beteiligt. Als problematisch
erweisen sich für sie die Harmonie der Unternehmenskulturen sowie die
Koordination ihrer Aktivitäten. Management-Verträge und Strategische Alli-

anzen bieten für personendominante Dienstleister den adäquaten organisatorischen Rahmen.

- Für **objektdominante Dienstleister** stellen Kooperationen, die unbefristet sind, auf einem Vertrag mit gegenseitiger Kapitalbeteiligung beruhen und viele Unternehmen vereinigen, die Regel dar. Ihre auf internationale Märkte gerichtete Zusammenarbeit basiert hauptsächlich auf gemeinsamen Marketing-Aktivitäten und soll Kundenbindung, Marktzugang, Kosteneinsparung und Know-how-Transfer ermöglichen. Dabei fungieren Strategische Allianzen, Joint Ventures und Franchising als für sie besonders geeignete Kooperationsformen. Bei ihnen bestehen die Risiken der Zusammenarbeit vor allem in einem unzureichenden 'fit' der Ziele, Aktivitäten und Kompetenzen sowie in der Übermacht der Partner und einem Verlust der unternehmerischen Selbständigkeit.

(6) Individualitätsgrad

- Bei den **individuelle Dienstleistungen anbietenden Unternehmen** kommen befristete, formlose Kooperationsverhältnisse überdurchschnittlich häufig vor. Sie dauern zumeist ein bis drei Jahre und werden von nur wenigen beteiligten Unternehmen ins Leben gerufen, die ihre Ziele durch Bündelung und Abstimmung ihrer EDV-, Personal- sowie F&E-Aufgaben besser erreichen wollen. Dabei können sich wenig harmonierende Unternehmenskulturen und auftretende Koordinationsprobleme negativ auf den Erfolg ihrer Kooperationsbemühungen auswirken. Management-Verträge stellen für sie eine bedeutende Kooperationsform dar.

- Partnerschaften von **Unternehmen, die standardisierte Dienstleistungen offerieren**, vereinigen viele kooperationswillige Unternehmen, die zeitlich unbefristet über viele Jahre hinweg schwerpunktmäßig im Marketing-Bereich zusammenarbeiten. Sie konstituieren sich über vertragliche Vereinbarungen, die von den kooperierenden Unternehmen auch noch eine Kapitalbeteiligung verlangen, i.d.R. in Form von Strategischen Allianzen und Franchising. Ihre Kooperationen werden insbesondere mit der Intention eingegangen, Kundenbindungs- und Marktzugangsziele sowie Kostensenkungspotentiale zu realisieren. Die enge Bindung an den Kooperationspartner birgt die Gefahr einer zu starken Dominanz einer der Vertragsparteien und die Einschränkung der unternehmerischen Selbständigkeit in sich. Oftmals ergeben sich auch Probleme dadurch, daß sich die Aufteilung des Kooperationserfolgs als schwierig erweist.

(7) Interaktionsintensität

- Dem Großteil **interaktionsintensiver Dienstleister** ist gemeinsam, daß sich ihre Partnerschaften auf wenige Unternehmen konzentrieren, die ihre Kooperationsaktivitäten überwiegend auf EDV, F&E und Vertrieb beschränken. Sie vereinbaren überdurchschnittlich oft zeitlich befristete Kooperationsverhältnisse, die zwischen einem und drei Jahren dauern und auf einer formlosen Vereinbarung beruhen. Dabei verläuft ein Drittel ihrer Kooperationen relativ problemlos, während sich die Schwierigkeiten der übrigen interaktionsintensiven Dienstleister auf unzureichenden Schutz der Kernkompetenzen sowie Koordinationsprobleme konzentrieren.

- Die Kooperationen **interaktionsarmer Dienstleister** weisen unbefristeten, langfristigen Charakter auf. Bei ihnen vereinigen sich viele Firmen unter einem Kooperationsdach, die ihre Zusammenarbeit mit einem Vertrag und zusätzlicher Kapitalbeteiligung begründen. Über gemeinsame Werbung/PR, Marktforschung und Vertriebsaktivitäten im Rahmen von Strategischen Allianzen, Joint Ventures und Franchising versuchen sie, ihre Kooperationsziele zu verwirklichen, die schwerpunktmäßig auf einer intensiveren Kundenbindung und einem Zugang zu neuen Märkte liegen. Bedrohung erfährt der Erfolg ihrer Kooperationsprojekte nicht nur durch unzureichende Ziel-, Kultur- sowie Aktivitäten-/Kompetenzkompatibilität, sondern auch durch die Einschränkung der Selbständigkeit des Partners und Schwierigkeiten bei der Aufteilung des Kooperations-Outputs.

Die hier gewählte typenspezifische Betrachtungsweise trägt dem Anspruch der Arbeit Rechnung, den sehr heterogenen Dienstleistern einen Orientierungsrahmen beim Management ihrer Kooperationen zu bieten, ohne gleichzeitig nur eine Einzelfallanalyse abzugeben, zur der eine rein branchenspezifische Vorgehensweise geführt hätte. Aufgrund der sehr positiven Erfolgsquote der untersuchten Kooperationen liegt die Vermutung nahe, daß die analysierten Dienstleister vor dem Hintergrund ihrer individuellen Rahmenbedingungen und der Besonderheiten ihres Dienstleistungsangebots Kooperationsentscheidungen getroffen haben, die mit diesen Determinanten im Einklang gestanden haben. Insoweit besteht die Möglichkeit, aus den kumulierten Kooperationsentscheidungen für die Unternehmenspraxis im Hinblick auf zukünftige Kooperationen der einzelnen Dienstleistungstypen empirisch fundierte Handlungs- und Gestaltungsempfehlungen abzuleiten. Dabei liefert die Arbeit Hinweise darauf,

- welche Ziele Dienstleistungsunternehmen mit Hilfe einer Kooperationsstrategie erfolgreich verwirklichen können,
- welche Ziele für welche Dienstleistungstypen zur Erzielung von Wettbewerbsvorteilen geeignet erscheinen,
- welche Faktoren für eine erfolgreiche Zusammenarbeit bei Dienstleistern verantwortlich sind,
- welche Kooperationsprobleme den Erfolg einer Zusammenarbeit im Dienstleistungssektor bedrohen,
- welche Faktoren bei der Partnerselektion zu berücksichtigen sind,
- welche Kooperationsschwierigkeiten für einzelne Dienstleistungstypen eine besondere Gefahr darstellen,
- wie die Ausgestaltung bestimmter Dimensionen für eine erfolgreiche Zusammenarbeit für einzelne Dienstleistungstypen aussehen könnte,
- wie die Kooperation am besten zur Realisierung einzelner Ziele zu konfigurieren ist,
- welche Kooperationsformen zur Verwirklichung unterschiedlicher Ziele vorzuziehen sind und
- welche Kooperationsformen für einzelne Dienstleistungstypen geeignet erscheinen.

Auf Basis der bisherigen Ausführungen kann im Hinblick auf die methodische Vorgehensweise der Arbeit zusammenfassend festgestellt werden, daß die gewählten **dienstleistungsspezifischen Kriterien** Art des externen Faktors, Haupteinsatzfaktor, Individualitätsgrad und Interaktionsintensität zur Typologisierung verschiedener Dienstleistungen geeignet sind, wenn es darum geht, unterschiedliches Kooperationsverhalten zu analysieren und Empfehlungen für die Zusammenarbeit von Dienstleistern auszusprechen. Sie ermöglicht Dienstleistungsunternehmen, die nicht zu den in der Stichprobe berücksichtigten Branchen zählen, über die Charakterisierung der eigenen Dienstleistung und der darauf aufbauenden Zuordnung zu dem entsprechenden Dienstleistungstyp, ebenfalls von den Erkenntnissen dieser Untersuchung zu profitieren, indem sie Hilfestellung bei Kooperationsentscheidungen finden und neue Anregungen für die Lösung ihrer Kooperationsprobleme, die sie unter Umständen mit den analysierten Dienstleistern gemeinsam haben, erhalten. Darin liegt der Vorteil gegenüber der bislang häufig angewandten forschungspragmatischen Vorgehensweise rein branchenspezifisch ausgerichteter Untersuchungen.

Die Vorteile belegen, daß die typologische Vorgehensweise auch in Zukunft, insbesondere im heterogenen Dienstleistungssektor, einen Forschungsansatz darstellt, der zu einem Erkenntnisfortschritt im Dienstleistungs-Marketing führen und einen Beitrag zu der bereits angesprochenen, in der Literatur geforderten Entwicklung einer holistischen 'Theorie des Dienstleistungs-Marketing' leisten kann.

Anhang

Anhangsverzeichnis

UNIVERSITÄT HOHENHEIM

FORAM Forschungsstelle für Angewandtes Marketing (512)
Dipl.-Kff. Marion Friese

Universität Hohenheim (512), D-70593 Stuttgart

Stuttgart, den 24. November 1995

Sehr geehrte Damen und Herren,

im Rahmen meiner Tätigkeit als wissenschaftliche Mitarbeiterin am Lehrstuhl für Absatzwirtschaft der Universität Hohenheim, Leitung Herr Prof. Dr. Hans Hörschgen, führe ich gegenwärtig eine Untersuchung durch, die Aufschluß über den Einsatz der Kooperation als Wettbewerbsstrategie im Dienstleistungssektor geben soll. Die so gewonnenen Ergebnisse bilden die Basis für meine Doktorarbeit.

Grundlage dieser Untersuchung bildet die Befragung ausgewählter Dienstleistungsunternehmen mit dem Ziel, Problemfelder und Besonderheiten bei Kooperationen im Dienstleistungssektor zu analysieren, um dadurch neue Erkenntnisse über den Erfolg von Kooperationsvorhaben zu gewinnen. Aus diesen lassen sich dann auch für die Unternehmenspraxis Ansatzpunkte zur Verbesserung der Ausgestaltung von Kooperationen und des Kooperationsmanagements ableiten.

Da der Erfolg dieses Forschungsprojektes ganz wesentlich davon abhängt, daß möglichst alle Befragten antworten, möchte ich Sie trotz Ihres knapp bemessenen Zeitbudgets sehr herzlich bitten, den Fragebogen ausgefüllt an mich zurückzuschicken. Als Gegenleistung für Ihre Mühe bin ich gerne bereit, Ihnen auf Wunsch nach Abschluß meiner Arbeit eine Kurzfassung der Ergebnisse zukommen zu lassen.

Da mir für meine Doktorarbeit nur begrenzte Zeit zur Verfügung steht, bitte ich Sie, den Fragebogen bis zum **18. Dezember 1995** zurückzusenden. Einen adressierten Rückumschlag habe ich beigelegt. Außerdem möchte ich ausdrücklich darauf hinweisen, daß sämtliche Angaben anonym behandelt werden.

Vielen Dank für Ihre Mitarbeit und Kooperationsbereitschaft.

Mit freundlichen Grüßen

Marion Friese

FRAGEBOGEN

Die Kooperation als Wettbewerbsstrategie für Dienstleistungsunternehmen

Dipl.-Kff. Marion Friese,

FORAM Forschungsstelle für Angewandtes Marketing (512),

Universität Hohenheim, 70593 Stuttgart

Da der Begriff der Kooperation unterschiedlich interpretiert werdenden kann, möchte ich Ihnen zunächst erklären, welches Verständnis von Kooperation diesem Fragebogen zugrundeliegt. Kooperation ist die freiwillige Zusammenarbeit von rechtlich selbständigen Unternehmen, die ihre wirtschaftliche Unabhängigkeit partiell zugunsten eines koordinierten Handelns aufgeben, um angestrebte Unternehmensziele im Vergleich zum individuellen Vorgehen besser erreichen zu können.

1. **Ist Ihr Unternehmen zur Zeit an einem oder mehreren Kooperationsprojekten (Zusammenarbeit von zwei oder mehreren selbständigen Unternehmen) beteiligt?**
   Ja _____ ☐
   Nein _____ ☐

   Wenn ja, wie viele Kooperationsprojekte werden zur Zeit verfolgt? _____

2. **War Ihr Unternehmen in der Vergangenheit an einem oder mehreren Kooperationsprojekten beteiligt?**
   Ja _____ ☐
   Nein _____ ☐

   Wenn ja, an wie vielen Kooperationsprojekten war Ihr Unternehmen bislang beteiligt? _____

Wenn Sie zur Zeit und auch in der Vergangenheit an keinem Kooperationsprojekt beteiligt waren, dann bitte weiter mit Frage 26, ansonsten weiter mit Frage 3.

A. FRAGEN ZUM WICHTIGSTEN KOOPERATIONSPROJEKT

Um Ihnen eine eindeutige Beantwortung der Fragen zu erleichtern, bitte ich Sie, sich bei den Antworten der folgenden Fragen auf Ihr bislang wichtigstes Kooperationsprojekt zu beziehen.

3. **Wie lange besteht/bestand diese Kooperation?** _____ **Jahr(e)**

4. **Wie ist/war die Dauer der Kooperation angelegt?**
   Befristet _____ ☐
   Unbefristet _____ ☐

5. **Wie ist/war die Kooperation rechtlich organisiert?**
   Formlose Vereinbarung _____ ☐

Kooperationsvertrag ohne Kapitalbeteiligung____ ☐
Kooperationsvertrag mit Kapitalbeteiligung ____ ☐

6. **Welchen geographischen Geltungsbereich deckt/deckte die Kooperation ab?**
   Eher regional _____ ☐
   Eher national _____ ☐
   Eher international _____ ☐

7. **Wieviele Unternehmen sind/waren insgesamt an dem Kooperationsprojekt beteiligt?** _____

8. **Aus welchem Wirtschaftsbereich stammen/stammten Ihre Kooperationspartner? (Mehrfachnennungen möglich, wenn mehrere Kooperationspartner)**
   Dienstleistung_____ ☐   und zwar _____ (Branche)
   Handel _____ ☐   und zwar _____ (Branche)
   Industrie _____ ☐   und zwar _____ (Branche)
   Non-Business Organisationen _____ ☐   und zwar _____ (Branche)
   (wie z.B. Universitäten, Sportverbände, Forschungsinstitute, ...)
   Sonstiger Bereich_____ ☐   und zwar _____ (Branche)

9. **In welchem Zusammenhang steht/stand das Betätigungsfeld Ihres Unternehmens zu dem Ihrer Kooperationspartner? (Mehrfachnennungen möglich, wenn mehrere Kooperationspartner)**
   - Meine Kooperationspartner arbeiten/arbeiteten auf
     der gleichen Wirtschaftsstufe wie mein Unternehmen _____ ☐
   - Meine Kooperationspartner arbeiten/arbeiteten auf
     einer meinem Unternehmen vor- bzw. nachgelagerten Wirtschaftsstufe _____ ☐
   - Das Betätigungsfeld meines Unternehmens und das
     meiner Kooperationspartner stehen/standen in keinem Zusammenhang zueinander _____ ☐

10. **In welcher Wettbewerbsbeziehung stehen/standen Sie zu Ihren Kooperationspartnern? (Mehrfachnennungen möglich, wenn mehrere Kooperationspartner)**
    Die Kooperationspartner sind Konkurrenten ____ ☐   und zwar auf einigen wenigen Märkten ___ ☐
    und zwar auf mehreren Märkten _____ ☐
    und zwar auf (fast) allen Märkten_____ ☐

    Die Kooperationspartner sind keine Konkurrenten ☐

11. **Wie haben Sie Ihre Kooperationspartner gefunden? (Mehrfachnennungen möglich)**
    Durch Geschäftsbeziehungen _____ ☐
    Durch Messebesuche_____ ☐
    Durch Unternehmensberater _____ ☐
    Durch Auslandshandelskammern _____ ☐
    Durch IHK_____ ☐
    Durch RKW-Kooperationsbörse_____ ☐
    Durch EU-Beratungsstellen/-Förderprogramme__ ☐
    Sonstige, und zwar_____ ☐

12. **Welche Kooperationsform haben Sie gewählt?**
    Managementvertrag_____ ☐
    Lizenzen _____ ☐
    Strategische Allianz _____ ☐
    Joint Venture _____ ☐
    Franchising_____ ☐
    Sonstige, und zwar_____ ☐

13. **Eine Kooperation kann sich auf unterschiedliche Bereiche des Unternehmens beziehen. Bitte geben Sie an, welcher Bereich durch das Kooperationsvorhaben hauptsächlich tangiert wird/wurde.**
    Kerngeschäft _____ ☐

Zukünftiges Kerngeschäft _____ ☐
Randgeschäft _____ ☐

14. **Von einer Kooperation sind unterschiedliche Unternehmensfunktionen betroffen. Bitte kreuzen Sie an, bei welchen Aufgaben Sie mit Ihren Kooperationspartnern zusammenarbeiten/ zusammenarbeiteten, und beurteilen Sie diese im Hinblick auf ihre Wichtigkeit für das Kooperationsvorhaben. (Mehrfachnennungen möglich)**

		sehr wichtig	eher wichtig	weniger wichtig	unwichtig
Beschaffung	☐	☐	☐	☐	☐
Personal	☐	☐	☐	☐	☐
Forschung & Entwicklung	☐	☐	☐	☐	☐
Dienstleistungserstellung	☐	☐	☐	☐	☐
Werbung / PR	☐	☐	☐	☐	☐
Marktforschung	☐	☐	☐	☐	☐
Vertrieb	☐	☐	☐	☐	☐
Finanzen / Rechnungswesen	☐	☐	☐	☐	☐
EDV	☐	☐	☐	☐	☐
Sonstige, und zwar	☐	☐	☐	☐	☐

15. **Mit einer Kooperation versucht ein Unternehmen, unterschiedliche Ziele zu erreichen. Bitte kreuzen Sie an, welche Ziele Sie mit dem Kooperationsprojekt verfolgen/verfolgten, und beurteilen Sie diese im Hinblick auf ihre Wichtigkeit für das Kooperationsvorhaben. (Mehrfach-nennungen möglich)**

		sehr wichtig	eher wichtig	weniger wichtig	unwichtig
Realisierung von Zeitersparnissen	☐	☐	☐	☐	☐
Erhöhung der Kundenbindung	☐	☐	☐	☐	☐
Gewinnung von Know-how	☐	☐	☐	☐	☐
Erweiterung des Leistungsangebotes	☐	☐	☐	☐	☐
Realisierung von Kostensenkungspotentialen	☐	☐	☐	☐	☐
Eintritt in neue Märkte	☐	☐	☐	☐	☐
Verminderung des Wettbewerbsdrucks	☐	☐	☐	☐	☐
Reduzierung des Risikos	☐	☐	☐	☐	☐
Beschleunigung des Marktzutritts	☐	☐	☐	☐	☐
Nutzung von Marktkenntnissen	☐	☐	☐	☐	☐
Steigerung des Ertrags	☐	☐	☐	☐	☐
Zugang zu Kapital	☐	☐	☐	☐	☐
Ausnutzen von Synergiepotentialen	☐	☐	☐	☐	☐
Imagegewinne	☐	☐	☐	☐	☐
Steigerung der Mitarbeiterzufriedenheit	☐	☐	☐	☐	☐
Nutzung von Geschäftsbeziehungen	☐	☐	☐	☐	☐
Erhöhung der Flexibilität	☐	☐	☐	☐	☐
Zugang zu Informationen	☐	☐	☐	☐	☐
Nutzung der Absatzkanäle	☐	☐	☐	☐	☐
Sonstige, und zwar	☐	☐	☐	☐	☐

16. **Profitiert/profitierte Ihr Unternehmen von der Kooperation auch in Unternehmensbereichen, in denen nicht zusammengearbeitet wird/wurde?**
Ja _____ ☐
Nein _____ ☐

17. **Würden Sie Ihr Kooperationsvorhaben insgesamt als erfolgreich beurteilen?**
Ja _____ ☐
Nein _____ ☐

18. Bitte geben Sie an, in welchem Ausmaß Sie die mit dem Kooperationsvorhaben verfolgten Ziele erreicht haben.

	voll erreicht	eher erreicht	eher nicht erreicht	gar nicht erreicht
Realisierung von Zeitersparnissen	☐	☐	☐	☐
Erhöhung der Kundenbindung	☐	☐	☐	☐
Gewinnung von Know-how	☐	☐	☐	☐
Erweiterung des Leistungsangebotes	☐	☐	☐	☐
Realisierung von Kostensenkungspotentialen	☐	☐	☐	☐
Eintritt in neue Märkte	☐	☐	☐	☐
Verminderung des Wettbewerbsdrucks	☐	☐	☐	☐
Reduzierung des Risikos	☐	☐	☐	☐
Beschleunigung des Marktzutritts	☐	☐	☐	☐
Nutzung von Marktkenntnissen	☐	☐	☐	☐
Steigerung des Ertrags	☐	☐	☐	☐
Zugang zu Kapital	☐	☐	☐	☐
Ausnutzen von Synergiepotentialen	☐	☐	☐	☐
Imagegewinne	☐	☐	☐	☐
Steigerung der Mitarbeiterzufriedenheit	☐	☐	☐	☐
Nutzung von Geschäftsbeziehungen	☐	☐	☐	☐
Erhöhung der Flexibilität	☐	☐	☐	☐
Zugang zu Informationen	☐	☐	☐	☐
Nutzung der Absatzkanäle	☐	☐	☐	☐
Sonstige, und zwar	☐	☐	☐	☐

19. Im Kooperationsfall sind Schwierigkeiten nicht ausgeschlossen. Bitte geben Sie an, mit welchen Problemen Sie sich konfrontiert sehen / sahen.

Die Ziele der Partner sind / waren nicht kompatibel ☐
Die Partner sind / waren zu dominant ☐
Es besteht / bestand die Gefahr, Kernkompetenzen preiszugeben ☐
Die Unternehmenskulturen harmonieren / harmonierten nicht ☐
Die Aktivitäten und Kompetenzen ergänzen / ergänzten sich nicht ☐
Die Koordinationsprobleme sind / waren zu groß ☐
Die unternehmerische Selbständigkeit wird / wurde eingeschränkt ☐
Die gerechte Aufteilung des Kooperationserfolgs ist / war nicht möglich ☐
Sonstige, und zwar ☐
Es gab keine Probleme ☐

B. FRAGEN ZUM GENERELLEN KOOPERATIONSVERHALTEN

Falls Ihr Unternehmen bislang erst ein Kooperationsprojekt durchgeführt hat, dann bitte weiter mit Frage 25, bei mehreren Kooperationsprojekten bitte weiter mit Frage 20. Beantworten Sie die folgenden Fragen generell für sämtliche bisher von Ihrem Unternehmen durchgeführten Kooperationen. Die Fragen sind bewußt analog zum Fragebogen A formuliert, um eine bessere Vergleichbarkeit der Antworten zu ermöglichen.

20. Aus welchem Wirtschaftsbereich stammen/stammten Ihre Kooperationspartner? (Mehrfachnennungen möglich)

Dienstleistung, und zwar ☐
Handel ☐
Industrie ☐
Non-Business Unternehmen ☐
Sonstige, und zwar ☐

21. Welche Kooperationsform haben Sie gewählt? (Mehrfachnennungen möglich)

Managementvertrag _____ ☐
Lizenzen _____ ☐
Strategische Allianz _____ ☐
Joint Venture _____ ☐
Franchising _____ ☐
Sonstige, und zwar _____ ☐

22. Eine Kooperation kann sich auf unterschiedliche Bereiche des Unternehmens beziehen. Bitte geben Sie an, welcher Bereich durch die Kooperationsvorhaben hauptsächlich tangiert werden/wurden.

Kerngeschäft _____ ☐
Zukünftiges Kerngeschäft _____ ☐
Randgeschäft _____ ☐

23. Von einer Kooperation sind unterschiedliche Unternehmensfunktionen betroffen. Bitte kreuzen Sie an, bei welchen Aufgaben Sie mit Ihren Kooperationspartnern zusammenarbeiten/ zusammenarbeiteten, und beurteilen Sie diese im Hinblick auf ihre Wichtigkeit für die Kooperationsprojekte. (Mehrfachnennungen möglich)

		sehr wichtig	wichtig	weniger wichtig	unwichtig
Beschaffung	☐	☐	☐	☐	☐
Personal	☐	☐	☐	☐	☐
Forschung & Entwicklung	☐	☐	☐	☐	☐
Dienstleistungserstellung	☐	☐	☐	☐	☐
Werbung / PR	☐	☐	☐	☐	☐
Marktforschung	☐	☐	☐	☐	☐
Vertrieb	☐	☐	☐	☐	☐
Finanzen / Rechnungswesen	☐	☐	☐	☐	☐
EDV	☐	☐	☐	☐	☐
Sonstige, und zwar	☐	☐	☐	☐	☐

24. Mit einer Kooperation versucht ein Unternehmen, unterschiedliche Ziele zu erreichen. Bitte kreuzen Sie an, welche Ziele Sie mit Ihren Kooperationsprojekten verfolgen/verfolgten, und beurteilen Sie diese im Hinblick auf ihre Wichtigkeit für die Kooperationsvorhaben. (Mehrfachnennungen möglich)

		sehr wichtig	wichtig	weniger wichtig	unwichtig
Realisierung von Zeitersparnissen	☐	☐	☐	☐	☐
Erhöhung der Kundenbindung	☐	☐	☐	☐	☐
Gewinnung von Know-how	☐	☐	☐	☐	☐
Erweiterung des Leistungsangebotes	☐	☐	☐	☐	☐
Realisierung von Kostensenkungspotentialen	☐	☐	☐	☐	☐
Eintritt in neue Märkte	☐	☐	☐	☐	☐
Verminderung des Wettbewerbsdrucks	☐	☐	☐	☐	☐
Reduzierung des Risikos	☐	☐	☐	☐	☐
Beschleunigung des Marktzutritts	☐	☐	☐	☐	☐
Nutzung von Marktkenntnissen	☐	☐	☐	☐	☐
Steigerung des Ertrags	☐	☐	☐	☐	☐
Zugang zu Kapital	☐	☐	☐	☐	☐
Ausnutzen von Synergiepotentialen	☐	☐	☐	☐	☐
Imagegewinne	☐	☐	☐	☐	☐
Nutzung von Geschäftsbeziehungen	☐	☐	☐	☐	☐
Erhöhung der Flexibilität	☐	☐	☐	☐	☐
Zugang zu Informationen	☐	☐	☐	☐	☐
Nutzung der Absatzkanäle	☐	☐	☐	☐	☐
Sonstige, und zwar	☐	☐	☐	☐	☐

25. Bei den folgenden Statements geht es um die generelle Bedeutung von Kooperationen. Bitte geben Sie bei jeder der folgenden Aussagen an, inwieweit Sie ihr zustimmen bzw. inwieweit Sie sie ablehnen.

	stimme voll zu	stimme eher zu	lehne eher ab	lehne voll ab
• Kooperationen haben hohe strategische Bedeutung _____	☐	☐	☐	☐
• Der Steuerungs- und Koordinationsbedarf ist bei Kooperationen höher als bei Akquisitionen oder Fusionen bzw. als im Alleingang_	☐	☐	☐	☐
• In Zukunft werden Kooperationen noch an Bedeutung gewinnen__	☐	☐	☐	☐
• Kooperationen sind ein geeignetes Instrument zur Sicherung der Wettbewerbsfähigkeit _____	☐	☐	☐	☐
• Bei Kooperationen ist das unternehmerische Risiko größer als bei Akquisitionen oder Fusionen _____	☐	☐	☐	☐
• Kooperationen im Bereich der Kernkompetenzen sind zu risikoreich _____	☐	☐	☐	☐
• Mit Kooperationen lassen sich Wettbewerbsvorteile schneller und kostengünstiger realisieren als durch Akquisitionen oder Fusionen bzw. als im Alleingang_____	☐	☐	☐	☐

Bitte weiter mit Frage 29.

C. FRAGEN AN UNTERNEHMEN, DIE NICHT KOOPERIEREN

---

26. Hatte Ihr Unternehmen schon einmal eine Kooperation geplant?

Ja _____ ☐
Nein _____ ☐

Wenn ja, aus welchen Gründen ist das Kooperationsvorhaben nicht zustande gekommen? (Mehrfachnennungen möglich)

Es gab keinen geeigneten Kooperationspartner _☐
Zu große organisatorische Schwierigkeiten_____☐
Es gab wettbewerbsrechtliche Einwände_____☐
Die damit verbundenen Risiken waren zu groß __☐
Sonstige, und zwar_____☐

Wenn nein, aus welchen Gründen kam für Ihr Unternehmen die Kooperationsstrategie noch nicht in Betracht? (Mehrfachnennungen möglich)

Kooperation bringt keine Vorteile_____☐
Es gab keine Ansatzpunkte für Kooperation _____☐
Andere Strategien waren besser geeignet_____☐
Die damit verbundenen Risiken waren zu groß __☐
Sonstige, und zwar_____☐

27. Stellt die Kooperationsstrategie möglicherweise eine strategische Alternative für zukünftiges Vorgehen dar?

Ja _____ ☐
Nein _____ ☐

28. **Bitte geben Sie bei jeder der folgenden Aussagen an, inwieweit Sie ihr zustimmen bzw. inwieweit Sie sie ablehnen.**

	stimme voll zu	stimme eher zu	lehne eher ab	lehne voll ab
• Kooperationen haben hohe strategische Bedeutung _____	☐	☐	☐	☐
• Der Steuerungs- und Koordinationsbedarf ist bei Kooperationen höher als bei Akquisitionen oder Fusionen _____	☐	☐	☐	☐
• In Zukunft werden Kooperationen noch an Bedeutung gewinnen__	☐	☐	☐	☐
• Kooperationen sind ein geeignetes Instrument zur Sicherung der Wettbewerbsfähigkeit _____	☐	☐	☐	☐
• Bei Kooperationen ist das unternehmerische Risiko größer als bei Akquisitionen oder Fusionen _____	☐	☐	☐	☐
• Kooperationen im Bereich der Kernkompetenzen sind zu risikoreich _____	☐	☐	☐	☐
• Mit Kooperationen lassen sich Wettbewerbsvorteile schneller und kostengünstiger realisieren als durch Akquisitionen oder Fusionen _____	☐	☐	☐	☐

D. FRAGEN ZUR STRUKTUR DES UNTERNEHMENS

---

29. **Welcher Dienstleistungsbranche gehört Ihr Unternehmen an?**

Unternehmensberatung _____ ☐	Wirtschaftsprüfung_____ ☐
Marktforschung_____ ☐	Luftfahrt _____ ☐
Werbeagentur_____ ☐	Logistikdienstleister _____ ☐

30. **Wie viele Beschäftigte hat Ihr Unternehmen?**

1 bis 25 _____ ☐	500 bis 1000 _____ ☐
25 bis 50 _____ ☐	1000 bis 2000 _____ ☐
50 bis 100 _____ ☐	2000 bis 5000 _____ ☐
100 bis 500 _____ ☐	über 5000 _____ ☐

31. **Wie hoch war der Bruttoumsatz im Geschäftsjahr 1994?**

1 TDM bis 500 TDM _____ ☐	5 Mio DM bis 10 Mio DM _____ ☐
500 TDM bis 1 Mio DM_____ ☐	10 Mio. DM bis 25 Mio DM_____ ☐
1 Mio DM bis 2 Mio DM _____ ☐	25 Mio DM bis 100 Mio DM _____ ☐
2 Mio DM bis 5 Mio DM _____ ☐	über 100 Mio DM _____ ☐

32. **In welchem geographischen Gebiet ist Ihr Unternehmen überwiegend tätig?**

Eher regional _____ ☐
Eher national _____ ☐
Eher international _____ ☐

Haben Sie noch Anmerkungen? _____

_____

_____

_____

_____

HERZLICHEN DANK FÜR IHRE MITARBEIT UND KOOPERATIONSBEREITSCHAFT!

Literaturverzeichnis

AAKER, DAVID A. (1988), Kriterien zur Identifikation dauerhafter Wettbewerbsvorteile, in: SIMON, HERMANN (Hrsg.), Wettbewerbsvorteile und Wettbewerbsfähigkeit, Stuttgart 1988, S. 37-46.

ABEL, JÜRGEN (1992), Kooperationen als Wettbewerbsstrategien für Software-Unternehmen, Frankfurt/Main u.a. 1992.

ABELL, DEREK F. (1978), Strategic Window, in: JoM, 42. Jg., 7/1978, S. 21-26.

ADAMOWSKY, SIEGMAR (1973), Prüfung der Organisation, in: GROCHLA, ERWIN (Hrsg.), HWO, Nachdruck der 1. Aufl., Stuttgart 1973, Sp. 1371-1377.

AHARONI, YAIR (1993a), Ownership, Networks and Coalitions, in: AHARONI, YAIR (Ed.), Coalitions and Competition, the Globalization of Professional Business Services, London, New York 1993, S. 121-142.

AHARONI, YAIR (1993b), The Internationalization Process in Professional Business Service Firms: Some Tentative Conclusions, in: AHARONI, YAIR (Ed.), Coalitions and Competition, the Globalization of Professional Business Services, London, New York 1993, S. 280-285.

AHARONI, YAIR (1994), Management Consulting, Paper prepared for CIBER Conference, 'Changing Role of State Intervention in Services in an Era of Open International Markets', Fuqua School of Business, Duke University, Durham, NC, February 25/26, 1994.

AHLERT, DIETER/SCHRÖDER, HENDRIK (1992), Strategische Erfolgsforschung im Handel - ein Forschungsprogramm, Arbeitspapier Nr. 15 des Lehrstuhls für Betriebswirtschaftslehre, insbesondere Distribution und Handel, der Westf.-Wilhelms-Universität Münster, AHLERT, DIETER (Hrsg.), Münster 1992.

AHN, DOO-SOON (1981), Gemeinschaftsunternehmen in Entwicklungsländern, Joint Ventures als Entwicklungsinstrument in den ASEAN-Staaten, Tübingen 1981.

ALBACH, HORST (1988), Kosten, Transaktionen und externe Effekte im betrieblichen Rechnungswesen, in: ZfB, 58. Jg., 11/1988, S. 1143-1170.

ALBACH, HORST (1989), Dienstleistungsunternehmen in Deutschland, in: ZfB, 59. Jg., 4/1989, S. 397-420.

ALLAIS, MAURICE (1988), Richtig ist die Empirie, in: Wiwo, 42. Jg., 45/1988, S. 119-124.

ALTENBURGER, OTTO (1980), Ansätze zu einer Produktions- und Kostentheorie der Dienstleistungen, Berlin 1980.

ANDERSON, ERIN (1990), Two Firms, One Frontier: On Assessing Joint Venture Performance, in: SMR, Vol. 31, Winter 1990, S. 19-30.

ANDREAE, THOMAS V. (1976), Die zwischenbetriebliche Kooperation als Marke- tingstrategie, Analyse und Gestaltung, Köln 1976.

ANDREY, ALAIN (1992), Das Partnerprofil als Bestandteil der Kooperationsstra- tegie: Strategische Allianzen bei der Swissair, in: BRONDER, CHRI- STOPH/PRITZL, RUDOLF (Hrsg.), Wegweiser für Strategische Allianzen: Meilen- und Stolpersteine bei Kooperationen, Frankfurt/Main 1992, S. 323-340.

ANSOFF, H. IGOR (1957), Strategies for Diversification, in: HBR, Vol. 37, September-October 1957, S. 113-124.

ANSOFF, H. IGOR (1966), Management Strategie, München 1966.

ANSOFF, H. IGOR (1986), Corporate Strategy, London 1986.

ARGYRIS, CHRIS/SCHÖN, DONALD A. (1978), Organizational Learning, A Theory of Action Perspective, Reading, MA 1978.

ASHER, BERNHARD/WHICHARD, OBIE G. (1987), Improving Services Trade Data, in: GIARINI, ORIO (Ed.), The Emerging Services Economy, Oxford u.a. 1987, S. 255-281.

AXELROD, ROBERT (1984), The Evolution of Cooperation, New York 1984.

AXELROD, ROBERT (1991), Die Evolution der Kooperation, 2. Aufl., München 1991.

BACKHAUS, KLAUS (1991), Auswirkungen kurzer Lebenszyklen bei High-Tech- Produkten, in: Thexis, 8. Jg., 6/1991, S. 11-13.

BACKHAUS, KLAUS (1992), Investitionsgütermarketing, 3. Aufl., München 1992.

BACKHAUS, KLAUS U.A. (1996), Multivariate Analysemethoden, eine anwen- dungsorientierte Einführung, 8. Aufl., Berlin u.a. 1996.

BACKHAUS, KLAUS/MEYER, MARGIT (1993), Strategische Allianzen und strategi- sche Netzwerke, in: WiSt, 22. Jg., 7/1993, S. 330-334.

BACKHAUS, KLAUS/PILTZ, KLAUS (1990), Strategische Allianzen - eine neue Form kooperativen Wettbewerbs?, in: Strategische Allianzen, zfbf Son- derheft 27, Düsseldorf, Frankfurt/Main 1990, S. 1-10.

BACKHAUS, KLAUS/PLINKE, WULFF (1990), Strategische Allianzen als Antwort auf veränderte Wettbewerbsstrukturen, in: Strategische Allianzen, zfbf Sonderheft 27, Düsseldorf, Frankfurt/Main 1990, S. 21-33.

381

BACKHAUS, KLAUS/VOETH, MARKUS (1995), Strategische Allianzen - Herausforderungen neuer Kooperationsformen, in: WAGNER, HELMUT/JÄGER, WILHELM (Hrsg.), Stabilität und Effizienz hybrider Organisationsformen, die Kooperation im Lichte der Neuen Institutionenökonomik, Münster 1995, S. 63-83.

BADARACCO, JOSEPH L. (1991), Strategische Allianzen, wie Unternehmen durch Know-how-Austausch Wettbewerbsvorteile erzielen, Wien 1991.

BAIN, JOE (1971), Barriers to New Competition, Cambridge 1971.

BAMBERG, GÜNTER/BAUR, FRANZ (1993), Statistik, 8. Aufl., München 1993.

BAMBERG, GÜNTER/COENENBERG ADOLF G. (1994), Betriebswirtschaftliche Entscheidungslehre, 8. Aufl., München 1994.

BAUR, HELMUT (1975), Internationale Marketingkooperation, Düsseldorf 1975.

BAUSCH, THOMAS (1990), Stichprobenverfahren in der Marktforschung, München 1990.

BEA, FRANZ X. (1988), Diversifikation durch Kooperation, in: DB, 41. Jg., 50/1988, S. 2521-2526.

BEAMISH, PAUL W./WANG, HUI Y. (1989), Investing in China via Joint Venture, in: mir, Vol. 29, 1/1989, S. 57-64.

BECK, REINHILDE/SCHWARZ, GOTTHART (1995), Konfliktmanagement, Alling 1995.

BECKER, JOCHEN (1993), Marketing-Konzeption, Grundlagen des strategischen Marketing-Managements, 5. Aufl., München 1993.

BELL, MARTIN L. (1981), A Matrix Approach to the Classification of Marketing Goods and Services, in: DONNELLY, JAMES H./GEORGE, WILLIAM R. (Eds.), Marketing of Services, American Marketing Association, Chicago, IL 1981, S. 208-212.

BENEDETTI, CARLO DE (1988), Weltweite Bündnis- und Wettbewerbsstrategie, in: HENZLER, HERBERT A. (Hrsg.), Handbuch Strategische Führung, Wiesbaden 1988, S. 165-181.

BENISCH, WERNER (1973), Kooperationsfibel, 4. Aufl., Bergisch Gladbach 1973.

BENKENSTEIN, MARTIN/ GÜTHOFF, JUDITH (1996), Typologisierung von Dienstleistungen, ein Ansatz auf der Grundlage system- und käuferverhaltenstheoretischer Überlegungen, in: ZfB, 66. Jg., 12/1996, S. 1493-1510.

BENNETT, ROGER (1995), International Marketing, Strategy, Planning, Market Entry & Implementation, London 1995.

BENÖLKEN, HEINZ/GREIPEL, PETER (1990), Dienstleistungsmanagement, Service als strategische Erfolgsposition, Wiesbaden 1990.

BEREKOVEN, LUDWIG (1974), Der Dienstleistungsbetrieb, Wesen, Struktur, Bedeutung, Wiesbaden 1974.

BEREKOVEN, LUDWIG (1985), Internationales Marketing, Herne/Berlin 1985.

BEREKOVEN, LUDWIG (1986), Der Dienstleistungsmarkt - sachliche Besonderheiten und empirische Befunde, in: PESTEL, EDUARD (Hrsg.), Perspektiven der Dienstleistungswirtschaft, Göttingen 1986, S. 24-37.

BEREKOVEN, LUDWIG/ECKERT, WERNER/ELLENRIEDER, PETER (1996), Marktforschung, Methodische Grundlagen und praktische Anwendung, 7. Aufl., Wiesbaden 1996.

BERG, HARTMUT (1978), Markteintrittsbarrieren, potentielle Konkurrenz und wirksamer Wettbewerb, in: WISU, 7. Jg., 6/1978, S. 282-287.

BERGQUIST, WILLIAM/BETWEE, JULI/MEUEL, DAVID (1995), Building Strategic Relationships, How to Extend Your Organization's Reach Through Partnerships, Alliances, and Joint Ventures, San Francicso, CA 1995.

BERRY, LEONARD L. (1980), Services Marketing is Different, in: Business, Vol. 30, May/June 1980, S. 24-29.

BERRY, LEONARD L./PARASURAMAN, ANATHANARAYANAN (1992), Service-Marketing, Frankfurt/Main, New York 1992.

BEUTTEL, WILFRIED (1985), Marketingstrategien in schnell wachsenden Märkten, in: WIESELHUBER, NORBERT/TÖPFER, ARMIN (Hrsg.), Handbuch Strategisches Marketing, Landsberg/Lech 1985, S. 308-318.

BEZOLD, THOMAS (1996), Zur Messung der Dienstleistungsqualität, Frankfurt/Main 1996.

BHAGWATI, JAGDISH N. (1984), Splintering and Disembodiment of Services and Developing Nations, in: The World Economy, Vol. 7, 2/1984, S. 133-142.

BHAT, SUBODH S./BONNICI, JOSEPH/CARUANA, ALBERT (1993), Diversification Strategies for the Service Sector, in: JPSM, Vol. 9, 1/1993, S. 59-68.

BIDLINGMAIER, JOHANNES (1967), Begriffe und Formen der Kooperation im Handel, in: BIDLINGMAIER, JOHANNES/JACOBI, HELMUT/UHEREK, EDGAR W. (Hrsg.), Absatzpolitik und Distribution, Wiesbaden 1967, S. 353-395.

BIEKER, RAINER (1989), Entwicklung von Wettbewerbsvorteilen für Technologie-Unternehmen, Frankfurt/Main 1989.

BINDER, HEINRICH/LUX, JAKOB (1997), Bedeutung und Methoden einer bewußten Partnerwahl im Rahmen der Erfolgssicherung von Kooperationen, in: MACHARZINA, KLAUS/OESTERLE, MICHAEL-JÖRG (Hrsg.), Handbuch Internationales Management, Grundlagen - Instrumente - Perspektiven, Wiesbaden 1997, S. 497-509.

BIRCHER, BRUNO (1990), Wettbewerbsposition nachhaltig stärken, in: Gablers Magazin, 4. Jg., 9/1990, S. 15-19.

BIRKELBACH, RALF (1993), Qualitätsmanagement in Dienstleistungscentern, Konzeption und typenspezifische Ausgestaltung unter besonderer Berücksichtigung von Verkehrsflughäfen, Frankfurt/Main u.a. 1993.

BITZER, MARC R. (1991), Zeitbasierte Wettbewerbsstrategien, die Beschleunigung von Wertschöpfungsprozessen in der Unternehmung, St. Gallen 1991.

BLEEKE, JOEL/ERNST, DAVID (1991), The Way to Win in Cross-Border Alliances, in: HBR, Vol. 69, November-December 1991, S. 127-135.

BLEEKE, JOEL/ERNST, DAVID (1992), Mit internationalen Allianzen auf die Siegerstraße, in: HM, 14. Jg., 3/1992, S. 118-127.

BLEICHER, KNUT (1989a), Kritische Aspekte des Managements zwischenbetrieblicher Kooperation, in: Thexis, 6. Jg., 3/1989, S. 4-8.

BLEICHER, KNUT (1989b), Chancen für Europas Zukunft, Wiesbaden 1989.

BLEICHER, KNUT (1991a), Das Konzept Integriertes Management, Frankfurt/Main, New York 1991.

BLEICHER, KNUT (1991b), Organisation: Strategien - Strukturen - Kulturen, 2. Aufl., Wiesbaden 1991.

BLEICHER, KNUT (1992a), Der Strategie-, Struktur- und Kulturfit Strategischer Allianzen als Erfolgsfaktor, in: BRONDER, CHRISTOPH/PRITZL, RUDOLF (Hrsg.), Wegweiser für Strategische Allianzen: Meilen- und Stolpersteine bei Kooperationen, Frankfurt/Main 1992, S. 267-292.

BLEICHER, KNUT (1992b), Management Strategischer Partnerschaften, in: ZENTES, JOACHIM (Hrsg.), Strategische Partnerschaften im Handel, Stuttgart 1992, S. 305-325.

BLEICHER, KNUT/HERMANN, RALF (1991), Joint-Venture-Management, Erweiterung des eigenen strategischen Aktionsradius, Stuttgart, Zürich 1991.

BLIEMEL, FRIEDHELM (1994), Markteintrittsstrategien, in: DILLER, HERMANN (Hrsg.), Vahlens Großes Marketing Lexikon, München 1994, S. 718-719.

BLOHM, HANS (1980), Kooperation, in: GROCHLA, ERWIN (Hrsg.), HWO, 2. Aufl., Stuttgart 1980, Sp. 1112-1117.

384

BLÜMLE, ERNST-BERND (1992), Qualifikationsanforderungen an das Management strategischer Partnerschaften, in: ZENTES, JOACHIM (Hrsg.), Strategische Partnerschaften im Handel, Stuttgart 1992, S. 327-339.

BÖCKER, FRANZ (1988), Marketing-Kontrolle, Stuttgart u.a. 1988.

BOEGLIN, PETER (1992), Innerbetrieblicher Know-how-Transfer, in: io Management Zeitschrift, 61. Jg., 9/1992, S. 86-91.

BOEHME, JOACHIM (1986), Innovationsförderung durch Kooperation, Berlin 1986.

BOETTCHER, ERIK (1974), Kooperation und Demokratie in der Wirtschaft, Tübingen 1974.

BÖHLER, HEYMO (1992), Marktforschung, 2. Aufl., Stuttgart, Berlin, Köln 1992.

BOLZ, JOACHIM (1992), Wettbewerbsorientierte Standardisierung der internationalen Marktbearbeitung, Darmstadt 1992.

BÖRSIG, CLEMENS/BAUMGARTEN, CHRISTOPH (1997), Grundlagen des internationalen Kooperationsmanagements, in: MACHARZINA, KLAUS/OESTERLE, MICHAEL-JÖRG (Hrsg.), Handbuch Internationales Management, Grundlagen - Instrumente - Perspektiven, Wiesbaden 1997, S. 475-496.

BORYS, BRYAN/JEMISON, DAVID B. (1989), Hybrid Arrangements as Strategic Alliances: Theoretical Issues in Organizational Combinations, in: AMR, Vol. 14, 2/1989, S. 234-249.

BOTKIN, JAMES W./MATTHEWS, JANA (1992), Winning Combinations, the Coming Wave of Entrepreneurial Partnerships Between Large and Small Companies, New York u.a. 1992.

BOTT, HELMUT (1967), Zwischenbetriebliche Kooperation und Wettbewerb, Köln 1967.

BRAND, DIETER (1990), Der Transaktionskostenansatz in der betriebswirtschaftlichen Organisationslehre, Stand und Weiterentwicklung der theoretischen Diskussion sowie Ansätze zur Messung des Einflusses kognitiver und motivationaler Persönlichkeitsmerkmale auf das transaktionskostenrelevante Informationsverhalten, Frankfurt/Main u.a. 1990.

BRENTANI, ULRIKE DE (1991), Success Factors in Developing New Business Services, in: EJoM, Vol. 25, 2/1991, S. 33-59.

BRESSAND, ALBERT (1986), Dienstleistungen in der neuen „Weltwirtschaft": Auf der Suche nach einem neuen konzeptionellen Bezugsrahmen, in: PESTEL, EDUARD (Hrsg.), Perspektiven der Dienstleistungswirtschaft, Göttingen 1986, S. 73-82.

BROADMAN, HARRY G./BALASSA, CAROL (1993), Liberalizing International Trade in Telecommunications Services, in: CJoWB, Vol. 28, 4/1993, S. 31-37.

BRONDER, CHRISTOPH (1993), Kooperationsmanagement, Unternehmensdynamik durch Strategische Allianzen, Frankfurt/Main 1993.

BRONDER, CHRISTOPH/PRITZL, RUDOLF (1991a), Strategische Allianzen zur Steigerung der Wettbewerbsfähigkeit, in: io Management Zeitschrift, 60. Jg., 5/1991, S. 27-30.

BRONDER, CHRISTOPH/PRITZL, RUDOLF (1991b), Leitfaden für stategische Allianzen, in: HM, 13. Jg., 1/1991, S. 44-53.

BRONDER, CHRISTOPH/PRITZL, RUDOLF (1992), Ein konzeptioneller Ansatz zur Gestaltung und Entwicklung Strategischer Allianzen, in: BRONDER, CHRISTOPH/PRITZL, RUDOLF (Hrsg.), Wegweiser für Strategische Allianzen: Meilen- und Stolpersteine bei Kooperationen, Frankfurt/Main 1992, S. 17-44.

BRONDER, CORNELIUS (1992), Aspekte der Partnerwahl: Die Strategische Allianz Daimler-Benz/Mitsubishi, in: BRONDER, CHRISTOPH/PRITZL, RUDOLF (Hrsg.) (1992), Wegweiser für Strategische Allianzen: Meilen- und Stolpersteine bei Kooperationen, Frankfurt/Main 1992, S. 295-321.

BROOKE, MICHAEL Z. (1985), Selling Management Services Contracts in International Business, London u.a. 1985.

BRUCK, JÜRGEN (1996), Entwicklung einer Gesamtkonzeption für das Management strategischer Allianzen im F&E-Bereich, Frankfurt/Main u.a. 1996.

BRUHN, MANFRED (1997), Qualitätsmanagement von Dienstleistungen, Grundlagen, Konzepte, Methoden, 2. Aufl., Berlin u.a. 1997.

BRUHN, MANFRED/TILMES, JÖRG (1994), Social Marketing, Einsatz des Marketing für nichtkommerzielle Institutionen, 2. Aufl., Stuttgart, Berlin, Köln 1994.

BÜCHS, MATTHIAS J. (1991), Zwischen Markt und Hierarchie, Kooperationen als alternative Koordinationsform, in: ZfB, 61 Jg., Ergänzungsheft, 1/1991, S. 1-38.

BUCKLEY, PETER J. (1983), New Forms of International Industrial Cooperation: A Survey of the Literature with Special Reference to North-South Technology-Transfer, in: Aussenwirtschaft, 38. Jg., 2/1983, S. 195-222.

BUCKLEY, PETER J./CASSON, MARK (1988), A Theory of Cooperation in International Business, in: CONTRACTOR, FAROK J./LORANGE, PETER (Eds.), Cooperative Strategies in International Business, Lexington, MA, Toronto 1988, S. 31-53.

BUDDEBERG, HANS (1954), Anwendung der typologischen Methode in der Betriebswirtschaftslehre, in: Mitteilungen des Instituts für Handelsforschung an der Universität zu Köln, 6. Jg., 20/1954, S. 345-351.

BÜHNER, ROLF (1993), Strategie und Organisation, Analyse und Planung der Unternehmensdiversifikation mit Fallbeispielen, 2. Aufl., Wiesbaden 1993.

BÜKER, BERND (1991), Qualitätsbeurteilung investiver Dienstleistungen, Operationalisierungsansätze an einem Beispiel zentraler EDV-Dienste, Frankfurt/Main u.a. 1991.

BUONO, ANTHONY F./BOWDITCH, JAMES L. (1989), The Human Side of Mergers and Acquisitions, Managing Collisions Between People, Cultures and Organizations, San Francisco, London 1989.

BUTTLER, GÜNTER/STEGNER, EBERHARD (1990), Industrielle Dienstleistungen, in: zfbf, 42. Jg., 11/1990, S. 931-946.

BUZZELL, ROBERT D./GALE, BRADLEY T. (1989), Das PIMS-Programm, Strategien und Unternehmenserfolg, Wiesbaden 1989.

CAMPBELL, ALEXANDRA J./VERBEKE, ALAIN (1994), The Globalization of Service Multinationals, in: LRP, Vol. 27, 2/1994, S. 95-102.

CAMPHAUSEN-BUSOLD, BRIGITTE (1981), Entwicklungstendenzen im Dienstleistungsbereich und die Auswirkungen auf die Raumwirtschaft, Bochum 1981.

CAULEY DE LA SIERRA, MAGARET (1995), Managing Global Alliances, Key Steps for Successful Collaboration, Wokingham 1995.

CHANDLER, ALFRED D. (1990), Scale and Scope, The Dynamics of Industrial Capitalism, Cambridge, MA, London 1990.

CHOWDHURY, JAFOR (1992), Performance of International Joint Ventures and Wholly Owned Foreign Subsidiaries: A Comparative Perspective, in: mir, Vol. 32, 2/1992, S. 115-133.

CICHON, WIELAND/HINTERHUBER, HANS H. (1989), Globalisierung und Kooperation im Wettbewerb, in: JfB, 39. Jg., 3/1989, S. 139-154.

CLARK, COLIN (1940), The Conditions of Economic Progress, London 1940.

CLEMENS, REINHARD (1988), Die Bedeutung des Franchising in der Bundesrepublik Deutschland, Stuttgart 1988.

COASE, RONALD H. (1937/1970), The Nature of the Firm; in: Economica, Vol. 4, 4/1937, S. 386-405, wieder abgedruckt in: STIGLER, GEORGE J./BOULDING, KENNETH E. (Eds.), Readings in Price Theory, 6. Aufl., London 1970, S. 331-351.

COMMONS, JOHN R. (1934), Institutional Economics, Madison, WI 1934.

CONTRACTOR, FAROK J. (1985), A Generalized Theorem for Joint Venture and Licensing Negotiations, in: JiBS, Vol. 16, 2/1985, S. 23-50.

CONTRACTOR, FAROK J./LORANGE, PETER (1988), Why Should Firms Cooperate? The Strategy and Economics Basis for Cooperative Ventures, in: CONTRACTOR, FAROK J./LORANGE, PETER (Eds.), Cooperative Strategies in International Business, Lexington, MA, Toronto 1988, S. 3-30.

COPELAND, MELVIN T. (1923), Relation of Consumers Buying Habits to Marketing Methods, in: HBR, Vol. 1, April 1923, S. 282-289.

CORSTEN, HANS (1984), Die Leistungsbereitschaft in der Dienstleistungsproduktion - Entwurf eines Maßnahmenkataloges zur Reduktion von Beschäftigungsschwankungen, in: JAV, 30. Jg., 4/1984, S. 361-380.

CORSTEN, HANS (1985a), Zur ökonomischen Bedeutung von Dienstleistungen - Möglichkeiten und Grenzen der Erfassung, in: JAV, 31. Jg., 3/1985, S. 230-251.

CORSTEN, HANS (1985b), Die Produktion von Dienstleistungen, Berlin 1985.

CORSTEN, HANS (1985c), Rationalisierungsmöglichkeiten in Dienstleistungsunternehmen, in: JAV, 31. Jg., 1/1985, S. 23-48.

CORSTEN, HANS (1986), Zur Diskussion der Dienstleistungsbesonderheiten und ihre ökonomischen Auswirkungen, in: JAV, 32. Jg., 1/1986, S. 16-41.

CORSTEN, HANS (1989), Dienstleistungsmarketing - Element und Strategien, in: JAV, 35. Jg., 1/1989, S. 23-40.

CORSTEN, HANS (1990), Betriebswirtschaftslehre der Dienstleistungsunternehmungen, 2. Aufl., München, Wien 1990.

COWELL, DONALD W. (1991), The Marketing of Services, Oxford u.a. 1991.

COYNE, KEVIN P. (1988), Die Struktur dauerhafter Wettbewerbsvorteile, in: SIMON, HERMANN (Hrsg.), Wettbewerbsvorteile und Wettbewerbsfähigkeit, Stuttgart 1988, S. 25-29.

CZINKOTA, MICHAEL R./RONKAINEN, ILKKA A. (1988), International Marketing, Chicago et.al. 1988.

DANIELS, PETER W. (1993), Service Industries in the World Economy, Oxford, Cambridge 1993.

DECLERCQ, EDDY/VERBEKE ALAIN (1994), Strategic Alliances in the Global Telecommunications Industry, Paper prepared for the 'International Conference on the Globalization of Services: Implications for Organizational Strategy', European Institute for Advanced Studies in Management (EIASM), Brussels, June 6/7, 1994.

DELFMANN, WERNER (1993), Planungs- und Kontrollprozesse, in: WITTMANN, WALDEMAR/KERN, WERNER/KÖHLER, RICHARD U.A. (Hrsg.), HWB, Band 2, 5. Aufl., Stuttgart 1993, Sp. 3232-3251.

388

DEVLIN, GODFREY/BLEACKLEY, MARK (1988), Strategic Alliances - Guidelines for Success, in: LRP, Vol. 21, 5/1988, S. 18-23.

DIERKS, CARSTEN (1991), Deutsch-deutsche Unternehmenskooperationen, in: Joint Ventures, Praxis internationaler Unternehmenskooperationen, ZfB-Ergänzungsheft 1/1991, Wiesbaden 1991, S. 125-180.

DILLER, HERMANN (1994), Grundnutzen, in: DILLER, HERMANN (Hrsg.), Vahlens Großes Marketing Lexikon, München 1994, S. 385-386.

DILLER, HERMANN (1996), Kundenbindung als Marketingziel, in: Marketing · ZFP, 18. Jg., 2/1996, S. 81-94.

DOMSCH, MICHEL/REINECKE, PETER (1989), Bewertungstechniken, in: SZYPERSKI, NORBERT/WIENAND, UDO (Hrsg.), HWPlan, Stuttgart 1989, Sp. 143-155.

DOWLING, MICHAEL J./BOULTON, WILLIAM R./ELLIOT, SIDNEY W. (1994), Strategies for Change in the Service Sector: The Global Telecommunications Industry, in: CMR, Vol. 36, 3/1994, S. 57-87.

DOZ, YVES L. (1988), Technology Partnerships between Larger and Smaller Firms: Some Critical Issues, in: CONTRACTOR, FAROK J./LORANGE, PETER (Eds.), Cooperative Strategies in International Business, Lexington, MA, Toronto 1988, S. 317-338.

DOZ, YVES L. (1992), Strategies of Competence Accumulation Within Firms: A Synthesis, Working Paper, INSEAD/Fontainebleau, May 1992.

DOZ, YVES L. (1996), The Evolution of Cooperation in Strategic Alliances: Initial Conditions or Learning Processes?, in: SMJ, Vol. 17, Special Issue, Summer 1996, S. 55-83.

DÜLFER, EBERHARD (1981), Zum Problem der Umweltberücksichtigung im „Internationalen Management", in: PAUSENBERGER, EHRENFRIED (Hrsg.), Internationales Management, Stuttgart 1981, S. 1-44.

DUNNING, JOHN H. (1989), Trade and Foreign-Owned Production in Services: Some Conceptual and Theoretical Issues, in: GIERSCH, HERBERT (Ed.), Services in the World Economic Growth, Symposium 1988, Tübingen 1989, S. 108-150.

DUNNING, JOHN H. (1993a), Multinational Enterprises and the Growth of Services: Some Conceptual and Theoretical Issues, in: SAUVANT, KARL/MALLAMPALLY, PADMA (Eds.), Transnational Corporations in Services, United Nations Library on Transnational Corporations, Vol. 12, London, New York 1993, S. 33-74.

DUNNING, JOHN H. (1993b), The Internationalization of the Production of Services: Some General and Specific Explanations, in: AHARONI, YAIR (Ed.), Coalitions and Competition, The Globalization of Professional Business Services, London, New York 1993, S. 79-101.

DÜTTMANN, BERNHARD (1989), Forschungs- und Entwicklungskooperationen und ihre Auswirkungen auf den Wettbewerb, Bergisch Gladbach, Köln 1989.

DYMSZA, WILLIAM A. (1988), Successes and Failures of Joint Venture in Developing Countries: Lessons from Experience, in: CONTRACTOR, FAROK J./LORANGE, PETER (Eds.), Cooperative Strategies in International Business, Lexington, MA, Toronto 1988, S. 403-424.

EASINGWOOD, CHRISTOPHER J. (1986), New Product Development for Service Companies, in: Journal of Product Innovation Management, Vol. 3, 4/1986, S. 264-275.

EISELE, JÜRGEN (1995), Erfolgsfaktoren des Joint Venture-Management, Wiesbaden 1995.

ELFRING, TOM (1993), Structures and Growth of Business Services in Europe, in: JONG, HENK W. DE(Ed.), The Structures of European Industries, 3rd Ed., Dordrecht u.a. 1993, S. 367-398.

ELLISON, RICHARD (1976), Management Contracts, Earning Profits From Fee Income in Place of Earnings on Equity, in: Multinational Business, w.Vol., 1/1976, S. 19-28.

ENDERWICK, PETER (1989), Some Economics of Service-Sector Multinational Enterprises, in: ENDERWICK, PETER (Ed.), Multinational Service Firms, London, New York 1989, S. 3-34.

ENDRES, DIETER (1987), Joint Ventures als Instrument internationaler Geschäftätigkeit, in: WiSt, 16. Jg., 8/1987, S. 373-378.

ENGELHARDT, WERNER H. (1957), Grundprobleme der Einzelwirtschaftstypologie, Köln 1957.

ENGELHARDT, WERNER H./KLEINALTENKAMP, MICHAEL/RECKENFELDERBÄUMER, MARTIN (1993), Leistungsbündel als Absatzobjekte, ein Ansatz zur Überwindung der Dichotomie von Sach- und Dienstleistungen in: zfbf, 45. Jg., 5/1993, S. 395-426.

ENGELHARDT, WERNER H./KLEINALTENKAMP, MICHAEL/RECKENFELDERBÄUMER, MARTIN (1992), Dienstleistungen als Absatzobjekt, Arbeitsbericht Nr. 52 des Instituts für Unternehmensführung und Unternehmensforschung, Bochum 1992.

ENGELHARDT, WERNER H./SCHWAB, WILFRIED (1982), Die Beschaffung von investiven Dienstleistungen, in: DBW, 42. Jg., 4/1982, S. 503-513.

ENTGELTER, KARL-ADAM (1979), Das Rationalisierungspotential im Dienstleistungsbereich, zu den Möglichkeiten der Substitution persönlicher Leistungsträger durch realtechnische Systeme im Bereich der Produktion, Frankfurt/Main 1979.

ERRAMILLI, M. KRISHNA (1990), Entry Mode Choice in Services Industries, in: IMR, Vol. 7, 5/1990, S. 50-62.

ERRAMILLI, M. KRISHNA/RAO, C.P. (1990), Choice of Foreign Market Entry Modes by Service Firms: Role of Market Knowledge, in: mir, Vol. 30, 2/1990, S. 135-150.

ERRAMILLI, M. KRISHNA/RAO, C.P. (1993), Service Firms' International Entry-Mode Choice: A Modified Transaction-Cost Analysis Approach, in: JoM, Vol. 57, July 1993, S. 19-38.

FAULKNER, DAVID (1995), International Strategic Alliances, Co-operating to Compete, London u.a. 1995.

FISHER, ALAN G.B. (1939), Primary, Secondary, and Tertiary Production, in: Economic Record, Vol. 21, w.No., 1939, S. 280-296.

FITZSIMMONS, JAMES A./FITZSIMMONS, MONA J. (1994), Service Management for Competitive Advantage, New York u.a. 1994.

FONTANARI, MARTIN (1996), Kooperationsgestaltungsprozesse in Theorie und Praxis, Berlin 1996.

FOURASTIÉ, JEAN (1954), Die große Hoffnung des zwanzigsten Jahrhunderts, Köln, Opladen 1954.

FRANK, CHRISTIAN (1994), Strategische Partnerschaften in mittelständischen Unternehmen, Wiesbaden 1994.

FRANKO, LAWRENCE C. (1971), Joint Venture Survival in Multinational Competition, New York 1971.

FREHR, HANS-ULRICH (1993), Total Quality Management - Unternehmensweite Qualitätsverbesserung, ein Praxisleitfaden für Führungskräfte, München, Wien 1993.

FRESE, ERICH (1995), Grundlagen der Organisation, Konzept - Prinzipien - Strukturen, 6. Aufl., Wiesbaden 1995.

FRIEDLANDER, MARK P./GURNEY, GENE (1990), Handbook of Successful Franchising, 3rd Ed., Blue Ridge Summit, PA 1990.

FRIESE, MARION (1991), Das Image eines Unternehmens - Bestimmungsfaktoren und Einflußmöglichkeiten, Arbeitspapier Nr. 34 der Schriftenreihe Schwerpunkt Marketing, MEYER, PAUL W. UND DAS LEHR- UND FORSCHUNGSTEAM MARKETING AN DER UNIVERSITÄT AUGSBURG (Hrsg.), Augsburg 1991.

FRIESE, MARION (1996), Vom Produkt- zum Dienstleistungsmarketing, in: HÖRSCHGEN, HANS/FROBÖSE, MICHAEL (Hrsg.), Herausforderungen für das Marketing in Forschung und Lehre, Sternenfels, Berlin 1996, S. 87-98.

FRIESE, MARION/CIERPKA, RALF (1996), Erfolg in Studium und Beruf - Befunde einer empirischen Untersuchung und deren Konsequenzen für die Universitätsausbildung, in: FROBÖSE, MICHAEL/KAAPKE, ANDREAS (Hrsg.) Marketing als Schnittstellenwissenschaft und Transfertechnologie, Berlin 1996, S. 353-373.

FRITSCH, MICHAEL (1996), Arbeitsteilige Innovation - Ein Überblick über neuere Forschungsergebnisse, in: SAUER, DIETER/HIRSCH-KREINSEN, HARTMUT (Hrsg.), Zwischenbetriebliche Arbeitsteilung und Kooperation, Ergebnisse des Expertenkreises „Zukunftsstrategien", Band III, Frankfurt, New York 1996, S. 15-47.

FRITZ, WOLFGANG (1990), Marketing - ein Schlüssel des Unternehmenserfolges?, eine kritische Analyse vor dem Hintergrund der empirischen Erfolgsfaktorenforschung, in: Marketing · ZFP, 12. Jg., 2/1990, S. 91-110.

FRITZ, WOLFGANG (1995a), Marketing-Management und Unternehmenserfolg, 2. Aufl., Stuttgart 1995.

FRITZ, WOLFGANG (1995b), Erfolgsfaktoren im Marketing, in: TIETZ, BRUNO/KÖHLER, RICHARD/ZENTES JOACHIM (Hrsg.), HWM, 2. Aufl., Stuttgart 1995, Sp. 594-608.

FROBÖSE, MICHAEL/HILGER, ANGELIKA/STEINBACH, RALF F. (1996), Schlüsselqualifikationen als Teil der betriebswirtschaftlichen Ausbildung, in: FROBÖSE, MICHAEL/KAAPKE, ANDREAS (Hrsg.), Marketing als Schnittstellenwissenschaft und Transfertechnologie, Berlin 1996, S. 375-394.

GABRIEL, PETER P. (1967), The International Transfer of Corporate Skills, Management Contracts in Less Developed Countries, Boston 1967.

GADENNE, VOLKER (1984), Theorie und Erfahrung in der psychologischen Forschung, Tübingen 1984.

GAHL, ANDREAS (1990), Die Konzeption der strategischen Allianz im Spannungsfeld zwischen Flexibilität und Funktionalität, in: Strategische Allianzen, zfbf Sonderheft 27, Düsseldorf, Frankfurt/Main 1990, S. 35-48.

GAHL, ANDREAS (1991), Die Konzeption strategischer Allianzen, Berlin 1991.

GAISER, BRIGITTE (1989), Determinanten des Geschäftserfolgs im Großhandel, eine empirische Studie im Elektrogroßhandel unter besonderer Berücksichtigung psychologischer Merkmale von Geschäftsleitern, Stuttgart-Hohenheim 1989.

GÄLWEILER, ALOYS (1990), Strategische Unternehmensführung, 2. Aufl., Frankfurt/Main, New York 1990.

GAULHOFER, MANFRED/SYDOW, JÖRG (1991), Kooperationen von ost- und westdeutschen Unternehmungen - Strukturelle und kulturelle Probleme, in: zfo, 60. Jg., 3/1991, S. 151-157.

GEMÜNDEN, HANS G. (1993), Zeit - Strategischer Erfolgsfaktor in Innovations-prozessen, in: DOMSCH, MICHEL/SABISCH, HELMUT/SIEMERS, SVEN H.A. (Hrsg.), F&E-Management, Stuttgart 1993, S. 67-118.

GERINGER, J. MICHAEL (1988), Joint Venture Partner Selection: Strategies for Developed Countries, New York u.a. 1988.

GERINGER, J. MICHAEL/HEBERT, LOUIS (1989), Control and Performance of International Joint Ventures, in: JiBS, Vol. 20, 2/1989, S. 235-254.

GERINGER, J. MICHAEL/HEBERT, LOUIS (1991), Measuring Performance of International Joint Ventures, in: JiBS, Vol. 22, 2/1991, S. 249-263.

GERPOTT, TORSTEN J. (1994), Lernprozesse im Zeitwettbewerb, in: SIMON, HERMANN/SCHWUCHOW, KARLHEINZ (Hrsg.), Management-Lernen und Strategie, Stuttgart 1994, S. 57-77.

GERTH, ERNST (1971), Zwischenbetriebliche Kooperation, Stuttgart 1971.

GERYBADZE, ALEXANDER (1991a), Innovatives Unternehmertum im Rahmen internationaler Joint Ventures - Eine kritische Analyse, in: LAUB, ULF D./SCHNEIDER, DIETRAM (Hrsg.), Innovation und Unternehmertum, Per-spektiven, Erfahrungen, Ergebnisse, Wiesbaden 1991, S. 137-164.

GERYBADZE, ALEXANDER (1991b), Strategien der Europäisierung, Diversifikation und Integration im Management Consulting, in: WACKER, WILHELM H. (Hrsg.), Internationale Management-Beratung, Berlin 1991, S. 23-50.

GERYBADZE, ALEXANDER (1995), Strategic Alliances and Process Redesign, Effective Management and Restructuring of Cooperative Projects and Networks, Berlin, New York 1995.

GESCHKA, HORST (1993), Wettbewerbsfaktor Zeit, Landsberg/Lech 1993.

GESCHKA, HORST/HAMMER, RICHARD (1992), Die Szenario-Technik in der stra-tegischen Unternehmensplanung in: HAHN, DIETGER/TAYLOR, BERNARD (Hrsg.), Strategische Unternehmensplanung, Strategische Unterneh-mensführung, Stand und Entwicklungstendenzen, 6. Aufl., Heidelberg 1992, S. 311-336.

GHEMAWAT, PANKAJ (1985), Building Strategy on the Experience Curve, in: HBR, Vol. 63, March-April 1985, S. 143-149.

GHEMAWAT, PANKAJ (1988), Dauerhafte Wettbewerbsvorteile aufbauen, in: SIMON, HERMANN (Hrsg.), Wettbewerbsvorteile und Wettbewerbsfähig-keit, Stuttgart 1988, S. 30-36.

GHEMAWAT, PANKAJ/PORTER, MICHAEL E./RAWLINSON, RICHARD A. (1989), Das strukturelle Gefüge internationaler Koalitionen, in: PORTER, MICHAEL E. (Hrsg.), Globaler Wettbewerb, Wiesbaden 1989, S. 401-423.

GHOSHAL, SUMANTRA (1987), Global Strategy: An Organizing Framework, in: SMJ, Vol. 8, 5/1987, S. 425-440.

GILBERT, XAVIER/STREBEL, PAUL J. (1985), Outpacing Strategies, in: IMEDE, Perspectives for Managers, o.Jg., 2/1985.

GLASL, FRIEDRICH (1997), Konfliktmanagement, ein Handbuch für Führungskräfte, Beraterinnen und Berater, 5. Aufl., Bern, Stuttgart 1997.

GLUECK, WILLIAM F. (1976), Business Policy, Strategy Formation and Management Action, 2nd Ed., New York u.a. 1976.

GOLDENBERG, SUSAN (1990), Management von Joint Ventures, Fallbeispiele aus Europa, USA, China und Japan, Wiesbaden 1990.

GOOD, LORETTA (1972), United States Joint Ventures and Manufacturing Firms in Monterrey, Mexico: Comparative Styles of Management, Unpublished Doctoral Dissertation, Cornell University, Ithaca, N.Y. 1972.

GORT, MICHAEL (1962), Diversification and Integration in American Industry, Princeton, NJ 1962.

GÖTZ, PETER/TOEPFFER, J. (1991), Kooperationsstrategien im Lichte der Transaktionskostentheorie, Arbeitspapier Nr. 7 des Lehrstuhls für Marketing der Universität Erlangen-Nürnberg, DILLER, HERMANN (Hrsg.), Nürnberg 1991

GRAUMANN, JENS (1984), Die Dienstleistungsmarke, ein neuer Absatztypus aus absatzwirtschaftlicher Sicht, in: Markenartikel, 4. Jg., 12/1984, S. 607-610.

GROCHLA, ERWIN (1972), Die Kooperation von Unternehmungen aus organisationstheoretischer Sicht, in: BOETTCHER, ERIK (Hrsg.), Theorie und Praxis der Kooperation, Tübingen 1972, S. 1-18.

GRÖNROOS, CHRISTIAN (1983), Strategic Marketing and Management in the Service Sector, Report No. 83-104 des Marketing Science Institute, Cambridge, MA 1983.

GRÖNROOS, CHRISTIAN (1990a), Service Management and Marketing, Managing the Moments of Truth in Service Competition, Lexington, MA, Toronto 1990.

GRÖNROOS, CHRISTIAN (1990b), Relationship Approach to Marketing in Service Contexts, the Marketing and Organizational Behavior Interface, in: Journal of Business Research, Vol. 23, 2/1990, S. 3-11.

GRUHLER, WOLFRAM (1990), Dienstleistungsbestimmter Strukturwandel in deutschen Industrieunternehmen, einzel- und gesamtwirtschaftlicher Kontext, Determinanten, Interaktionen, empirischer Befund, Köln 1990.

GRUHLER, WOLFRAM (1993), Gesamtwirtschaftliche Bedeutung und einzelwirtschaftlicher Stellenwert industrieller Dienstleistungen, in: SIMON, HERMANN (Hrsg.), Industrielle Dienstleistungen, Stuttgart 1993, S. 23-40.

GRÜTZMACHER, ROLF/SCHMIDT-COTTA, RALF-ROLAND/LAIER HUBERT (1985), Der internationale Lizenzverkehr, Genehmigungsvorschriften, Steuern, Devisenbestimmungen und Hinweise zur internationalen Lizenzpraxis, 7. Aufl., Heidelberg 1985.

GUGLER, PHILIPPE (1992), Building Transnational Alliances to Create Competitive Advantage, in: LRP, Vol. 25, 1/1992, S. 90-99.

HAASE, ROLF (1990), Strategische Partnerschaften bringen neuartige Chancen, in: io Management Zeitschrift, 59. Jg., 7/8/1990, S. 30-32.

HAEDRICH, GÜNTHER/TOMCZAK, TORSTEN (1990), Strategische Unternehmensführung, Planung und Realisierung von Marketingstrategien für eingeführte Produkte, Bern 1990.

HAHN, DIETGER (1989), Strategische Unternehmensführung, Stand und Entwicklungstendenzen, 1. Teil, in: zfo, 58. Jg., 3/1989, S. 159-166.

HAHN, DIETGER (1992a), Strategische Unternehmensführung, Grundkonzept, in: HAHN, DIETGER/TAYLOR, BERNARD (Hrsg.), Strategische Unternehmensplanung, Strategische Unternehmensführung, Stand und Entwicklungstendenzen, 6. Aufl., Heidelberg 1992, S. 31-51.

HAHN, DIETGER (1992b), Strategische Kontrolle, in: HAHN, DIETGER/TAYLOR, BERNARD (Hrsg.), Strategische Unternehmensplanung, Strategische Unternehmensführung, Stand und Entwicklungstendenzen, 6. Aufl., Heidelberg 1992, S. 651-664.

HALL, R. DUANE (1984), The International Joint Venture, New York 1984.

HAMEL, GARY (1990), Competitive Collaboration: Learning, Power and Dependence in International Strategic Alliances, Unpublished Doctoral Dissertation, University of Michigan, East Lansing 1990.

HAMEL, GARY (1991), Competition for Competence and Interpartner Learning within International Strategic Alliances, in: SMJ, Vol. 12, Special Issue, Summer 1991, S. 83-103.

HAMEL, GARY/DOZ, YVES L./PRAHALAD, COIMBATORE K. (o.J.), Mit Marktrivalen zusammenarbeiten - und dabei gewinnen, in: HM, Sonderheft 'Strategie und Planung', Band 3, Hamburg o.J., S. 39-46.

HAMEL, GARY/PRAHALAD, COIMBATORE K. (1992), So spüren Unternehmen neue Märkte auf, in: HM, 14. Jg., 2/1992, S. 44-55.

HAMMES, WOLFGANG (1994), Strategische Allianzen als Instrument der strategischen Unternehmensführung, Wiesbaden 1994.

HANRIEDER, MANFRED (1976), Franchising - Planung und Praxis, München 1976.

HÄNSEL, WILFRIED (1984), Der internationale Personenluftverkehr, Analyse der staatlichen Regulierung der internationalen Luftverkehrsmärkte und der Auswirkungen neuerer luftverkehrspolitischer Entwicklungen, Giessen 1984.

HANSEN, URSULA/LEITHERER, EUGEN (1984), Produktpolitik, 2. Aufl., Stuttgart 1984.

HARRIGAN, KATHRYN R. (1984), Joint Ventures and Global Strategies, in: CJoWB, Vol. 19, Summer 1984, S. 7-16.

HARRIGAN, KATHRYN R. (1986), Managing for Joint Venture Success, Lexington, MA, Toronto 1986.

HARRIGAN, KATHRYN R. (1987), Strategies for Joint Ventures, Lexington, MA, Toronto 1987.

HARRIGAN, KATHRYN R. (1988), Strategic Alliances and Partner Asymmetries, in: CONTRACTOR, FAROK J./LORANGE, PETER (Eds.), Cooperative Strategies in International Business, Lexington, MA, Toronto 1988, S. 205-225.

HARRIGAN, KATHRYN R. (1989), Unternehmensstrategien für reife und rückläufige Märkte, Frankfurt/Main, New York 1989.

HARTUNG, JOCHEN (1985), Statistik, 3. Aufl., München 1985.

HASSELBERG, FRANK (1989), Strategische Kontrolle im Rahmen strategischer Unternehmensführung, Frankfurt/Main u.a. 1989.

HAUSSMANN, HELMUT (1997), Vor- und Nachteile der Kooperation gegenüber anderen Internationalisierungsformen, in: MACHARZINA, KLAUS/ OESTERLE, MICHAEL-JÖRG (Hrsg.), Handbuch Internationales Management, Grundlagen - Instrumente - Perspektiven, Wiesbaden 1997, S. 459-474.

HELLWIG, KLAUS-JÜRGEN (1989), Joint Venture-Verträge, internationale, in: MACHARZINA, KLAUS/WELGE, MARTIN K. (Hrsg.), HWInt, Stuttgart 1989, Sp. 1064-1072.

HELLWIG-BECK, ANDREA (1996), Entwicklung und Perspektiven des Strategischen Marketing, in: HÖRSCHGEN, HANS/FROBÖSE, MICHAEL (Hrsg.), Herausforderungen für das Marketing in Forschung und Lehre, Sternenfels, Berlin 1996, S. 31-44.

HEMM, HANS/DIESCH, PETER (1992), Internationale Kooperationen und strategische Allianzen - Ziele, Probleme und praktische Gestaltung unternehmerischer Partnerschaft, in: KUMAR, BRIJ N./HAUSSMANN, HELMUT (Hrsg.), Handbuch der Internationalen Unternehmenstätigkeit, München 1992, S. 531-548.

HEMPELMANN, BERND (1995), Generic Marketing, in: TIETZ, BRUNO/KÖHLER, RICHARD/ZENTES JOACHIM (Hrsg.), HWM, 2. Aufl., Stuttgart 1995, Sp. 743-748.

HENTSCHEL, BERT (1992), Dienstleistungsqualität aus Kundensicht, vom merkmals- zum ereignisorientierten Ansatz, Wiesbaden 1992.

HERMANN, RALF (1989), Joint Venture-Management: Strategien, Strukturen, Systeme und Kulturen, Gießen 1989.

HERZ, CHRISTIAN (1972), Der Kooperationserfolg - Probleme seiner Bestimmung und Ermittlung, Berlin 1972.

HERZFELD, EDGAR (1983), Joint Ventures, Bristol 1983.

HESKETT, JAMES L. (1988), Management von Dienstleistungsunternehmen, erfolgreiche Strategien in einem Wachstumsmarkt, Wiesbaden 1988.

HESKETT, JAMES L. U.A. (1994), Putting the Service-Profit Chain to Work, in: HBR, Vol. 72, March-April 1994, S. 162-182.

HESKETT, JAMES L./SASSER, W. EARL/HART, CHRISTOPHER W.L. (1991), Bahnbrechender Service, Standards für den Wettbewerb von morgen, Frankfurt/Main, New York 1991.

HILDEBRANDT, LUTZ (1994), Erfolgsfaktoren, in: DILLER, HERMANN (Hrsg.), Vahlens Großes Marketing Lexikon, München 1994, S. 272-274.

HILGER, ANGELIKA (1996), Das Konzept der Handlungskompetenz als Basis für eine Reform der Hochschulausbildung, in: HÖRSCHGEN, HANS/ FROBÖSE, MICHAEL (Hrsg.), Herausforderungen für das Marketing in Forschung und Lehre, Sternenfels, Berlin 1996, S. 113-128.

HILGER, ANGELIKA (1997), Kontrolle von Public Relations, Stuttgart 1997.

HILKE, WOLFGANG (1984), Dienstleistungs-Marketing aus Sicht der Wissenschaft, Arbeitspapier des Betriebswirtschaftlichen Seminars der Universität Freiburg, Freiburg 1984.

HILKE, WOLFGANG (1989), Grundprobleme und Entwicklungstendenzen des Dienstleistungs-Marketing, in: HILKE, WOLFGANG (Hrsg.), Dienstleistungs-Marketing, Wiesbaden 1989, S. 5-44.

HILL, T.P. (1977), On Goods and Services, in: Review of Income and Wealth, Vol. 23, December 1977, S. 315-338.

HILLEKE-DANIEL, KLAUS (1994), Wettbewerbsstrategie, in: DILLER, HERMANN (Hrsg.), Vahlens Großes Marketing Lexikon, München 1994, S. 1332-1335.

HINTERHUBER, HANS H. (1982), Wettbewerbsstrategie, Berlin, New York 1982.

HINTERHUBER, HANS H. (1992), Strategische Unternehmensführung, Strategisches Denken, Band 1, 5. Aufl., Berlin, New York 1992.

HLADIK, KAREN J. (1985), International Joint Ventures, Lexington, MA, Toronto 1985.

HLADIK, KAREN J. (1988), R&D and International Joint Ventures, in: CON-TRACTOR, FAROK J./LORANGE, PETER (Eds.), Cooperative Strategies in International Business, Lexington, MA, Toronto 1988, S. 187-203.

HLAVACEK, JAMES D./DOVEY, BRIAN/BIONDO, JOHN J. (o.J.), Erfolge mit Joint Ventures, in: HM, Sonderheft 'Strategie und Planung', Band 1, Hamburg o.J., S. 146-155.

HOFER, CHARLES W./SCHENDEL, DAN (1978), Strategy Formulation, Analytical Concepts, 3rd Ed., St. Paul, MN 1978.

HOFFMANN, FRIEDRICH (1980), Führungsorganisation, Band 1, Stand der Forschung und Konzeption, Tübingen 1980.

HOFFMANN, FRIEDRICH (1986), Kritische Erfolgsfaktoren - Erfahrungen in großen und mittelständischen Unternehmungen, in: zfbf, 38. Jg., 10/1986, S. 831-843.

HOFFMANN, FRIEDRICH (1989a), Erfassung, Bewertung und Gestaltung von Unternehmenskulturen, von der Kulturtheorie zu einem anwendungsorientierten Ansatz, in: zfo, 58. Jg., 3/1989, S. 168-173.

HOFFMANN, FRIEDRICH (1989b), So wird Diversifikation zum Erfolg, in: HM, 11. Jg., 4/1989, S. 52-58.

HOFFMANN, WERNER H. (1990), Faktoren erfolgreicher Unternehmensberatung, Wiesbaden 1990.

HOFMANN, JÜRGEN H.O. (1988), So entwickelt man strategische Allianzen zur Diversifikations-Beschleunigung, in: io Management Zeitschrift, 57. Jg., 1/1988, S. 18-21.

HOFSTEDE, GEERT (1992), Die Bedeutung von Kultur und ihren Dimensionen im Internationalen Management, in: KUMAR, BRIJ N./HAUSSMANN, HELMUT (Hrsg.), Handbuch der Internationalen Unternehmenstätigkeit, München 1992, S. 303-324.

HOMBURG, CHRISTIAN/SIMON, HERMANN (1995), Wettbewerbsstrategien, in: TIETZ, BRUNO/KÖHLER, RICHARD/ZENTES JOACHIM (Hrsg.), HWM, 2. Aufl., Stuttgart 1995, Sp. 2753-2762.

HÖNER, JOSEF (1995), Lizenzverträge, in: TIETZ, BRUNO/KÖHLER, RICHARD/ZENTES JOACHIM (Hrsg.), HWM, 2. Aufl., Stuttgart 1995, Sp. 1204-1208.

HÖRSCHGEN, HANS (1992), Grundbegriffe der Betriebswirtschaftslehre, 3. Aufl., Stuttgart 1992.

HÖRSCHGEN, HANS (1995a), Timing, in: TIETZ, BRUNO/KÖHLER, RICHARD/ZENTES JOACHIM (Hrsg.), HWM, 2. Aufl., Stuttgart 1995, Sp. 2460-2473.

HÖRSCHGEN, HANS (1995b), A Holistic Concept of Education in Business Administration, in: Proceedings of the Pan-Pacific Conference XII - A Business, Economic, and Technological Exchange, May 29 - June 1, 1995, Dunedin/Queenstown 1995, S. 114-117.

HÖRSCHGEN, HANS U.A. (1993a), Marketing-Strategien, Konzepte zur Strategien-bildung im Marketing, 2. Aufl., Ludwigsburg, Berlin 1993.

HÖRSCHGEN, HANS U.A. (1993b), Erfolg in Studium und Beruf, Arbeitspapier der Forschungsstelle für Angewandtes Marketing (FORAM) an der Universität Hohenheim, 2. Aufl., Stuttgart 1993.

HÖRSCHGEN, HANS/GAISER, BRIGITTE/STROBEL, KARL (1981), Die Werbeerfolgs-kontrolle in der Industrie, eine empirische Untersuchung, Stuttgart 1981.

HÖRSCHGEN, HANS/STEINBACH, RALF F. (1995), Marketing und Wettbewerbsvor-teile, Gedanken zur Generierung von Wettbewerbsvorteilen durch ganzheitlich orientiertes Marketing, in: BAUER, HANS H./DILLER, HERMANN (Hrsg.), Wege des Marketing, Berlin 1995, S. 31-43.

HORVÁTH, PÉTER (1992), Organisationsprüfung, in: FRESE, ERICH, (Hrsg.), HWO, 3. Aufl., Stuttgart 1992, Sp. 1602-1618.

HRUSCHKA, ERICH (1976), Wettbewerbschancen für Klein- und Mittelbetriebe, Stuttgart 1976.

HÜNERBERG, REINHARD (1994), Internationales Marketing, Landsberg/Lech 1994.

IHRIG, FALK (1991), Strategische Allianzen, in: WiSt, 20. Jg., 1/1991, S. 29-31.

INSTITUT DER DEUTSCHEN WIRTSCHAFT KÖLN (Hrsg.) (1995), Zahlen zur wirt-schaftlichen Entwicklung der Bundesrepublik Deutschland, Ausgabe 1995, Köln 1995.

ISTVAN, RUDYARD L. (1993), Zeit: Die vierte Dimension des Wettbewerbs, in: OETINGER, BOLKO VON (Hrsg.), Das Boston Consulting Group Strategie Buch, die wichtigsten Managementkonzepte für den Praktiker, Düssel-dorf u.a. (1993), S. 559-564.

JÄCKEL, KLAUS (1991), Kooperationsstrategien im Linienluftverkehr vor dem Hintergrund zunehmender Integrationsentwicklung in Europa, Bergisch Gladbach, Köln 1991.

JACOBS, SIEGFRIED (1992), Strategische Erfolgsfaktoren der Diversifikation, Wiesbaden 1992.

JAIN, SUBHASH C. (1987), Perspectives on International Strategic Alliances, in: CAVUSGIL, S. TAMER (Ed.), Advances in International Marketing, a Research Annual, Vol. 2, Greenwich 1987, S. 103-120.

399

JAMES, BARRIE G. (1991), Strategic Alliances, in: International Review of Strategic Management, Vol. 2, 2/1991, S. 63-72.

JARILLO, J. CARLOS (1988), On Strategic Networks, in: SMJ, Vol. 9, 1/1988, S. 31-41.

JOHNSON, EUGENE M./SCHEUING, EBERHARD E./GAIDA, KATHLEEN A. (1986), Profitable Service Marketing, Homewood, IL 1986.

JORDE, THOMAS M./TEECE, DAVID J. (1990), Innovation and Cooperation: Implications for Competition and Antitrust, in: Journal of Economic Perspectives, Vol. 4, 3/1990, S. 75-96.

JUGEL, STEFAN/ZERR, KONRAD (1989), Dienstleistungen als strategisches Element eines Technologie-Marketing, in: Marketing · ZFP, 11. Jg., 3/1989, S. 162-172.

KAAPKE, ANDREAS (1997), Der Beitrag des Strategischen Marketing zur Verbesserung der Problemlösungsfähigkeit von Staaten, Frankfurt/Main 1997.

KARK, ANDREAS (1989), Die Liberalisierung der Zivilluftfahrt und das Wettbewerbsrecht der Europäischen Gemeinschaft, Frankfurt/Main 1989.

KASPER, DANIEL M. (1988), Deregulation and Globalization: Liberalizing International Trade in Air Services, Cambridge, MA 1988.

Katzenbach, Jon R./Smith, Douglas K. (1993), Teams - Der Schlüssel zur Hochleistungsorganisation, Wien 1993.

KAUB, ERICH (1992), Franchising als strategische Partnerschaft, in: ZENTES, JOACHIM (Hrsg.), Strategische Partnerschaften im Handel, Stuttgart 1992, S. 161-184.

KAUFMANN, EDGAR J. (1977), Marketing für Produktivdienstleistungen, Zürich 1977.

KAUFMANN, FRIEDRICH (1993), Internationalisierung durch Kooperation, Strategien für mittelständische Unternehmen, Wiesbaden 1993.

KAUFMANN, FRIEDRICH/KOKALJ, LJUBA/MAY-STROBL, EVA (1990), EG-Binnenmarkt: Die grenzüberschreitende Kooperation mittelständischer Unternehmen, Empirische Analyse von Möglichkeiten, Voraussetzungen und Erfahrungen, Stuttgart 1990.

KAZUO, A. (1993), NTT's First, in: NTT Review, Vol. 5, 4/1993, S. 15.

KEBSCHULL, DIETRICH (1989), Internationalisierungsmotive, in: MACHARZINA, KLAUS/WELGE, MARTIN K. (Hrsg.), HWInt, Stuttgart 1989, Sp. 973-982.

KENESSEY, ZOLTAN (1987), The Primary, Secondary, Tertiary and Quarternary Sectors of the Economy, in: Review of Income and Wealth, Vol. 33, 4/1987, S. 359-385.

KIENER, JOACHIM (1980), Marketing Controlling, Darmstadt 1980.

KIESER, ALFRED (1983), Konflikte in Organisationen: Organisationsstruktur und Bedürfnisse des Individuums, in: WiSt, 12. Jg., 8/1983, S. 381-388.

KIESER, ALFRED/KUBICEK, HERBERT (1992), Organisation, 3. Aufl., Berlin u.a. 1992.

KIESER, ALFRED/SEGLER, TILMAN (1981), Entscheidungsorientierte Ansätze der Organisationstheorie, in: KIESER, ALFRED (Hrsg.) Organisationstheoretische Ansätze, München 1981, S. 129-144.

KILLING, J. PETER (1982), How to Make a Global Joint Venture Work, in: HBR, Vol. 60, May-June 1982, S. 120-127.

KILLING, J. PETER (1983), Strategies for Joint Venture Success, New York 1983.

KIRSCH, WERNER (1988), Die Handhabung von Entscheidungsproblemen, Einführung in die Theorie der Entscheidungsprozesse, 3. Aufl., München 1988.

KLAILE, BEATRICE (1984), Managementberatung in mittelständischen Unternehmen, Berlin 1984.

KLAUS, PETER G. (1984), Auf dem Weg zu einer Betriebswirtschaftslehre der Dienstleistungen: der Interaktionsansatz, in: DBW, 44. Jg., 3/1984, S. 467-475.

KLEER, MICHAEL (1991), Gestaltung von Kooperationen zwischen Industrie- und Logistikunternehmen, Ergebnisse theoretischer und empirischer Untersuchungen, Berlin 1991.

KLEINALTENKAMP, MICHAEL (1995), Standardisierung und Individualisierung, in: TIETZ, BRUNO/KÖHLER, RICHARD/ZENTES, JOACHIM (Hrsg.), HWM, 2. Aufl., Stuttgart 1995, Sp. 2354-2364.

KLING, NATHAN D. (1985), The Marketing Audit: An Extension of the Marketing Control Process, in: Managerial Finance, Vol. 11, 1/1985, S. 23-26.

KNIGGE, JÜRGEN (1993), Aktuelle Tendenzen im Franchising, in: IRRGANG, WOLFGANG (Hrsg.), Vertikales Marketing im Wandel, München 1993, S. 281-313.

KNIGGE, JÜRGEN (1995), Franchising, in: TIETZ, BRUNO/KÖHLER, RICHARD/ZENTES JOACHIM (Hrsg.), HWM, 2. Aufl., Stuttgart 1995, Sp. 701-710.

KNOBLICH, HANS (1969a), Zwischenbetriebliche Kooperation, Wesen, Formen und Ziele, in: ZfB, 39. Jg., 8/1969, S. 497-514.

KNOBLICH, HANS (1969b), Betriebswirtschaftliche Warentypologie, Köln u.a. 1969.

KNOBLICH, HANS (1995), Gütertypologie, in: TIETZ, BRUNO/KÖHLER, RICHARD/ ZENTES JOACHIM (Hrsg.), HWM, 2. Aufl., Stuttgart 1995, Sp. 838-850.

KNOLMAYER, GERHARD (1994), Zur Berücksichtigung von Transaktions- und Koordinationskosten in Entscheidungsmodellen für Make-or-Buy-Probleme, in: BFuP, 46. Jg., 4/1994, S. 316-332.

KOGUT, BRUCE (1988a), Joint Ventures: Theoretical and Empirical Perspectives, in: SMJ, Vol. 9, 4/1988, S. 319-332.

KOGUT, BRUCE (1988b), A Study of the Life Cycle of Joint Ventures, in: mir, Vol. 28, Special Issue 1988, S. 39-52.

KOGUT, BRUCE/ZANDER, UDO (1990), The Transferability and Imitability of the Knowledge of the Firm, Working Paper 90-15, Reginald H. Jones Center, The Wharton School, University of Pennsylvania, Philadelphia 1990.

KÖHLER, LUTZ (1991), Die Internationalisierung produzentenorientierter Dienstleister, Hamburg 1991.

KÖHLER, RICHARD (1993), Beiträge zum Marketing-Management, Planung, Organisation, Controlling, 3. Aufl., Stuttgart 1993.

KÖHLER, RICHARD/HÜTTERMANN, HANS (1989), Marktauswahl im internationalen Marketing, in: MACHARZINA, KLAUS/WELGE, MARTIN K. (Hrsg.), HWInt, Stuttgart 1989, Sp. 1428-1439.

KÖNIGSWIESER, ROSWITA (1987), Konflikthandhabung, in: KIESER, ALFRED/REBER, GERHARD/WUNDERER, ROLF (Hrsg.), HWFü, Stuttgart 1987, Sp. 1240-1246.

KOOT, WILLEM T.M. (1988), Underlying Dilemmas in the Management of International Joint Ventures, in: CONTRACTOR, FAROK J./LORANGE, PETER (Eds.), Cooperative Strategies in International Business, Lexington, MA, Toronto 1988, S. 347-367.

KOPPELMANN, UDO (1994), Qualität, in: DILLER, HERMANN (Hrsg.), Vahlens Grosses Marketing Lexikon, München 1994, S. 988-989.

KOSTECKI, MICHEL M. (1994), Strategies for Global Markets, in: KOSTECKI, MICHEL M. (Ed.), Marketing Strategies for Services: Globalization, Client-orientation, Deregulation, New York u.a., S. 3-21.

KOTHARI, VINAY (1988), Strategic Dimensions of Global Marketing of Services, in: JPSM, Vol. 3, 3-4/1988, S. 209-229.

KOTLER, PHILIP (1972), Generic Concept of Marketing, in: JoM, Vol. 36, 4/1972, S. 46-54.

KOTLER, PHILIP (1986), Megamarketing, in: HBR, Vol. 64, March-April 1986, S. 117-124.

402

KOTLER, PHILIP (1994), Marketing Management, Analysis, Planning, Implementation, and Control, 8th Ed., Englewood Cliffs, NJ 1994.

KOTLER, PHILIP/BLIEMEL, FRIEDHELM (1992), Marketing-Management, 7. Aufl., Stuttgart 1992.

KOTLER, PHILIP/BLIEMEL, FRIEDHELM (1995), Marketing-Management, 8. Aufl., Stuttgart 1995.

KOTLER, PHILIP/GREGOR, WILLIAM T./RODGERS, WILLIAM H. (1989), The Marketing Audit Comes of Age, Wiederabdruck mit einem ergänzenden Kommentar der Autoren, in: SMR, Vol. 30, Winter 1989, S. 49-62.

KOTLER, PHILIP/LEVY, SIDNEY J. (1969), Broadening the Concept of Marketing, in: JoM, Vol. 33, 1/1969, S. 10-15.

KREIKEBAUM, HARTMUT (1973), Die Lückenanalyse als Voraussetzung der Unternehmensplanung, in: Zeitschrift für interne Revision, 8. Jg., 1/1973, S. 17-26.

KREIKEBAUM, HARTMUT (1991), Strategische Unternehmensplanung, 4. Aufl., Stuttgart, Berlin, Köln 1991.

KREILKAMP, EDGAR (1987), Strategisches Management und Marketing, Berlin u.a. 1987.

KREUTZER, RALF (1989), Global Marketing - Konzeption eines länderübergreifenden Marketing, Wiesbaden 1989.

KRIEPENDORF, PETER (1989a), Lizenzpolitik, internationale, in: MACHARZINA, KLAUS/WELGE, MARTIN K. (Hrsg.), HWInt, Stuttgart 1989, Sp. 1323-1339.

KRIEPENDORF, PETER (1989b), Franchising, internationales, in: MACHARZINA, KLAUS/WELGE, MARTIN K. (Hrsg.), HWInt, Stuttgart 1989, Sp. 711-726.

KRONEN, JULIANE (1994), Computergestützte Unternehmungskooperation, Potentiale - Strategien - Planungsmodelle, Wiesbaden 1994.

KRÜGER, WILFRIED (1981), Theorie unternehmungsbezogener Konflikte, in: ZfB, 51. Jg., 9/1981, S. 910-952.

KRÜGER, WILFRIED (1993), Projektmanagement, in: WITTMANN, WALDEMAR/KERN, WERNER/KÖHLER, RICHARD U.A. (Hrsg.), HWB, Band 2, 5. Aufl., Stuttgart 1993, Sp. 3559-3570.

KRYSTEK, ULRICH/MÜLLER, MICHAEL (1992), Strategische Allianzen für Berater? - Unternehmensberatung zwischen Spezialisierung und Kooperation, in: DB, 45. Jg., 24/1992, S. 1197-1202.

KRYSTEK,ULRICH/MINKE, MARTINA (1990), Strategische Allianzen, Unternehmenskultur: Die Kulturen müssen zusammenpassen, in: Gablers Magazin, 4. Jg., 9/1990, S. 30-34.

403

KRYSTEK,ULRICH/MÜLLER-STEWENS, GÜNTER (1993), Frühaufklärung für Unternehmen, Identifikation und Handhabung zukünftiger Chancen und Bedrohungen, Stuttgart 1993.

KÜHN, RICHARD (1977), Marketing-Audit, ein Führungsinstrument, in: Die Unternehmung, 31. Jg., 3/1977, S. 199-212.

KUMAR, BRIJ N. (1975), Joint Ventures, in: WiSt, 4. Jg., 6/1975, S. 257-263.

KUNKEL, MICHAEL (1994), Franchising und asymmetrische Informationen, Wiesbaden 1994.

KUTSCHKER, MICHAEL (1992), Die Wahl der Eigentumsstrategie der Auslandsniederlassung in kleineren und mittleren Unternehmen, in: KUMAR, BRIJ N./HAUSSMANN, HELMUT (Hrsg.), Handbuch der Internationalen Unternehmenstätigkeit, München 1992, S. 497-530.

KUTSCHKER, MICHAEL (1994), Strategische Kooperationen als Mittel der Internationalisierung, in: SCHUSTER, LEO (Hrsg.), Die Unternehmung im internationalen Wettbewerb, Berlin 1994, S. 121-157.

KUTSCHKER, MICHAEL (1995), Joint Ventures, in: TIETZ, BRUNO/KÖHLER, RICHARD/ZENTES JOACHIM (Hrsg.), HWM, 2. Aufl., Stuttgart 1995, Sp.1079-1090.

KUTSCHKER, MICHAEL (1997), Markteintrittsformen in China, in: KUTSCHKER, MICHAEL (Hrsg.), Management in China, die unternehmerischen Chancen und Risiken, Frankfurt/Main 1997, S. 65-86.

KUTSCHKER, MICHAEL/MÖSSLANG, ANGELO M. (1996), Kooperationen als Mittel der Internationalisierung von Dienstleistungsunternehmen, in: DBW, 56. Jg., 3/1996, S. 319-337.

LANGEARD, ERIC (1981), Grundfragen des Dienstleistungsmarketing, in: Marketing · ZFP, 3. Jg., 4/1981, S. 233-240.

LEHMANN, AXEL (1989), Marketing-Qualität im Dienstleistungsmanagement - eine neue Perspektive?, in: Thexis, 6. Jg., 6/1989, S. 46-50.

LEHMANN, AXEL (1993), Dienstleistungsmanagement, Strategien und Ansatzpunkte zur Schaffung von Servicequalität, Stuttgart 1993.

LEIDECKER, JOEL K./BRUNO, ALBERT V. (1984), Identifying and Using Critical Success Factors, in: LRP, Vol. 17, 1/1984, S. 23-32.

LEITHERER, EUGEN (1965), Die typologische Methode in der Betriebswirtschaft, Versuch einer Übersicht, in: zfbf, 17. Jg., 12/1965, S. 650-662.

LEVINE, JONATHAN B./BYRNE, JOHN A. (1986), Corporate Odd Couples: Beware the Wrong Partner, in: Business Week, w.Vol., July 21, 1986, S. 98-103.

404

LEVINTHAL, DANIEL A./MARCH, JAMES G. (1993), The Myopia of Learning, in: SMJ, Vol. 14, Special Issue, Winter 1993, S. 95-112.

LEVITT, THEODORE (1976), The Industrialization of Service, in: HBR, Vol. 54, September/October 1976, S. 63-74.

LEVITT, THEODORE (1982), Production Line Approach to Service, in: HBR, Vol. 60, November/December 1982, S. 41-52.

LEWIS, JORDAN D. (1991), Strategische Allianzen, Informelle Kooperationen, Minderheitsbeteiligungen, Joint Ventures, Strategische Netze, Frankfurt/Main 1991.

LEWIS, THOMAS G./TURLEY, MARK (1990), Trau, schau, wem, in: mm, 20. Jg., 8/1990, S. 68-74.

LIENEMANN, CARSTEN/REIS, THOMAS (1996), Der ressourcenorientierte Ansatz, Struktur und Implikationen für das Dienstleistungsmarketing, in: WiSt, 25. Jg., 5/1996, S. 257-260.

LINK, WOLFGANG (1997), Erfolgspotentiale für die Internationalisierung, Gedankliche Vorbereitung - Empirische Relevanz - Methodik, Wiesbaden 1997.

LÖFFELHOLZ, JOSEF (1957), Der Stand der methodologischen Forschung in der Betriebswirtschaftslehre, Teil 1, in: ZfB, 27. Jg., 9/1957, S. 473-485.

LORANGE, PETER (1985), Human Resource Management in Multinational Cooperative Ventures, Unpublished Paper, The Wharton School, University of Pennsylvania, Philadelphia, October 1985.

LORANGE, PETER (1988), Co-operative Strategies: Planning and Control Considerations, in: HOOD, NEIL/VAHLNE, JAN-ERIK (Eds.), Strategies in Global Competition, London u.a. 1988.

LORANGE, PETER/ROOS, JOHAN (1991), Why Some Strategic Alliances Succeed and Others Fail, in: JBS, Vol. 12, January/February 1991, S. 25-30.

LORANGE, PETER/ROOS, JOHAN (1992a), Strategic Alliances, Formation, Implementation, and Evolution, Cambridge, MA 1992.

LORANGE, PETER/ROOS, JOHAN (1992b), Stolpersteine beim Management Strategischer Allianzen, in: BRONDER, CHRISTOPH/PRITZL, RUDOLF (Hrsg.), Wegweiser für Strategische Allianzen: Meilen- und Stolpersteine bei Kooperationen, Frankfurt/Main 1992, S. 343-355.

LORANGE, PETER/ROOS, JOHAN/SIMCIC BRONN, PEGGY (1992), Building Successful Strategic Alliances, in: LRP, Vol. 25, 6/1992, S. 10-17.

LOVELOCK, CHRISTOPHER H. (1980), Towards A Classification Of Services, in: LAMB, CHARLES W./DUNNE, PATRICK M. (Eds.), Theoretical Developments in Marketing, American Marketing Association, Chicago 1980, S. 72-76.

405

LOVELOCK, CHRISTOPHER H. (1983), Classifying Services to Gain Strategic Marketing Insights, in: JoM, Vol. 47, Summer 1983, S. 9-20.

LOVELOCK, CHRISTOPHER H. (1993), Dienstleister können Effizienz und Kundenzufriedenheit verbinden, in: HM, 15. Jg., 2/1993, S. 68-75.

LOVELOCK, CHRISTOPHER H./YOUNG, ROBERT F. (o.J.), Das Kundenverhalten beobachten, die Produktivität steigern, in: HM, Sonderheft 'Strategie und Planung', o. Jg., Band 3, Hamburg o.J., S. 130-140.

LOWENDAHL, BENTE R. (1993), Co-operative Strategies for Professional Service Firms: Unique Opportunities and Challenges, in: AHARONI, YAIR (Ed.), Coalitions and Competition, the Globalization of Professional Business Services, London, New York 1993, S. 161-177.

LUCHS, ROBERT H./NEUBAUER, FRANZ F. (1986), Qualitäts-Management, Wettbewerbsvorsprung durch Differenzierung, Wiesbaden 1986.

LÜCKING, JOACHIM (1994), Strategische Geschäftseinheit (SGE), Strategisches Geschäftsfeld (SGF), in: DILLER, HERMANN (Hrsg.), Vahlens Großes Marketing Lexikon, München 1994, S. 1108-1109.

LUTZ, VIOLET (1993), Horizontale strategische Allianzen, Hamburg 1993.

LYLES, MARJORIE A. (1988), Learning Among Joint Venture-Sophisticated Firms, in: CONTRACTOR, FAROK J./LORANGE, PETER (Eds.), Cooperative Strategies in International Business, Lexington, MA, Toronto 1988, S. 301-316.

LYNCH, RICHARD (1990b), European Business Strategies - An Analysis of Europe's Top Companies, London 1990.

LYNCH, ROBERT P. (1989), The Practical Guide to Joint Ventures and Corporate Alliances: How to Form, How to Organize, How to Operate, New York u.a. 1989.

LYNCH, ROBERT P. (1990a), Building Alliances to Penetrate European Markets, in: JBS, Vol. 11, March/April 1990, S. 4-8.

MACHARZINA, KLAUS (1995), Unternehmensführung, das internationale Managementwissen, Konzepte - Methoden - Praxis, 2. Aufl., Wiesbaden 1995.

MAISTER, DAVID H. (1985), The Psychology of Waiting Lines, in: CZEPIEL, JOHN A./SOLOMON, MICHAEL R./ SUPRENANT, CAROL F. (Eds.), The Service Encounter, Managing Employee/Customer Interaction in Service Business, Lexington, MA, Toronto 1985; S. 113-123.

MAISTER, DAVID H./LOVELOCK, CHRISTOPHER H. (1982), Managing Facilitator Services, in: SMR, Vol. 27, Summer 1982, S. 19-31.

MALERI, RUDOLF (1994), Grundlagen der Dienstleistungsproduktion, 3. Aufl., Berlin u.a. 1994.

MARITI, PAOLO/SMILEY, RICHARD H. (1994), Cooperative Agreements and the Organization of Industry, in: BUCKLEY, PETER J. (Ed.), Cooperative Forms of Transnational Corporation Activity, London, New York 1994, S. 38-54.

MARTIN, CHRISTI R./HORNE, DAVID A. (1992), Restructuring towards a Service Orientation: The Strategic Challenges, in: IJSIM, Vol. 3, 1/1992, S. 25-38.

MARTIN, WULF/GRÜTZMACHER, ROLF/LEMKE, PETER (1977), Der internationale Lizenzverkehr, 6. Aufl., Heidelberg 1977.

MARTINEK, MICHAEL (1987), Franchising, Grundlagen der zivil- und wettbewerbsrechtlichen Behandlung der vertikalen Gruppenkooperation beim Absatz von Waren und Dienstleistungen, Heidelberg 1987.

MAYER, ANNELIESE/MAYER, RALF U. (1987), Imagetransfer, Hamburg 1987.

MCLINTOCK, PEAT MARWICK (1988), The „Cost of Non-Europe" for Business Services, Research on the „Cost of Non-Europe", COMISSION OF THE EUROPEAN COMMUNITIES (Ed.), Basic Findings, Vol. 8, Brussels 1988.

MECKL, REINHARD (1993), Unternehmenskooperationen im EG-Binnenmarkt, Wiesbaden 1993.

MEFFERT, HERIBERT (1993), Marktorientierte Führung von Dienstleistungsunternehmen - neuere Entwicklungen in Theorie und Praxis, Arbeitspapier Nr. 78 der Wissenschaftlichen Gesellschaft für Marketing und Unternehmensführung e.V., MEFFERT, HERIBERT/WAGNER, HELMUT/BACKHAUS, KLAUS (Hrsg.), Münster 1993.

MEFFERT, HERIBERT (1994a), Marketing-Geschichte, in: DILLER, HERMANN (Hrsg.), Vahlens Großes Marketing Lexikon, München 1994, S. 662-665.

MEFFERT, HERIBERT (1994b), Marktorientierte Führung von Dienstleistungsunternehmen - neuere Entwicklungen in Theorie und Praxis, in: DBW, 54. Jg., 4/1994, S. 519-541.

MEFFERT, HERIBERT (1994c), Marketing-Management, Analyse - Strategie - Implementierung, Wiesbaden 1994.

MEFFERT, HERIBERT/BOLZ, JOACHIM (1994), Internationales Marketing-Management, 2. Aufl., Stuttgart, Berlin, Köln 1994.

MEFFERT, HERIBERT/BRUHN, MANFRED (1997), Dienstleistungsmarketing, Grundlagen - Konzepte - Methoden, mit Fallbeispielen, 2. Aufl., Wiesbaden 1997.

407

MEFFERT, HERIBERT/MEURER, JÖRG (1995), Marktorientierte Führung von Franchisesystemen - theoretische Grundlagen und empirische Befunde, Arbeitspapier Nr. 98 der Wissenschaftlichen Gesellschaft für Marketing und Unternehmensführung e.V., MEFFERT, HERIBERT/WAGNER, HELMUT/BACKHAUS, KLAUS (Hrsg.), Münster 1995.

MEISSNER, HANS-GÜNTHER (1981), Zielkonflikte in internationalen Joint Ventures, in: PAUSENBERGER, EHRENFRIED (Hrsg.), Internationales Management, Stuttgart 1981, S. 129-138.

MEISTER, ULLA/MEISTER, HOLGER (1996), Kundenzufriedenheit im Dienstleistungsbereich, München 1996.

MENGELE, JÜRGEN (1994), Horizontale Kooperationen als Markteintrittsstrategie im internationalen Marketing, Wiesbaden 1994.

MERKLI, BALZ (1988), Joint Venture: Die Partnersuche ist nicht einfach, in: io Management Zeitschrift, 57. Jg., 4/1988, S. 166-168.

MEYER, ANTON (1984), Marketing für Dienstleistungs-Anbieter, vergleichende Analyse verschiedener Dienstleistungsarten, in: HERMANNS, ARNOLD/MEYER, ANTON (Hrsg.), Zukunftsorientiertes Marketing für Theorie und Praxis, Berlin 1984, S. 197-213.

MEYER, ANTON (1985), Produktdifferenzierung durch Dienstleistungen, in: Marketing · ZFP, 7. Jg., 2/1985, S. 99-107.

MEYER, ANTON (1990), Dienstleistungs-Marketing, in: MEYER, PAUL W./MEYER, ANTON (Hrsg.), Marketing-Systeme, Grundlagen des institutionalen Marketing, Stuttgart u.a. 1990, S.173-220.

MEYER, ANTON (1994), Dienstleistungsmarketing, Erkenntnisse und praktische Beispiele, 6. Aufl., Augsburg 1994.

MEYER, ANTON/DORNACH, FRANK (1995), Jahrbuch der Kundenzufriedenheit in Deutschland 1995, Das deutsche Kundenbarometer 1995, Qualität und Zufriedenheit, München 1995.

MEYER, ANTON/MATTMÜLLER, ROLAND (1987), Qualität von Dienstleistungen, Entwurf eines praxisorientierten Qualitätsmodells, in: Marketing · ZFP, 9. Jg., 3/1987, S. 187-195.

MEYER, ANTON/OEVERMANN, DIRK (1995), Kundenbindung, in: TIETZ, BRUNO/KÖHLER, RICHARD/ZENTES JOACHIM (Hrsg.), HWM, 2. Aufl., Stuttgart 1995, Sp. 1340-1351.

MEYER, JÜRGEN (1988), Qualität als strategische Wettbewerbswaffe, in: SIMON, HERMANN (Hrsg.), Wettbewerbsvorteile und Wettbewerbsfähigkeit, Stuttgart 1988, S. 73-88.

MEYER, JÜRGEN (1992), Wie Qualität den Unternehmenserfolg fördert, Erfahrungen von PIMS, in: LITTLE, ARTHUR D. (Hrsg.), Management von Spitzenqualität, Wiesbaden 1992, S. 37-47.

408

MEYER, PAUL W./MATTMÜLLER, ROLAND (1992), Bedeutung und Problematik von Strategien im Marketing; in: MEYER, PAUL W./MATTMÜLLER, ROLAND (Hrsg.), Strategische Marketingoptionen, Änderungsstrategien auf Geschäftsfeldebene, Stuttgart, Berlin, Köln 1992, S. 13-29.

MICHEL, UWE (1992), Erfolgssteuerung Strategischer Allianzen, Controlling Forschungsbericht Nr. 34 des Lehrstuhls für Allgemeine Betriebswirtschaftslehre und Controlling der Universität Stuttgart, HORVÁTH, PÉTER (Hrsg.), Stuttgart 1992.

MICHEL, UWE (1996), Wertorientiertes Management Strategischer Allianzen, München 1996.

MILLS, PETER K./MARGULIES, NEWTON (1980), Toward a Core Typology of Service Organizations, in: AMR, Vol. 5, 2/1980, S. 255-265.

MOOSMANN, BERNFRIED (1986), Mittelbetriebe und Entwicklungsländer, Zur Auslandstätigkeit mittelständischer Unternehmen aus Baden-Württemberg im Bereich der Entwicklungsländer, Frankfurt/Main, Bern, New York 1986.

MORDHORST, CLAUS F. (1994), Ziele und Erfolg unternehmerischer Lizenzstrategien, Wiesbaden 1994.

MORRIS, DEIGAN/HERGERT, MICHAEL (1987), Trends in International Collaborative Agreements, in: CJoWB, Vol. 22, Summer 1987, S. 15-22.

MÖSSLANG, ANGELO M. (1995), Internationalisierung von Dienstleistungsunternehmen, Stuttgart 1995.

MÜLLER, KLAUS/GOLDBERGER, ERNST (1986), Unternehmenskooperation bringt Wettbewerbsvorteile, Zürich 1986.

MÜLLER, WOLFGANG (1995), Geschäftsfeldplanung, in: TIETZ, BRUNO/KÖHLER, RICHARD/ZENTES JOACHIM (Hrsg.), HWM, 2. Aufl., Stuttgart 1995, Sp. 760-785.

MÜLLER-STEWENS, GÜNTER (1990), Strategische Suchfeldanalyse: Die Identifikation neuer Geschäfte zur Überwindung struktureller Stagnation, 2. Aufl., Frankfurt/Main 1990.

MÜLLER-STEWENS, GÜNTER/HILLIG, ANDREAS (1992), Motive zur Bildung Strategischer Allianzen: Die aktivsten Branchen im Vergleich, in: BRONDER, CHRISTOPH/PRITZL, RUDOLF (Hrsg.), Wegweiser für Strategische Allianzen: Meilen- und Stolpersteine bei Kooperationen, Frankfurt/Main 1992, S. 64-101.

MÜLLER-STEWENS, GÜNTER/OSTERLOH, MARGIT (1996), Kooperationsinvestitionen besser nutzen: Interorganisationales Lernen als Know-how-Transfer oder Kontext-Transfer, in: zfo, 65. Jg., 1/1996, S. 18-24.

NAYLOR, JAMES/WOOD, ALAN (1978), Practical Marketing Audits, London 1978.

NICOLAIDES, PHEDON (1989), Liberalizing Service Trade, London 1989.

NIESCHLAG, ROBERT/DICHTL, ERWIN/HÖRSCHGEN, HANS (1991), Marketing, 16. Aufl., Berlin 1991.

NIESCHLAG, ROBERT/DICHTL, ERWIN/HÖRSCHGEN, HANS (1997), Marketing, 18. Aufl., Berlin 1997.

NOCH, RAINER (1995), Dienstleistungen im Investitionsgüter-Marketing, Strategien und Umsetzung, München 1995.

NOELLE, ELISABETH (1963), Umfragen in der Massengesellschaft, München 1963.

NONAKA, IKUJIRO (1992), Wie japanische Konzerne Wissen erzeugen, in: HM, 14. Jg., 2/1992, S. 95-103.

NONAKA, IKUJIRO/TAKEUCHI, HIROTAKA (1995), The Knowledge-Creating Company, New York, Oxford 1995.

NORMANN, RICHARD (1987), Dienstleistungsunternehmen, Hamburg u.a. 1987.

NOYELLE, THIERRY J./DUTKA, ANNA B. (1988), International Trade in Business Services, Accounting, Advertising, Law and Management Consulting, Cambridge, MA 1988.

NUSBAUMER, JAQUES (1986), Dienstleistungen in der internationalen Wirtschaft, Themen und Perspektiven, in: PESTEL, EDUARD (Hrsg.), Perspektiven der Dienstleistungswirtschaft, Göttingen 1986, S. 83-94.

O.V. (1990), Entindustrialisierung: Eine Fata Morgana, in: Informationsdienst der deutschen Wirtschaft, 16. Jg., Nr. 32, 9.8.1990, S. 4-5.

O.V. (1992), Der Wettbewerb zwischen Wirtschaftsprüfern funktioniert, in: FAZ, 35. Jg., Nr. 138, 16.6.1992, S. 22.

O.V. (1993), Deutscher Aufholbedarf im internationalen Dienstleistungshandel, in: DIW-Wochenbericht, 60. Jg., 30/1993, S. 412-418.

O.V. (1994a), Roland Berger weitet China-Aktivitäten aus, in: StZ, 50. Jg., Nr. 250, 25.10.1994, S. 11.

O.V. (1994b), TUI und L'tur reisen gemeinsam, in: StZ, 50. Jg., Nr. 230, 5.10.1994, S. 17.

O.V. (1994c), LHS bietet grenzenloses Leasing, in: StZ, 50. Jg., Nr. 271, 24.11.1994, S. 16.

O.V. (1994d), Kredit für Bahncard-Inhaber, in: StZ, 50. Jg., Nr. 283, 8.12.1994, S. 10.

O.V. (1994e), GWA - Report 94/95, GESAMTVERBAND WERBEAGENTUREN GWA (Hrsg.), Frankfurt/Main 1994.

410

O.V. (1994f), Beraterverzeichnis BDU 1994/1995, BUNDESVERBAND DEUTSCHER UNTERNEHMENSBERATER BDU E.V. (Hrsg.), Bonn 1994.

O.V. (1994g), WP-Verzeichnis, WIRTSCHAFTSPRÜFERKAMMER (Hrsg.), Darmstadt u.a. 1994.

O.V. (1995a), Neuere Entwicklungen im Dienstleistungsverkehr mit dem Ausland, in: Deutsche Bundesbank Monatsbericht, 47. Jg., 1/1995, S. 51-63.

O.V. (1995b), BVM Handbuch der Marktforschungsunternehmen, BERUFSVERBAND DEUTSCHER MARKT- UND SOZIALFORSCHER E.V. IN ZUSAMMENARBEIT MIT PLANUNG UND ANALYSE (Hrsg.), Frankfurt/Main 1995.

O.V. (1995c), BVL-Mitgliederverzeichnis 1995, BUNDESVEREINIGUNG LOGISTIK (BVL) E.V. (Hrsg.), Bremen 1995.

O.V. (1995d), Telekom steigt bei Sprint ein, in: StZ, 51. Jg., Nr. 142, 23.6.1995, S. 9.

O.V. (1995e), Jetzt setzt die Citibank auf den ganz großen Wurf, in: StZ, 51. Jg., Nr. 144, 26.6.1995, S. 7.

O.V. (1995f), TID Touristik Kontakt, TOURCON HANNELORE NIEDECKEN GMBH (Hrsg.), 30. Aufl., März 1995.

O.V. (1996a), SAS und Lufthansa wollen Gewinn steigern, in: StZ, 52. Jg., Nr. 15, 19.1.1996, S. 11.

O.V. (1996b), Bei Lufthansa geht es aufwärts, in: StZ, 52. Jg., Nr. 169, 22.3.1996, S. 15.

O.V. (1996c), Bahn mit neuen Partnern, in: StZ, 52. Jg., Nr. 129, 7.5.1996, S. 11.

O.V. (1996d), Bertelsmann und Debis vereinbaren Kooperation, in: StZ, 52. Jg., Nr. 218, 19.9.1996, S. 14.

O.V. (1996e), Dienstleistungen immer mehr gefragt, in: StZ, 52. Jg., Nr. 269, 8.11.1996, S. 11.

O.V. (1996f), Telekom besiegelt weltweite Allianz, in: StZ, 52. Jg., Nr. 27, 2.2.1996, S. 11.

O.V. (1996g), McKinsey: 3 Millionen Industriestellen fallen weg, in: StZ, 52. Jg., Nr. 29, 5.2.1996, S. 9.

O.V. (1997a), Vier Fluglinien arbeiten bei Atlantikrouten zusammen, in: StZ, 53. Jg., Nr. 6, 9.1.97, S. 13.

O.V. (1997b), Debis startet in Thailand Kooperationsunternehmen, in: FAZ, 40. Jg., Nr. 45, 22.2.1997, S. 18.

O.V. (1997c), Deutsche Telekom und Netscape rücken enger zusammen, in: FAZ, 40. Jg., Nr. 31, 6.2.1997, S. 26.

O.V. (1997d), Lufthansa schließt Allianzen, in: StZ, 53. Jg., Nr. 110, 15.5.1997, S. 11.

O.V. (1997e), Autovermieter Sixt will im Ausland auf eigene Rechnung wachsen, in: FAZ, 40. Jg., Nr. 81, 8.4.1997, S. 16.

O.V. (1997f), Siemens Business Services profitiert vom Outsourcing in England, in: FAZ, 40. Jg., Nr. 52, 3.3.1997, S. 24.

O.V. (1997g), Bruttowertschöpfung, in: BRÜMMERHOFF, DIETER/LÜTZEL, HEINRICH (Hrsg.), Lexikon der volkswirtschaftlichen Gesamtrechnung, 2. Aufl., München, Wien, Oldenburg 1997, S. 62-63.

OECHSLER, WALTER A. (1992), Konflikt, in: FRESE, ERICH, (Hrsg.), HWO, 3. Aufl., Stuttgart 1992, Sp. 1131-1142.

OEHLER, KLAUS DIETER (1996), Wann wird König Kunde hofiert?, „Deutschland ist bei Dienstleistungen ein Schwellenland", in: StZ, 52. Jg., Nr. 91, 19.4.1996, S. 15.

OESTERLE, MICHAEL-JÖRG (1993), Joint Ventures in Rußland, Bedingungen - Probleme - Erfolgsfaktoren, Wiesbaden 1993.

OESTERLE, MICHAEL-JÖRG (1995), Probleme und Methoden der Joint-Venture-Erfolgsbewertung, in: ZfB, 65. Jg., 9/1995, S. 987-1004.

OHMAE, KENICHI (1985), Macht der Triade, die neue Form weltweiten Wettbewerbs, Wiesbaden 1985.

OHMAE, KENICHI (1989), The Global Logic of Strategic Alliances, in: HBR, Vol. 67, March-April 1989, S. 143-154.

OLEMOTZ, THOMAS (1995), Strategische Wettbewerbsvorteile durch industrielle Dienstleistungen, Frankfurt/Main u.a. 1995.

OLESCH, GÜNTER (1995), Kooperation, in: TIETZ, BRUNO/KÖHLER, RICHARD/ZENTES JOACHIM (Hrsg.), HWM, 2. Aufl., Stuttgart 1995, Sp. 1273-1284.

OLSON, MANEUR (1968), Die Logik des kollektiven Handelns, Kollektivgüter und die Theorie der Gruppen, Tübingen 1968.

OUCHI, WILLIAM G. (1979), A Conceptual Framework for the Design of Organization Control Mechanism, in: Management Science, Vol. 25, 9/1979, S. 833-848.

PALMER, ADRIAN (1994), Principles of Services Marketing, London u.a. 1994.

412

PARASURAMAN, ANATHANARAYANAN /BERRY, LEONARD L./ZEITHAML, VALERIE A. (1991), Understanding Customer Expectations of Service, in: SMR, Vol. 32, Spring 1991, S. 39-48.

PARASURAMAN, ANATHANARAYANAN/ZEITHAML, VALERIE A./BERRY, LEONARD L. (1985), A Conceptual Model of Service Quality and Its Implications for Future Research, in: JoM, Vol. 49, Fall 1985, S. 41-50.

PATT, PAUL-JOSEF (1988), Strategische Erfolgsfaktoren im Einzelhandel, eine empirische Analyse am Beispiel des Bekleidungsfachhandels, Frankfurt/Main u.a. 1988.

PATZAK, GEROLD/RATTAY, GÜNTER (1996), Projekt Management, Leitfaden zum Management von Projekten, Projektportfolios und projektorientierten Unternehmen, Wien 1996.

PAULI, KNUT S. (1992), Franchising, 2. Aufl., Düsseldorf u.a. 1992.

PAUSENBERGER, EHRENFRIED (1980), Joint Ventures - ein Mittel zur Ausweitung der Ost-West-Kooperation, in: HAHN, DIETGER (Hrsg.), Führungsprobleme internationaler Unternehmen, Berlin, New York 1980, S. 203-216.

PAUSENBERGER, EHRENFRIED (1989), Zur Systematik von Unternehmenszusammenschlüssen, in: WISU, 18. Jg., 11/1989, S. 621-626.

PAUSENBERGER, EHRENFRIED (1992), Internationalisierungsstrategien industrieller Unternehmungen, in: DICHTL, ERWIN/ISSING, OTTMAR (Hrsg.), Exportnation Deutschland, 2. Aufl., München 1992.

PAUSENBERGER, EHRENFRIED (1994), Alternative Internationalisierungsstrategien, in: PAUSENBERGER, EHRENFRIED (Hrsg.), Internationalisierung von Unternehmungen, Strategien und Probleme ihrer Umsetzung, Stuttgart 1994, S. 1-30.

PAYNE, ADRIAN (1993), The Essence of Services Marketing, New York u.a. 1993.

PEEMÖLLER, VOLKER (1984), Organisationsprüfung, in: (o.Hrsg.) Management-Enzyklopädie, Band 7, 2. Aufl., Landsberg/Lech 1984, S. 381-392.

PERLITZ, MANFRED (1997), Spektrum kooperativer Internationalisierungsformen, in: MACHARZINA, KLAUS/OESTERLE, MICHAEL-JÖRG (Hrsg.), Handbuch Internationales Management, Grundlagen - Instrumente - Perspektiven, Wiesbaden 1997, S. 441-457.

PERLMUTTER, HOWARD V./HEENAN, DAVID A. (1986), Cooperate to Compete Globally, in: HBR, Vol. 64, March-April 1986, S. 136-152.

PETERSEN, HANS J. U.A. (1984), Die Bedeutung des internationalen Dienstleistungshandels für die Bundesrepublik Deutschland, Berlin 1984.

PFEIFER, TILO (1996), Qualitätsmanagement, Strategien, Methoden, Techniken, 2. Aufl., München, Wien 1996.

PFOHL, HANS-CHRISTIAN/KELLERWESSEL, PAUL (1982), Abgrenzung der Klein- und Mittelbetriebe von Großbetrieben, in: PFOHL, HANS-CHRISTIAN (Hrsg.), Betriebswirtschaftslehre der Klein- und Mittelbetriebe, Berlin 1982, S. 9-34.

PICOT, ARNOLD (1982), Der Transaktionskostenansatz in der Organisationstheorie: Stand der Diskussion und Aussagewert, in: DBW, 42. Jg., 2/1982, S. 267-284.

PICOT, ARNOLD (1991), Ökonomische Theorien der Organisation, ein Überblick über neuere Ansätze und deren betriebswirtschaftliches Anwendungspotential, in: ORDELHEIDE, DIETER/RUDOLPH, BERND/BÜSSELMANN, ELKE (Hrsg.), Betriebswirtschaftslehre und Ökonomische Theorie, Stuttgart 1991, S. 143-170.

PICOT, ARNOLD/DIETL, HELMUT (1990), Transaktionskostentheorie, in: WiSt, 19. Jg., 4/1990, S. 178-184.

PLASSMANN, MARIANNE (1974), Die Kooperationsentscheidung des Unternehmers, Münster 1974.

POECHE, JÜRGEN (1984), Mittelstandsförderung, in: (o.Hrsg.), Management-Enzyklopädie, Band 6, 2. Aufl., Landsberg/Lech 1984, S. 950-960.

POLANYI, MICHAEL (1967), The Tacit Dimension, New York 1967.

POLLAK, CHRISTIAN (1982), Neue Formen internationaler Unternehmenszusammenarbeit ohne Kapitalbeteiligung, München 1982.

PORTER, MICHAEL E. (1980), Competitive Strategy, Techniques for Analyzing Industries and Competitors, New York 1980.

PORTER, MICHAEL E. (1987a), From Competitive Advantage to Corporate Strategy, in: HBR, Vol. 65, May-June 1987, S. 43-59.

PORTER, MICHAEL E. (1987b), Diversifikation - Konzerne ohne Konzept, in: HM, 9. Jg., 4/1987, S. 30-49.

PORTER, MICHAEL E. (1989), Wettbewerbsvorteile, Spitzenleistungen erreichen und behaupten, Sonderausgabe, Frankfurt/Main 1989.

PORTER, MICHAEL E. (1995), Wettbewerbsstrategie, Methoden zur Analyse von Branchen und Konkurrenten, 8. Aufl., Frankfurt/Main 1995.

PORTER, MICHAEL E./FULLER, MARK B. (1986), Coalitions and Global Strategy, in: PORTER, MICHAEL E. (Ed.), Competition in Global Industries, Boston, MA 1986, S. 315-343.

PORTER, MICHEAL E./FULLER, MARK B. (1989), Koalitionen und globale Strategien, in: PORTER, MICHAEL E. (Ed.), Globaler Wettbewerb, Strategien
der neuen Internationalisierung, Wiesbaden 1989, S. 363-399.

POWELL, WALTER W. (1987), Hybrid Organizational Arrangements: New Form or
Transitional Development, in: CMR, Vol. 30, 1/1987, S. 67-87.

PRAHALAD, COIMBATORE K./HAMEL, GARY (1991), Nur Kernkompetenzen sichern
das Überleben, in: HM, 13. Jg., 2/1991, S. 66-78.

PROBST, GILBERT J.B./BÜCHEL, BETTINA S.T. (1994), Organisationales Lernen,
Wettbewerbsvorteil der Zukunft, Wiesbaden 1994.

PÜMPIN, CUNO (1980), Strategische Führung in der Unternehmungspraxis, Entwicklung, Einführung und Anpassung der Unternehmungsstrategie,
Bern 1980.

PÜMPIN, CUNO (1983), Management strategischer Erfolgspositionen - Das SEP-
Konzept als Grundlage wirkungsvoller Unternehmensführung, Bern,
Stuttgart 1983.

QUAMBUSCH, LIESERL (1989), Handelshemmnisse, nicht-tarifäre, in: MA-
CHARZINA, KLAUS/WELGE, MARTIN K. (Hrsg.), HWInt, Stuttgart 1989, Sp.
782-799.

RAFFÉE, HANS (1974), Grundprobleme der Betriebswirtschaftslehre, Göttingen
1974.

RAFFÉE, HANS/FRITZ, WOLFGANG/WIEDMANN, KLAUS-PETER (1994), Marketing für
öffentliche Betriebe, Stuttgart, Berlin, Köln 1994.

RASCHE, CHRISTOPH (1994), Wettbewerbsvorteile durch Kernkompetenzen, ein
ressourcenorientierter Ansatz, Wiesbaden 1994.

RASMUSSEN, THOMAS (1977), Entwicklungslinien des Dienstleistungssektors,
Internationaler Strukturvergleich und Perspektiven für die Bundesrepublik Deutschland, Göttingen 1977.

RATH, HERBERT (1990), Neue Formen der internationalen Unternehmenskooperation, Hamburg 1990.

RATHMELL, JOHN M. (1974), Marketing in the Service Sector, Cambridge, MA
1974.

RECKENFELDERBÄUMER, MARTIN (1995), Marketing-Accounting im Dienstleistungsbereich, Konzeption eines prozeßkostengestützten Instrumenta-
riums, Wiesbaden 1995.

REIBNITZ, UTE VON (1987), Szenarien - Optionen für die Zukunft, Hamburg u.a.
1987.

REICHHELD, FREDERICK F./SASSER, W. EARL (1990), Zero Defections: Quality Comes to Service, in: HBR, Vol. 68, September-October 1990, S. 105-111.

REISS, MICHAEL (1996), Projektmanagement, in: KERN, WERNER/SCHRÖDER, HANS-HORST/WEBER, JÜRGEN (Hrsg.), HWProd, 2. Aufl., Stuttgart 1996, Sp. 1656-1668.

REMMERBACH, KLAUS-ULRICH (1988), Markteintrittsentscheidungen, Wiesbaden 1988.

RICHARDSON, G. B. (1972), The Organization of Industry, in: The Economic Journal, Vol. 82, September 1972, S. 883-896.

RIDDLE, DOROTHY I. (1986), Service-led Growth, The Role of the Service Sector in World Development, New York u.a. 1986.

ROBERTS, EDWARD B./BERRY, CHARLES A. (1985), Entering New Businesses: Selecting Strategies for Success, in: SMR, 26. Jg., Spring 1985, S. 3-17.

ROSADA, MICHAEL (1990), Kundendienststrategien im Automobilsektor, Theoretische Fundierung und Umsetzung eines Konzepts zur differenzierten Vermarktung von Sekundärdienstleistungen, Berlin 1990.

ROSE, GERD/GLORIUS, CORNELIA (1995), Unternehmungsformen und -verbindungen, 2. Aufl., Wiesbaden 1995.

RÖSSL, DIETMAR (1994), Gestaltung komplexer Austauschbeziehungen, Analyse zwischenbetrieblicher Kooperation, Wiesbaden 1994.

ROTERING, JOACHIM (1993), Zwischenbetriebliche Kooperation als alternative Organisationsform, ein transaktionskostentheoretischer Ansatz, Stuttgart 1993.

ROTHER, KLAUS (1991), Das internationale Geschäft - Ziele, Marktforschung, Strategien, Marketing, München, Wien 1991.

RÜBIG, PAUL (1985), Lizenzmarketing, Linz 1985.

RÜHLE VON LILIENSTERN, HANS (1975), Kooperation, in: (o.Hrsg.), Management Enzyklopädie, Band 3, 2. Aufl., München 1975, S. 1966-1974.

RÜHLE VON LILIENSTERN, HANS (1979), Kooperation, zwischenbetriebliche, in: MEURER, ERIK/KÜPPERER, WERNER/KOLLMANN, RAINER (Hrsg.), HWProd, Stuttgart 1979, Sp. 928-938.

RUMER, KLAUS (1994), Internationale Kooperationen und Joint Ventures, Standortvorteile nutzen, neue Märkte und Technologien erschließen, Wiesbaden 1994.

RUNGE, JOACHIM H. (1994), Schlank durch Total Quality Management, Strategien für den Standort Deutschland, Frankfurt/Main, New York 1994.

416

RUPPRECHT-DÄULLARY, MARITA (1995), Zwischenbetriebliche Kooperation, Möglichkeiten und Grenzen durch neue Informations- und Kommunikationstechnologien, Wiesbaden 1995.

SAMPSON, GARY P./SNAPE, RICHARD H. (1985), Identifying the Issues in Trade in Services, in: The World Economy, Vol. 8, 8/1985, S. 171-181.

SANDELHOLZER, ULRICH (1990), Informationstechnik und innerbetriebliche Kooperation, Anforderungen an Informationstechniken aus der Perspektive organisierter innerbetrieblicher Kooperation, Hummeltal 1990.

SARRAZIN, JÜRGEN (1993), Erfolgsfaktoren internationaler Bankenkooperationen, Vortrag gehalten an der Stiftung Kreditwirtschaft der Universität Hohenheim am 9.11.1993.

SAUVANT, KARL P./MALLAMPALLY, PADMA (1993), Introduction: Transnational Corporations in Services, in: SAUVANT, KARL P./MALLAMPALLY, PADMA (Hrsg.), Transnational Corporations in Services, New York 1993, S. 1-30.

SCHAAN, JEAN-LOUIS (1987), International Joint Venture Success Measurement: Mexican Evidence, in: VAN DEN BULCKE, DANNY (Ed.), Multinational Enterprises and Developing Countries: A Changing Relationship? Proceedings of the 13th Annual Meeting of EIBA, Antwerp 1987, S. 127-144.

SCHARPF, FRITZ W. (1990), Games Real Actors Could Play: The Problem of Connectedness, MPIFG Discussion Paper 90/8, Max-Planck-Institut für Gesellschaftsforschung, Köln 1990.

SCHENK, MICHAEL (1984), Soziale Netzwerke und Kommunikation, Tübingen 1984.

SCHERTLER, WALTER (1995a), Unternehmensorganisation, 6. Aufl., München 1995.

SCHERTLER, WALTER (1995b), Management von Unternehmenskooperationen - Ein Entwurf eines Bezugsrahmens, in: SCHERTLER, WALTER (Hrsg.), Management von Unternehmenskooperationen, Wien 1995, S. 19-51.

SCHEUCH, ERWIN K. (1993), Netzwerke, in: REIGBER, DIETER (Hrsg.), Social Networks, Düsseldorf u.a. 1993, S. 95-130.

SCHEUCH, FRITZ (1994), Dienstleistungen, in: DILLER, HERMANN (Hrsg.), Vahlens Großes Marketing Lexikon, München 1994, S. 192-194.

SCHLESINGER, LEONARD A./HESKETT, JAMES L. (1991), The Service Driven Service Company, in: HBR, Vol. 69, September-October 1991, S. 71-81.

SCHLUND, WULF (1994), International flexibel agieren, Erfahrungsbericht zur Gründung einer Internationalen Institutskooperation, in: Planung und Analyse, o. Jg., 6/1994, S. 62-63.

417

SCHMENNER, ROGER W. (1986), How Can Service Business Survive and Prosper?, in: SMR, Vol. 23, Spring 1986, S. 21-32.

SCHMENNER, ROGER W. (1995), Service Operations Management, Englewood Cliffs, NJ 1995.

SCHMITZ, GERTRUD (1997), Marketing für professionelle Dienstleistungen, Bedeutung und Dynamik der Geschäftsbeziehungen, dargestellt am Beispiel Wirtschaftsprüfung, Wiesbaden 1997.

SCHNECK, OTTMAR (1994), Lexikon der Betriebswirtschaft, 2. Aufl., München 1994.

SCHNELL, RAINER/HILL, PAUL B./ESSER, ELKE (1989), Methoden der empirischen Sozialforschung, 2. Aufl., München, Wien 1989.

SCHOLZ, CHRISTIAN (1992), Effektivität und Effizienz, in: FRESE, ERICH, (Hrsg.), HWO, 3. Aufl., Stuttgart 1992, Sp. 533-552.

SCHRADER, STEPHAN (1996), Organisation der zwischenbetrieblichen Innovation, in: SAUER, DIETER/HIRSCH-KREINSEN, HARTMUT (Hrsg.), Zwischenbetriebliche Arbeitsteilung und Kooperation, Ergebnisse des Expertenkreises „Zukunftsstrategien", Band III, Frankfurt, New York 1996, S. 49-79.

SCHREYÖGG, GEORG (1984), Unternehmensstrategie, Berlin, New York 1984.

SCHREYÖGG, GEORG/STEINMANN, HORST (1985), Strategische Kontrolle, in: zfbf, 37. Jg., 5/1985, S. 391-410.

SCHREYÖGG, GEORG/STEINMANN, HORST (1986), Zur Praxis strategischer Kontrolle: Ergebnisse einer explorativen Studie, in: ZfB, 56. Jg., 1/1986, S. 40-50.

SCHUBERT, WERNER/KÜTING, KARLHEINZ (1981), Unternehmungszusammenschlüsse, München 1981.

SCHUH, ARNOLD (1990), Strategische Allianzen - Neue Formen kooperativer Wettbewerbsstrategien?, in: Der Markt, 29. Jg., 3/1990, S. 141-148.

SCHWAMBORN, SUSANNE (1994), Strategische Allianzen im internationalen Marketing, Planung und portfolioanalytische Beurteilung, Wiesbaden 1994.

SCHWENKER, BURKHARD (1989), Dienstleistungsunternehmen im Wettbewerb, Marktdynamik und strategische Entwicklungslinien, Wiesbaden 1989.

SEGHEZZI, HANS D. (1994), Qualitätsmanagement, Ansatz eines St. Galler Konzepts Integrierten Managements, Stuttgart 1994.

SEGLER, KAY (1986), Basisstrategien im internationalen Marketing, Frankfurt/Main, New York 1986.

SEIBERT, KLAUS (1981), Joint Ventures als Strategisches Instrument im internationalen Marketing, Berlin 1981.

SEIWERT, LOTHAR (1981), Unternehmungsplanung: Teilpläne und Koordination (II), in: WISU, 10. Jg., 2/1981, S. 72-74.

SELL, AXEL (1994), Internationale Unternehmenskooperationen, München, Wien 1994.

SEMLINGER, KLAUS (1993), Effizienz und Autonomie in Zulieferungsnetzwerken - Zum strategischen Gehalt von Kooperationen, in: STAEHLE, WOLFGANG H./SYDOW, JÖRG (Hrsg.), Managementforschung 3, Berlin, New York 1993, S. 309-354.

SHARMA, DHARMA D. (1980), Management Contract and Internationalization, in: ENGWALL, LARS/JOHANSON, JAN (Eds.), Some Aspects of Control in International Business, Upsalla 1980, S. 73-82.

SHAUGHNESSY, HAYDN (1995), International Joint Ventures: Managing Successful Collaborations, in: LRP, Vol. 28, 3/1995, S. 10-17.

SHELP, RONALD K. (1981), Beyond Industrialization: Ascendancy of the Global Service Economy, New York 1981.

SHERMAN, ANDREW J. (1991), Franchising and Licensing, Two Ways to Build Your Business, New York 1991.

SHOSTACK, G. LYNN (1987), Service Positioning through Structural Change, in: JoM, Vol. 51, 1/1987, S. 34-43.

SIMON, HERBERT A. (1961), Administrative Behavior, 2. Aufl., New York 1961.

SIMON, HERMANN (1988), Management strategischer Wettbewerbsvorteile, in: ZfB, 58. Jg., 4/1988, S. 461-480.

SIMON, HERMANN (1989a), Die Zeit als strategischer Erfolgsfaktor, in: ZfB, 59. Jg., 1/1989, S. 70-93.

SIMON, HERMANN (1989b), Markteintrittsbarrieren, in: MACHARZINA, KLAUS/WELGE, MARTIN K. (Hrsg.), HWInt, Stuttgart 1989, Sp. 1442-1453.

SIMON, HERMANN/BUTSCHER, STEPHAN A. (1997), Automatisierung von Dienstleistungen, gefährlicher Spagat, in: asw, 40. Jg., 2/1997, S. 46-49.

SKAUPY, WALTHER (1995), Franchising: Handbuch für die Betriebs- und Rechtspraxis, 2. Aufl., München 1995.

SNAPE, RICHARD H. (1990), Principles in Trade in Services, in: MESSERLIN, PATRICK A./SAUVANT, KARL P. (Eds.), The Uruguay Round - Services in the World Economy, Washington D.C. 1990, S. 5-11.

419

SOMMERLATTE, TOM (1991), Warum Hochleistungsorganisation und wie weit sind wir davon entfernt?, in: LITTLE, ARTHUR D. (Hrsg.), Management der Hochleistungsorganisation, 2. Aufl. , Wiesbaden 1991, S. 1-22.

SOMMERLATTE, TOM/MOLLENHAUER, MICHAEL (1992), Qualität, Kosten, Zeit - Das magische Dreieck, in: LITTLE, ARTHUR D. (Hrsg.), Management von Spitzenqualität, Wiesbaden 1992, S. 26-36.

SPECHT, GÜNTER (1994), Lizenz, in: DILLER, HERMANN (Hrsg.), Vahlens Großes Marketing Lexikon, München 1994, S. 621-622.

STAFFELBACH, BRUNO (1988), Strategisches Marketing von Dienstleistungen, in: Marketing · ZFP, 10. Jg., 4/1988; S. 277-284.

STALK, GEORGE/HOUT, THOMAS M. (1990), Zeitwettbewerb, Frankfurt/Main u.a. 1990.

STANBECK, THOMAS M. (1981), Services, the New Economy, Totowa, NJ 1981.

STAUDT, ERICH /KRIEGESMANN, BERND/BEHRENT, SABINE (1996), Kooperationen, zwischenbetriebliche, in: KERN, WERNER/SCHRÖDER, HANS-HORST/WEBER, JÜRGEN (Hrsg.), HWProd, 2. Aufl., Stuttgart 1996, Sp. 922-935.

STAUDT, ERICH U.A. (1992), Kooperationshandbuch, ein Leitfaden für die Unternehmenspraxis, Stuttgart 1992.

STAUSS, BERND (1991a), Service-Qualität als strategischer Erfolgsfaktor, in: STAUSS, BERND (Hrsg.), Erfolg durch Service-Qualität, München 1991, S. 7-35.

STAUSS, BERND (1991b), Dienstleister und die vierte Dimension, in: HM, 13. Jg., 2/1991, S. 81-89.

STAUSS, BERND (1994a), Markteintrittsstrategien im internationalen Dienstleistungsmarketing, in: Thexis, 11. Jg., 3/1994, S. 10-16.

STAUSS, BERND (1994b); Dienstleistungstypologie und Markteintrittsstrategien im internationalen Dienstleistungsmarketing, in: SCHUSTER, LEO (Hrsg.), Die Unternehmung im internationalen Wettbewerb, Berlin 1994, S. 211-231.

STAUSS, BERND (1994c), Dienstleistungsmarken, in: BRUHN, MANFRED (Hrsg.), Handbuch Markenartikel, Band 1, Stuttgart 1994, S. 79-103.

STAUSS, BERND/SCHULZE, HENNING S. (1990), Internes Marketing, in: Marketing · ZFP, 12. Jg., 3/1990, S. 149-158.

STEFFENHAGEN, HARTWIG (1982), Der Strategiebegriff in der Marketingplanung, Ein literaturkritisch gestützer Vorschlag zur Verwendung des Ausdrucks 'Marketing-Strategie', Arbeitspapier Nr. 29 des Instituts für Marketing der Universität Münster, MEFFERT, HERIBERT (Hrsg.), Münster 1982.

STEIN, GABRIELE (1996), Franchisingnetzwerke im Dienstleistungsbereich, Management und Erfolgsfaktoren, Wiesbaden 1996.

STEINBACH, RALF F. (1996), Wettbewerbsvorteile durch Strategisches Marketing, in: HÖRSCHGEN, HANS/FROBÖSE, MICHAEL (Hrsg.), Herausforderungen für das Marketing in Forschung und Lehre, Berlin 1996, S. 49-81.

STEINBACH, RALF F. (1997), Integratives Qualitäts-, Zeit- und Kostenmanagement, Entwicklung und Implementierung eines ganzheitlichen Management-Konzepts, Frankfurt/Main u.a. 1997.

STEINLE, CLAUS (1993), Konfliktmanagement, in: WITTMANN, WALDEMAR/KERN, WERNER/KÖHLER, RICHARD U.A. (Hrsg.), HWB, Band 2, 5. Aufl., Stuttgart 1993, Sp. 2200-2216.

STOETZER, MATTHIAS (1991), Regulierung oder Liberalisierung des Luftverkehrs in Europa, Baden-Baden 1991.

STRIZIK, PETER K. (1988), Sanieren durch Kooperieren, in: io Management Zeitschrift, 57. Jg., 3/1988, S. 105-109.

SYDOW, JÖRG (1992a), Strategische Netzwerke, Evolution und Organisation, Wiesbaden 1992.

SYDOW, JÖRG (1992b), Strategische Netzwerke und Transaktionskosten, über die Grenzen einer transaktionskostentheoretischen Erklärung der Evolution strategischer Netzwerke, in: STAEHLE, WOLFGANG H./CONRAD, PETER (Hrsg.), Managementforschung 2, Berlin, New York 1992, S. 239-311.

SYDOW, JÖRG (1994), Franchisingnetzwerke, Ökonomische Analyse einer Organisationsform der Dienstleistungsproduktion und -distribution, in: ZfB, 64. Jg., 1/1994, S. 93-113.

SYDOW, JÖRG (1995), Franchisingsysteme als strategische Netzwerke - Über das Warum des Franchising hinaus, in: Dokumentationspapier Nr. 94 der Wissenschaftlichen Gesellschaft für Marketing und Unternehmensführung e.V., MEFFERT, HERIBERT/WAGNER, HELMUT/BACKHAUS, KLAUS (Hrsg.), Münster 1995, S. 16-44.

TARJANNE, PEKKA (1994), The Implications of Global Telecommunications Systems for the ITU, Konferenzpapier zum Kongress des MÜNCHENER KREISES 'Wettbewerb im Weltmarkt der Telekommunikation', München, 20./21. April 1994.

TAUCHER, GEORG (o.J.), Der dornige Weg strategischer Allianzen, in: HM, Sonderheft 'Strategie und Planung', Band 3, Hamburg o.J., S. 33-38.

TEECE, DAVID J. (1986), Transaction Cost Economics and Multinational Enterprise, in: Journal of Economic Behavior and Organization, Vol. 7, 1/1986, S. 21-45.

421

TEECE, DAVID J. (1992), Competition, Cooperation and Innovation, Organizational Arrangements for Regimes of Rapid Technological Progress, in: Journal of Economic Behavior and Organization, Vol. 18, 1/1992, S. 1-25.

TERPSTRA, VERN/SARATHY, RAVI (1994), International Marketing, 6th Ed., Fort Worth et.al. 1994.

THOMAS, DAN R.E. (1978), Strategy is Different in Service Businesses, in: HBR, Vol. 56, July-August 1978, S. 158-165.

THORELLI, HANS B. (1986), Networks: Between Markets and Hierachies, in: SMJ, Vol. 7, 1/1986, S. 37-51.

TIBY, CLAUS (1988), Die Basis unternehmerischer Initiative - Systematisch neue Produkte und Dienstleistungen entwickeln, in: LITTLE, ARTHUR D. (Hrsg.), Management des geordneten Wandels, Wiesbaden 1988, S. 91-105.

TIETZ, BRUNO (1960), Bildung und Verwendung von Typen in der Betriebswirtschaftslehre, Schriften zur Handelsforschung, Köln, Opladen 1960.

TIETZ, BRUNO (1987), Handbuch Franchising, Landsberg/Lech 1987.

TIETZ, BRUNO (1993), Die bisherige und künftige Paradigmatik des Marketing in Theorie und Praxis, erster Teil: Zur bisherigen Entwicklung und derzeitigen Situation des Marketing, in: Marketing · ZFP, 15. Jg., 3/1993, S. 149-163.

TIETZ, BRUNO (1994), Franchising, in: DILLER, HERMANN (Hrsg.), Vahlens Großes Marketing Lexikon, München 1994, S. 336-337.

TIMMERMANN, ARMIN (1985), Strategisches Denken - Lebenslanges Lernen auch für Unternehmen, in: RAFFÉE, HANS/WIEDMANN, KLAUS-PETER (Hrsg.), Strategisches Marketing, Stuttgart 1985.

TITSCHER, STEFAN (1995), Konflikthandhabung, in: KIESER, ALFRED (Hrsg.), HWFü, 2. Aufl., Stuttgart 1995, Sp. 1337-1350.

TOFFLER, ALVIN (1980), The Third Wave, New York 1980.

TOMLINSON, JAMES W.C. (1970), The Joint Venture Process in International Business: India and Pakistan, Cambridge, MA 1970.

TÖPFER, ARMIN (1992), Strategische Marketing- und Vertriebsallianzen, in: BRONDER, CHRISTOPH/PRITZL, RUDOLF (Hrsg.), Wegweiser für Strategische Allianzen: Meilen- und Stolpersteine bei Kooperationen, Frankfurt/Main 1992, S. 173-208.

TÖPFER, ARMIN (1994), Markteintritt, in: DILLER, HERMANN (Hrsg.), Vahlens Großes Marketing Lexikon, München 1994, S. 717-718.

TÖPFER, ARMIN/MANN, ANDREAS (1994), Service und Total Quality Management, in: WEBER, MICHAEL R. (Hrsg.), Service-Management, Loseblatt-sammlung, Teil VIII., Nr. 7, 14. Nachlieferung, Landsberg/Lech 1994, S. 1-37.

TÖPFER, ARMIN/MEHDORN, HARTMUT (1995), Total Quality Management, Anfor-derungen und Umsetzung im Unternehmen, 4. Aufl., Landsberg/Lech 1995.

TRAUTMANN, MICHAEL (1993), Die Reduktion strategischer Geschäftsfelder, ein Beitrag zum ökologieorientierten Marketing, Augsburg 1993.

TRÖNDLE, DIRK (1987), Kooperationsmanagement, Steuerung interaktioneller Prozesse bei Unternehmungskooperationen, Bergisch Gladbach, Köln 1987.

TRONDSEN, EILI/EDFELDT, RALPH (1987), New Opportunities in Global Services, in: LRP, Vol. 20, 5/1987, S. 53-61.

TYEBJEE, TYZOON T. (1988), Japan's Joint Ventures in the United States, in: CONTRACTOR, FAROK J./LORANGE, PETER (Eds.), Cooperative Strategies in International Business, Lexington, MA, Toronto 1988, S. 455-472.

VANCIL, RICHARD F./LORANGE, PETER (1990), Strategic Planning in Diversified Companies, in: HAHN, DIETGER/TAYLOR, BERNARD (Hrsg.), Strategische Unternehmensplanung - Strategische Unternehmensführung, Stand und Entwicklungstendenzen, 5. Aufl., Heidelberg 1990, S. 596-608.

VANDERMERWE, SANDRA/CHADWICK, MICHAEL (1989), The Internationalization of Services, in: SIJ, Vol. 9, 1/1989, S. 79-93.

VENKATESAN, M. (1985), Time Budgets and Consumer Services, in: BLOCH, THOMAS M./UPAH, GREGORY D./ZEITHAML, VALERIE A. (Eds.), Services Marketing in a Changing Environment, American Marketing Associa-tion, Chicago 1985, S. 52-55.

VIZJAK, ANDREJ (1990), Wachstumspotentiale durch Strategische Partner-schaften, Bausteine einer Theorie der externen Synergie, München 1990.

VORNHUSEN, KLAUS (1994), Die Organisation von Unternehmenskooperationen, Frankfurt/Main 1994.

VOSS, HARTMUT (1989), Internationale Wettbewerbsstrategien, Bayreuth 1989.

WALLDORF, ERWIN G. (1987), Auslandsmarketing - Theorie und Praxis des Auslandsgeschäfts, Wiesbaden 1987.

WALLDORF, ERWIN G. (1992), Die Wahl zwischen unterschiedlichen Formen der internationalen Unternehmer-Aktivität, in: KUMAR, BRIJ N./HAUSSMANN, HELMUT (Hrsg.), Handbuch der Internationalen Unternehmenstätigkeit, München 1992, S. 447-471.

423

WALLDORF, ERWIN GEORG (1990), Auslandsmarketing, Theorie und Praxis des Auslandsgeschäfts, Berlin 1990.

WARNECKE, HANS-JÜRGEN/HÜSER, MANFRED (1992), Lean Production, eine kritische Würdigung, in: Angewandte Arbeitswissenschaft, o.Jg., 131/1992, S. 1-26.

WEDER, ROLF (1989), Joint Venture, theoretische und empirische Analyse unter besonderer Berücksichtigung der Chemischen Industrie der Schweiz, Grüsch 1989.

WEDER, ROLF (1990), Internationale Unternehmenskooperation, Stabilitätsbedingungen von Joint Ventures, in: Aussenwirtschaft, 45. Jg., 2/1990, S. 267-291.

WELGE, MARTIN K. (1993), Joint-Management - Herausforderungen an das Management in strategischen Allianzen, in: TIETZ, BRUNO/ZENTES, JOACHIM (Hrsg.), Ost-Marketing, Erfolgspotentiale osteuropäischer Konsumgütermärkte, Düsseldorf u.a. 1993, S. 275-296.

WELGE, MARTIN K. (1995), Strategische Allianzen, in: TIETZ, BRUNO/KÖHLER, RICHARD/ZENTES JOACHIM (Hrsg.), HWM, 2. Aufl., Stuttgart 1995, Sp. 2397-2410.

WILLIAMS, JEFFREY R. (1992), How Sustainable is Your Competititve Advantage, in: CMR, Vol 34, 3/1992, S. 29-51.

WILLIAMSON, OLIVER E. (1975), Markets and Hierarchies, Analysis and Antitrust Implications, New York 1975.

WILLIAMSON, OLIVER E. (1985), The Economic Institutions of Capitalism, New York 1985.

WILLIAMSON, OLIVER E. (1990a), A Comparison of Alternative Approaches to Economic Organization, in: Zeitschrift für die gesamte Staatswissenschaft, 146. Jg., o. Nr./1990, S. 61-71.

WILLIAMSON, OLIVER E. (1990b), Die ökonomischen Institutionen des Kapitalismus, Unternehmen, Märkte, Kooperationen, Tübingen 1990.

WÖHE, GÜNTER (1996), Einführung in die Allgemeine Betriebswirtschaftslehre, 19. Aufl., München 1996.

WOLFE, MARTIN (1955), The Concept of Economic Sectors, Cambridge, MA 1955.

WOLFMEYER, PETER (1990), Markterschließung durch grenzüberschreitende Kooperation, in: M&M, 34. Jg., 1/1990, S. 18-21.

WRIGHT, LAUREN K. (1993), The Effects of Service Type on New Service Success, in: SWARTZ; TERESA A./BOWEN, DAVID E./BROWN, STEPHAN W. (Eds.), Advances in Services Marketing and Management, Research and Practice, Vol. 2, Greenwich, CN 1993, S. 253-277.

424

WURCHE, SVEN (1994), Strategische Kooperation, Wiesbaden 1994.

YIP, GEORGE S. (1982), Barriers to Entry, Lexington, MA 1982.

YIP, GEORGE S. (1984), Vorstoß auf fremde Märkte - wie man aus Barrieren Brücken macht, in: HM, 6. Jg., 1/1984, S. 41-50.

ZANGER, CORNELIA (1995), Diversifikation, in: TIETZ, BRUNO/KÖHLER, RICHARD/ ZENTES, JOACHIM (Hrsg.), HWM, 2. Aufl., Stuttgart 1995, Sp. 515-530.

ZEIGER, SONJA (1984), Der Management-Vertrag als internationales Kooperationsinstrument, Konstanz 1984.

ZEITHAML, VALERIE A. /PARASURAMAN, ANATHANARAYANAN/BERRY, LEONARD L. (1985), Problems and Strategies in Service Marketing, in: JoM, Vol. 49, Spring 1985, S. 33-46.

ZEITHAML, VALERIE A./PARASURAMAN, ANATHANARAYANAN/BERRY, LEONARD L. (1990), Delivering Quality Service, Balancing Customer Perceptions and Expectations, New York 1990.

ZENTES, JOACHIM (1992), Ost-West Joint Ventures als strategische Allianzen, in: ZENTES, JOACHIM (Hrsg.), Ost-West Joint Ventures, Stuttgart 1992, S. 3-23.

ZIELKE, ANDREAS (1992), Erfolgsfaktoren internationaler Joint Ventures, eine empirische Untersuchung der Erfahrungen deutscher und amerikanischer Industrieunternehmungen in den USA, Frankfurt 1992.

ZIMMERMANN RUDOLF (1991), Fairneß kittet Kooperationen, in: asw, 34. Jg., 8/1991, S. 74-76.

ZOLLNER, GEORG (1995), Kundennähe in Dienstleistungsunternehmen, Empirische Analyse von Banken, Wiesbaden 1995.

ZÖRGIEBEL, WILHELM W. (1983), Technologie in der Wettbewerbsstrategie, Berlin 1983.

ZWEIFEL, PETER (1987), Dienstleistungen aus ökonomisch-theoretischer Sicht, in: AStA, 71. Jg., 1/1987, S. 1-16.